本书为国家社科基金项目"中国软实力评估及增进方略研究"（14BKS064）的阶段性成果。

中国软实力研究

"全球视野中的中国软实力研究"丛书

胡 键◎主编

胡 键◎著

天津出版传媒集团

天津人民出版社

图书在版编目（ＣＩＰ）数据

中国软实力研究／胡键著. -- 天津:天津人民出版社,2018.7
（"全球视野中的中国软实力研究"丛书／胡键主编）
ISBN 978－7－201－13734－6

Ⅰ.①中… Ⅱ.①胡… Ⅲ.①综合国力－研究－中国
Ⅳ.①D6

中国版本图书馆 CIP 数据核字（2018）第 137803 号

中国软实力研究
ZHONGGUO RUANSHILI YANJIU

出　　版	天津人民出版社
出 版 人	黄　沛
地　　址	天津市和平区西康路 35 号康岳大厦
邮政编码	300051
邮购电话	（022）23332469
网　　址	http://www.tjrmcbs.com
电子信箱	tjrmcbs@126.com
策划编辑	王　康
责任编辑	王　玲
装帧设计	明轩文化
印　　刷	高教社（天津）印务有限公司
经　　销	新华书店
开　　本	787 毫米×1092 毫米　1/16
印　　张	20.75
插　　页	2
字　　数	320 千字
版次印次	2018 年 7 月第 1 版　2018 年 7 月第 1 次印刷
定　　价	88.00 元

总　序

这里要送给读者的是关于软实力研究的系列。出版这几本册子的缘起大致在于:自 2005 以来,本人一直在从事软实力理论研究。2008 年获得国家社科基金立项,经过 4 年的辛勤研究,发表了一系列论文,最终成果以《中国和平崛起过程中的软实力发展方略》(新华出版社 2013 年版)出版。2014 年,再次获得国家社科基金的立项,这使我及我的小团队不得不对该问题继续深入研究。实际上,早在 2009 年,我就向我院领导建议建立一个专门研究软实力研究的机构或平台。但是,或许是对该问题认识上的偏差而最终被搁置。当然,我们的研究并没有停下来。相反,研究在不断深化,否则,不可能在该问题上再次获得国家社科基金的立项。

2013 年"一带一路"倡议提出后,本团队开始把软实力与"一带一路"结合起来进行研究,同样形成了不少相关成果,包括"一带一路"的话语研究,"一带一路"的国家创新力研究,"一带一路"的风险研究等。实际上,就本人而言,早在 2007 年前后就已经在从事新丝绸之路经济带的研究。2008 年到云南省社会科学院参加有关"大陆桥"经济研究的项目评审,并提出了相关的政策建议。经过数年的研究和积累,又恰逢"一带一路"倡议的提出,2015 年年底出版了《"一带一路"的战略构想及其实践研究》(时事出版社 2016 年版)一书。2016 年 12 月,国家深化改革委员会的会议提出重视"一带一路"软实力研究。其中重要的原因在于,有种观点把"一带一路"视为中国的全球化方案,是中国塑造国际秩序的战略,等等。这使外界对中国产生了一种畏惧感,甚至把中国视为一种威胁。在这种情形下,加强"一带一路"软实力研究可以纠正相关的错误认识。鉴于此,本团队从跨文化交流的视角来研究"一带一路"和软实力的关系,因为,"一带一路"的"互通",基础就是民心相通,而跨文化交流则是民心相通的有效路径。

2017 年 3 月,在经过反复汇报、请示以后,我院终于同意成立上海社会科学院软实力研究中心。3 月 17 日,中心揭牌仪式暨"一带一路"软实力论坛召开。而在此之前,本团队获得上海社会科学院创新工程的支持,组建了"全球视野下的中国软实力研究"创新团队。这样,我院软实力研究的团队建设、机构建设暂告一段落,而把全部精力投入到数据收集、田野调查和文本研究之中。

什么是软实力?

"软实力"作为一个学术概念是美国政治学者约瑟夫·奈在 20 世纪80 年代末 90 年代初提出来的。当时的一个重要背景是,20 世纪 70 年代,美国学术界流行着"美国衰落论",这主要是因为 70 年代苏联正处于咄咄逼人的态势,与美国在第三世界全面争夺霸权,而美国则长期陷入越战"后遗症"之中。所以,"美国衰落论"似乎得到了美国主流学术界的接受。然而,约瑟夫·奈认为,美国没有衰落,而是权力发生了扩散,从硬实力扩散到软实力。因此,奈建议,要充分认识软实力的重要性,尤其是要在美国的对外行为中要大力推行美国的文化和价值观。尽管奈的观点当时并没有引起重视,但他的认识无疑是前瞻性的,从这些年的实际情况来看,软实力的确成为国际竞争的主战场之一。虽然"软实力"这个概念是美国学者提出来的,但对软实力的关注、运用在中国两千多年前就开始了。《易经》中就强调:"地势坤,君子以厚德载物",即德厚方能承载万物。这实际上就是软实力。《道德经》也有相应的论述。如"天下之至尊驰骋于天地之至坚""上善若水"等。这些都强调软实力的重要性。即便是关于运用军事硬实力的《孙子兵法》也强调"不战而屈人之兵"的软实力手段。由此可见,软实力并非是外来的东西。

关于软实力的来源,奈认为是来自文化、价值和对外政策。同时奈也强调,有形的物质性资源也可能产生软实力。后来被一些学者解读为软实力必须建立在硬实力的基础之上。这个认识既对也不对。当把软实力与大国成长的关系来看,即国家的硬实力是软实力的基础,离开了硬实力,软实力也就失去根基。然而,如果纯粹从学术角度来看,软实力不一定需要硬实力。例如,罗马帝国、古希腊都不存在了,但它们的文化、价值迄今对西方乃至整个世界都始终有影响;苏联作为一个国家已经不存在了,但苏联对俄罗斯、其他独联体国家,乃至东欧国家的影响依然存在。从人的角度来看也是一样,马克思、恩格斯已去世了,但他们的伟大思想依然影响着世界;老子、孔子、孟子也早已作古,但他们的思想却依然保持强大的生命力。由此可见,关于软实力与硬实力的关系要区别具体情况。

软实力的内涵

奈提出"软实力"这个概念,但缺乏理论论证,因而其理论缺陷是非常明显的。20 世纪 90 年代,软实力研究被中国学者引入中国学术界,但最初并没有引起学界的关注。一个重要的原因是,概念的"原产地"美国对此应者寥寥,而在中国最初对文化为核心内容的软实力并没有放在重要位置,更多的是关注经济发展即硬实力。当然,20 世纪 80 年代,国内学术界的确也兴起了一个"文化热"。但是当时整个国家为了解决"短缺经济"问题,尤其是要解决贫困问题,"文化热"迅速被经济发展的势头所掩盖。社会主义市场经济启动后,经济的热潮更是把经济之外的一切都遮盖了。其结果是,经济迅速崛起的时候是文化的日益贫乏。

进入 21 世纪后,社会对文化的需求日益强烈,软实力尤其是文化软实力越来越重大重视,强调增强国家软实力,实施文化强国战略。需要强调的是,无论是从党和政府的文件还是国内学术界来看,中国语境中的软实力与奈所说的软实力的内涵是大相径庭的。换言之,国内学术界所研究的软实力其内涵要远远大于奈所说的软实力。国内学术界所使用的软实力只是借用了奈的软实力的外壳,其内涵则完全"中国化"了。就其内容而言,至少包括以下几个方面:

一是直接由文化、价值观等无形资源产生的软实力。国内学者对这方面的研究比较多,这主要的原因是,中国有五千年的文明史,文化底蕴非常深厚,文化资源也十分丰富。可以说,中国是一个文化资源大国。不过,文化资源要成为软实力还需要一个转化的过程,更需要一种转化的能力。也就是说,文化资源大国并不一定是软实力大国,更遑论软实力强国。

二是物质性即有形的资源产生的软实力。虽然奈也有此观点,即有形的资源本身也会产生软实力,如美国是世界第一大经济体,而且美国拥有最发达的高校和研究机构,也拥有最先进的科学技术,因此,美国一直就对世界各地的优秀人才具有强大的吸引力。长期来,美国一直就是世界优秀青年的移入国。这种情况首先是因为美国拥有强大的物质性资源。又如,中国经过40年的改革开放之后经济迅速崛起,科技实力也稳步提升,与此同时,中国的国际地位也得到了前所未有的提高。因此,中国也对世界各国的人们产生了强大的吸引力,相当多的欧美各国的人们越来越多地选择来中国创业和选择中国定居。这就是中国经济崛起而产生的强大软实力。

三是制度资源产生的软实力。这主要是指好的制度往往能产生更大的经济绩效和社会绩效,也会使制度具有更大的吸引力和社会动员力。这里所说的制度既包括社会制度、政治体制、法律制度等,也包括工作中的运行机制,但我们研究的制度更多的是指前者。

制度作为软实力并非是奈提出软实力概念之后的事。如果我们回顾一下历史,古今中外都不断在探索国家制度,目的是寻找制度的力量,包括制度的生产力、吸引力。《马可·波罗游记》传到欧洲后形成了一股“中国热”,这在相当大程度上是因为马可·波罗在东方看到了一种比西方更好的制度,或者说是中国的制度对他产生了一种强大的冲击力。后来,门罗尔萨、莱布尼茨甚至直言不讳地说,中国是世界上统治最好的帝国。这是当年大元帝国的制度对欧洲产生的巨大软实力。

然而鸦片战争的失败,震醒了中国一批先进分子,使他们进行反思。最初是器物上的反思,从“师夷长技以制夷”到“中学为体、西学为用”等都是在器物上的反思。及至中国在甲午中日战争的再次战败,中国知识分子开始进行制度反思,寻找一种能够使中国避免亡国灭种并能够实现富国强民的制度。戊戌变法虽然只有百日,但这是中国社会第一次对中国进行制度反思,寻找适合中国且具有强大社会动员能力的社会制度。孙中山领导的资产阶级革命也是在寻找一种美好的制度。当然,这些实践都先后失败了,直到中国共产党的诞生,中国的革命面貌才焕然一新。从此,对制度的探索,就不可推卸地落到中国共产党的肩上。

中国最终选择社会主义制度,不是偶然的,也是历史的选择、人民的选择,特别是因为社会主义制度所具有的强大软实力。过去 40 年的现代化建设中取得举世瞩目的成就,原因就是中国共产党领导下的社会主义制度。正是由于坚持社会主义制度,中国才在现代化建设的伟大实践中开创了创造世界现代化奇迹的"中国道路"。

为什么要研究软实力?

对某一问题的学术研究既是实践发展的结果,更是服务实践的需要。从实践发展来看,在中国共产党十九大召开前,社会主义初级阶段的矛盾是人民日益增长的物质文化生活需要同落后的社会生产之间的矛盾。而经过改革开放和现代化的发展之后,中国社会不仅彻底告别了"短缺经济",而且人民的物质生活水平也有了前所未有的提高,甚至可以说,人民日益增长的物质生活的需要得到基本满足,并在此基础上人们正在追求一种高质量的幸福生活。但是,人们对幸福生活追求既包括对物质生活质量的追求,更包括对文化等精神生活质量的追求。而为了提高人们的文化生活质量,就必须大力发展中国的软实力,实施文化强国战略。正是这样的客观实际促使我们必须重视软实力的研究。

中国共产党十九大召开以后,中国共产党对当前中国社会的主要矛盾又有了新的认识,即人们对美好生活的追求与发展不平衡不充分的矛盾,是当前中国社会的主要矛盾。对美好生活的追求离不开物质生活质量和文化生活质量的双重提高。只有物质生活质量的提高而缺乏高质量的文化生活,这种生活绝对是没有品位的生活,而没有品位的生活也绝对算不上美好生活。而文化生活品质的提高则是以物质生活质量的提高为基础的。而发展不平衡不充分的情形,既表现在中国发展存在着的严重二元现象,也体现在中国经济发展与文化发展的不平衡之上。换言之,无论是对美好生活的追求还是解决发展不平衡不充分的问题,都离不开文化发展和大力提升国家的软实力。恩格斯曾经指出,文化的每一个进步,都是迈向自由的进步。由此可见,中国要在解决人们对美好生活的追求与发展不平衡不充分的矛盾,就是在经济继续发展的同时,大力增强国家软实力,谋求中国文化发展,朝着人的自由的重大进步。

从服务实践的情况来看,中国经济发展方式的转变长期来没有取得实质性的成效,以至于经济发展在经历了长时期的高速增长之后已现陷入增长瓶颈的迹象。这些问题虽然出在经济上,但解决问题的入口却在经济之外,具体而言是在文化上,即劳动力素质、产业素质上面。古人说,仓廪实而知礼节,衣食足而知荣辱。但是物质生活的富足并不能直接让人"知礼节""知荣辱",提升人的素质唯一的途径就是教化。一个国家也是一样,经济等硬实力的增强尽管会在一定程度上产生一定软实力,但真正要使国家软实力的整体性提升,还必须要有专门的增强战略。反过来,国家软实力的增强则会对经济等硬实力的提升产生倍增作用。也就是说,软实力发挥得好一定是硬实力的增进器。而且,也只有当硬实力与软实力平衡发展的时候,中国现代化发展进程中出现的种种二元现象才能得到有效消除,中国发展不平衡、不充分的现象才有可能消除。

此外,中国正在崛起为一个新型大国。之所以称为新型大国,就是因为中国崛起的方式、中国处理国际关系、中国与国际体系的关系等,都与西方历史上崛起的大国不一样。从崛起的方式来看,中国是和平崛起,即使硬实力与软实力平衡发展的崛起方式,而不是像西方大国那样是纯粹意义的硬实力的崛起。单纯的硬实力崛起最终就很难避免走上军事扩张的道路。从中国处理国际关系的方式来看,中国倡导构建新型国际关系,即中国强调和平、合作、共赢和共商、共建、共享的国际关系,并以构建人类命运共同体为目标。从中国与国际体系的关系来看,中国从游离于国际体系之外,到有限参与,最后到全面融入,在这个过程中,中国从最初的参与者转变为积极的建设者:一方面现行的国际体系是二战后建立起来的且受西方大国主导,其不公平、不公正性显而易见,但自从中国加入其中之后,中国用自己的智慧进行处理并在其中成为最大的受益者;因此,另一方面,中国用中国智慧来加以改革。40 年来,中国不仅为国际体系和全球治理贡献了中国方案,而且中国将中国五千年的文明和文化浓缩成为对当今中国乃至当今世界都具有重要影响的"中国价值"。特别是当今中国已经处于国际体系的中央区域,"中国价值"也毫无疑问地受到国际社会的关注、认知,最后会在"中国价值"的积极效应之下而不得不接受"中国价值"。从这一方面来看,加强中国软实力研究必然会产生世界性意义。

怎样研究软实力?

正所谓研究有法、研无定法、贵在得法。对任何问题的研究并没有一成不变的研究方法。约瑟夫·奈研究软实力的方法绝对不能用于中国的软实力研究。尤其是他研究软实力的目的是为了向全世界推行美国的文化,对全世界用美国的价值观进行改造。由此可见,尽管奈被视为国际关系理论的新自由主义代表,且以文化为内容的软实力强调的是一种认同性力量,但奈显然是用现实主义的手段来向世界推行美国的文化和价值观。也正如他自己所说的那样,他是"一个现实主义色彩非常浓厚的自由主义学者"。我认为奈对自己的判断是恰如其分的。

中国学者研究中国软实力的目的显然与奈是大相径庭的。中国视野中的中国软实力目的是用文化来滋养国民,提高中国的品味,从而在国际社会塑造一个健康、良好的中国形象,而绝非是要用中国文化来改革世界。诚然,中国也强调中国文化要"走出去",但也是为了加强国际间的跨文化交流。中国文化"走出去"绝对不是用中国文化来同化其他国家、其他民族的文化。中国一直强调文化多样性是全球化的客观事实,而全球化一度被西方打上了西方的烙印,甚至全球化一度被视为是"消弭东方"的"西方化"趋势。然而,从全球化的历史进程来看,那种趋势完全是西方的错觉。虽然从世界文化发展的客观实际来看,"西强中弱"依然是客观实际,但中国文化以其独特的魅力而必将获得世界的青睐。尤其是自 2008 年金融危机以来,西方陷入的困境也昭示着西方文化的困境。而与此相反,中国现代化的实践可谓"这边风景独好",这也正是中国五千年文化在当今世界正闪烁着熠熠的光辉。这种情形将会像第一次世界大战以后一样,西方的困境将促使西方不得不从中国历史文化中寻找摆脱现实困境的智慧,这种智慧就是:尊重多样文化,谋求共同发展。

当然,在跨文化交流中,我们要对中国文化树立足够的自信。没有文化自信就难以正常地开展跨文化交流。文化自信的前提是文化自觉,也就是费孝通先生所说的"各美其美,美人之美,美美以共,天下大同"。意思就是,既要正确对待本民族的文化,又要正确对待其他民族的文化,在此基础上进行文化交流、文明对话,在文化多样的前提下实行文明互鉴,文化融合,最终走向人类的大同社会,即人类命运共同体。因此,研究中国软实力就是要为构建人类命运共同体提供中国智慧和智力支持。

丛书主编　胡键

上海社会科学院软实力研究中心主任

上海社会科学院"全球视野下的中国软实力研究"创新工程首席专家

目 录

导论　软实力建设，大国复兴的必由之路

　　一个大国不仅需要雄厚的硬实力做后盾，而且还需要拥有强大的软实力。中国选择的是和平发展的全新之路，这就意味着，在不断增强经济实力的同时，也要不断提高软实力，使软实力与硬实力之间保持平衡、协调发展。在过去40年改革开放的伟大实践中，中国走的是一条追赶式的发展之路，因而不可避免地一度陷入对国内生产总值（GDP）的崇拜之中。事实证明，这种追赶式的发展不是科学的发展，也不是以人为本的发展。马克思主义经典作家明确指出，发展的最终目标应该是人的全面发展。因此，提高硬实力发展的质量，必须以提高软实力为先决条件，要不断提高国家的文化软实力。甚至完全可以说，只有文化的复兴，才能真正体现中国作为一个大国的复兴。老子在《道德经》中说："天下之至柔，驰骋天下之至坚。无有入无间。"意思就是说，天下最为柔弱的东西能在最为坚硬的东西里穿行，畅通无阻，纵横奔驰，其势头任何东西都不能阻止。与此相关的还有一句是："天下莫柔弱于水，而攻坚强者莫之能胜，以其无以易之。"意思是，水是遍天下最柔弱的东西，却能攻克世界上最坚固的东西。由此可见，制胜的工具不在于其外形，而在于其内涵。同样，一个民族的复兴不能仅仅依赖于"至坚"的硬实力，更需要"至柔"的文化软实力。文化是一个民族的内涵，文化才能真正塑造一个民族的品格。

一、文化资源大国今并不意味着是软实力大国

　　从1978年改革开放开始以来，中国主要是着力发展硬力量。这是由当时中国的国情所决定的。当时的中国，人均GDP不到200美元，如果按

照世界银行人均每天消费不到 1 美元就算绝对贫困为标准,中国的赤贫人口数在 1981 年是 6.34 亿,到 2001 年减少到 2.1 亿。即使按照中国年收入低于 637 人民币的标准来计算贫困人口,根据国务院扶贫办的统计,1978 年,中国尚未解决温饱的贫困人口也有 2.5 亿人。在当时的情形下,中国没有资格来谈软实力建设,不得不把经济建设作为中心来抓。但是经过 40 年的改革开放和现代化建设以后,中国硬实力特别是经济实力得到空前提升。在这种经济基础之上,中国已经到了不能不谈建设软实力的时候了。这是因为硬实力仅仅是中国走向现代化的物质条件,并不是现代化本身,而软实力才是人的素质的核心,是体现以人为本的国力要素构成。当硬实力达到一定程度时,硬实力对国家的发展就不再具有决定性的作用。这时在国家发展中起决定作用的将是社会的和谐、制度的完善、文化的提升等软实力。也就是说,当硬实力发展到一定程度时,软实力将是决定国家发展的主要因素。换言之,笔者不是文化决定论者,而是主张当前中国已经发展成为世界第二大经济体的时候,文化的发展更具有决定性的意义。

中国是一个文化资源大国,源远流长、底蕴深厚、博大精深的中华文化不仅是中华民族共有的精神家园,而且也同样滋润了世界其他民族,也是世界其他民族的精神养料。但是文化资源大国并不天然就是文化软实力大国。资源要成为实力,还需要有一个转化过程和国家的转化能力。然而长期以来,中国缺乏的恰恰就是把资源变成实力的能力。这其中的原因是多方面的。

从国家政策层面来看,中国经历了长时间的封闭。封闭使中国对外部世界了解甚少,当西方列强经过文艺复兴、工业革命之后走上富强之路时,泱泱大国还沉睡在"中央大国"的美梦之中。即使在西方列强打开中国大门之后,中国对西方的认识也如隔雾看花,对西方文明的认识朦胧中仍带有不屑一顾之感。中华人民共和国成立后相当长的时期内,国家同样因种种原因而处于封闭之中。结果,中国与新科技革命失之交臂,而且国内政治运动也导致国家的文化建设长期被忽视。

从民族心理来看,博大精深的文化资源虽然是民族的精神宝库,但弄不好也会成为民族的精神包袱。而恰恰在这一方面,中华民族面对着巨大文化资源也不可避免地形成了文化夜郎主义心理，既不思上进、不善于创新，也唯我独尊，不愿成为"拿来主义"者，而永远做一个"送去主义"者。后来，当西方列强强行"送来"之时，欧风美雨也没有把中国社会的腐朽和中华民族的文化夜郎主义洗刷一新，相反，在欧风美雨的涤荡之下，文化夜郎主义变态的程度进一步加深——对外部文化严重拒斥。

上述两个方面的原因合力作用，其结果是使中国软实力存在着严重的缺陷：文化资源大国却是文化软实力小国。这宛如一个虚肥的膀子加上严重缺钙。

文化强国战略是党中央就文化发展和国家现代化战略问题做出的重大决定。这表明中国已经充分认识到增强国家软实力的必要性、重要性和紧迫感。但是这一重大决定绝非单纯从文化的角度来考虑文化问题的，而是对中国社会经济发展的战略考量。而这一战略构想不仅是基于中国改革发展和现代化建设多年来所取得的伟大成就及改革和发展进入攻坚阶段的现实，而且也基于中国通过改革开放已经进入国际舞台的中心区域，国际竞争的内容发生了重大变化的实际。这样的现实对文化软实力建设提出了现实的要求。

第一，软实力建设是经济发展质量提升的需要。40年的改革开放，从根本上解决了中国经济发展的动力问题，即通过改革，社会各种要素、各种资源在市场与政府两种配置手段之下得以充分动员起来，并为中国经济发展做出了巨大贡献。但是改革开放并没有解决中国国民生产值的质量问题和自主创新的能力问题。国民生产值的质量不高，表现在三次产业贡献率上，第二产业对国民生产值的贡献率偏高，第三产业的贡献率偏低。根据世界银行的统计，在同样的时间段里，中国单位GDP的能耗仅仅比俄罗斯略低，与南非大致相同，比印度略高，比巴西高得多。由此可见，中国经济规模的迅速增大，主要是靠高投入、高消耗来实现的，经济的品质非常低，特别是创新力严重不足。当前，中国经济的进一步发展遭遇了新的瓶颈，走出这一瓶颈就需要通过提高国家的自主创新能力来提高经济发展的质量。在新一轮的发展中，文化软实力将对国家的发展起着决定性的作用，包括经济发展方式的转变也有赖于文化软实力的提升。也就是说，只有文化软实力的提升，才能根本解决经济发展的质量问题和提高国家的自主创新能力。

第二,软实力建设是国民素质提升的需要。不可否认的事实是,自社会主义市场经济启动以来,社会结构状况及国民的价值观与行为方式发生了深刻的变化。社会主义市场经济使经济活动的主体成为具有独立地位的人,促使国民心理素质中的主体意识与自主意识空前增强,国民素质随着物质文明的进步而有较大幅度的提高。但由于社会转型中出现的利益分化和价值多元化,也使社会出现了一些道德和价值观方面的问题,突出表现为心浮气躁、急功近利,诚信缺失、责任感缺乏、人与人心理距离拉大、人际关系淡漠等。这虽不能说是中国社会道德的严重滑坡,但至少表明国民素质在诸多方面出现了问题。这恰恰表明,在 20 世纪 80 年代以来的现代化建设中,我们主要是抓物质文明建设并且取得了举世瞩目的成就,但我们不能用物质文明建设的成就掩盖国民道德素质有待提高的事实。众所周知,社会的现代化不只是物质的现代化,甚至可以说,中国物质文明建设的成就并非中国社会现代化的本身,而是中国走向现代化的物质条件。只有人的素质的全面提升,包括物质生活水平的提高和精神境界的提升才是社会现代化的真正含义。物质生活水平的提高相对容易,而精神境界的提升则需要通过优秀文化长期的潜移默化。事实上,国民素质水平不高,已成为制约我国经济发展和社会进步的瓶颈之一。

第三,软实力建设是大国成长的需要。民族的复兴和大国成长,不只是经济发展,更需要文化的发展,只有文化的复兴才使得国家的崛起具有可持续性。这是从西方大国成长的历史中总结出来的教训。西方历史大国兴衰更替原因众多,但其中有一个原因是一样的,它们都集中全力发展硬实力,然后全面进行武力扩张,最后都没有避免崩溃的结局。虽然它们也注意文化软实力的重要性,但西方历史大国要么信奉血腥的殖民主义文化,要么倡导反人类的法西斯军国主义文化。这非但没有成为积极的文化软实力,反而使这些国家在文化软实力方面严重减分,是一种负软实力。中国文化有数千年的发展历史,但近代以来,中国文化的落后性导致了中国落败于西方列强。在经历了民主革命、社会主义建设,特别是改革开放的现代化建设以后,中国国际地位得到了前所未有的提高。因此,有西方学者指出:"中国崛起毫无疑问地成为 21 世纪的世界大戏之一。"但是一方面,经济实力的长足发展、人民物质生活水平的提高,并不自然地带来文化软实力的增强和国民素质的全面提高;另一方面,中国的发展不能单纯追求"物质性成长",如果单纯追求硬实力的成长,中国也会陷入大国兴衰的"历史周期律"之中。只有文化的复兴和文化软实力的增强才是为中国和平发展提供持久不衰动力的源泉。

二、软实力大国如何可能?

当前,有不少西方学者对中国软实力评价比较高,认为中国软实力资源非常丰富。三千多年来,中国的耀眼光芒吸引着商人、使节、学者和教徒纷纷前来寻求财富、权力、教诲和灵感,改革开放更进一步激发了世界各国对中国文化的兴趣,中国正在用自己的文化向其邻国乃至整个世界展开一场"魅力攻势",甚至说是向世界打出了一张非常重要的"软实力牌"。美国学者乔舒亚·柯兰奇克在最近出版的《魅力攻势——中国的软实力是如何改变世界的?》一书中,更是系统地梳理了中国软实力如何在亚洲及整个世界崛起的历程及其影响。但是中国自己应该有自己的看法,不能被西方学者"捧杀"。实际上,冷静地看,当今中国软实力仍然呈现量小质低的特点。很显然,尽管中国是一个文化资源大国,但在世界文化贸易中,中国存在着严重的"文化贸易赤字"。这就是说,中国文化竞争力处于较弱较低的态势。同样,中国是一个教育资源大国,但也是教育弱国,在教育贸易中,中国每年也存在着高达 20 亿美元的教育逆差。仅此就足以表明,中国软实力的严重缺陷。

那么中国能否成为软实力大国呢? 回答是肯定的。一方面,当前中国成为软实力大国已经拥有了雄厚的物质基础。特别是经济实力大大增强,从经济总量来看,按照现行市场汇率计算,中国 GDP 总量已经上升为世界第二位,仅次于美国。中国已经是一个经济大国,这为把中国建设成为软实力大国提供了坚实的物质保障。另一方面,当前建设中国强大的软实力恰逢时机。和平发展是世界的主旋律,在这种时代条件下,尽管世界仍然不稳定、国际热点还存在、局部地区的战争也时有发生,但国家之间的竞争主要是非军事领域的竞争,而且主要是集中在创新能力上的竞争。一国的创新能力必须依赖于以文化为主要内容的软实力的发展。因此,中国完全能够抓住这次机会,通过弘扬中华民族文化,同时又善于吸收各国优秀文明成果,来达到增强中华文化的世界影响力的目的。文化是民族凝聚力和创造力的重要源泉,必须围绕社会主义核心价值观来推进文化创新,增强文化发展活力。

三、软实力建设任重道远

但是应该看到,中国要成为软实力大国不能一蹴而就,软实力建设任重道远。这既有中国内部诸因素的制约,也有外部力量的制衡。

从中国内部来看,一是制度创新特别是文化发展的制度创新严重不足。制度创新本身就是软实力发展的重要内容,而文化发展则直接需要制度创新,以解放文化生产力。文化的发展更依赖于文化产业的发展。因此,制度创新必须确保文化产业发展,要实现从知识资源向知识资本的转化、从GDP增长向生活质量的转变、从经济强国向文化强国的转型。然而这些转化、转变和转型都与中国社会整体转型一样,是一个漫长而艰难的过程。二是中国内部社会结构的失衡导致文化资源分布不平衡。社会结构的失衡集中表现为利益结构的失衡,经济利益上的两极分化现象比较明显;同时,又由于制度建设和文化观念等软实力要素的不足,使一小部分人群过多地掌握了社会资源和市场资源,并进而过多地占据了软实力资源。如果改革发展总体效益包括软实力效益的共享程度下降,可能导致社会的认同感和凝聚力的削弱,而平衡这种社会结构也需要进行长期的努力。三是民主政治发展还有待进一步完善。民主政治不完善的一个重要表现是,政治权力不仅仍然或多或少地参与经济利益的分配,而且同样也参与文化资源的分配。这就使得原本就不平衡的文化资源分布格局在权力的干预下不平衡程度进一步加深。而同样的理由,民主政治建设也是一个漫长且渐进的过程。

从外部因素来看,一是西方大国因对中国存在着固有的意识形态偏见,不仅认为中国硬实力的崛起会陷入历史上西方大国崛起的"周期率",会对既有大国构成挑战和威胁,而且也认为中国加强软实力建设也是为了挑战既有大国，因而必然要威胁世界的稳定。二是由于这种意识形态的偏见，西方大国对中国无疑存在着严重的"信任赤字"。在信任不足的前提下，不论中国对外宣称走和平发展道路，还是中国在世界各地所从事的关于中国文化的各种推广活动，都被渲染为各种版本的"中国威胁论"。三是由于前面两种原因而导致西方大国强烈要求中国在国际上要成为"负责任的利益攸关方"，并进而提出所谓的"中国责任论"。尽管这种提法对中国的认知有相当大的积极意义，与历史相比也有很大的进步，但包括一些西方学者也毫不否认，西方提出的"中国责任论"往往是根据西方大国的利益来定位"中国责任"的。其目的不仅是要掌控中国崛起的进程，更是要遏制中国崛起的势头，包括中国硬实力的崛起和软实力的崛起。也就是说，中国在国际社会中所面临的复杂矛盾，也决定了中国软实力建设之路任重道远。建设中国的文化软实力，就要不断提升把资源转化为实力的能力。

第一，文化资源的整理能力。这主要是指要在当今时代条件下重新整理国故。中国文化数千年的历史，资源丰富，需要进行有效梳理。用胡适的话来说就是"还其本来面目"，从而达到"解放人心"的目的。当今重提整理国故就是要重建中国的文化自觉，要通过借用现代科技手段整理国故，去国渣、扬国粹，最终实现中华民族的文化自强。

第二，文化的传承能力。整理国故不是要将中国传统文化梳理之后便束之高阁，而是要在区别国渣与国粹之后，扬善弃糟，传承国粹。目的就在于：一是要夯实文化发展的基础。一个重要的现实是，在西方主导下的"文化全球化"进程中，中国文化的主体性受到严重削弱。所以我们要重新寻找中国文化之根，以重建中国文化的主体意识。这是中国文化发展进程中不可或缺的"文化存量"，是当今中国文化发展最重要的基础。二是要建立中国文化的传承体系。在全球化浪潮之下，中国优秀传统文化的传承遭遇了极大挑战。因此，必须要通过教育与普及重塑文化认同，通过引导社会民众进行合理的文化消费来建立健康的居民文化生活，通过对传统文化进行时代转化来使传统文化获得更大的生命力。三是要建立中国的知识谱系。传承文化的目的在于使文化转化为国家现实的软实力，使之为现实社会发展服务。在融入国际社会之后，中国的话语权非常弱，而且长期以来被迫辗转于西方的话语体系之中,被动地回应西方有关中国问题的各种话语。究其主要原因便是中国缺乏自己的知识谱系。话语能力来自于知识谱系,从这一角度来看,建立知识谱系对提高中国文化软实力具有重要的战略价值和现实意义。

第三,文化的创新能力。西汉著名思想家扬雄在《太玄》中就强调:"物不因不生,不革不成。""不因不生"是指不能忘记传统,"不革不成"意思就是事物的发展必须不断创新。因此,文化的发展和文化软实力的提升,就是要在尊重传统的前提下不断进行文化创新。没有生命力的文化就没有成长力,文化的成长力就在于不断地进行创新。富有生命力和成长力的文化才能支撑一个民族的崛起和大国的成长。

第一章　软实力与中国和平发展道路

　　"和平发展"①是进入 21 世纪以后中国对自身发展道路的一种高度概括,但这绝不是突兀之词,而是中华人民共和国成立六十多年,甚至是自鸦片战争以来一百七十多年现代化历史经验和教训的总结。中国和平发展道路的理论内容十分丰富,其中既有对历史经验的传承,又有在新的时代条件下的创新;既是内部发展的经验和教训,又是在国际大环境下的理论思考和现实选择。中国和平发展道路正式提出以后,国际社会对中国持信任态度的甚少,更多的是怀疑,甚至持完全否定的看法。② 因此,梳理中国和平崛起的历史脉络,有利于我们正确把握中国和平发展道路的基本规律,更有利于国际社会正确理解中国和平发展道路的内涵,以及有利于中国国内民众和国际社会对中国和平发展道路充满信心。

---

　　①　2003 年,中国首先使用的是"和平崛起",后来正式的文件中都使用"和平发展"。

　　②　在中国和平发展道路提出来以后,持怀疑论的典型代表是米尔斯海默。See John J. Mearsheimer, China's Unpeaceful Rise, *Current History*, April 2006, pp. 160 – 162;John J. Mearsheimer, The Gathering Storm:China's Challenge to US Poer in Asia, *The Chinese Journal of International Politics*, Vol. 3, No. 4, Winter 2010, pp. 381 – 396. 其他学者的观点还可参见 Albert Keidel, China's Growing Pains Should Hurt Us, *The Washington Post*, July 24, 2005 等。最近,西方又有学者提出类似怀疑论的观点,认为随着中国经济的增长,中国成长中的各种痛苦越来越明显,这将威胁到中国的周边邻国甚至更大范围国家的安全。See Yukon Huang, China, the Abnormal Great Power, http://carnegieendowment. org/2013/03/05/china – abnormal – great – power/fo53(上网时间:2013 年 3 月 20 日)。此外,美国著名中国问题研究专家沈大伟(David Shambaugh)在其新著《中国走向全球》(*China Goes Global:The Partial Power*)中提出,中国是"一个不完全的大国",认为中国没有盟友、软实力非常弱小、金融系统不发达、跨国企业寥寥无几,中国可能会成为世界第一大经济大国,但不会成为第一大政治大国。这实际上也是对中国和平发展持怀疑论的表现。See Gideon Rachman, Whether China will become a global power, http://www. ft. com/intl/cms/s/2/79277554 – 8a63 – 11e2 – 9da4 – 00144feabdc0. html#axzz2NtPyQEAp(上网时间:2013 年 3 月 15 日)。

第一节　中国和平发展道路的历史逻辑、
基本经验、未来前景

　　中国发展到今天,走出了一条不同于以往大国崛起的道路,即和平发展道路。国际社会对此仍有疑虑甚至误判。和平发展道路已经为中国赢得了整整 40 年的发展时间,中国的面貌发生了历史性变化。这表明,和平发展道路符合中国最广大人民的最大利益,同样也符合世界上大多数国家和人民的利益。中国不可能放弃这条道路,只能坚持并不断开拓这条道路。中国坚持和平发展道路将是世界之福,而放弃和平发展道路则将成为世界范围的"灾难"。因此,和平发展道路是中国不可改变、不可替代的历史选择。

一、中国和平发展道路的历史逻辑

　　什么是中国和平发展道路的历史逻辑?毫无疑问是自鸦片战争以来的中国现代化进程。换言之,中国和平发展道路的探索是与中国现代化进程同时开启的历史过程。有一种观点认为,中国和平发展道路的逻辑起点是党的十一届三中全会,认为是中国 40 年的改革才成就了中国特色社会主义的理论体系,才最终形成了中国和平发展道路;中国和平发展道路在时间维度上特指中国改革开放以后的社会发展道路,并不是指中国任何时期的社会发展进程,而仅仅从改革开放以后算起,不宜将其推演到中华人民共和国成立、中国共产党的诞生,甚至近代中国;①中国在 1979 年以前所有的关于中国道路的探索,或者由于中国处于世界体系的边缘,或者中国是效仿日本或欧美,即便是中华人民共和国成立以后,因而最多只能算是"中国道路"的"前史"。② 不管怎样,理解改革开放 40 年的历史必须要以正确

---

　　① 持这种观点的研究成果请参见蔡拓:"探索中的'中国模式'",载俞可平、黄平等:《中国模式与"北京共识"——超越"华盛顿共识"》,社会科学文献出版社,2006 年,第 320～321 页。

　　② 参见韦定广:《创造与贡献:世界体系视域中的"中国道路"》,《社会科学》2010 年第 6 期。

理解前 30 年的历史为前提。没有前 30 年的探索就没有后 40 年的成就。

如果把视野延伸到中国近代史中去,我们会发现中国和平发展道路跟鸦片战争以来的民族复兴、现代化和社会主义三重历史任务紧紧联系在一起。在鸦片战争以前,中国社会只是"成千上万胼手胝足、转转沟壑的小农背负着一代一代讴歌唐虞盛世、高谈名物考据或性心理义的士人"①。所以马克思把中国视为人类社会"活的化石"。这是因为中国社会长期停滞不动,即便是革命包括中国农民战争最高峰的太平天国革命,"除了改朝换代以外,他们不知道自己负有什么使命。他们没有任何口号,对民众说来他们比对旧统治者们还要可怕。他们的使命好像仅仅是用丑恶万状、毫无建设性的破坏来与停滞腐朽对立"②。恩格斯则将中国视为"一千多年来一直抗拒任何发展和历史运动的国家"③。也就是说,在资产阶级民族侵入之前,中国社会根本就不知道什么是现代化,社会变革也不可能提出现代化的任务。然而鸦片战争的炮火第一次将沉睡的中国社会震醒,也第一次使中国人民感觉到了中国社会的落后性。因此,一批先进分子开始"放眼向洋看世界",开始"师夷长技"。随后,中国社会又历经了第二次鸦片战争、甲午中日战争、八国联军的侵华战争等,战争一次次的失败使中国社会深深地感到民族复兴的历史责任日益沉重。但是究竟如何救中国于水火、挽民族于危亡,在鸦片战争以后一百多年的近代史中,中国几乎尝试了所有西方的经验和主义,"中体西用"的洋务运动只是使中国在现代化之路上迈出的一小步。以日本为蓝本的维新变法,虽然维新派为之洒下了热血,但并没有开创出中国的现代化之路。即便是以孙中山、黄兴、宋教仁为代表的资产阶级民主派试图通过"揖美追欧"来实现"旧邦新造",最后也是以失败而告终。只有在马克思主义指导下的中国共产党才使中国人民真正认识一条真理:只有同社会主义的命运联系在一起,中国才能找到现代化和民族复兴之路。中国和平发展道路正是在这样的历史背景下开始探索的。

获得独立后的中国继续探寻自己的发展道路。不过,有一个重要前提

---

① 陈旭麓:《近代中国社会的新陈代谢》,上海人民出版社,1992 年,第 2 页。
② 《马克思恩格斯全集》(第 15 卷),人民出版社,1963 年,第 545 页。
③ 《马克思恩格斯全集》(第 42 卷),人民出版社,1979 年,第 472 页。

成为中国寻找发展道路的约束条件,那就是中国曾经被西方列强蹂躏,而且中国是一个积贫积弱的国家。因此,发展是中国的第一要务,特别是要在独立自主的前提下建立独立的国民经济体系和工业化体系。也正因为如此,中国率先提出了"互相尊重主权和领土完整、互不侵犯、互不干涉内政、平等互利、和平共处"五项原则,并坚持在该原则的基础上与世界各国建立友好平等的关系,目的就是要为国内的经济发展创造一个宽松的国际环境。当然,在当时的情况下,宽松的国际环境只是主观的设想,作为新生的社会主义国家和民族解放运动的先驱,中国又必然地扮演着西方殖民主义体系和西方主宰的旧的国际秩序的挑战者角色。[①] 因此,现实的国际环境对中国社会主义建设的压力是非常大的,但这并没有让中国放弃和平共处五项原则。

当然,至少在改革开放以前,中国尚未真正找到和平发展的道路,而只是在外交实践中形成了关于和平发展道路的理念并制定了某些政策。改革开放以后,随着中国经济实力的不断增强和中国国际地位的不断提升,中国开始思考发展战略问题,尤其是关于中国的发展对国际体系究竟会产生什么样的影响等问题。中国的崛起是一个发展中的大国的崛起,也是一个非西方国家的大国的崛起,无论国际社会是否注意到这一点,中国自己都不得不慎重对待。这是因为中国作为一个大国它的崛起必然要冲击既有的国际权力格局和利益格局,给国际体系带来巨大的震动。在这种情形下,所有国家尤其是既有大国必将进行相应的战略调整并制定应对之策。如果中国不想在既有大国的战略调整中成为它们的"假想敌"并遭到它们的遏制,那么中国就必须全面和平融入国际体系并努力成为建设性的力量,而不是一个改变国际体系的挑战者。这是问题的一方面,问题的另一方面是,中国的崛起不是一个国际社会突发性崛起的力量,而是经历了一百七十多年艰苦探索的痛苦过程。中国深知被奴役、被蹂躏的民族耻辱,更知道亡国灭种的灾难。因此,中国的崛起不能建立在其他国家的痛苦之上,更不能以摧毁另一个国家或民族来实现自身的崛起。这就是中国和平发展的内在实质。中国和平发展道路的历史逻辑,从本质上就是自鸦片战

① 参见黄仁伟:《中国和平崛起的时间与空间》,上海社会科学院出版社,2002 年,第 3 页。

争以来实现中华民族伟大复兴的"中国梦"。

二、中国和平发展道路的基本经验

中国的成长过程,是鸦片战争以来的现代化进程。但是中国真正找到和平发展道路的起点毫无疑问是在 20 世纪 70 年代末。没有改革开放和现代化建设,就不可能有和平发展的道路,这二者存在着必然的因果关系。也就是说,中国和平发展道路形成的时间并不长,而且中国和平崛起还只是进行时,还远没有到完成时,但中国和平发展的道路并非完全是"摸着石头过河"。总结改革开放以来的实践,中国和平发展道路大致有以下基本经验:

(一)追求软实力与硬实力的平衡发展

中国的崛起与历史上的大国崛起之所以不同,就是因为历史上大国的崛起基本上单纯是硬实力的崛起;而中国的崛起,既强调硬实力是国家成长必不可少的物质基础,也强调软实力对国家成长的重要性,是追求软实力与硬实力平衡发展的崛起。或者说,中国的崛起是追求物质性成长与社会性成长相统一的一种崛起方式。① 综观西方大国成长的历史,大国成长的类型基本上是武力扩张型,即通过军事的手段打破原有的国际(或地区)体系;或者用军事的手段摧毁原有的主导国并取而代之成为既有体系的主导国。从葡萄牙、西班牙、荷兰、英国、法国、德国、俄国、日本等国发展的历史来看,都无不例外地是在追求硬实力的畸形发展,即过度强调军事实力的作用而崛起的。但这些国家都从军事立国又到国家衰落。这就是所谓的大国成长的"历史周期律"②。即便是当今的美国,也因在冷战结束

---

① 所谓"物质性成长",是指国家对于领土、资源、海洋、市场、军事力量、科技力量等物质文明的追求,还包括国家对国际事变的机械反映;所谓"社会性成长"则是指"大国的发展必须以主流的国际规范、国际法等国际政治文化为依据,从维持和建立反映时代要求的世界秩序为出发点,将履行国际规范与国际责任界定为国家重要利益,运用合法的国际交往手段谋取综合国力,建立良好的国家形象与国际威望,进而成长为国际社会主要成员的过程"。参见郭树勇:《大国成长的逻辑:西方大国崛起的国际政治社会学分析》,北京大学出版社,2006 年,第 54 页。

② 所谓大国成长的"历史周期律",是指国际政治发展进程中,不仅主导国际秩序的大国会出现周期性的替代现象,而且国家间关系也有时紧张、有时趋于缓和、有时停滞、有时进步(或倒退),而这种紧张/缓和、停滞/进步(或倒退)的背后其实是有规律有特点的,即有升与降的曲线周期。参见王逸舟:《西方国际政治经济学:历史与理论》,上海人民出版社,1998 年,第 424 页。

后不断对弱小国家使用武力从而伤及其软实力而出现了衰落的迹象。①

相比之下,中国的崛起则完全不一样。中国过去40年的崛起主要表现为内部经济的发展,是典型的内联式崛起。在经济发展的基础上,特别是经济发展遭遇到质量的瓶颈之时,中国开始着力于增强国家软实力,通过软实力的提升来突破经济发展的质量瓶颈,并为新的经济发展提供理论支撑和智力支持。由此可见,中国的和平发展道路是一条全新的强国之路,它不仅在于其经济总量等硬实力的迅速提升,更重要的是在一定硬实力主要是经济实力的基础上,同时提升文化竞争力、制度创新力和观念影响力等构成的软实力。也正因为中国追求软实力与硬实力的平衡发展,所以中国将最终能够跳出大国成长的"历史周期律"。

(二)坚持把本国历史文化传统与世界各民族优秀文化相结合

软实力的核心是文化实力,文化实力来源于文化。中国是一个拥有数千年文化积淀的国家,而且文化作为一种非正式制度,在社会化发展和历史变迁中具有相当大的惯性,对社会发展具有持久性的影响。因此,中国的崛起绝不能抛弃传统文化,走文化虚无主义之路。

中国的崛起既表现为经济实力的增强,也表现为文化的复兴。中国的文化复兴,一方面表现为对传统文化的传承,大力弘扬中华文明的优秀传统。中华文明有五千年的历史,历经艰难曲折而始终绵延不衰,不仅滋养了中华民族,而且为世界文明贡献了其独具特色的精神财富和智慧。这些精神财富和传统智慧是当今中国文化软实力的重要组成部分。因此,传承中国文化传统有利于建立中国文化发展及构建支撑中国话语的知识谱系。另一方面,中国文化的复兴也表现为"重视吸收世界各国的文明成就,包括吸收各国人民共同接受的一些基本价值,从而显示中华文化的开放性、与世界文明先进成果的一致性"②。中华文化发展当今表现出来的品格就在于,中华文化不仅具有"内在超越"③的特质,而且具有吸纳世界各国、各民族文化的包容精神。这些特质和精神的结合正是中国走向文化复兴的必

---

① 参见[美]伊曼纽尔·沃勒斯坦:《美国实力的衰落》,谭荣根译,社会科学文献出版社,2007年,第3页。

② 童世骏:《文化软实力》,重庆出版社,2008年,第78页。

③ 牟宗三:《中国哲学的特质》,上海古籍出版社,1997年,第21页。

由之路。

(三)坚持大胆探索不照搬他国模式与善于总结自身实践经验相统一

简而言之,就是从本国国情出发走自己的现代化发展道路。没有一个国家能够通过照搬他国成功的模式来实现自身的现代化,中国崛起的基本经验进一步强化了这个事实。由于西方率先走上了现代化之路,因此长期以来,现代化被西方所定义,现代化就是"西方化""美国化"。① 因此,在现代化问题上,各种各样的"西方中心论"甚嚣尘上。远的不说,20世纪初,德国著名学者马克斯·韦伯(Max Weber)在1904年出版的《新教伦理与资本主义精神》一书中就大肆鼓吹"西方文化中心论"。他认为,只有在西方文明中才出现一个其发展具有世界意义和价值的文化现象,这主要归结为新教伦理的宗教文化。正是因为新教伦理对理性主义的不懈追求,才使得西方文化不论是在天文学、历史学、艺术领域、建筑科学还是社会组织方面都达到了中国文化、伊斯兰文化、印度文化无法企及的高度。② 冷战结束以后,"西方文化中心论"再次流行开来。最典型的代表是亨廷顿(Samuel P. Huntington)的"文明冲突论"。亨廷顿认为:"在所有的文明之中,唯独西方文明对其他文明产生过重大的、有时是压倒一切的影响。"③"西方文化中心论"反映到社会发展问题上就是现代化道路的"唯西方论"。

然而中国的现代化虽然是由外力推动的,但中国的现代化进程是一种独特的运动形式。如果说鸦片战争以后的中国现代化进程是在西方列强的强制之下而开启的话——这也就是马克思、恩格斯所说的"被卷入文明进程"④,那么中国共产党领导下的中国现代化进程作为一种特殊的运动形式,主要表现在这种现代化是内部发展需求拉动的进程;同时,这一进程完全是一个摸索的过程。因为落后国家如何走上现代化之路根本没有任

---

① 参见罗荣渠:《现代化新论——世界与中国的现代化进程》,商务印书馆,2009年,第31页。

② 参见[德]马克斯·韦伯:《新教伦理与资本主义精神》,马奇炎等译,北京大学出版社,2012年,第3页。

③ [美]塞缪尔·亨廷顿:《文明的冲突域世界秩序的重建》,周琪等译,新华出版社,2002年,第199页。

④ 《马克思恩格斯选集》(第1卷),人民出版社,1995年,第276页。沃勒斯坦也指出:"在19世纪末20世纪初,整个地球,甚至那些从来没有成为过资本主义世界经济体外部领域的地区,最终也被卷入了进来。"[美]伊曼纽尔·沃勒斯坦:《现代世界体系》(第3卷),庞卓恒等译,高等教育出版社,2000年,第181页。

何先例。正因为如此,中国的现代化需要大胆试验、大胆"试错",最后通过不断总结成功的经验和实践中的教训而形成一种现代化道路。当今西方一直想要把西方的现代化模式强加于中国,实际上这既不现实也不可能。众所周知,西方现代化的基础是殖民主义时代的原始积累,通过掠夺、殖民和战争而走上现代化之路是一个充满了血腥的过程。如果中国要走这样一条现代化道路,那么中国的现代化之路就不是和平发展之路。

(四)坚持和平进入国际体系与和平建设国际体系相结合

中国进入国际体系是以和平方式进入的,也就是通过接受并遵守既有的国际程序(国际制度与国际法)而逐渐获得国际社会的接纳和认可。当然,在此之前,中国是先进入国际政治体系,后融入国际经济体系的。首先是加入以联合国为主导的国际政治体系,但由于中国与国际体系的主要成员缺乏共同利益,因而西方大国并没有真正视中国为国际政治体系中的一员,至少没有把中国看成是平等的一员。不仅如此,它们在政治上还处处刁难中国,特别是在民主、人权等问题上不认可中国。然而当中国加入世界贸易组织为主导的国际经济体系以后,中国与西方大国的共同利益越来越多,利益也越来越捆绑在一起。在这种情形下,西方大国不得不接纳中国作为国际体系中的重要一员,并主动要求中国成为国际体系中的"负责任利益攸关方"。这体现出中国参与国际体系是一个连续不断的参与实践的过程。[①]

不过,中国进入国际体系以后并非仅仅是作为一个国际体系的"顺民"。由于既有的国际体系脱胎于 20 世纪中期崩溃的殖民体系,形成于冷战期间,国际体系仍然存在着种种弊端,如果不改变这种国际体系,人类就很难走向一个公正的国际社会。因此,中国和平进入国际体系以后坚持和平建设国际体系。中国和平建设国际体系至少表现在以下三个方面:一是塑造国际体系全新的价值理念,其中包括"和谐世界""平等互信""包容互鉴""合作共赢""人类命运共同体"[②]等理念,从而为国际体系的和平转换提供了理论支撑。二是参与国际体系改革的具体实践,如联合国改革(包

---

① 参见朱立群:《中国参与国际体系的实践解释模式》,《外交评论》2011 年第 1 期。

② 这些理念参见胡锦涛:《坚定不移沿着中国特色社会主义道路前进　为全面建设小康社会而奋斗》,人民出版社,2012 年,第 15、47 页。

括安理会机构的改革、联合国维和机制的改革与创新、防扩散与联合国机体安全制度的改革等）、国际货币基金组织的改革、世界银行代表权的改革、世界贸易组织的改革等。这些都表明中国在参与国际体系的实践中通过对国际体系规则的内化，又通过自己塑造的实践过程而对国际体系产生了深远的影响。或者说，中国和平参与国际体系与和平塑造国际体系是一个"双向社会化的过程"，是"相互影响、相互作用、相互适应和相互改变的过程"①，因而是一个辩证统一的过程。三是为国际体系的和平转换提供了一个价值目标，即国际关系民主化。中国曾经受害于国际体系的强权政治，因此一直力推国际体系朝着民主化方向发展，即"坚持国家不分大小、强弱、贫富一律平等，推动国际关系民主化"②。

（五）坚持和平崛起与维护国家利益而开展正义战争相统一

中国的和平发展道路就是坚持和平崛起。2005年12月，中国政府发布了《中国的和平发展道路》白皮书，阐明了中国走和平发展道路的立场和决心。2011年9月，中国政府又发布了《中国的和平发展》白皮书，详细阐述了中国和平发展道路的基本特征、总体目标和世界意义。这就意味着中国在走和平发展道路问题上是保持坚定不移的决心的。但是中国走和平发展道路并不意味着中国与战争彻底"绝缘"，相反，在维护国家利益特别是国家主权的时候，中国不会因和平发展道路而放弃战争方式来维护主权的完整，只有毫不妥协地维护主权完整才能坚定不移地走和平发展道路。中国不发起战争，但正如邓小平所说："如果国际上有人把战争强加于我们，我们也不害怕，无非拖延若干年，打完仗再搞建设。"③如果别国把战争强加在我们身上，而我们还担心战争导致中国不能成功走和平发展道路而不敢轻言战争，那么这种和平发展道路是不可取的，是妥协甚至是屈服。今天的中国是万万不能在主权上妥协的。2013年1月28日，习近平在就坚定不移走和平发展道路进行第三次集体学习时强调，中国走和平发展道路，其他国家也都要走和平发展道路，只有各国都走和平发展道路，各国才

---

① 朱立群：《中国参与国际体系：双向社会化的时间逻辑》，《外交评论》2012年第1期。
② 胡锦涛：《坚定不移沿着中国特色社会主义道路前进　为全面建设小康社会而奋斗》，人民出版社，2012年，第47页。
③ 《邓小平文选》（第二卷），人民出版社，1994年，第417页。

能共同发展,国与国才能和平相处。① 习近平这段话非常明确地阐述了和平崛起与正义战争之间的内在关系:中国的和平发展与世界各国的和平发展是互为条件的。

(六)坚持国家利益至上与同国际社会共赢发展

任何主权国家都毫无疑问地坚持国家利益至上的原则,中国也不例外。自中国革命胜利以来,中国历代领导人都强调国家利益至上的原则。这也是从中国近代史的遭遇总结出来的基本经验。改革开放以后,中国经济上融入全球化之中,但国家利益决不能湮没在全球化浪潮之中。邓小平早就指出:"国家的主权、国家的安全要始终放在第一位。"②国家主权、国家安全是国家的核心利益,更是容不得任何触动的。对此,习近平总书记也指出,我们要坚持走和平发展道路,但绝不能放弃我们的正当权益,决不能牺牲国家核心利益。任何外国不要指望我们会拿自己的核心利益做交易,不要指望我们会吞下损害我国主权、安全、发展利益的苦果。③

然而与自私的国家利益观不同,中国在和平发展道路上坚持国家利益至上,同时又坚持同国际社会共赢发展。邓小平强调与世界各国共赢发展的基础,即尊重他国的国家利益。1989 年,邓小平对时任泰国总理差猜讲:"中国要维护自己国家的利益、主权和领土完整,中国同样认为,社会主义国家不能侵犯别国的利益、主权和领土。"④党的十八大报告则明确指出中国与国际社会共赢发展的主张:"我们主张,在国际关系中弘扬平等互信、包容互鉴、合作共赢的精神,共同维护国际公平正义。""合作共赢,就是要倡导人类命运共同体意识,在追求本国利益时兼顾他国合理关切,在谋求本国发展中促进各国共同发展,建立更加平等均衡的新型全球发展伙伴关系,同舟共济,权责共担,增进人类共同利益。"⑤习近平在金砖国家领导人第五次会晤时的主旨讲话中进一步指出:"不管国际风云如何变幻,我

① 参见习近平:《更好统筹国内国际两个大局,夯实走和平发展道路的基础》,http://news.xinhuanet.com/politics/2013-01/29/c_114538253.htm(上网时间:2013 年 3 月 30 日)。

② 《邓小平文选》(第三卷),人民出版社,1993 年,第 348 页。

③ 参见习近平:《更好统筹国内国际两个大局,夯实走和平发展道路的基础》,http://news.xinhuanet.com/politics/2013-01/29/c_114538253.htm(上网时间:2013 年 3 月 30 日)。

④ 《邓小平文选》(第三卷),人民出版社,1993 年,第 328~329 页。

⑤ 胡锦涛:《坚定不移沿着中国特色社会主义道路前进　为全面建设小康社会而奋斗》,人民出版社,2012 年,第 47 页。

们都要始终坚持和平发展、合作共赢,要和平不要战争,要合作不要对抗,在追求本国利益时兼顾别国合理关切。"①由此可见,中国的和平发展不是利己主义的发展,而是把中国自身作为人类命运共同体中的负责任的成员的发展。

(七)超越历史大国成长与超越自身发展相结合

西方大国成长有一个共同的规律,由于所走的都是"强国必霸"的成长之路,因此都不可避免地陷入"丛林法则"陷阱,最终都无法跳出大国成长的"历史周期律"。相反,中国的成长方式不是一种追求军事实力的工具性崛起,而是将国内决策与国际反应相结合(即国内与国际的良性互动)、国内安全与国际安全相结合(即追求共同安全)、国内发展与各国发展相结合(即追求共赢发展)的崛起,也就是制度性崛起方式。因而中国的崛起方式超越了西方历史大国的崛起方式。同时,中国的和平发展道路虽然是内生性的发展道路,是基于"中国基本国情、国家属性、国家定位的判断","中国的发展模式是立足于、产生于、成熟于中国本土,而不是照搬某个外国模式"。② 但是中国的和平发展道路在中国历史上又是没有先例的。中国历史上曾经建立了以中原汉族王朝为中心的、中原汉族王朝与周围少数民族番邦相互承认并接受的"朝贡体系"。这种"朝贡体系"在中国历史上的某些朝代甚至延伸到周边的其他亚洲国家。但是当今中国的和平发展绝非要恢复这种"朝贡体系",而是要通过和平发展道路与世界各国特别是周边邻国建立一种政治上相互信赖、经济上相互依存、文化上相互尊重、安全上相互支持的全面的新型伙伴关系。因此,中国的和平发展道路也是对自身历史发展道路的重大超越。

(八)坚持"友而不盟"

中国的和平发展道路主张建立新型的国家间关系,这种关系简而言之就是"友而不盟",即做真正的朋友但不结盟。中国作为一个大国,目睹了两大超级大国争霸全球的事实,更目睹了苏联在苏美争霸中败亡的历史。所以邓小平指出:"大家庭"方式、"集团政治"方式、"势力范围"方式都会

① 习近平:《携手合作,共同发展——在金砖国家领导人第五次会晤时的主旨讲话》,http://politics. people. com. cn/n/2013/0328/c70731－20941162. html(上网时间:2013 年 4 月 1 日)。

② 黄仁伟:《中国和平发展的历史超越》,《社会科学》2011 年第 8 期。

带来矛盾,激化国际局势。① 以此为鉴,中国坚持奉行不结盟的外交。中国政府明确提出"不结盟"战略是在改革开放以后。邓小平曾指出:"中国的对外政策是独立自主,是真正的不结盟。中国不打美国牌,也不打苏联牌,中国不允许别人打中国牌。"②中国坚持不结盟,并不意味着中国不交朋友,相反,中国主张在和平共处五项基本原则的基础上跟所有国家建立平等的新型国家间关系。这种关系"不以意识形态和社会制度定亲疏",这种关系是友好合作的"伙伴关系"。自20世纪90年代中期以来,中国在"互信、互利、平等、协商、尊重多样文明、谋求共同发展"的原则上跟世界各主要国家和国际组织都建立了友好合作的"战略伙伴关系"。正是在"友而不盟"的原则基础上,中国既维护主权独立有,又通过开放的新地区主义,而实现与其他新兴国家的整体性崛起。但整体性崛起由于不结盟而并不是一个集群式力量,从而不会作为一个国际体系的挑战性力量而崛起。

三、中国和平发展道路的未来前景

中国和平发展道路由两部分组成,即"和平"与"发展"。"和平"主要着眼于外部环境建设目标,"发展"主要是内部的现代化目标。不过,二者之间并非是截然分开的。没有内部的发展,中国就没有建设世界和平的物质性力量;没有世界和平,中国的现代化任务就难以完成。也正因为如此,自邓小平以来的几代领导人都反复强调要发展自己,中国的发展是为世界和平做出的最大贡献。反过来,世界的持久和平将为中国发展提供长久的战略机遇期。因此,在中国的和平发展道路理论之中,"和平"与"发展"是一个有机统一的整体,是统筹国内与国际两个大局的理论表达。中国和平发展道路已经是一个事实,关键是它的未来前景如何,不仅关系到中华民族的未来,而且国际社会也十分关注。中国和平发展道路的未来前景如何,可能在相当大程度上取决于下面三个关键性问题:一是中国和平发展能否成功实现,二是和平发展道路是否具有可持续性,三是崛起的中国会

---

① 《邓小平文选》(第三卷),人民出版社,1993年,第96页。
② 同上,第57页。

不会谋求霸权地位。

关于中国和平发展能否成功实现的问题,有学者提出了关于衡量中国成功实现和平发展的三大标志:一是中国能否以和平方式实现两岸统一,二是中国与美国的关系保持良性发展,三是中国的制度和价值观得到国际社会大多数国家的认同。[①] 不过笔者认为,这三条很难用来衡量中国能否实现和平发展。其一,和平方式解决两岸统一当然是最理想的方式,但并不排除非和平方式的可能性。假若因政党轮替台湾出现事实上的"台独",那么非和平方式解决的可能就会成为现实,但维护主权完整的战争并不会影响中国走和平发展道路。其二,中国保持与美国关系的良性发展确实至关重要,但中美关系的良性发展决不能靠中国单方面克制来实现,中国单方面的克制建立起来的中美关系本身就是不平等的,因而也就不是良性发展的双边关系。其三,要中国的制度和价值观得到国际社会大多数国家的认同显然是不现实的。中国应该对自己的制度和价值观有充分的自信,只要符合中国的发展,并不需要其他国家的认同,但需要其他国家尊重中国的制度和价值观,也就是尊重世界的多样性。

基于上述分析笔者认为,中国能否实现和平发展的标志应该是:其一,中国是否有足够的实力来维护国家利益。在国际舞台上,我们不能沉浸在理想主义的幻想之中,虽然我们不相信实力政治学可以解决一切问题,但实力始终是最根本的话语权。中国有足够的实力,周边国家就不敢轻易挑战中国的底线。这是中国成功实现和平发展的物质基础和前提条件。其二,中国能否在物质性实力增强的同时实现文化的复兴。应当承认,当前中国的崛起主要是经济实力的崛起,尽管中国在软实力的提升方面作了很大的努力,但软实力的各要素尤其是文化要素还没有随着经济的崛起而复兴,中国经济总量的增加并没有立即带来国民素质的整体提升。中国近年来一直强调要增强国家软实力,正是看到了文化对于大国成长具有不可或缺的重要性。当文化与物质性实力能够实现平衡发展时,中国就成为一个受国际社会尊重的高品位的国家。其三,中国与作为国际体系主导国的美国之间能否共同构筑确保双边关系良性发展的国际制度和相应的机制。

---

① 参见黄仁伟、刘宏松:《中国和平发展道路能否成功的三大标志》,《国际观察》2012 年第 5 期。

与美国的实力相比,中国仍然是相对弱小的国家,两国关系既不能靠中国作为弱者一方的"克制",也不可能靠美国作为强者一方的"克制"来确保持久的良性发展,只有在双方互信的基础上构筑的制度和机制的规制之下,两国关系才能够实现良性发展。

关于中国和平发展道路是否具有可持续性的问题,关键要看中国能否将"和平"与"发展"实现长期的有机统一。中国的和平发展是一个大国的和平崛起,但也会对国际体系产生重大冲击,因而内部的发展与外部的和平对中国来说至关重要。笔者认为,衡量中国能否将"和平"与"发展"实现长期的有机统一也有三个标准:一是中国内部能否持续发展。中国和平发展道路的前提和基础是中国内部具有持久性的发展,这是增强中国综合国力的根本手段,也是提升中国和平外交行为的物质依托。所以内部的发展至关重要。党的十八大报告强调:"要坚持以经济建设为中心,以科学发展为主题,全面推进经济建设、政治建设、文化建设、社会建设、生态文明建设,实现以人为本、全面协调可持续的科学发展。"①推进"五位一体"的建设,根本目的就要实现"全面协调可持续的科学发展"。二是中国究竟以什么方式来谋求内部的发展。发展的方式决定发展的可持续性问题。客观地说,中国过去40年的发展是粗放式的发展,是不可持续性的发展。因此中国所取得的发展成就受到国际社会颇多的质疑。在这种情形下,中国近年来一直努力实现发展方式的转变,尤其是通过加强文化实力建设来突破经济发展的质量瓶颈,从根本上来促进发展方式的转变。三是中国发展的价值基础是什么,是合作主义的发展,还是利己主义的发展,这在相当大的程度上决定了发展的目的。中国所追求的是合作主义的发展,而且中国始终把自身的发展与世界的发展紧密联系在一起。

关于崛起的中国会不会谋求霸权地位的问题,邓小平早在1985年就指出:"中国的发展是和平力量的发展,是制约战争力量的发展。"②在中国崛起的过程中,针对一些发展中国家希望中国扮演"领头羊"角色这一问题,邓小平指出:"我们千万不要当头,这是一个根本国策……中国永远站

① 胡锦涛:《坚定不移沿着中国特色社会主义道路前进　为全面建设小康社会而奋斗》,人民出版社,2012年,第14页。
② 《邓小平文选》(第三卷),人民出版社,1993年,第128页。

在第三世界一边,中国永远不称霸,中国也永远不当头。"①邓小平不仅指出了中国发展的性质是和平的发展,而且也指出了中国发展起来以后中国国际角色的定位,即"永不称霸""永不当头",但是"不称霸""不当头"并不意味着中国在国际社会是无所作为的。在这一问题上,邓小平把中国的发展与中国的国际责任联系在一起来考虑中国国际角色的定位。"中国是联合国安全理事会的常任理事国,中国理解自己的责任。"中国的责任是什么呢? 这就是邓小平指出的"反对霸权主义""维护世界和平""加强同第三世界的团结和合作"。② 为此,中国在国际问题上要有所作为。这种"作为"就是"积极推动建立国际政治经济新秩序"。③ 由此可见,崛起的中国虽然不追求霸权地位,但并不接受霸权国家的强权政治,并力图通过中国的发展来改变不公平、不公正的国际政治经济秩序。党的十八大报告也指出:"中国将继续高举和平、发展、合作、共赢的旗帜,坚定不移致力于维护世界和平、促进共同发展。""中国坚持在和平共处五项基本原则基础上全面发展同各国的友好合作","积极参与多边事务,支持联合国、二十国集团、上海合作组织、金砖国家等发挥积极作用,推动国际秩序和国际体系朝着公平合理的方向发展"。④ 换句话说,中国就是要通过内部的发展来增强维护世界和平的力量。

总之,中国经济将继续发展并很快将在总量上超过美国成为经济规模最大的国家;而且在经济发展的同时,中国越来越强调文化的发展,中华民族的文化复兴也将指日可待。在国际事务上,中美之间的共同利益也越来越多,两个大国之间建立在国际制度上的互信也越来越牢固。因此,中国完全能够实现和平发展。和平发展绝非是中国的权宜之计,而是中国的总体发展战略。中国的发展,在内部坚持"以人为本、全面协调可持续的科学发展";在外部,坚持和平、合作、共赢的合作主义的发展。因此,中国的发展是可持续的发展。中国不会谋求霸权地位,但中国始终站在发展中国家一边,谋求建立公平合理的国际政治经济新秩序,因而中国的发展是国际

① 《邓小平文选》(第三卷),人民出版社,1993年,第363页。
② 《邓小平文选》(第二卷),人民出版社,1994年,第415页。
③ 《邓小平文选》(第三卷),人民出版社,1993年,第363页。
④ 胡锦涛:《坚定不移沿着中国特色社会主义道路前进 为全面建成小康社会而奋斗》,人民出版社,2012年,第47、48页。

社会"可接受的发展"。从上述三个方面看,中国和平发展道路一定是代表国际社会发展方向的一条康庄大道。

第二节　软实力在中国和平发展道路理论中的地位

中国和平发展道路是一条全新的强国之路,中国的和平发展不仅在于其经济总量和军事实力的迅速提升,更在于其文化竞争力、制度创新力和观念影响力构成的软实力的提升。在有形的硬实力迅速崛起的过程中,中国的软实力不足就成为和平发展道路上的突出问题。而中国的和平发展是处在全球化、信息化、网络化的时代背景之下的,其软实力问题较历史上的其他大国崛起过程更为紧迫。中国作为发展中的社会主义大国,其软实力建设受到各种外部因素所制约,因而更多地依赖于内生的创新力量,需要更深刻的历史自觉性。本书试图从中国特色的社会主义本质和经济全球化条件下软实力发展规律的结合上来探讨中国和平发展道路中软实力建设的普遍性和特殊性。

一、硬实力与软实力的相互关系

一国的综合国力由硬实力和软实力构成。长期以来,一般认为硬实力对国家的综合国力起决定性作用,而且历史上大国崛起的成败几乎都是由经济—军事实力为主体的硬实力所具有的优势来决定的。由于 20 世纪 90 年代以来冷战后国际政治的深刻变化,特别是进入 21 世纪以后,随着全球化趋势的日益扩展和世界力量结构的快速变革,使文化、观念、制度等因素在国际政治经济格局中的地位和作用空前突出,成为新的大国力量来源之一。[1] 换言之,一国的崛起和强大已经不能仅仅以硬实力作为判断标准,软实力对于后起大国的国际地位和全面发展具有越来越重要的指导意义。

硬实力和软实力之间并没有明显的界线,甚至不能截然分开。首先,

① Joseph S. Nye, Jr., The Changing Nature of World Power, *Political Science Quarterly*, Vol. 105, No. 2, 1990, pp. 177 – 192.

二者之间是可以相互转化的。奈认为,二者之间只是行为性质、权力有形性等程度的差别。硬权力是改变他者所作所为的命令性权力,一般依赖于强制和引诱来获得;而软权力则是塑造他者期望的同化能力,一般通过文化和意识形态的吸引力,或控制政治议程等使其他国家无法实现目标来获得。奈还指出,命令性权力有时也用于创建制度,然后成为合法性力量;而政治合法性权力并不直接表现为一种硬实力,而是直接表现为一种软实力。其次,二者往往互为载体、互为存在和发展的条件。然而硬实力和软实力有各自的核心特征和指标体系。这里讨论的软实力主要是指政治力、社会力和文化力。政治、社会、文化的国力构成是有别于有形物质力量的无形观念力量的。所谓"政治能力"是指国家解决冲突的能力,体现在制度与合法性上。① 社会能力主要是指社会的和谐程度,即社会成员之间相互关系的高度协调。文化力则主要是指文化的对内认同力和对外投射力。政治力、社会力、文化力的内涵都体现着人、社会与国家的素质。建设软实力的关键是人的素质。

硬实力是软实力的物质支撑,软实力则是硬实力的精神升华。在综合国力提升的过程中,同样遵循着硬实力决定软实力、软实力反作用于硬实力的规律。尽管中国和平发展道路与其他大国崛起的模式不同,但在硬实力与软实力的发展秩序上基本相似。1978 年改革开放之初,中国人均GDP 不到 200 美元,按世界银行人均每天消费不到 1 美元为绝对贫困的标准,中国的赤贫人口数在 1981 年是 6.34 亿。在这种情形下,中国几乎没有资源投放到软实力建设上,不得不把经济建设特别是物质财富增加作为国家的第一任务。但是经过 40 年的改革开放和现代化建设,中国的硬实力特别是经济总量得到空前提升。这时,中国软实力建设已经显得非常重要。这是因为中国软实力的数量和质量与经济实力的提升显得极不相称,甚至束缚着硬实力的进一步提升。

硬实力是中国走向现代化的物质条件,并不是现代化本身。软实力是人的素质的核心,标志着人的现代化水平。综合国力要素构成是"以物为本"还是"以人为本",恰恰是区分前现代化、现代化、后现代化的主要标

---

① 参见[美]罗伯特·杰克曼:《不需要暴力的权力——民族国家的政治能力》,欧阳景根译,天津人民出版社,2005 年。

志。当硬实力达到一定程度时,即国家摆脱和改变了物质匮乏、人民贫困的转台时,硬实力对国家发展的指标性作用逐渐下降,社会和谐、制度完善、文化发展等软实力指标的作用逐步上升,以至于对国家发展产生了决定性的作用。换言之,在全面建设小康社会的过程中,软实力开始成为决定中国能否和平发展的主要条件。

二、中国力量结构缺陷与"中国威胁论"

中国在全球力量格局中的地位正在发生急速变化,同时也暴露出中国综合国力的结构性缺陷。这种缺陷主要表现为综合国力偏重物质力量,而文化和制度等软实力要素在大国力量对比中仍明显居于后列。"中国威胁论"往往利用中国的结构性缺陷,夸大其对他国利益和国际秩序的负面冲击,进而扭曲中国的国际形象,达到阻滞中国和平发展的战略目的。因此,要消除和厘清"中国威胁论"的影响,就不能不正视中国的国力结构特别是软实力的严重不足。

中国的和平崛起首先表现为以经济总量为核心要素的硬实力崛起,这是海内外公认的基本事实。经过 25 年左右的时间,中国经济总量的数倍翻番,使中国在世界经济大国排位中迅速提升——从 20 世纪 80 年代初的 30 位左右提升到 2006 年的第 4 位,而且这种超常规上升速度使中国有可能缩短与美国和日本的距离。在 2000 年,中国经济总量还是美国的 1/10,而 2006 年已经是美国的 1/6。当前,中国经济规模已经越来越接近美国。换言之,中国不仅在绝对速度上而且在相对速度上都在缩小与世界最大经济体的距离,中国经济在宏观层面与美国的相互依存程度达到或接近美国与其西方盟国的紧密程度,而且在微观层面也开始出现大规模的海外企业并购和战略联盟。正是在这样的背景下,"中国经济威胁论"接踵而至。

"中国威胁论"的出现,其原因是多方面的。除了国际势力的蓄意谋划炒作以外,还可以从中国自身的力量结构来分析原因。中国的综合国力结构存在着两个基本的不平衡点,一是硬实力的"量大质不高",二是软实力的"量小质更弱"。① 这种力量结构的畸形,使中国力量某些部分的增长超出了国际社会的承受能力,而其他部分力量(尤其是软实力)的滞后又使中国的力量增长难以得到国际舆论更多的正面认同。

以中国增长最快的商品进出口为例,就表现出"量大质不高"的典型特征。中国是最大的商品出口国之一,同时又是外贸依存度最高的国家之一。然而中国外贸的快速增长,主要依靠劳动力、资金、土地、资源等要素的粗放投入,增长效率和质量不高,增长基础比较薄弱,②贸易规模大,但处于国际分工体系的底端,单纯数量扩张的增长方式已经成为中国外贸的"软肋",依赖大量低端产品支撑的出口竞争力近年来出现不升反降的趋势。由此必然产生两方面的冲击:一方面是中国的低价商品对发达经济和发展中经济同时产生市场冲击,另一方面是低成本的商品依赖巨大的能源和资源消耗,而对国际原材料价格体系产生冲击。在两大冲击的背景之下,"中国经济威胁论"就有了新的生成条件,硬实力的缺陷就转化为软实力上遭受攻击。

中国的国际文化竞争力则更明显地反映了中国软实力"量小质弱"的典型特征。自加入世界贸易组织以来,中国文化产业取得长足发展,但仍然存在着巨额文化贸易逆差,即所谓"文化入超"或"文化赤字"现象。文化贸易逆差所反映的是中国与西方大国文化力失衡的现实,表明中国文化竞争力处于弱势地位。尽管中国拥有悠久的文明历史和文化资源,以及世界上人数最多的文化工作者,但中国文化竞争力处于较弱较低的态势仍将是一个长期现象。中国是"文化资源大国"不等于是"文化产业强国",中

---

① 不过,关于中国软实力的评价,西方学者比中国国内学者评价要高。有不少西方学者认为,中国软实力资源非常丰富,3000多年来,中国的耀眼光芒吸引着商人、使节、学者和教徒纷纷前来寻求财富、权力、教诲和灵感,改革开放更进一步激发了世界各国对中国文化的影响,中国正在用自己的文化向其领国乃至整个世界展开一场"魅力攻势",其或者说是向世界打出了一张非常重要的"软实力牌"。See David Shambaugh, Beijing Charms Its neighbors, *International Herald Tribune*, May 14, 2005; Edward Cody, China's Quiet Rise Casts Wide Shadow, *Washington Post*, February 26, 2005; Joshua Kurlantzick, China Buys the Soft Sell, *Washington Post*, October 15, 2006; Bates Gill and Yanzhong Huang, Sources and Limits of Chinese "Soft Power", *Survival*, Vol. 48, No. 2, 2006, pp. 17 – 35.

② 早在上个世纪前半期,一些西方的经济学家就对中国经济作出了这种判断,而十多年以后的今天,这种判断基本上没有改变。See Paul Krugman, The Myth of Asia's Miracle, *Foreign Affairs*, Vol. 73, No. 6, 1994, pp. 62 – 78.

国作为贸易大国却是严重的"文化贸易入超国"。这种悖论集中体现了中国国力结构的畸形发展,文化产业发展的严重滞后已经成为有形商品竞争力的桎梏。新产品创意不足、品牌效应微弱、人文内涵肤浅成为中国商品的通病,甚至依赖盗版和复制来维持商品市场竞争力,足以证明软实力发展的滞后已经殃及硬实力的进一步发展。

中国软实力的结构缺陷还在于制度建设进程与经济发展速度难以同步。应特别认识到,当中国特色社会主义市场经济已经迅速发展并走向完整的体系建设阶段时,中国特色社会主义民主政治建设还处于探索和起步阶段,中国特色民主政治的初始性和渐进性,目前还难以得到国际舆论的充分理解和肯定。这是中国软实力发展在国际社会中受到种种压力的重要原因。这种历史阶段性的特征需要时间和实践来加以证明。今天的中国脱胎于半殖民地半封建社会制度,其历史沉淀相当深厚,至今仍保持着相当大的惯性力量。中国的现代民主文化与传统专制文化的此消彼长需要一个相当长的过程,在一定程度上制约着中国特色社会主义民主政治的进程。对改变这种制约力量的长期性和艰难性认识不足,也是影响中国软实力建设的重要因素之一。此外,中国改革始于经济体制,政治体制改革往往寓于经济体制改革之中。这种改革模式的特殊性使政治体制改革迄今为止仍在比较局部的、基层的范围内展开。在某种程度上,这是造成中国力量结构发展不平衡、中国国际形象扭曲的内在原因。

从根本上说,中国的国力结构缺陷来自于社会经济结构发展得极不平衡。当代中国社会正处在加速转型时期,整个社会在水平方向和垂直方向上发生着深刻的分化,包括利益分化、阶层分化、区域分化、组织分化和观念分化,导致了整个社会的利益格局重新组合。同时,极不平衡的利益结构反映了在硬实力急速膨胀的过程中,由于制度建设和文化观念等软实力要素的不足,使一小部分人过多地掌握了社会资源和市场资源。如果改革发展总体效益的共享程度下降,可能导致全体人民的认同感和凝聚力的削弱,这对于国家整体实力产生的负面影响不可低估。就软实力而言,少数利益集团的暴富形象已经在国际舆论中加大了佐证"中国威胁论"的力度,对中国软实力的破坏作用显而易见。

在利益调整的过程中,那些拥有市场资源的社会阶层或利益集团比较容易获得硬实力,并建构自己的软实力;而缺乏市场资源的社会阶层或利益集团不仅可能丧失硬实力的竞争优势,而且还可能丧失软实力的建构能力。社会利益的两极分化可能导致国家力量结构的进一步失衡。过分地强调硬实力的发展,也是环境急剧破坏、资源过分消耗、社会公德下降等严重问题产生的原因。还应当指出,某些国内既得利益集团在走向海外时,同样会把集团利益置于国家和人民利益之上,所产生的"利益最大化"效应实际上是国家利益边际效应的递减。当中国力量越来越超出国界而外溢时,这种硬实力畸形发展的后果就会成为影响中国国际环境的负面因素。因此,中国内部结构的失衡不仅妨碍着国内社会的均衡和和谐,而且可能阻碍中国与世界各国结合为更紧密的利益共同体以至于生命共同体的历史进程。这正是中国走和平发展道路所应当特别警惕的。

三、中国和平发展道路需要加强软实力建设

中国的和平崛起不同于世界历史上其他大国的崛起,在于它更注重软实力建设,即在硬实力尚未赶上一流强国时就开始致力于加速软实力建设。历史经验证明,一个强烈依靠硬实力特别是军事力量崛起的国家,往往具有明显的扩张倾向,在其崛起过程中追求打破现存国际体系,以求最大限度地占有世界权力中心。[①] 美国新现实主义代表之一的米尔海默斯就是以这种逻辑来推论中国崛起必然导致"中国威胁论"的,其关键就是米氏本人对中国通过发展软实力来跳出历史上大国崛起"周期律"的前景几乎毫不了解。因此,中国能否在经济崛起的同时,以中国文化魅力和制度创新来实现其软实力的崛起,就成为中国树立具有亲和力的国际形象、顺利融入国际体系、实现和平发展的关键。为此,中国需要研究和设计出一整套软实力发展的战略和路径。

首先,要塑造具有中国特色的"普世价值观",使之既符合中国传统文化价值,又能为世界大多数国家和人民所认同;既能坚持中国的核心利益,

---

① 参见[美]约翰·米尔斯海默:《大国政治的悲剧》,王义桅、唐小松译,上海人民出版社,2003 年,第 204 页;John J. Mearsheimer, China's Unpeaceful Rise, *Current History*, April 2006, pp. 160 – 161.

又有助于推进各国的共同利益；既能约束霸权主义和强权政治的国际行为，又有助于维护稳定的国际秩序，进而为构建"和谐世界"提供新的理念和价值判断。

进入 21 世纪，中国参与创新"普世价值观"的历史条件逐渐形成。长期以来，所谓的"普世价值观"基本是西方主流价值观的代名词。冷战终结以来，这种价值观被更多地打上了"美国意象"（American Image）。这种软实力的"一超独霸"现象几乎与硬实力的世界格局是一致的。由西方价值观来判断东方特别是中国发生的各种现象，也就成为"中国威胁论"的价值标准。萨义德（Edward W. Said）曾经指出，西方认识东方的"东方主义"（Orientalism）总是"根据东方在西方经验中的特殊位置来理解东方的一种方式"。① 同样，西方以其强势硬实力和软实力建构的"普世价值观"也按照"东方主义"的思维定式对亚洲或中国问题妄加定论，从而为西方大国的战略利益提供道义的制高点。事实上，西方主流价值观所认定的是非标准在当今世界并不能成为解决各种全球性问题的灵丹妙药，却可能成为加剧冲突的意识形态根源。冷战结束后的事实证明，西方特别是美国的所谓"普世价值观"正在走入两难的困境。他们不仅在安全战略的力量协调上需要中国的支持，即使在软实力的价值观判断上也需要中国文化和哲学理念的补充。

构成当代中国特色的"普世价值观"核心是"和谐"理念，和谐理念在中国传统文化中久已有之。但要把中国传统文化的和谐理念提炼和升华上升为"普世价值观"，需要使之与现存的国际体系相适应，与中国推动建设和谐世界的实践相适应。中国坚持走和平发展之路，坚持与各国相互尊重、扩大共识、对话互信、深化合作、共同发展、互利共赢，坚持促进不同文明和不同制度的国家之间加强交流、增进了解、和平共处，都是在身体力行地践行自己提出的建设和谐世界的主张。

中国在参与新的多边国际机制建设的过程中，突出地表现出对于"和谐世界"的追求。在上海合作组织的框架内，中国首倡以"互信、互利、平等、协商、尊重多样文明、谋求共同发展"为核心内容的"上海精神"。中国

---

① Edward W. Said, *Orientalism*. Penguin Classics, 1978, pp. 1 – 2.

在自己能力和影响所及的范围内,将和谐理念逐步地、持久地转变为和谐地区的现实,为构建和谐世界提供了新的探索和范式。即使是对中国和平发展道路持怀疑态度的人,也不能无视中国的和谐理念对于"普世价值观"的创新意义,也无法否认中国的和谐世界构想必"单极世界"更能够得到大多数国家的认同。所谓的"中国威胁论""中国非和平崛起"①之说都在和谐理念面前显得越来越难以自圆其说。以至于美国战略界的主流决策圈人士也开始承认,和平崛起的中国正在成为国际体系中"负责任的利益攸关方",并希望中国在国际社会中担当更大的责任。随着和谐理念在国际社会中越来越得到认可,它的普世价值乃至公共品价值也逐渐显示出来。

其次,中国在推进建设和谐世界的过程中,应在本国内部结构率先构建"和谐社会",进而引领"普世价值"的创新。中国内部结构的不平衡发展和利益分化蕴含着各种不和谐因素。减少这些不和谐因素导致冲突和对抗的可能性,不仅对于中国发展具有长远的战略意义,而且可以为充满冲突的世界向和谐世界转变提供可以借鉴的思维模式和路径选择。

中国作为后发国家,在赶超发达国家的过程中不得不采取非均衡发展的战略,即利用自己的比较优势,在部分产业、部分地区实现超常规发展,在较短的时间内达到或接近现代化的发展水平,然后带动更多的产业和地区实现更大范围的赶超目标。但是这种非均衡发展战略也给中国的发展带来了前所未有的问题和挑战:地区、部门、阶层的发展差距拉大和利益分化,人与自然关系的全面紧张,中国力量和利益的"井喷式"外溢,这些由于发展不平衡带来的结构性不和谐突出反映了赶超战略的局限性。这不仅是中国发展所面临的瓶颈,而且是世界发展失衡的普遍性问题。只是由于中国的总体规模更大、结构更加复杂,可能引发的不和谐、不稳定因素更加突出,因而需要更自觉地着手解决非均衡发展引起的种种问题。由于中国发展所具有的世界影响,中国发展所产生的问题也具有世界影响,因而解决这些问题的理念和方法也必然超越中国本身的范围而具有世界意义。于是,科学发展观、和谐社会等重大战略概念就成为中国提升软实力的巨

---

① John J. Mearsheimer, China's Unpeaceful Rise, *Current History*, April 2006, pp. 160 – 161.

大资源和创新"普世价值观"的实践指南。

构建和谐社会,就是要确立"以人为本"的价值观,实现均衡协调可持续发展,防止国家利益和社会利益的集团化和部门化,从制度上保证社会资源和市场资源在全体人民中实现公平公正的分配。这些要义几乎等同于当前阶段上中国软实力建设的核心内容。以"和谐社会"为核心概念的软实力建设,应当成为改变中国国力结构缺陷的主要路径,有助于中国确立更有吸引力的国际形象,为破解新一轮"中国威胁论"提供最有力的事实依据。例如,中国内地的发达地区和欠发达地区之间的利益调节、项目合作、平衡发展,有助于缩小地区差距,是和谐社会建设的重要内容。一旦中国在这方面取得成功,就可能为在世界上缩小发达国家与发展中国家、欠发达国家之间的差距提供可以借鉴的经验,从而为世界减少冲突、增加和谐提供关键的条件。因此,只有在构建和谐社会的基础上,中国才有可能在国际社会中倡导"和谐世界",以中国的发展维护世界的和平,以世界的和平推进中国的发展。就此而言,科学发展观与和谐社会的提出与实践,对于中国的软实力发展确实具有不可估量的意义。

再次,正确认识中国力量结构尤其是软实力的缺陷,比较中国与其他大国力量结构的差距,有助于中国坚持走和平发展道路。换言之,中国只有充分认识到自身力量结构的局限性,特别是在软实力领域相对于西方大国的差距,才会非常谨慎地使用自己的力量投放,才会坚持"有所为有所不为"和"韬光养晦"的策略思想,才会长期坚持和平发展。一些西方学者担心,虽然中国硬实力得到持续发展,但是腐败、贫困、社会阶层差距扩大和环境污染等问题有可能导致社会动荡、政治纷争、生态灾难等严重后果,使经济高速发展成为过去式。[1] 实际上这是"中国崩溃论"的新变种,所不同的是他们是从软实力领域来提出立论的。另一种"中国崩溃论"来自中国

① See Wing Thye Woo, A Harmonious Socialist Society or Bust: China's Quest for Sustainable Development, http://www.carnegieendowment.org/ChinaDebates, December 1, 2006; Minxin Pei, China is Stagnating in Its "Trapped Transition", *Financial Times*, February 24, 2006; David Streets, Black Smoke in China and Its Climate Effects, *Asian Economic Papers*, Vol. 4, No. 2, 2005, pp. 1–23; Murry S. Turner, China Rethinks Unrest, *The Washington Quarterly*, Vol. 27, No. 3, 2004, pp. 137–156; Jeffery D. Sachs and Wing Thye Woo, Understanding China's Economic Performance, *Journal of Policy Reform*, Vol. 4, Issue 1, 2000, pp. 1–50.

能源资源的严重短缺,认为中国发展最终将由于资源的短缺而崩溃。这一点中国自身也是有清醒的认识的。中国是一个资源短缺国家,中国经济发展最终将受到资源约束而停滞下来,甚至不得不走上武力扩张道路。这又是"中国威胁论"的新变种。而排除这种威胁论的关键,是转变中国的经济增长方式,而这种转变更多地取决于中国软实力的增长,即发展理念的历史性转变,最重要的是通过提高整体素质来提升综合国力,最终摆脱资源约束的经济结构,从根本上跳出"崛起困境"。这就是中国避免历史上大国崛起引起世界冲突的根本选择。

无论是怀疑还是担心,虽然都有某些理由,但是他们的解释都是缘于对中国发展理念和发展模式的转变缺乏深刻了解。事实上,中国正在从软实力匮乏的国家向一个注重软实力发展的国家转变。中国作为一个历史文化大国,拥有巨大的文化资源,但是中国需要将其文化资源转化为文化产品。中国正在大力发展的文化产业、文化市场必然会转化为中国文化的国际竞争力,最终将形成一批世界著名的中国文化品牌。中国并不是没有进行政治体制改革,从 20 世纪 80 年代初邓小平就提出了关于党和国家制度改革的总体设想。只是中国没有按照西方国家主导的所谓"普世价值观"改变现存制度。中国将坚持建设具有中国特色的民主政治,排除来自内部和外部的、来自"左"的和右的各种干扰,坚定地形成和弘扬中国特有的制度软实力。这个领域的软实力建设将成为中国与西方大国长期争论的焦点,但这并不影响中国软实力的实际增长。相反,某种程度的外部批评可以成为中国发展制度软实力的参照系。至于民族主义思潮,既不应当否认也不应当夸大其存在。就像几乎所有国家都存在着某种民族主义一样,中国的民族主义可能随着国力增长而上升,但是也可能随着某些国家利益的危机而爆发。问题在于,中国的主流战略思想是否被这种民族主义思潮所左右,中国的国民素质是越来越具有全球眼光还是越来越狭隘和封闭。显然,事实是中国在走向世界的过程中,国际主义将明显超越民族主义,成为真正的"全球利益相关者"。因此,怀疑中国难以"在全球范围内塑造一个善良宽厚、富有魅力的国家形象"①的观点是经不起时间检验的,

---

① David S. G. Goodman, China in East Asian and World Culture, in Burry Buzan and Rusemary Foot, *Does China Matter? A Reassessment*, New York: Routledge, 2004, p. 77.

只能是一种比较肤浅的揣测。

最后,中国必须吸取历史上大国发展的经验教训,同时为世界其他国家提供经验教训。从力量结构来看,历史上的德国和日本都曾经集中全力发展硬实力,试图在最短的时间内实现扩张,最后都导致其崛起失败的结局。战后日本和德国分别通过软实力的增长,在一定程度上实现了和平崛起。二战后的日本从改造旧体制入手,大量吸取美国的科技成果和文化理念,形成了"和平发展"的基本选择,成功地跃居西方经济强国第二位。同样,日本在软实力建设方面仍然具有先天不足,即没有全面反省其历史教训,没有彻底改变天皇至上的政治文化,从而难以取得亚洲邻国的充分信任,其和平崛起的高度受到一定的限制。相反,德国在制度和国家发展路径选择上,更彻底地抛弃了俾斯麦以来的"铁血政策",从欧洲的两次大战策源地变为欧洲联合的发动机。德国借助于欧洲一体化的制度创新,积累了国际信誉与和平形象等软实力,赢得了国家统一等目标,和平崛起为有世界影响力的欧洲大国。相比之下,苏联在软实力方面严重不足是其崛起失败的关键因素之一。苏联的发展战略长期畸重军事国防工业,在硬实力超常发展的同时,软实力尤其是制度和观念创新的软实力优势严重不足,国家凝聚力完全丧失,以至于在与美国展开综合国力的长期竞赛中败北,导致东欧剧变、苏联解体、党的执政地位丧失、意识形态颠覆,一度曾经在经济总量达到世界第二位、军事实力世界第一的超级大国顷刻之间降为二流国家,并非硬实力不足,而是在于硬实力过剩、软实力萎缩,在于综合国力结构的根本失衡。美国崛起的成功已是世界历史公认的事实,无须在此赘述。问题是美国登上世界霸权的顶峰后,如何使用和投放其硬实力和软实力。尽管美国的硬实力和软实力都几乎达到甚至超过其他所有大国的总和,但是美国试图以其硬实力特别是军事力量,即使是打击一个小国敌手时,也难以崛起来实现其战略目标。20世纪90年代以来,美国挟冷战胜利之余威,把自己当作整个世界的"山巅之城"和"希望的乐土",[1]企图以其制度和价值观等软实力优势,在世界范围内一举扫平任何意识形态对

① Deborah L. Madsen, *American Exceptionalism*, Edinburgh: Edinburgh University Press, 1998, p. 9; Walter A. McDougall, *The Promised Land*, *Crusader State*: *The American Encounter with the World since 1776*, Boston: New York: Mifflin Company, 1997, p. 17.

手。结果却是美国的软实力资产受到极大损害,美国的单边主义和"民主扩张"战略都遭受严重挫折。事实证明,任何大国一旦滥用强权,不论是硬实力扩张还是软实力输出,也不论在其崛起过程中还是在崛起之后,都不可避免地走向反面。

正是这些大国的正反面经验,使中国学到了和平发展、科学发展、和谐发展的路径和战略选择,懂得了硬实力和软实力兼顾平衡的必要性,掌握了大国力量上升的规律性,进而坚定了走和平发展道路的自觉性。在2020年实现全面小康社会目标时,中国必须扭转软实力滞后的结构性缺陷;在2050年实现中等现代化时,中国应当具备硬实力和软实力均衡发展的国力结构;在2050年到2100年间,中国将逐步取得软实力的世界综合优势,实现其和平崛起的历史目标。

第三节　中国角色、国际认知与和平发展道路

人作为社会行动者需要经过社会化的过程而成为合格的社会成员,即胜任相应的社会角色。问题是,经过了社会化的成员是怎样认识自己和被别人认识? 又如何看待别人对自己的认识? 人们在交往中行为举止又如何受上述认识的影响? 人们的自我认识和别人对自己的认识之间是否具有一致性? 如果不一致会有什么样的社会作用? 社会角色理论对这些问题作出了科学的解答。国际政治学大师摩根索(Hans J. Morgenthau)在《国家间政治》中指出,国家间政治是由根植于人性的客观规律所支配的。依照这样的逻辑,我们可以认为,国家作为国际社会的主要行为体也需要经过社会化之后才能胜任国际社会相应的国际角色。国家行为体的社会化也包括了不同行为体之间相互认知的复杂过程,如果这一复杂过程是一个

和谐的认知,①那么不同行为体的国际角色之间就能够在积极的互动中使已经形成的国际角色结构持续下去;反之,不同行为体的国际角色之间就会产生消极的互动,从而导致角色冲突。② 由此可见,国家间的冲突,虽然是因国家利益而起,但从社会角色理论来看则是因不同行为体在国际角色认知上的错误而发生的角色冲突。

一、国际角色的两重性

所谓角色,是指与社会行动者的某种社会地位、身份相一致的一整套权利、义务的规范与行为模式,是人们对具有特定身份的人的行为期望。③这一定义表明,角色是社会地位的外在表现。社会地位是行动者在社会关系体系中所处的位置。尽管行动者的社会关系是复杂多样的,但是任何一个社会行动者都在社会关系体系中占据一定的社会位置。当然,这一位置首先是行动者的自我锚定。④ 在此基础上,其他行动者才能对处于特定位置上的行动者的行为有所期待,所以说角色也是其他行动者的一种期待。不过,行动者对角色的自我锚定并不是凭主观想象的,而是在自身实力、能力基础上来确定的,然后其他行动者将据此预先期待特定行动者在这一位

---

① 所谓认知和谐,是指在我方的自我认知、他方对我方的认知、我方对"他方对我方认知"的认知三者相对一致。关于认知复杂性的问题,李存娜在梳理从心理学的角度对国际关系进行研究的过程中特别提到了麦克尔·理克特(Michael W. Richter)关于认知的四种基本类型,以及在此基础上加入新的变量后更多的认知类型。这种概括对分析国际角色是非常有意义的。参见李存娜:《国际关系研究的心理分析》,《国际论坛》2006 年第 3 期,原载 Michael W. Richter, Political Understanding, Perspectivism and Dialogue Structure: Methodological Reflections for the Conference on Mutual Perceptions of Long – Range Goals in the East-West Conflict, in Klause Gottstein (ed.), *Mutual Perceptions of Long-Range Goals: Can the United States and the Soviet Union Cooperate Permantly?* Boulder, Colo.: Westview Press, 1991, pp.315 – 316.

② 这一观点的提出得益于乔纳森·特纳(Jonathan H. Turner)关于角色与行动者的关系的研究中所获得的启发。参见[美]乔纳森·特纳:《社会学理论的结构》(下),邱泽奇等译,华夏出版社,2001 年,第 53 页。

③ See Jonathan H. Turner, *Role*, Blackwell Encyclopedia of 20th Century, Oxford: Blackwell, 1996.

④ 关于在角色塑造中行动者自我锚定的研究,See Ralph H. Turner, The Real Self: From Institution to Impulse, *American Journal of Sociology*, Vol.81, 1970, pp.989 – 1016; Ralph H. Turner and Victoria Billings, Social Contest of Self-Felling, in J. Howard and P. Callero (eds.), *The Self-Society Interface: Cognition, Emotion, and Action*, Cambridge: Cambridge University Press, 1990.

置上具备一套与此地位相一致的行为模式,从而在互动中就形成了一个关于特定行动者在特定社会位置上的"社会自我"①。由此可见,角色具有客观性和主观性的两重性规范。角色的客观性决定于角色自身的实力,也就是说,社会行动者扮演什么样的角色必须与他所拥有的实力相对应。假若扮演一个与自身实力不相符合的角色时,行动者就不免显得有些生疏且遭人鄙视;而扮演一个与自身实力相符的角色时,就显得大不一样。② 角色的主观性则意味着角色本身具有可选择性和可塑性。一方面,行动者可以按照自己的主观意愿把自己塑造成某种特定的角色。这种通常称为自致角色,或者也叫自获角色,这种角色是行动者选择的结果。③ 另一方面,行动者的自致角色是在与其他行动者的互动中获得的,其他行动者对某一特定行动者的自致角色扮演的认知和领会,将构塑该行动者一个新的主观角色。而这样的角色认知和领会以及由此构塑的新的主观角色将极大地影响该特定行动者下一步的扮演,甚至导致不同行动者角色之间的紧张和冲突。

同样的道理,国际社会行为体在自身国际地位、国际身份的基础上也有一整套对权利和义务的规范与行为模式,不同行为体对某一具有特定身份的行为者要产生一定的行为预期,这就是国际社会行为体的国际角色。国际角色同样存在着客观和主观的两重性规范,只是国际关系理论不同流派的学者在这两重性中各有侧重。在涉及国际角色研究的理论中,最早把角色纳入国际关系研究视野的是对外政策角色分析理论。这一理论认为,角色是施动者的个体属性,国家的对外政策是由决策者的信念和国内政治决定的,与国家之间的关系无关。④ 也就是说,这一流派侧重于角色主观

---

① 所谓"社会自我"就是指由于同其他行动者交往而形成的个体的自我感觉。See Philip Blumstein, The Production of Selves in Personal Relationships, in J. Howard and P. Callero (eds.), *The Self-Society Dynamic*, Cambridge: Cambridge University Press, 1991, pp. 305 – 322.

② See Ralph H. Turner, *Social Roles: Sociological Aspects*, International Encyclopedia of the Social Sciences, New York: Macmillan, 1968.

③ 这种角色一般是指行动者通过自身的活动和努力而获得的社会角色。例如,社会上诸如职务、职称、学衔之类的角色都是靠自己的努力获得的。

④ See Kal Holsti, National Role Conceptions in the Study of Foreign Policy, *International Studies Quarterly*, Vol. 14, No. 3, 1970, pp. 233 – 309; Kal. Holsti: Toward a Theory of Foreign Policy: Making the Case for Role Analysis, in Stephan Walker (eds.), *Role Theory and Foreign Policy Analysis*, Durham: Duke University Press, 1987, p. 8.

性的一个方面,即强调自致获得的国际角色,但否定了行为体之间的互动对国际角色建构的作用。但是社会角色理论和符号互动理论都明确指出,角色的形成与扮演只能在互动中完成,没有互动,就没有社会组织系统,因而也就不可能有社会位置的存在,没有社会位置,也就没有与之相应的权利义务关系。因此,对外政策角色理论在关于国际角色的分析时存在着相当大的缺陷。

即便如此,这一理论认为,国家对外政策是国家精英的信念的观点却深深地影响了后来的新现实主义者。在新现实主义者看来,国际社会的结构只是宏观意义上的结构,并不存在所谓由国际行为体的互动而建构的微观结构。因此,作为国家精英信念结果的角色并不是国际社会结构的属性,而只是行为体单位层次上的属性。[1] 由此可见,新现实主义虽然强调国际角色是行为体自我选择的结果而不是行为体互动构塑起来的,但它与对外政策角色分析理论是有较大区别的,与对外政策角色分析理论强调角色的主观性一面不同,新现实主义更重视自身实力在行为体自我选择角色过程中的作用,甚至可以说自身的实力是行为体角色选择的唯一依据。也就是说,新现实主义实际上否定了角色的主观性,而更关注基于自身实力的国际角色定位,即国际角色的客观性。

与新现实主义相反,建构主义认为角色是"结构中的位置",并不是行为体的信念。[2] 所谓结构中的位置是指角色是客观的,它不因某一行为体或行动者身份和利益的变化而发生变化。为了对"结构中的位置"作出更好的解释,建构主义大师亚历山大·温特(Alexander Wendt)提出了角色与角色身份两个不同的概念。他指出,角色身份随着个人获得或放弃信念而存在或消失,而角色则是只要有行为体或行动者填充就会继续存在。他用了两个例子来说明,一个是克林顿担任美国总统的角色时,是因为他具有担任这一角色的身份和利益。在他离任的时候,虽然他的身份和利益(角

① See Barry Buzan, Charles Jones, and Richard Little, The *Logic of Anarchy*, New York: Columbia University Press, 1993, p. 46; Kenneth Waltz, *Theory of International Politics*, Boston: Addison-Wesley, 1979; Paul Schroeder, "Historical Reality and Neorealist Theory," *International Security*, Vol. 19, 1994, pp. 108－149.

② 参见[美]亚历山大·温特:《国际政治的社会理论》,秦亚青译,上海人民出版社,2000年,第327页。

色身份)已发生了变化,但总统的位置(角色)却不会改变。另一个例子是英国在 19 世纪大国政治中扮演了"平衡者"的角色,但这种角色是欧洲同盟的社会结构属性,不是英国一个国家的属性。如果没有一个国家担任这一角色,当时的结构就可能不会存在。由此可见,建构主义所指的角色的客观性与社会心理学家所指的角色的客观性是有区别的。在角色客观性的分析中,建构主义虽然也重视行为体的自身实力,但它更强调角色作为"结构中的位置"这一客观性。建构主义还有一大贡献在于,它认为角色是行动者在互动中建构起来的。它反对对外政策角色理论和新现实主义只从物质主义的角度来理解结构,认为连国家主权都不是国家天生的特征,而是一种国家间互动建构起来的角色身份,[①]而且确定某种角色身份的不是制度化的结构,而是自我和他者之间的互动。[②] 因此,在建构某一具体的角色身份时,建构主义尤其强调从文化角度来理解国际体系的结构,认为共有知识和主体间对结构的理解可以塑造和激发行为体的角色身份。[③] 在这种基础上,建构主义在承认国际社会无政府状态的前提下,提出了三种文化三种角色身份,三种角色身份决定了三种无政府状态的结构,即霍布斯文化建构"敌者",洛克文化建构"竞争者",而康德文化则建构"朋友",与之相应的则是霍布斯结构、洛克结构和康德结构。[④]

从内容来看,温特所指的角色身份实际上就是其他行为体对某一特定行为体自我角色定位的领会和认知,是在互动中建构起来的安置趋势,当这种安置趋势被纳入结构中以后,角色与结构中的位置就被连接起来,[⑤]

---

① 参见［美］亚历山大·温特:《国际政治的社会理论》,秦亚青译,上海人民出版社,2000年,第 286 页。

② See Philip Blumstein, The Production of Selves in Personal Relationships, in J. Howard and P. Callero (eds.), *The Self-Society Dynamic*, Cambridge: Cambridge University Press, 1991, pp. 305 – 322.

③ 参见［美］玛莎·费丽莫:《国际社会中的国际利益》,袁正清译,浙江人民出版社,2001年,第 19 页。

④ 参见［美］亚历山大·温特:《国际政治的社会理论》,秦亚青译,上海人民出版社,2000年,第六章;关于三种无政府结构的研究可参见 Martin Wight, The Three Traditions of International Theory, in G. Wight and B. Porter (eds.), *International Theory: The Three Tradions*, Leicester: Leicester University Press, 1991, pp. 7 – 24.

⑤ 参见［美］乔纳森·特纳:《社会学理论的结构》(下),邱泽奇等译,华夏出版社,2001 年,第 54 页。

也就是指角色的主观性与客观性趋于一致。不过,正如有的学者所说的那样,建构主义过于强调共有知识的作用,①温特甚至认为人类关系的结构主要是由共有观念而不是物质力量决定的。② 虽然角色通过行动者在结构中的互动及各种认知和观念而演化,③但是角色演化的前提仍然是行动者自身的实力、能力。换言之,基于自身实力的角色定位决定着基于结构中互动的角色建构。建构主义关于互动建构角色固然有积极的意义,但它过度强调了主观建构的方面而成为这一理论自身的"软肋"。

二、中国国际角色定位:历史包袱与现实困惑

国际角色定位,是指国际社会行动者根据自身实力在国际社会中进行角色确定。基于实力而确定的国际角色,就是国际角色的客观性。众所周知,在社会关系体系中,行动者并不能随心所欲地扮演任何角色,而且行动者扮演某一角色也需要一个确定的过程。这就是角色定位。同样的道理,国家作为国际社会的主要行动者在国际体系中也不能随心所欲地扮演任何角色,也需要根据自身国力的实际情况来进行客观定位。在国际社会中,国家行动者在自身国际角色定位时常常会陷入困惑,包括美国实际上也是如此。例如,亨廷顿(Samuel P. Huntington)在全球文化背景下探讨"我们是谁"的时候,表面上看是对美国"民族认同危机"直白的忧虑,但实际上是在探讨美国的国际角色问题。正如他自己所说:"美国人怎样界定自己的特性,将决定美国在世界上起什么样的作用,而世界怎样看待这一作用,也会影响到美国的特性。"④在亨廷顿看来,正是多元民族使"美国信念"受到了挑战,从而导致美国国际角色定位的困难。于是,他为美国设计了三种国际角色方案:世界主义方案——多边主义的合作者;帝国方

① 参见唐永胜:《中国国际角色分析》,《现代国际关系》2006 年第 10 期。
② 参见[美]亚历山大·温特:《国际政治的社会理论》,秦亚青译,上海人民出版社,2000年,第 1 页。
③ See B. J. Biddle, Recent Development in Role Theory, *Annual Review of Sociology*, Vol. 12, 1986, pp. 67 – 92.
④ [美]塞缪尔·亨廷顿:《我们是谁?——美国国家特性面临的挑战》,程克雄译,新华出版社,2005 年,第 302 页。

案——世界唯一改造者和世界政治的"天然代言人"①;民族主义方案——
孤立主义者。② 从亨廷顿不确定的方案中便可以窥见美国国际角色定位
过程中的困惑之一斑了。

　　中国的国际角色定位面临着类似的困惑,而且也因这种困惑而导致国
际角色地位不当的问题出现。从中华人民共和国成立初期一直到 20 世纪
80 年代末,中国国际角色的自我定位基本上是国际社会"斗士"的角色。
新中国成立初期,中国在外交上推行的"一边倒"政策,实际上就已经把自
己的国际角色定位于国际体系的局外者和挑战者。特别是在努力恢复联
合国席位失败之后,中国更加强调国际体系的局限性,呼吁建立一个"革命
的联合国"。③ 与此同时,在国际关系的处理上,中国早就不甘于作为苏联
小伙伴和忠诚盟友的国际角色,而追求"独立盟友"的地位。④ 借此,中国
强调对民族解放无条件地支持与援助和对帝国主义的坚决反对,⑤并表示
中国愿意作为广大亚非拉国家反帝、反殖民斗争的"可靠后方"。⑥ 因此,
基辛格(Henry Kissinger)认为,当时的中国,在对待国际体系和国际制度方
面,是一个将改变国际体系本身作为追求目标的坚定的革命者。⑦ 中国这
种定位主要是基于自身关于"战争与革命"时代的总体判断。所以尽管早
在 20 世纪 50 年代中期,中国政府就提出了和平共处的外交总方针,但为
了反帝和随之而来的"反修防修",中国在外交上同样还是受到了"左"的
思想的影响而继续延续着"革命哲学"的逻辑,当时的中国也基本上处于
国际体系之外。虽然 70 年代初 80 年代末随着中美关系的改善,中国十分
有限且被动地参与到了国际体系的一些规则中来,但是由于联美抗苏,中

　　① Michael H. Hunt, *Ideology and U. S. Foreign Policy*, New Haven and London: Yale University Press,1987, p.135.
　　② 参见[美]塞缪尔·亨廷顿:《我们是谁?——美国国家特性面临的挑战》,程克雄译,新华出版社,2005 年,第 302 ~ 305 页。
　　③ 参见门洪华:《压力、认知与国际形象——关于中国参与国际制度战略的历史解释》,《世界经济与政治》2005 年第 4 期。
　　④ See Harry Harding, China's Changing Role in the Contemporary World, in Harry Harding (eds.), *China's Foreign Relations in the 1980s*, New Haven: Yale University, 1984, pp.180 – 184.
　　⑤ 参见《毛泽东外交文选》,中共中央党校出版社、世界知识出版社,1994 年,第 249 页。
　　⑥ 参见王泰平主编:《中华人民共和国外交史》(第二卷),世界知识出版社,1998 年,第 41 页。
　　⑦ See Henry Kissinger, *A World Restored*, New York: Grosset and Dunlap, 1964, p.2.

国作为"斗士"的角色并没有根本改变。很显然,长期以来,中国外交的"革命"色彩很浓,因而中国的国际角色也相应地具有了这种"革命性"。所以霍尔斯蒂(Kal J. Holsti)在当时就指出,中国实际上扮演了两个角色:一个是"革命解放者的堡垒"(bastion of revolutionary – liberator)的角色,另一个是"解放运动的支持者"(liberation supporter)的角色。[①] 中国这种角色定位固然是当时国际环境所决定的,有其必然性,但也使中国长期游离于国际体系之外,成为国际社会的"异类"。这种国际角色正是当今中国在不断崛起的过程中,重新进行国际角色定位时背负的沉重的历史包袱。在这种沉重的历史包袱下,中国崛起过程中新的国际角色定位就难免不陷入困境。

也就是说,在现有的国力基础上,中国在要扮演什么样的国际角色的问题上遇到了困难。一般来说,国家国际角色定位主要有三种方式:从国家间关系来看,一国只能在"敌人""竞争者""朋友"三种角色中选择;从国家与国际社会的关系来看,一国可以扮演超级大国、强国、大国、小国、弱国等角色;而从国家与国际体系的关系来看,一国则可以扮演"主导者""参与者""改革者""挑战者""破坏者"等角色。从国家间关系来看,中国毫无疑问要做所有国家的朋友。但是中国在诸多国家利益甚至是国家核心利益方面与一些国家存在分歧,在某些情况下甚至会发生冲突。例如,台湾问题,虽然这是中国的国内问题,但始终是中美关系中的巨大障碍。中国希望做美国的朋友,可是一旦美国在台湾问题上违背中美关系的基本原则,中国的"朋友"角色就很难扮演了。同样,中日之间有历史问题,中国与日本、韩国、东盟一些国家等都有领土分歧,如果处理不当,"朋友"的角色也很难维持下去。从中国与国际社会的关系来看,中国毫无疑问是一个大国,但究竟是全球性大国,还是地区性大国? 假若定位为地区性大国,那么究竟是地区主导性大国,还是地区平衡性大国? 在这方面,中国是最难进行角色定位的。从中国与国际体系的关系来看,虽然中国的国力在不断

---

① See Kal Holsti, National Role Conceptions in the Study of Foreign Policy, *International Studies Quarterly*, vol. 14, No. 4, 1970, p. 260,263.

增强,但中国实际上还是把自己定位为国际体系的"参与者、维护者和建设者"①。这种角色定位的困惑在于,现存的国际体系是在美国霸权的护持下而存在的,中国作为"参与者、维护者和建设者",就必然要承认美国霸权的"合法性",然而中国又高举着反霸的旗帜。显然这二者之间存在着矛盾。这一矛盾反映出来的正是中国国际角色定位的困惑。

中国国际角色定位为什么会产生这样的困惑呢?从社会互动理论来看,角色定位的困惑主要来源于两个方面:一方面是行动者所处的环境发生了变化,从而使行动者对环境产生了陌生感;另一方面是行动者自身发生了变化,从而使环境中的其他行动者对该行动者产生了陌生感,也就使其他行动者对该行动者的行为揣度发生了偏离。② 在这两种情况下,特定行动者在系统中的定位都会遇到困难。今天,中国所处的国际环境,尤其是国际体系已经发生了巨大变化。国家行动者只能在国际体系中按照相对位置排序,而并非一种简单的单一存在。③ 这就是说,国际体系是国家角色定位的前提条件。现存国际体系正在发生转型,这种转型给中国的国际角色既提供了可能的新位置,也使中国难以找到自身适合的位置。不过,以往的国际体系基本上是以战争方式促成的转型,而当前的国际体系转型是一种渐进的、和平式的转型,因此环境的变化对中国的国际角色定位影响并不太大。然而中国自身的实力变化对国际角色定位的影响却是决定性的,因为国际角色定位的客观物质依据只能是国家实力。诚然,中国综合国力提升速度较快,中国在国际体系中的位置也应随之上升,但究竟上升到何种程度,中国自己难以把握。这主要是因为,虽然中国的综合国力在提升,但国力结构是十分不均衡的,当前中国的崛起还只是经济上

---

① 2005 年 12 月 22 日,中国国务院新闻办公室发表《中国和平发展道路》的白皮书,白皮书明确指出:"中国是多边贸易体制的积极参与者";2006 年 3 月 14 日,温家宝总理在人民大会堂会见中外记者并回答提问时指出:"中国是国际体系的参与者和维护者";2006 年 4 月 3 日,温家宝总理在访问澳大利亚时发表题为"坚持走和平发展道路,促进世界和平与繁荣"的演讲,再一次把中国定位于国际体系的"参与者、维护者和建设者"。这是中国领导人关于中国国际角色定位最明确的表达。

② See Sheldon Stryker, Role-Taking Accuracy and Adjustment, *Sociometry*, Vol. 20, 1957, pp. 286 – 296.

③ See Joseph M. Grieco, Anarchy and the Limits of cooperation: A Realist Critique of the New Liberal Institutionalism, *International Organization*, Vol. 42, No. 3, 1988, p. 487.

的崛起,在经济崛起的支撑下,中国的政治资源得到了相当大的充实,政治调控能力得以增强;同时,中国外交对国家利益的对外拓展能力也相应地得到了提高。但是在科技创新能力、信息辐射能力、文化投射能力等软实力方面,中国明显落后于绝大部分发达国家,而且中国发展软实力时又受到资源配置不均、政治改革滞后、缺乏理想的软实力资源组合等的制约。①因此从经济国力来看,中国可以定位为大国乃至强国,但从文化等软实力来看,中国只是一个处于崛起过程中的次强国家。另外更为重要的是,中国的经济崛起以及由此引致的国际角色变化,却导致了国际体系中其他行动者对中国新角色产生了陌生感。这种陌生感不得不使中国在实力上升的情况下仍然要继续保持"韬光养晦"。可见在这一方面,中国的国际角色定位也在一定程度上存在着矛盾。不过,虽然中国国际角色定位有种种的困难,但是中国还是尽可能并十分谨慎地在现存国际体系中寻找着自己适合的位置。

三、认知偏见:中国国际角色主观性与客观性的背离

在中国崛起的今天,国际体系中的其他行动者在互动中建构起来的中国国际角色与中国根据自身实力所进行的角色定位,二者之间常常存在着相当大的不一致性,也就是中国国际角色主观性与客观性的背离。首先,中国在现存国际体系中扮演着参与者的角色,但国际社会往往误认为中国是一个不愿意为现存国际体系负责任的国家,而只是一味地通过现存国际体系获取最大的收益,是现存国际体系的"搭便车者"。其次,中国作为现存国际体系的改革者,则常常被误认为是现存国际体系的挑战者。再次,中国作为地区稳定的维护者,却会被国际社会误认为是地区的主导者,从而对原有的主导者构成威胁。最后,中国作为多元文化的推动者,则会被国际社会误认为中国在文化多元主义的旗帜下拒绝接受西方所谓的普世性价值观。②

---

① See Bates Gill and Yanzhong Huang, Sources and Limits of Chinese "Soft Power", *Survival*, Summer 2006, pp.17-35.
② 参见胡键:《中国国际角色的转换与国际社会的认知》,《现代国际关系》2006 年第 8 期。

　　为什么会产生这种背离呢？根本的原因就在于认知偏见。国际角色包括角色认知和角色扮演两个方面。① 角色认知是指："政策制定者对什么样的角色、义务、规则和行动与他们的国家身份相符的主观认知和判断，以及对国家在国际体系和次体系中应该具有的功能的判断。"②简单地说，角色认知就是社会行动者在国际互动过程中社会化的一种反射。③ 由于角色认知是主体对客体的心理状况、行为动机和意向作出推测与判断的过程，它是对有限信息的一种主观推断，因此这一过程难免不受主体的信仰、情绪、过去的经验，特别是历史认知的路径等的影响。也就是说，对有限信息的主观加工往往会导致认知上的偏差，当这种偏差达到固定化的程度时就成为认知的偏见，也就是"刻板印象"。国际体系中的其他行动者对中国新的国际角色的陌生感可能直接导致它们对中国新国际角色产生错误认知，并形成认知偏见。

　　国际社会其他行动者对中国国际角色的认知偏见，既有有意偏见也有无意偏见。有意偏见往往出于私心，从国家角度来看，就是出于狭隘的国家利益。国家都是自私的，为了某一方面特殊的国家利益，其他各行动者对中国角色必然存在着有意偏见。特别是在中国发展势头正猛的时候，西方大国却出现了某种程度的衰落，尤其是美国，早在20世纪80年代就出现了衰落的迹象，冷战结束以后，美国衰落的势头更加明显。④ 然而作为现存国际体系主导者的美国，它的国家利益又与美国在国际体系中的霸主地位紧紧联系在一起，在这种情形下，美国对中国的担心就难以避免了。

---

　　① See Kal Holsti, National Role Conceptions in the Study of Foreign Policy, *International Studies Quarterly*, vol. 14, No. 3, 1970, p. 245.

　　② Ibid., pp. 245 –246.

　　③ See Alexander Wendt, Anarchy Is What States Make of it: The Social-Construction of Power Politics, *International Organization*, Vol. 46, No. 2, 1992, p. 404.

　　④ 参见［美］保罗·肯尼迪：《大国的兴衰》，陈景彪等译，国际文化出版公司，2006年，第502~522页；Aaron L. Friedberg, The Future of American Power, *Political Science Quarterly*, Vol. 109, Spring 1994, pp. 21 –21. 当然，也有学者认为美国并没有衰落，而是冷战后国际政治出现了"世界权力的变革"和"权力性质的变化"。在冷战时期，东西方对抗的轴心是"硬权力"，而现在，随着两个超级大国全球军事对抗的消失，文化因素在国际关系中的作用越来越突出，并成为新的力量源泉，也就是"软权力"。See Joseph S. Nye, Jr., Soft Power, *Foreign Policy*, Issue 80, Fall 1990, pp. 153 –171; Joseph S. Nye, Jr., The Changing Nature of World Power, *Political Science Quarterly*, Vol. 105, No. 2, 1990, pp. 177 –192.

因此,即使中国宣告走和平崛起之路,在美国仍然有不少人认为,中国崛起必将威胁美国,崛起的中国与仍然还处于霸主地位但正在走向衰落的美国必然爆发冲突。这是守成霸权国家与新兴霸权国家之间无法避免的最后摊牌。也就是说,两个"巨人"之间必然要爆发冲突。① 正是狭隘的国家利益导致了其他行动者对中国国际角色产生了有意偏见。

所谓无意偏见,是指由不自觉的错误形成的固定化认知。无意偏见的形成不仅与历史经验有关,也受心理因素的影响。历史经验的影响是不知不觉的,正如杰维斯(Robert Jervis)所说:"历史会在决策者不知不觉的情况下影响他的知觉倾向。"② 由于西方对中国的看法一直受到其对共产党政权历史看法的影响,一直把共产党执政的政权视为富有挑衅性的"独裁政权"。③ 这种历史包袱最终也导致西方大国形成了对中国国际角色认知的诱发定势(evoked set)④,即认为中国对殖民主义体系和西方主宰的旧秩序的挑战是与生俱来的。这个历史特征正是当代西方大国"中国威胁论"情结的由来,也是中国与现存世界体系不可避免地产生矛盾乃至某种冲突的深层次原因。⑤ 这种历史的经验再加上其反共的意识形态,⑥毫无疑问地要在它的对外政策上反映出来,也就是不得不采取种种手段来遏制中国

---

① See John J. Mearsheimer, China's Unpeaceful Rise, *Current History*, April 2006, p. 160.

② [美]罗伯特·杰维斯:《国际政治终的知觉与错误知觉》,秦亚青译,世界知识出版社,2003 年,第 219 页。

③ 例如,《华盛顿邮报》专栏作家罗伯特·凯根(Robert Kagan)撰文指出,中国是当今两大独裁力量之一,在国际事务上处处与美国作对,特别是坚决反对美国制裁朝鲜、白俄罗斯、伊朗等国。See Robert Kagan, League of Dictators?, *Washington Post*, April 30, 2006.

④ 关于认知的诱发定势的详细分析请参见[美]罗伯特·杰维斯:《国际政治中的知觉与错误知觉》,秦亚青译,世界知识出版社,2003 年,第五章。

⑤ 参见黄仁伟:《中国崛起的时间与空间》,上海社会科学院出版社,2002 年,第 3 页。

⑥ 有学者在研究意识形态在美国对社会主义国家外交政策中的地位和作用时发现这样一条规律:美国基本国家利益受到威胁时,便趋向于淡化意识形态的作用;美国国力强盛时,则强化意识形态的作用;美国战略对手强大并强调意识形态时,美国会采取同样的姿态以针锋相对。参见刘建飞:《美国与反共主义——论美国对社会主义国家的意识形态外交》,中国社会科学出版社,2001 年,第 229~235 页。实际上,连美国自己的一些学者也早就认为,在美国,"除极左派外,实际上所有政治派别都接受反共思想,把它作为美国对外政策的主要参数。"参见[美]莫顿·贝科威茨等:《美国对外政策的政治背景》,张禾译,商务印书馆,1979 年,第 328 页。

的崛起,①其至要"根据美国的形象来改变中国"②。

心理因素对无意偏见的影响往往与历史经验和价值观联系在一起。某一行为体对其他行为体的认知判断主要是根据认知主体的好恶得出的,而这种好恶是基于一定的历史经验和价值观之上的判断,然后在认知主体的好恶判断基础上来推导出认知客体的其他品质。如果认知客体被认知标明是"好"的,就会被一种"好"的光环笼罩着,并被赋予一切好的品质;反之,认知客体就会被"坏"的光环笼罩,认知客体所有的品质都会被认为是坏的。这就是影响主体认知的"晕轮效应"(halo effect)。美国当前对中国角色认知中所产生的"晕轮"实际上始于1989年的政治风波。原本在1972年尼克松访华后,中国在美国的角色身份从"敌人"已逐渐转向"盟友",但是1989年政治风波以后,美国的中国观突然就由积极转向消极,美国公众对中国的感情温度骤然跌至45度,③并认为"中国似乎在威胁着美国人所代表的一切:民主、资本主义和自由"④。从那时起,美国对中国一直抱有相当大的戒心和不信任感。中美之间巨大的"信任赤字"反过来也进一步加深了美国对中国错误认知的"晕轮"。

很显然,不论是有意偏见还是无意偏见,都与认知者的特殊"信念"有关。美国对中国国际角色的认知可以作为典型案例。美国对中国国际角色的认知偏见是众所周知的,这种偏见正是源于"美国例外论"这种特殊的"美国信念","美国信念"又生发出美国认知外部世界的"美国意象"

---

①　美国一直在遏制中国,在20世纪90年代,主要是借知识产权保护问题审议是否给予中国"最惠国待遇",但是2000年以来,美国五角大楼开始充当主角,每年都要发表中国军力报告(Annual Report to the Congress on the Military Power of the People's Republic of China)。报告极力散布所谓的"中国军力威胁论",认为中国已经是美国的"战略竞争者",强烈要求布什政府调整对华政策。国防部2006年《四年防务评估报告》更是直接将中国定位成"美国最大的潜在军事对手""站在战略歧路上的国家"和需要重点遏制的对象。报告还煞有介事地断言,中国正在电子和自动攻击等非同寻常的领域狠下功夫,这很有可能动摇美军传统的优势地位。See Quadrennial Defense Review Report, http://www.defenselink.mil/qdr/report/Report 20060203.pdf.

②　Chin-Chuan Lee, Established Pluralism: US Elite Media Discourse about China Policy, *Journalism Studies*, Vol.3, No.3, 2002, p.355.

③　See John E. Rielly, *American Public Opinion and U. S. Foreign Policy*, The Chicago Council on Foreign Relations, 1995, p.24.

④　Michael G. Kulma, The Evolution of U. S. mages of China, *World Affairs*, Vol.162, No.2, Fall 1999, p.85.

(American Image)。① "美国例外论"使美国人往往把美国当作整个世界的"山巅之城",要全世界的人们都用羡慕的眼光注视着这片"希望的乐土"。② 于是,在美国对自身认知的同时也形成了关于美国世界作用的看法,并且关于美国世界作用的看法作为"美国信念"的重要组成部分,往往会被视为普世性价值观而推向全世界。正是那种被称为"美国信念"的意识形态为美国提供了赖以观察外部世界的透镜、评估国际社会秩序价值标准体系和民族生生不息持续发展的基本信念。这种信念使美国无视自己对外部世界所产生的错误认知,更不可能主动取纠正其错误认知。相反,美国常常试图在自己的价值体系中努力为自己因有意或无意偏见产生的错误认知寻找合理性依据。因此,"美国意象"中的中国国际角色不是一个真实的中国角色,而是一个"美国的中国"(America's China)。③ 结果,"美国意象"中的中国国际角色与中国国际角色的扮演二者之间常常处于背离状态。④ 实际上,不仅美国塑造了一个"美国的中国",而且欧洲、日本、俄罗斯等也都在自己的意象中塑造了"欧洲的中国""日本的中国""俄罗斯的中国"等。由此可见,中国国际角色定位的问题是中国发展中的战略问题,中国在自身发展的进程中需要与国际社会其他行动者、国际体系等保持高度紧密的互动,以便最大限度地消除其他行动者对中国的认知偏见,使中国国际角色的主观性与客观性尽可能保持相对一致。

---

① 所谓"美国意象"是指美国有意或无意有选择地根据自身价值、知识、信仰体系而对外部世界产生的一种相对固化的认知,它直接受美国信念或者说是美国意识形态的影响。当然,也有学者认为,"美国意象"既与美国在当今国际体系中独特的地位有关,也同美国在中国问题上传统所坚持的"价值、利益和政治"所驱动的政策需要紧密相联,但相对而言它与美国的意识形态因素关系较少,而更多地与美国在国际权力结构中的地位相关联。参见朱峰:《"'中国崛起'与'中国威胁'"——美国'意象'的由来》,《美国研究》2005 年第 3 期。

② See Deborah L. Madsen, *American Exceptionalism*, *Edinburgh*:Edinburgh University Press, 1998, p. 9; Walter A. McDougall, *The Promised Land*, *Crusader State*: *The American Encounter with the World since 1776*, Boston: New York: Mifflin Company, 1997, p. 17.

③ See Aikra Iriye, North America, *History*: *Review of New Books*, Spring 1997, Vol. 25, Issue 3, p. 107.

④ 虽然自 2005 年 9 月,美国前助理国务卿佐利克(Robert Zoellick)提出"负责任的利益攸关方"(a responsible stakeholder)之后,中美双方都基本上接受了这一角色认知,也就是在中国国际角色问题上,美国的认知与中国角色扮演形成了难得的一致,表现了美国意象对中国国际角色的认知和谐,但是这种一致性和美国对中国国际角色的认知和谐带有相当大的偶然性,美国在这种认知和谐背后深藏着严重的不和谐的政治意图。

第四节 从"中国责任"来认识中国在
国际事务中的软实力

大国的成长往往伴随着国际社会的种种议论,这主要是因为大国的成长壮大会对现存国际体系产生直接而深远的影响。中国的成长也不例外。冷战结束后,随着中国的崛起,国际社会特别是西方大国大肆渲染"中国威胁论",接踵而至的是"中国崩溃论"。然而在这些聒噪余音尚存的时候,另一种大力吹捧中国、一再鼓吹中国需要承担大国责任的论调近来也持续升温。西方大国为什么会兴起"中国责任"的论调?"中国责任"的内涵是什么?中国究竟怎样来承担大国责任呢?这些都是中国和平发展道路上必然面对的问题。

一、"中国责任"是中国崛起进程中不可回避的话题

"中国责任论"是 21 世纪第一个十年中西方大国谈论中国时的一个重要话题。这就意味着与在 20 世纪最后十年相比,进入 21 世纪以后,西方大国的"中国观"出现了新的变化。长期以来,西方大国的"中国观"受其意识形态偏见的影响而被严重扭曲:中华人民共和国成立之初,中国推行"一边倒"的外交被认为是扮演着"莫斯科的爪牙"的角色;[1]中国支持反殖民主义的革命则被认为扮演着"革命解放者的堡垒"(bastion of revolutionary - liberator)和"解放运动的支持者"(liberation supporter)的角色,[2]并被认为是国际体系和国际制度的破坏者。[3] 直到今天,西方大国尤其是在美国的"中国观"中仍然留存着对中国的种种错误认知,认为不断崛起的中国正在试图追求更大的世界权力,强烈渴望成为像美国一样的全球霸权国

---

① See Nancy Bernkopf Tucker, America First, in Carola McGiffert, ed., *China in the American Political Imagination*, Washington, D. C. : The CSIS Press, 2003, p.19.

② See Kal Holsti, National Role Conceptions in the Study of Foreign Policy, *International Studies Quarterly*, vol.14, No.4, 1970, p.260,263.

③ See Henry Kissinger, *A World Restored*, New York: Grosset and Dunlap, 1964, p.2.

家,是对美国的挑战与威胁。① 即使是在"中国威胁论"和"中国崩溃论"的论调中,实际上也潜藏着"中国责任"这一重要话题。至于佐立克提出"负责任的利益攸关方"以后,"中国责任"就更加成为西方大国与中国打交道时的必然话题了,那么为什么说"中国责任"是中国崛起中不可回避的话题呢?

首先是因为中国崛起已经成为不可避免的事实;同时,中国也已经通过市场的方式全面融入国际体系,国际社会必然要关注崛起的中国究竟可以承担什么样的责任。在西方看来,遏制中国的崛起势头和把中国排斥在国际体系之外,这都已经不可能了,而且也会导致西方大国自身利益受到损害,尤其是当中国已经成为世界经济中举足轻重的经济体,经济规模居世界第三时;同时,中国巨大的经济规模又通过对外贸易的形式与世界各国建立起了深度的相互依存关系,"中国因素"在当今国际经济体系中可以说是无处不在的。因此,明智的选择只能是让中国在国际体系内承担更大的责任。西方大国特别是美国作为现存国际体系的主导者,维持国际体系的稳定是其全球利益之所在;而作为主导者,西方大国就不得不为整个世界提供"公共品"并为此支付成本。但是随着西方的日益衰落,包括美国都越来越缺乏提供全球"公共品"的能力,因而在中国实力不断提升的时候,把中国纳入西方主导的国际体系中来并使之在接受现存的国际规则的前提下承担某种义务,这既可以减少西方维护国际体系稳定的制度成本,也可以促使中国成为负责任的国家。②

其次,随着中国国际地位的提升,崛起的中国对国际体系的作用力也在增大。从历史大国成长的逻辑来看,大国的崛起对国际体系的作用力主要有两种:要么用武力手段摧毁现存的国际体系,要么以和平的方式参与其中并承担相应的责任。历史上大国的崛起,特别是德国、日本、苏联等的崛起,都是在外部压力之下而产生的崛起冲动。德国的崛起是慑于法国的压力而"为自己争夺阳光下的地盘"③;日本的崛起是受困于西方列强,在

---

① See Steven W. Hook and Xiaoyu Pu, Framing Sino – American Relations under Stress: A Reexamination of News Coverages of the 2001 Spy Plane Crisis, *Asian Affairs*, Vol. 33, No. 3, 2006, p. 168; John J. Mearsheimer, China's Unpeaceful Rise, *Current History*, April 2006, p. 160.

② See Joshua Kurlantzick, China Syndrome, *New Republic*, No. 16, 2006.

③ 孙炳辉、郑寅达:《德国史纲》,华东师范大学出版社,1995 年,第 205~206 页。

一种悲情的驱使下,想要实现自己的军事强国之梦;苏联则完全是在战后两极实力不对称的天平上通过军事扩张而成为内部结构畸形的超级大国的。它们都有一个共同的特点,即是通过硬实力破坏现存体系而崛起的,但最后都陷入了"崛起的陷阱"之中。尽管中国既没有日本式的"悲情心理",也没有德国式的外部威慑,更没有苏联式的扩张之举,中国不会产生所谓的"国家强大焦虑症",中国的和平发展道路也决定了中国的崛起不会根本改变国际体系的现状结构,但是由于守成大国有上述的前车之鉴,当今中国的崛起究竟对国际体系产生什么样的影响就成为它们的必然话题。

再次,西方大国出于对中国发展模式的忧虑而提出要求中国承担责任的要求。所谓"中国发展模式"不仅指中国的经济发展模式,而且也指中国作为一个发展中国家在全球化背景下实现社会现代化应对全球化挑战的发展战略和治理模式。正是这种模式造就了中国经济发展的奇迹。然而中国经济的增长主要是依靠劳动力、资金、土地、资源等要素的粗放投入而实现的,增长效率和质量不高,增长基础比较脆弱。[①] 这种增长方式的必然结果是高消耗、高污染。当今,资源、能源日益短缺,环境问题日益严重,在西方看来,中国这种发展模式是一种不负责任的模式,因而也就被视为一种"威胁"。

此外,西方大国对崛起后的中国未来有着不确定性的担心而试图"掌控"中国崛起的进程。在一些西方大国看来,中国内部缺乏必要的透明度而让国际社会无法预测其崛起后的行为方式。这就是说,中国一方面继续搭乘全球化的便车而成为其中最大的受益者,另一方面又不愿增加内部的透明度而使得其未来具有不可预测性,二者之间的反差使中国成为西方大国眼中的"潜在威胁"。因此,西方大国所谓的"中国责任"在很大程度上是要中国向国际社会表明未来的发展意向,以便减少西方大国对中国崛起

[①] 早在 20 世纪 90 年代前半期,一些西方的经济学家就对中国经济作出了这种判断,而十多年以后的今天,这种判断基本上没有改变。See Paul Krugman, The Myth of Asia's Miracle, *Foreign Affairs*, Vol. 73, No. 6, 1994, pp. 62 – 78.

的疑虑,①并在这种明确的意向下以便它们"掌控"和应对中国发展的进程。②

二、中国责任是国内责任与国际责任的统一

西方大国在讨论"中国责任"时,主要是要求中国在维护现存体系稳定、反恐、反核扩散、人民币汇率、贸易平衡等方面承担更大的责任。也就是说,西方大国所要求的"中国责任"主要是指中国的国际责任。但是中国责任不应仅仅是国际责任,还有国内责任。中国建设和谐世界的前提是在国内构建和谐社会。中国的和平发展道路包括两个方面的内容:内部的和谐发展和外部的和谐稳定。二者缺一不可,两个"和谐"的良性互动才构成了中国的和平发展道路。否则,没有这两个"和谐"就不能称为和平发展道路。如果内部不和谐,中国的发展就不可持续;如果外部不和谐,中国的发展就会受到外部环境的钳制。特别是随着中国参与国际机制的广度和深度越来越大,中国发展受国际因素与国内因素的联动效应的影响也越来越突出。③ 承担好外部责任是以承担好内部责任为前提的,内部责任没有承担好就不可能承担好外部责任。因此,中国当前最重要的不是考虑国际责任,而是国内责任。

那么什么是中国最重要的国内责任呢? 众所周知,国家在发展进程中要面临许许多多的问题,但对中国来说,改革、发展、稳定仍然是关系中国整个发展进程的三大战略问题。因此,这三个问题就是中国三大战略性的国内责任。对于中国来说,当前最重要的国内责任仍然是发展。经过40年的改革开放,中国综合实力有了大幅度的提升,但是中国还是发展中国家,内部发展十分不平衡,而且存在着诸多的两重性问题:较发达的东部沿海地区与落后的中西部地区同时存在,较先进的工业与落后的农业并存,较发达的城市与落后的农村并存。简单地说,就是地区二元性、工农二元

---

① See Glenn Kessler, U. S. Says China Must Address Its Intentions, *The Washington Post*, September 22, 2005.

② See Robert Kagan, The Illusion of "Managing" China, *The Washington Post*, May 15, 2005.

③ 参见黄仁伟:《中国崛起的时间与空间》,上海社会科学院出版社,2002 年,第 7 页。

性、城乡二元性构成了当前中国的现实。这些二元性困境决定了保证十三多亿人的生存权和发展权仍然是中国发展中最大的责任。确保内部社会稳定也是中国重要的内部责任。发展的前提是稳定,没有稳定就不能发展。但是当前中国所追求的稳定绝不是过去那种集中控制下的稳定,而是在社会加速分化的前提下的稳定,也就是以和谐为价值诉求的稳定。当前中国社会正处于加速转型期,转型前的社会同质性(homogeneity)逐渐被社会的异质性(heterogeneity)所取代,利益主体、社会思潮、价值取向以及社会诸多的功能性领域都日益多元化。在这种情形下,爆发社会冲突的可能性就会增大,社会风险度提高。但是中国并不会因为社会冲突的可能性增大、社会风险度提高就重新回到集中控制同质性的社会,而是在正视社会加速分化和尊重社会异质性的前提下来构建和谐社会。把构建和谐社会作为社会建设的目标,这是中国执政党及其领导下的政府第一次明确了在和平时期自身所承担的社会建设责任。构建和谐社会的重要手段只能是进一步的改革。走出二元性困境需要改革,消除不平衡的社会结构需要改革,经济增长方式的根本转变也需要改革,社会主义民主政治建设同样需要改革。总之,中国只能依靠改革创新才能实现和平发展。[1]

当然,西方大国在谈论中国责任时有时也关注中国的国内责任,但它们往往不是善意地希望中国把内部问题解决好,而是以中国内部存在的问题来对中国横加指责,如认为中国人权问题严重、民主政治建设停滞、经济改革步履缓慢、不负责任的发展(环境污染、能源消耗巨大)等。而实际上,中国在这些方面已经作出了积极的努力,而且上述情况正在不断改善。西方大国之所以对此视而不见,一个很重要的原因就在于,它们关注中国的国内责任是为了使中国在它们的"掌控"下替它们承担更大的国际责任。这就是说,所谓的"中国责任论"实际上反映的是西方大国对华认知的一种复杂心态:一方面,在中国国际地位和国际影响力不断提升的情况下,它们的对华战略不得不进行调整,承认中国的战略崛起和相应的国际利益;另一方面,在西方大国呈衰落趋势的情况下又对中国的崛起以及崛起后对外行为方式表示不安。因此,西方大国即使关注中国的国内责任,

---

① 参见中国国务院新闻办公室:《中国的和平发展道路》(白皮书),2005 年 12 月 22 日。

也往往主要是借以敦促中国听任于西方大国。这实际上就是希望中国把自己最重要的国内责任完全抛在一边。

中国责任是国内责任与国际责任的统一。中国作为一个崛起中的大国,对国际社会毫无疑问具有重大的影响。因此中国需要承担国际责任,这是不容置疑的事实。但是中国还有更重要的国内责任:既不能忽视中国的国内责任,也不能用中国的国内问题来强压中国承担超出其实际能力的国际责任。把国内责任与国际责任有机地统一起来,就意味着中国的和平发展也是负责任的发展。

三、中国的关键是要承担好国内责任

与国际责任相比,中国的国内责任显得更为重要。因为内部问题没有得到有效解决,中国就不可能有能力、有资格去承担国际责任;同时,国际责任虽然是国家作为国际社会成员的身份派生的属性,[①]但国际社会成员身份是由国内社会"管理者"身份派生出来的,[②]没有国内社会的"管理者"身份,国家也丧失了国际社会成员的相应身份。因而国家的国际责任也是其国内责任对外的特殊延伸。在这种逻辑关系中,国内责任必然要优先于国际责任。中国是一个发展中的大国,内部的任何一个小问题都有可能引发全球性的大问题。所以说,中国承担国际责任的前提是承担好国内责任。

中国的关键是要承担好国内责任,这是由中国内部现实决定的。当下的"中国崛起"之说,实际上主要是指经济实力的快速提升,相比之下,中国的部分非经济国力不仅提升缓慢,而且发展十分不平衡,[③]即使是经济实力也明显存在着"量大质不高"的特点。具体表现为:首先,中国的经济规模已经比较大,在 2006 年首次超过 20 万亿人民币(约 2.6 万亿美元),

---

① 参见牛海彬:《"中国责任论"刍议》,《现代国际关系》2007 年第 3 期。

② 国家享有对内和对外的主权。就对内主权而言,国家拥有发布公共法则以规范内部社会成员的政治行为的权力,也就是说,国家对内具有垄断性的强制力。在这种古典国家理论基础上,国家的对内职能就在于对社会的公共行为实行控制。然而随着治理的兴起,国家对内的职能就从控制逐渐转化为管理。

③ 参见胡键:《非经济国力与中国的国际地位》,《太平洋学报》2005 年第 5 期。

排在美国和欧盟之后,居世界第三位,但人均收入低,不到 2000 美元,而且经济仍然是以粗放的增长方式为主,因而经济竞争力较低。根据世界经济论坛最新公布的《2006—2007 年全球竞争力报告》显示,中国在全球经济竞争力排名中排在印度(第 43 位)之后居第 54 位,比上年度下降 6 位。[①]其次,中国经济实力表现出明显的"量大质不高"的特点。中国是贸易大国,2001 年中国的外贸总额是 5100 亿美元,到 2006 年外贸总额已经达到1.7 万亿美元,平均年增长 25% 左右,1978 年到 2001 年间的年均增速为14%～15% 左右,加入世界贸易组织之后大约提高了 10 个百分点。然而中国外贸总额的快速增长主要是依靠劳动力、资金、土地、资源等要素的粗放投入实现的,增长效率和质量不高,增长基础比较脆弱。这就是说,中国贸易大国的地位主要是靠大量低端产品出口而支撑起来的。虽然中国的工业制成品出口占出口总额的比重已经超过 90%,但高新技术产品出口仅占 28%,而发达国家的这一比重一般都超过了 40%;从贸易方式看,中国产品出口的主要贸易方式是加工贸易,并且集中于低附加值的加工制造环节。因此,中国在国际分工体系中的地位并不高。

　　值得警惕的是,与巨大的经济贸易逆差形成鲜明对比的是,自加入世界贸易组织以来,中国的文化贸易存在着严重的逆差。版权贸易逆差近年来虽有所缩小,但并没有根本改变文化贸易逆差的大格局。与此同时,中国也存在着严重的教育贸易逆差:中国一年的教育贸易逆差就高达 20 亿美元。这两种逆差集中反映出中国软实力"量小质不高"的特点。[②] 中国"量大质不高"的经济实力正是由"量小质不高"的软实力造成的。这二者之间"量"上的反差和"质低"的共性成为西方大国对中国"负责任"极大的

---

　　① See Global Competitiveness Report 2006 - 2007, http://www. weforum. org/en/initiatives/gcp/Global%20Competitiveness%20Report/index. htm26-9-2006.

　　② 关于中国软实力的评估有多种观点,但有一种看法值得注意,即认为中国拥有丰富的软实力资源,但由于资源配置不平衡、外交缺乏合理性以及外交政策的不连贯性使得中国缺乏把资源变成实力的能力。See Bates Gill and Yanzhong Huang, Sources and Limits of Chinese "Soft Power", *Survival*, Vol. 48, No. 2, 2006, pp. 17 - 35.

忧虑,甚至由此而产生"中国威胁论"。①

此外,中国内部的社会结构十分不平衡。由于中国的改革事实上是在起点不公平的前提下启动的,在利益调整的过程中,那些拥有市场资本或可以直接转化为市场资本的其他资本的社会成员迅速获得了竞争优势;反之,那些缺乏相应市场资本的社会成员不仅没有获得竞争优势,反而还因改革而丧失了原有的优势。于是,社会逐渐走向两极分化。更为严重的是,自20世纪80年代中期以来,中国社会两极分化的现象越来越严重。根据中国社会科学院经济研究所"收入分配课题组"依据两次入户抽样调查数据和较为接近国际标准的收入定义,对1988年和1995年全国的基尼系数进行估计,两个年度的数据分别为0.382和0.452。如果根据全国样本的10等分组,1988年的最高收入组获得的收入份额是最低收入组的7.3倍;而到1995年,这一比率就已上升到17.3倍。② 而按中国城镇家庭收入情况来分析,20世纪90年代中期以后,中国贫富差距也呈扩大的趋势:中国城镇家庭最高20%收入户与最低20%收入户年人均收入差距从1990年的4.2倍、1993年的6.9倍增加到1998年的9.6倍,而且由于中国在过渡期中存在着大量的隐性收入,实际的贫富差距可能比数据所反映得还要严重。③ 而最近的研究显示,中国的收入分配不平等的程度大大高于美国,基尼系数在2004年达到了0.53。④ 另外,在经济迅速发展的时候,中国的人文发展指数(HDI)⑤却上升较慢。根据联合国开发计划署公布的人文发展指数,2004年中国人文发展指数为0.745,全球排名第94位;2005年为0.755,排名第85位;2006年为0.768,排名第81位。虽然呈上升趋势,但中国人文发展指数并不高的现状没有根本改变,这个数据大致

---

① "中国威胁论"固然是西方大国对中国的错误认知所导致的,但同样也有中国自身的原因,中国粗放的经济增长方式导致的经济实力"量大质不高"的特点,正是"中国威胁论"的内部结构性根源,而中国"量小质不高"的软实力则会使西方大国有意或无意把"中国威胁论"的负面效应进一步放大。

② 参见王梦奎主编:《改革攻坚30题:完善社会主义市场经济体制探索》,中国发展出版社,2003年,第294~301页。

③ 参见李培林、李强、孙立平等:《中国社会分层》,社会科学文献出版社,2004年,第94页。

④ See Josephine Ma, Wealth Gap Fuelling Instability, Studies Warn, *South China Morning Post*, Dec. 22, 2005.

⑤ 人文发展指数是由反映人类生活质量的三大要素指标(出生时的预期寿命、受教育的程度、人均GDP)合成的一个复合指数,通常作为人类发展的综合尺度。

处于世界的中位水平上。这种情况表明,中国经济的快速增长虽然提高了整体的生活水平,却没有转化为人文发展其他重要方面的同等提升。①

由此可见,中国正在崛起是事实,但中国在快速发展进程中既有"硬伤"也有"软肋"。"硬伤"主要是指中国发展中出现的新问题,"软肋"则是指发展进程中的种种不平衡性。不论是"硬伤"还是"软肋"都决定了中国当前发展的关键是要承担好国内责任,解决国内问题;同时也表明,中国不可能根据西方大国的要求来承担国际责任。

四、国家利益是确定中国国际责任的根本依据

西方大国所谓的"中国责任"是以西方大国为中心来判定中国的国际责任的。这就正如萨义德(Edward W. Said)所说的"东方主义"(Orientalism),即西方总是"根据东方在欧洲西方经验中的特殊位置来理解东方的"②,西方在认定中国的国际责任时也充满着类似的"东方主义"色彩。它们鼓励中国成为国际社会中"负责任的利益相关方",敦促中国成为一个负责任的、有建设性的、更为融入国际社会的参与者,强调中国作为国际体系的参与者应该承担的责任。但是西方大国往往是根据自己的国家利益来确定中国的责任的。如果中国要承担这样的责任,那么中国就会丧失崛起大国的身份。因此,在无政府的国际体系中,中国究竟要承担什么样的国际责任,不应该由其他大国来认定,而只能是在自身能力的基础上根据中国的国家利益来确定中国的国际责任。

那么如何理解国家利益呢? 建构主义认为,只能从行为体之间的互动来理解行为体的利益。③ 因此,要理解中国的国家利益,必须理解以下四组互动关系:

---

① See Bates Gill and Yanzhong Huang, Sources and Limits of Chinese "Soft Power", *Survival*, Vol. 48, No. 2, 2006, pp. 17 – 35.

② Edward W. Said, *Orientalism*. New York, 1978, pp. 1 – 2.

③ 建构主义认为,国家利益是根据国际上公认的规范(norm)和理解(understandings)来定义的。规范即规则、制度和理解即价值是国际社会的核心,它们决定谁是国际社会的成员(角色),以及它们的行为方式(责任)。参见[美]玛莎·费丽莫:《国际社会中的国家利益》,袁正清译,浙江人民出版社,2001年,第3、23页。

　　第一是中国与国际体系的互动关系。现存的国际体系为中国的和平崛起提供了良好的机遇,中国的发展得益于现存的国际体系。二者之间产生一种结构性的良性互动:一方面,国际体系的相对稳定性和其中不同行为体之间的"位势差",为和平崛起过程中的中国提供了新的但互不产生陌生感的空间;另一方面,中国是在接受国际规则的前提下通过市场化道路进入国际体系的,而不是以殖民掠夺方式进入国际体系的,这种和平的崛起方式将有力地促进国际体系的和平转型。因此,中国是现存国际体系的参与者和建设者而不是破坏者。这种互动关系表明,维护现存国际体系完全符合中国的国家利益,因而维护国际体系的相对稳定是中国作为一个崛起大国的当然责任。

　　第二是中国与国际程序的互动关系。一方面,尽管民族国家存在的前提是主权的独立,但主权本身也是在国际程序上建构起来的。① 可以说,没有国际程序就无法确保民族国家的独立主权。因此,国际程序既是民族国家赖以生存的环境,也是主权存在的前提。另一方面,国际程序本身也有一个合法性的问题。② 这种合法性来自于国际社会行为体对国际程序的认同、尊重和遵守。③ 从主权国家与国际程序的互动关系来看,历史上的大国一般都是通过践踏国际程序方式而兴起的,最后基本上没有逃脱大国兴衰的历史"周期率";而现存的超强大国美国为了维护其既有霸权地位,则常常直接在国际社会实施"程序暴力"④。而中国的崛起是以认同尊重、遵守国际程序为前提的。由此可见,国际程序是中国的国家利益之所系,维护国际程序的合法性权威是中国非常重要的国际责任。

----

　　① 建构主义大师亚历山大·温特(Alexander Wendt)认为,主权不是国家的自然属性,只有当主权得到他国的承认以后,国家才拥有了主权,因此主权也是与实质性权利和行为规范相认同的一种角色身份。参见[美]亚历山大·温特:《国际政治的社会理论》,秦亚青译,上海人民出版社,2000年,第286页。

　　② 关于合法性的讨论基本上是就国家而言的,正如哈贝马斯所说的,只有政治程序才拥有或丧失合法性,这主要是指国家内部的政治程序。既然合法性是就政治程序而言的,那么国际社会的政治程序同样也可以从合法性的角度来理解。

　　③ See Ian Hurd, Legitimacy and Authority in International Politics, *International Organization*, Vol. 53, No. 2, Spring 1999, p. 318.

　　④ 所谓"程序暴力"是指某一行为体应该获得但没有获得国际程序的授权而对其他行为体所施加的某种行为。冷战结束以后,科索沃战争、阿富汗战争、伊拉克战争都是美国在没有获得联合国授权而发动的。所以说在冷战后时代,"程序暴力"已经成为美国对外的习惯性行为方式。

第三是中国与其他大国的互动关系。大国关系的理性调整是中国和平崛起的重要机遇。冷战后特别是进入新世纪以后,大国之间爆发战争的概率极低,相互关系主要是通过协商、谈判来调整的,国际权力的分配也是一种合作的博弈过程。而中国以一个新的大国角色参与这个博弈过程,所追逐的目标不是简单的生存或安全,而是为了世界的共同生存与安全的全球善治(global good governance),构建一个和谐世界。和平与发展的时代主题决定了国际社会的主要矛盾不是"猎人"与"猎物"之间的对抗,而是发展中的分歧,并由此产生了各国对利用全球公共品和全球稀缺资源的不同行为方式。当前,在全球化进程中,伴随着全球性的巨大经济收益的是环境污染、资源短缺、难民潮、恐怖主义、贩毒、核扩散等既超越国界、地区界限又超越意识形态性的,并关系到整个人类生存与发展的全球性问题。① 而面对这些问题,任何一个国家都没有能力独立应对,必须通过国家间的合作来共同治理。在和谐理念基础上崛起的中国正是追求和实现全球善治的新兴力量。因此,对其他大国来说,崛起后的中国只是意味着多了一个合作的伙伴,最多也是谈判的对手,而绝不是西方大国的挑战者,更不是冲突的对手。正是在这种合作博弈中,中国与其他各大国之间建立起越来越多的共同利益。由此可见,与其他大国携手合作共同对付包括恐怖主义、大规模杀伤性武器扩散、环境污染、能源短缺等非传统安全威胁,也是中国和平崛起的重要国际责任。

第四是中国与其他发展中国家的互动关系。一方面,中国的发展使其他发展中国家分享了中国发展带来的巨大机遇。这主要包括:一是发展中国家分享了中国和谐理念所带来的稳定与安宁,特别是中亚各国通过中国倡导建立的上海合作组织分享了地区稳定与经济繁荣。② 二是发展中国家分享了中国发展的经验,特别是中国道路的意义。对于广大发展中国家

---

① 参见蔡拓等:《全球问题与当代国际关系》,天津人民出版社,2002年,第2页。
② 苏联解体以后,中亚地区长期以来饱受恐怖主义、分裂主义和极端主义三股恶势力的肆虐,上海合作组织成立后,不仅在打击三股势力、维护地区稳定方面做出了重要贡献,而且在推进中亚地区多边经济合作也发挥了十分积极的作用。事实上,上海合作组织已经成为中亚地区稳定的"压舱石"。而中国作为该组织的倡导者,在上海合作组织的机制、功能和价值观念等方面的建设上发挥了不可替代的作用。参见胡键:《中亚的"帝国后遗症"及其治理新机制》,《世界经济研究》2004年第2期;胡键:《论上海合作组织的发展动力》,《社会科学》2005年第6期。

来说,如何实现现代化一直是发展中最大的困惑。然而在 40 年的探索和实践过程中,为了应对全球化挑战,中国开创了一种独特的现代化道路。这种道路既有珍贵的经验,也付出了相当大的代价。但不论是成功的经验,还是深刻的教训,对于广大发展中国家如何迎接融入全球化、利用自身优势实现国家现代化都有着重要的借鉴意义。三是广大发展中国家直接分享了中国的经济繁荣。自 2000 年中非合作论坛成立以来,在论坛框架内,中国免除了非洲 31 个国家的 156 笔债务,总金额约 109 亿元人民币,并于 2007 年年底前免除了 33 个非洲重债穷国和最不发达国家截至 2005 年年底 168 笔对华到期的无息贷款债务;同时,给予非洲一些最不发达国家 190 种输华商品免关税待遇。党的十八大以来,尤其是习近平参加联合国成立 70 周年庆祝大会的时候,又宣布免除发展中国家和欠发达国家巨额债务。类似这些情况还有很多,这里不必一一列举。另一方面,中国是最大的发展中国家,发展中国家是中国外交的基石,也是中国和平崛起的重要依托。因此,这种互动关系进一步表明,中国的发展离不开世界,世界的发展需要中国。所以携手与其他发展中国家共同发展,是中国崛起过程中不可推卸的国际责任。

"和平发展"作为中国的发展战略,它包含着相互联系并互为因果的两个方面,即"和平"与"发展"。发展主要是指中国的内部行为目标,属于中国国内责任的范畴;和平则是中国的对外行为方式,是中国国际责任的范畴。然而内部的发展与对外的行为方式之间存在着固有的联动性,即内部的发展程度为对外行为提供物质基础和手段;对外行为则可以彰显内部的发展的方式,并对内部的发展产生直接的影响。很显然,中国内部的发展大大夯实了中国对外行为能力的基础。例如近年来,中国已经比较得心应手地利用国际多边机制进行表达,维护中国的核心利益和重大利益,中国在国际社会塑造国际规则和设置政治议程的能力也大大提高,中国对待国际体系已经由一个单纯的参与者上升为建设者的地位,等等。反过来,中国对外行为的和平方式不仅为内部的发展创造了一个良好的外部环境,而且还可以借外部的力量促进内部的发展。这可以从中国改革开放进程中得到印证。最初,中国是通过内部的改革来促进开放融入国际社会的;后来,在加入世界贸易组织之后,中国开始借外部的力量来促进内部的改革。内部的发展与对外行为的和平方式之间的高度联动决定了中国在和平发展道路上承担着不可分割的两种责任——国内责任和国际责任。

不过,与国际责任相比,中国承担好国内责任显然更为重要。内部治理优先,这是独立主权国家治理的基本原则;同时,中国国内发展进程中普遍存在的二元性和不平衡性也表明,国内责任要甚于国际责任。即使是根据中国的国家利益来承担相应的国际责任,也必须以中国的实际能力为依托,任何超出中国实际能力的国际责任都不能为追逐国家利益而盲目承担,更不能在西方大国的压力下被迫承担。苏联解体的原因很多,其中有一个重要的原因就是,苏联国际角色和国际责任的定位大大超出了它的国家实力。同样,美国近年来在外部的武力行动,尤其是伊拉克战争都是以名义上的胜利实质上的失败而告终的,也是由于美国超级大国地位的光环下是早已走向衰落的硬实力和软实力,而美国却仍然以"唯一的全球性超级大国"而自居,并由于要遏制新的挑战者而越来越倾向于采用削弱其他国家,尤其是主要挑战国和潜在挑战国的实力来实施霸权护持。① 因而美国也因承担过多的国际责任而付出了过多的成本。"以人为镜,可知得失。"对于一个中国来说,以其他大国兴衰的经验教训为鉴,同样也可以知得失。

① 参见秦亚青:《霸权体系与国际冲突——美国在国际武装冲突中的支持行动(1945—1988)》,上海人民出版社,1999年,第125页。

第二章 软实力的基本理论研究：中国的视角

一般来说，综合国力是指主权国家生存和发展拥有的全部实力，是一种客观存在，而国际地位则是主权国家的实力在国际上的被认可程度，往往具有主观的一面。但是即使国际社会对某一国家的实际国力不予以认可，而该国的实力往往能够彰显其在国际社会中的实际地位。也就是说，一国的国际地位最终是由其综合国力所决定的。按不同的标准来划分，综合国力包含的类别不一样。在这里，笔者把综合国力分为经济国力和软实力两大部分。目前，关于综合国力研究的大量成果主要是以经济国力为主进行的定量研究，即使对软实力的研究也把其中所涉及的经济因素特别是经济投入的量作为主要的考察指标。虽然是定量的分析，但这种量化指标很难直接证明该国力的实际强度的，况且软实力除了少部分"硬因素"可以具体量化外，大多数"软因素"难以进行量化研究。因此笔者试图对软实力的"软因素"部分进行模糊的评估，并通过这种评估结果从一个侧面来展现中国的国际地位。

第一节 软实力的要素、资源、能力内涵

约瑟夫·奈将国家实力分为硬实力和软实力两部分，而且对软实力的内涵也进行了初步的界定。不过，到底什么是软实力，软实力包括哪些要素，软实力的内涵是什么，这些问题迄今仍然歧见纷呈。在传统政治学中，硬实力在国家扮演国际角色的过程中往往被赋予了不可替代的作用。然而冷战结束以后，国际政治内涵演变的一个重要表现就是软实力对于一个

国家的意义越来越被看重。早在 20 世纪 90 年代初的时候，美国著名政治学家约瑟夫·奈就已经发现，国际政治性质的变化已经使国家凝聚力、普世性文化、国际制度等无形的实力变得越来越重要。[①] 也就是说，一国的国际地位已不再仅仅是像此前那样单单靠有形的军事实力、经济实力等硬性的实力来展现，而是在硬性实力仍然对一国国际地位保持巨大影响力的同时，一国软性的实力同样可以彰显其在国际舞台上的地位和作用。中国当今的崛起虽然从实质上来说，仍然主要是经济这一主要的硬实力因素的崛起，但是中国同样注意到，只有当包括文化等软实力与经济等硬实力同时得到大幅度提升的时候，才是中国真正的崛起。那么如何来评估当今中国的软实力呢？软实力又彰显了中国怎样的一种国际地位呢？研究中国和平崛起的重大课题是不能回避现实问题。

一、软实力的要素内涵

什么是软实力？按照奈的定义，软实力是指"影响他人选择的实力"。对于国家而言，软实力是一个国家使得其他国家以其预期目标为目标的同化实力。而建立预期的能力往往与文化、意识形态和制度等无形实力资源相关。[②] 不过，所谓硬实力和软实力不是绝对独立的，硬实力中包含着软实力因素，如经济力、科技力、军事力等属于物质性的硬实力，但关于发展这些硬实力的政策，如经济政策、科技政策、军事战略等则属于软实力因素。可见，研究软实力的要素构成是一个比较复杂的问题。不过一般来说，文化、观念、意识等无形的要素都归入软实力的范畴。克莱因建立起来的综合国力就把综合国力分为物质要素和精神要素两部分。其中物质要素，如基本实体（人口、领土）、经济能力（GNP、能源、矿物、工业生产、粮食、世界贸易）和军事能力（战略力量和常规力量）无疑属于硬实力的范畴；而战略意图和国家意志等精神要素则是软实力的内容。日本综合研究所的模型关于测定综合国力的三大要素——国际贡献能力、生存能力和强制能

① See Joseph S. Nye, Jr., Soft Power, *Foreign Policy*, Issue 80, Fall, 1990, pp. 153 – 171.
② See Joseph S. Nye, Jr., The Changing Nature of World Power, *Political Science Quarterly*, Vol. 105, No. 2, 1990, pp. 177 – 192.

力实际上没有明确区分硬实力和软实力。例如,在"国际贡献能力"中既有"对外活动的积极性"的软实力因素,也有"在国际社会中的活动能力"等硬实力因素;在"生存能力"这一明显属于物质性的实力中也包含了"国民意志""友好同盟关系"等软实力因素。这说明硬实力和软实力并没有明确的界线。

奈虽然提出了软实力的概念,实际上却没有完全把二者区别开来,而是认为二者的区别不过是行为性质、实力的有形性等的程度之别。硬实力是改变他者所作所为的命令性实力,一般依赖于强制和引诱来获得;而软实力则是塑造他者期望的同化能力,一般通过某国文化和意识形态的吸引力,或控制政治议程等使得其他国家无法实现其目标可以获得。但是奈同时也指出,命令性实力有时也被用于创建制度,然后成为合法性实力,而政治合法性实力并不直接表现为一种硬实力,而是直接表现为一种软实力。由此可见,硬实力和软实力不是一种对立的关系,而是一种过渡关系。奈采用了一个连续体来表达二者的过渡关系。①

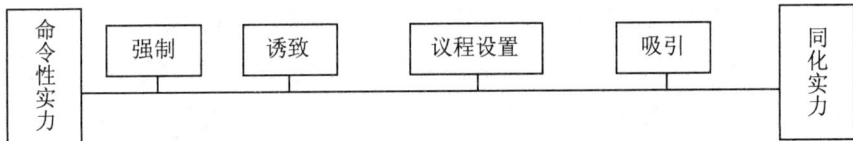

正是由于软实力与硬实力之间没有明确的界限,因此自克莱因以来,迄今为止没有任何一个分析模型全面涵盖了软实力的所有要素,主要是用不完全的列举方法进行分类。但是由于整个国际社会都在不断地变化,所列举出来的要素有的并不具有典型性,结果导致重要的要素没有被纳入分析框架之中,而已经过时的要素却仍然作为考察的对象。对软实力构成的研究主要是根据奈的定义而分解出结构模型的,当前,这种模型以黄硕风的最为典型,他代表了当前国内学术界的研究水平。根据黄硕风的模型,软实力包括三个要素,即政治力、文教力和外交力。② 但是这三种要素很显然不能真正体现国家软实力的主要内涵。从当前的国际环境来看我们

---

① See Joseph S. Nye, Jr., The Changing Nature of World Power, *Political Science Quarterly*, Vol. 105, No. 2, 1990, pp. 177 – 192.

② 参见黄硕风:《综合国力新论——兼论新中国综合国力》,中国社会科学出版社,1999 年,第 98 页。

认为,直接表现为国家软实力的要素至少应该包括:政治力,主要是指一个国家的政治体制、国家战略、政府素质、国民凝聚力等综合能力;外交力,主要是指国家利益的实现能力、国家战略的贯彻能力、全球公共品的提供能力和全球公共品的运用能力等;文化力,包括文化竞争力、文化投射力和文化信息力;社会力,主要是指社会和谐程度、社会可持续发展能力、社会发展水平。[①] 即使是前三个要素由于时代发生了变化,其内涵也有相当大的不一样。例如,政治力,黄硕风模型中主要是指两方面的内容,一是指政府能够根据现有力量和国际环境选择合适的国家战略目标和政策,使之具有增强综合国力的最大可能性;二是将国内的各种资源合理规划、综合运筹,使其国家建设获得成就。[②] 而当今所讲的政治力更加强调政治的合法性,在政治合法性的前提下再来研究国家的宏观控制能力。外交力过去的模型中主要强调国家对外政策的有效性,问题是政策的有效性并不一定能最大可能地实现和拓展国家利益。例如冷战时期的核竞争中,苏联的对外政策无疑是有效的,但在核竞赛中苏联却被美国彻底拖垮。[③] 因此,在这里我们在对外政策有效性的前提下更加强调国家利益的实现能力和维护能力。文化力以前的研究都主要用国民受教育的水平来表示,但这只是文化力非常小的一部分,更多的则是指文化自身对国家综合实力所产生的贡献。至于社会力则是过去的研究从来没有提及的要素概念。因为不论是国际事务还是国内事务都日益关注社会问题,也就是从过去关注"高级政治"越来越关注社会层面的"低级政治"问题,因此社会也可以为国家提供一种无形的实力要素。

二、软实力的资源内涵

尽管实力(Power)被引入政治科学的分析框架中以后对它的定义就一

---

① 这里的"社会发展水平"不是指从经济发展水平体现出来的社会富裕水平,而是指从社会成员素质方面体现出来的社会现代化的一个方面,是社会成员之间直接的精神方面的关系指标。

② 参见黄硕风:《综合国力新论——兼论新中国综合国力》,中国社会科学出版社,1999年,第166页。

③ 参见[俄]格·阿·阿尔巴托夫:《苏联政治内幕:知情者的见证》,徐葵、张达楠等译,新华出版社,1998年,第283页。

直存在着颇大的争议。但迄今为止,实力究竟是什么并没有一致的认识。不过,伯顿和柏瑞克对势力概念进行了简洁的分析,认为实力首先是一种资源,其次也是一种"运用这些资源的能力",最后还是一种结果——使其他行为体做自己不愿做的事的能力。[①] 那么从储备资源的角度来看,中国软实力强弱程度如何呢? 既然软实力包括政治力、外交力、文化力和社会力,那么软实力资源就应该主要包括政治资源、文化资源和社会资源。[②] 另外需要强调的是,软实力不能用进行定量分析,只能用强弱来衡量。

(一)政治资源

衡量政治资源的多少,只能从政治力的四个方面——政治体制、国家战略、政府素质、国民凝聚力来考察。但是在政治活动中,一切政治资源来源于政治合法性。"政治机构怎样、为什么具有组织政治的能力,以至于社会同一性的组成价值能够有效地构建现实",就在于它把既定的社会价值作为自己所推动的目标,因而它的活动取得了社会的谅解。[③] 这就是卢梭所说的,政府的合法性在于它对人民意志的体现。政治机构在谅解的基础上才与社会成员之间形成了一整套的权利义务关系——政治体制、国家战略都是一定的权利义务关系的具体体现。政府素质反映的则是政治机构如何来实践既定的权利义务关系的能力,而国民凝聚力更直接体现政治合法性的水平。

马克斯·韦伯在理想层次上把政治合法性分为传统合法性、个人魅力型合法性和法理的合法性,不同类型的合法性实现的方式也不同。[④] 不过,在当今政治生活中,法理的合法性得到普遍地推崇,这种政治合法性创造的政治资源是最丰富的。这是因为在法理的合法性框架内,政治的权威即强制力是在法律规则的约束下获得的,社会成员服从政治权威的强制命

---

① 参见[美]阿什利·泰利斯、乔纳斯·比利亚、克利斯托弗·莱恩、梅丽萨·麦克弗森:《国家实力评估:资源、绩效、军事能力》,门洪华、黄福武译,新华出版社,2002 年,第 16 ~ 18 页。

② 外交力没有对应的外交资源,它是综合运用其他资源的能力,所以这里没有外交资源。实际上,在软实力资源中还有一种重要的资源是思想资源,其核心部分是意识形态,但一般来说意识形态被归入政治资源中,因此这里不单独进行分析。

③ 参见[法]让-马克·夸克:《合法性与政治》,佟心平、王远飞译,中央编译出版社,2002 年,第 19 ~ 24 页。

④ See Max Web, *Economy and Society*, Vol. 1, California: University of California Press, 1978, pp. 215 – 216.

令,不是慑于某个角色的特殊实力,而是敬畏于法律的尊严,是法律赋予了某个角色这种强制实力。而社会成员信守法律将促使政治机构尤指政治体制更加有效,包括有效为社会提供更高质量的公共服务,如经济增长、福利等和有效进行机构内部的自我调整,从而也相应地提高了政治机构的素质。

当然,政治机构的有效性并不一定表明它具有合法性,但是在合法性基础上的有效性则往往能够为政治机构提供更坚实的合法性基础。例如,中国自鸦片战争以来的历史变革赋予了中国政府合法性的特殊意义,在这一合法性前提下,即使国际社会对中国政治体制颇有微词,但是1980年以来,中国在政治体制上不断创新,从理论和实践上逐步理顺了党和国家政权的关系,党内民主进一步扩大,一系列保障党员权利的制度逐步落实。如党内情况通报制度、情况反映制度、重大决策征求意见制度等,制度化、规范化、程序化已经成为政治体制改革和制度建设的重点,等等。这一切使中国政治体制为中国政治稳定和社会发展提供了充分的保障。在经济高速发展的基础上,中国政府素质也大大提高了,不仅明确提出了和平发展的国际国内战略,而且政府化解社会矛盾的能力和政府对内对外的自我协调能力也大大增强了;同时,和平发展的理念更为中国塑造了良好的国际形象,特别是从抗击"非典"疫情到国际赈灾,以及在维护地区稳定等方面展现了中国是一个负责任的大国。这些都为中国政府提供了丰富的政治资源。

(二)文化资源

主要是指国家在历史进程中所形成的精神产品。不过,衡量文化资源的多少不仅要看历史文化的积累,还要看这些历史文化积累究竟对国家发展是积极的精神动力,还是消极的阻力。众所周知,悠久的历史文化既有可能是国家的精神财富,也有可能是精神包袱。罗曼·罗兰就曾经说过,生活在一个拥有悠久历史的民族,本身就是悲哀的。他是从历史包袱的角度来看待历史文化的,或许过于消极,但他所说的也的确有事实根据。假若一个国家以自己的历史为荣耀而不思上进、不思创新、因循守旧、墨守成规,那么历史文化不仅不能给这个国家以发展的动力,反而这个国家因这种厚重的历史优越感而背负了沉重的历史文化包袱。

诚然,中国文化历史悠久,且其历史发展脉络从未被打断,这种历史造就了一个文化大国,也使中国文化具有其他国家文化所没有的厚重。仅从历史阶段来看,中国封建社会发育之早结束之晚世界上没有任何一个国家能够与之相比。封建社会被视为落后的代名词那是在西方各国进入近代史以后的事了,而当时封建社会取代奴隶社会却标志着人类向文明社会迈近了一大步。中国漫长的封建社会发展史积淀了丰富的文化资源,甚至可以说今天中国所推崇的"和而不同"也是那一时期的智慧结晶。当今中国的政治文化、经济文化和社会文化无不可以从历史文化中找到其源头。但是中国文化也同样使中国对内对外行为背负着沉重的历史包袱。这种包袱源自于中国人浓厚的历史优越感。这种历史观和历史心态正是中国历史文化长期孕育而成的。这种历史优越感反过来作用于社会历史的结果是,当曾经落后的西方早已超过中国而进入资本主义发展阶段时,中国封建社会即使在鸦片战争之后屡屡遭到西方炮舰的打击也未能迈进近代文明社会,而是进入了一个变态的社会,因此在外力无法摧毁的情况下,中国封建社会只是因"成熟过度而慢慢腐烂"①。由此可见,中国文化资源储备是非常丰富的,但同时背负的文化历史包袱也是沉重的。

(三)社会资源

广义而言,社会资源包括经济资源、组织资源和文化资源。这里讨论的是软实力资源,所以经济资源不在讨论之列,而文化资源前面已经单独进行了分析,这里不再赘述。从社会的角度考察,组织资源包括两大关系,即社会与政府的关系和社会内部的关系。这里我们用这三大关系的和谐程度来衡量社会资源的强弱。这里的社会与政府的关系不是行政学上所讨论的政府职能问题,而是探讨政府对社会成员的公民权的保护和公民的国家意识的培育等。如果政府能够有效保护公民权,能够顺利培育起公民的国家意识,那么就可以认为政府与社会的关系是协调的,同时也可以认为在这一层关系上国家储备了相应的实力资源。毫不讳言,中国政府在过去相当长的一段时期内在公民权的保护方面的确存在着问题,这也是西方国家攻击中国人权状况的重要原因。但是近年来,中国公民权的保护有了

---

① 陈旭麓:《近代中国社会的新陈代谢》,上海人民出版社,1992 年,第 3 页。

重大进步:自 1991 年以来,中国政府已经发表了 8 个全面反映中国人权状况的白皮书。2004 年,中国政府把"国家尊重和保障人权"庄严地写入宪法。实际上,人权发展已经成为国家建设的主体目标和执政兴国理念的重要组成部分。截至 2013 年年底,中国已加入包括《经济、社会及文化权利国际公约》在内的 27 项国际人权公约,同时本着认真负责的态度,正在积极研究批准《公民权利和政治权利国际公约》问题。所以说在公民权的保护方面,中国政府的态度是积极的。

关于社会内部的关系,主要是指社会分化是否合理、社会整合是否有效。当前,中国社会转型处于加速分化的时期,从社会结构来看,主要表现为社会的"原子化",社会的异质性增多,逐渐取代过去同质性结构。社会结构分化包括结构要素的增多,各要素之间联系纽带的多样化,以及结构要素不平等程度的拉大。前两者是应当提倡的分化形式,而要素之间不平等的过度拉大将不利于社会稳定。恰恰在这方面,中国社会内部出现了一定程度的不和谐。以收入分配情况为例,1981—1984 年间,改革初期经济的快速增长,居民收入分配格局开始改变,基尼系数从 0.288 上升到 0.297;1985—1989 年间,虽然经济增长率比前一阶段有所下降,但经济总体上仍在增长,与此同时,收入分配状况发生急剧变化,基尼系数由 0.297 上升到 0.339,这表明中国已经出现两极分化的倾向;1990—1995 年间,随着社会主义市场经济的启动,国民经济进入新一轮快速增长期,分配状况也进一步恶化,基尼系数也由 0.339 上升到 0.388,有的学者甚至认为自 1995 年以来,中国的基尼系数都在 0.4 以上,高的时候甚至达到 0.452。如果根据全国样本的 10 等份组,1988 年的最高收入组获得的收入份额是最低收入组的 7.3 倍;到 1995 年,这一比率已上升到 17.3 倍,而最近几年来全国的收入差距还要大于 20 世纪 90 年代中期的水平。也就是说,按照两种统计分析方法,中国的贫富分化程度早已突破了国际警戒线,中国完全属于收入差距严重分化、经济上极端不平等的国家。这表明,从社会内部关系来看,中国社会存在着相当大的风险。

由此可见,中国虽有相当大的社会资源储备,但由于社会转型本身就蕴含着较大社会风险,这些风险也在一定程度上销蚀了相当一部分社会资源。

三、作为能力的软实力内涵

对一个具体国家的软实力进行评估,必须要确定该国软实力所针对的具体对象。这是因为不论硬实力还是软实力都是有针对主体以外的具体对象的,因为在通常情况下,任何人不会对自己行使实力,即使存在这种情况,那是"内部法律"也就是道德上的"自律"或"自我控制"。[①] 但这不属于政治科学研究的范畴,而是社会心理学研究的范畴。所以实力是针对主体以外的他者的一种关系,正如奈所说,"实力是一种关系"[②]。这似乎带有建构主义的色彩,但实际上实力本身就是建构的结果。因此,在分析中国的软实力时,必须确立具体的参照对象。实际上,参照的对象有国内和国外两种,不过我们在这里只取国外行为作为分析中国软实力的参照对象(社会力的分析除外)。下面就分别从软实力的四个要素进行具体分析。

作为建构的政治力,当前主要体现在国际社会对"中国崛起"的认知上。[③] 这种认知有积极的一面,也有消极的一面。从积极方面看,国际社会认为中国的经济发展不仅极大地巩固了中国政治的合法性基础,有力地确保中国内部政治的稳定,而且中国的崛起也给整个世界带来发展的机遇,尤其是为亚太地区稳定和经济发展带来了新的动力。[④] 一些学者还指出,"中国崛起"不仅是中国人自己的,也是世界的。"中国的崛起如果继

---

① 参见[美]丹尼斯·朗:《实力论》,陆震纶、郑明哲译,中国社会科学出版社,2001 年,第 1 页。

② Joseph S. Nye, Jr., Soft Power, *Foreign Policy*, Issue 80, Fall, 1990, pp. 153 – 171.

③ "中国崛起"的内涵非常丰富,包括经济总量增大、科技教育文化的发展、整体发展水平均衡、对经济全球化的驾驭能力的提高、通过地缘政治和地缘经济的结合引导亚太地区一体化进程、有效实现国家统一、基本完成现代化建设、在全球范围内能够根据自己的发展和安全的需要作出战略选择、主要大国和地区集团结成利益共同体和战略合作关系、中国文化的亲和力增强等(参见黄仁伟:《中国崛起的时间预空间》,上海社会科学院出版社,2002 年,第 3 ~ 4 页),但是当前中国的崛起主要还是表现为经济上的崛起。而国际社会对中国政治的认知,也主要是通过中国经济高速发展的事实间接地对中国政治进行认知的。

④ 这方面的最新研究情况可以参见美国乔治·华盛顿大学中国政策项目中心主任戴维·香博(沈大伟)主编、17 位作者花 3 年时间写成的著作《实力的转换:中国和亚洲的新动力》(Power Shift: China and Asia's New Dynamics, http://www.brookings.org/comm/events/20060112.htm)。该研究对"中国崛起"对亚太地区的积极影响进行了多层次评估和探讨。

续的话,将是 21 世纪世界最重要的趋势。"①克林顿时期的美国总统国家安全事务助理伯格认为,中国崛起是必然的,中国没有对其他国家构成威胁;美国不能孤立中国,孤立中国就等于孤立自己;要使美中关系不出现大的波动,必须要处理好台湾问题和知识产权问题。美国前驻华大使芮效俭也指出,美国不能以封闭的眼光看待中国崛起,要有战略上的应对。另外,2004 年 12 月,英国广播公司(BBC)在全球 22 个国家对 2.3 万余人进行的一项调查显示:中国得到世界的尊重,国际民众普遍对中国经济快速发展、和平崛起及其对世界的影响持正面看法。在 22 个国家中,总体上对"中国国际影响力"(Chinese influence in the world)持正面看法的国家达 17 个,平均 48% 受访者对中国持正面印象。

　　从消极方面来看,所谓的"中国威胁论"在西方朝野中随处可见。由于缺乏对中国的了解,西方总是自以为是地按照西方的制度原则和社会结构来判断和衡量中国,按照美国人所认知的"常理"(conventional wisdom)来认识中国问题。在认知相符效应、诱发定势和历史包袱的作用下,②对中国偏见很深的人士就直接叫嚷"中国威胁"。③ 甚至在中俄关系非常紧密的今天,俄罗斯也同样存在着不同版本的"中国威胁论",或者是"导弹威胁"。例如,俄罗斯政治和军事研究所所长 A.沙拉温在其撰写的《第三种威胁》中,公然把"中国威胁"视为继车臣战争和科索沃战争之后对俄形成的第三种威胁,而且这将是一场"导弹核战争"的威胁;④或者是"人口扩张",早在 10 年前,俄前代总理叶戈尔·盖达尔就曾说过:"在我们两国的接壤地区,中国领土上的人口密度大约是我国的 100 倍,中国人口总数是俄罗斯的 8 倍","我们的衰落以及我国远东地区广阔且尚未开发的领土正是危险的诱因";⑤或者是"资源掠夺",俄罗斯科学院远东所副所长 B. 米

　　① Nicholas D. Kristol, China's Rise, *Foreign Affairs*, Vol. 72, No. 5 November/December, 1993, p.59.
　　② 罗伯特·杰维斯认为,错误知觉的生成机制有三:认知相符效应、诱发定势和历史包袱。参见[美]罗伯特·杰维斯:《国际政治中的知觉与错误知觉》,秦亚青译,世界知识出版社,2003 年,第四、五、六章。
　　③ 参见朱峰:《"中国崛起"与"中国威胁"——美国"意象"的由来》,《美国研究》2005 年第 3 期。
　　④ 参见[俄]阿·沙拉文:《第三类威胁》,《独立军事观察》2001 年 9 月 28 日。
　　⑤ [俄]叶·盖达尔:《21 世纪的俄罗斯》,《消息报》1995 年 5 月 18 日。

亚斯尼科夫就认为,中俄边境合作对俄罗斯不会带来什么益处,而是有利于中国商人对俄罗斯的资源进行更快的掠夺。① 这些论调在俄罗斯虽然不是主流,但也会影响中俄关系的正常发展。不过,大多数西方人士对中国的指责或者不放心主要还是集中在中国的政治体制上。

上述情况表明,在政治力上,中国有丰富的资源储备,也能够将这些资源储备直接转化为国家的软实力,但是由于政治体制改革滞后于经济改革,这往往成为西方制约中国的把柄。由于中国政府素质的不断提高和国民凝聚力的不断增强,中国的政治力也在增强,但在继续增强的过程中需要打破政治体制改革的"瓶颈"。

中国的外交力表现在中国的外交活动在双边和多边的频繁性、参与国际机制的积极性和比较得心应手地自觉利用国际多边机制表达和维护中国的核心利益和重大利益等方面。外交活动的频繁性反映出国家利益在对外拓展,而参与国际机制既是为了实现国家利益,也是为了运用国际机制来贯彻国家战略。应该说,中国已经比较成熟地在使用这些方式,包括利用联合国、参与亚太经合组织、亚欧首脑会议,等等。总的来说,中国对全球性国际机制和地区机制特别是跟中国利益直接相关的国际机制上都表现出积极的参与精神。不过,中国这种外交行动往往被一些国家认为是国际机制的"搭便车者"(free-taker)。中国对外明确承认自己是全球化的获益者,这更强化了中国是国际机制"搭便车者"的身份认知。美国副国务卿佐立克要求中国成为"利益相关者"(stakeholder),实际上也暗含了要求中国不能只是作"搭便车者"的一层意思。

在涉及中国直接利益的国际机制中,中国不仅积极参与,而且还能根据与中国的利益相关度的高低对机制具有一定的首创能力,如上海合作组织和朝鲜核问题"六方会谈"等。这表明,中国的外交能力已经在一定程度上能够提供部分全球公共产品(见表1)。当然,在全球性国际机制中,中国的机制首创能力普遍不高,但在中国周边的地区合作机制中,中国的机制首创能力已经越来越高,而且越来越能得到周边国家的认可。这些情况表明,中国的外交力近年来提升比较快。

---

① 参见[俄]B. 米亚斯尼科夫:《以条款来证实》,莫斯科,1996 年,第 411、413~419 页。

表1　中国对国际机制参与度与机制首创力的抽样分析

	名称	利益相关度	参与度	机制首创能力
全球国际机制	联合国安理会	高	主动高度参与	中
	WTO	高	主动中度参与	低
	WHO	高	主动高度参与	高
	G8	低	被动低度参与	中
地区合作机制	东盟 10 + 3、10 + 1	高	主动高度参与	高
	APEC	高	主动高度参与	高
	上海合作组织	高	主动高度参与	高
	亚欧首脑会议	中	主动中度参与	中

　　从历史来看,中国曾经是一个文化大国,文化的辐射能力可以说波及整个世界,其周边地区尤甚。世界上几乎没有不受中国文化深刻影响的地方,欧洲、美洲等随处可见新老"唐人街"。不过,世界各地的"唐人街"只表明作为一种外来文化被当地所接纳,实际上并没有反映出中国文化的投射力和影响力。因为即使到了异国他乡,"唐人街"的文化载体不是当地人,而是背井离乡的华人。也就是说,"唐人街"只是中国文化单元式的对外"迁移"。到了鸦片战争以后,随着中国文化大国地位的衰落,"唐人街"越来越成为华人在当地受辱后的临时避难所。即使在当今,世界各国兴起了学习中文的高潮,以及世界各地设立的孔子学院,也没有真正反映出中国文化的对外影响力。尽管中国王朝更替,但中国传统价值观念严格来说没有经历过真正意义上的革命性变革,其基本点主要是整体主义的价值取向。[①] 即使在鸦片战争以后经过了欧风美雨的洗涤,也仅仅是除去了表层,其内核并没有发生根本性的变化。这种整体主义强调的是整体的利益就是一切,从而否定个体的利益,也否定个性。这与西方的个人至上主义形成鲜明对照。正如梁漱溟所说:"在中国没有个人观念,一个中国人似乎不为其自己而存在。然在西洋,则正好相反……在中国几乎看不见自己,在西洋恰是自己本位,或自我中心。"[②]整体主义的价值取向虽然能够培育

① 参见戴茂堂、江畅:《传统价值观念与当代中国》,湖北人民出版社,2001 年,第43 页。
② 梁漱溟:《中国文化要义》,学林出版社,1987 年,第90 ~ 91 页。

个人对群体、对国家的义务感和责任感——群体和国家也的确需要这种忠诚,但也从根本上割裂了人格与权利之间的本质联系。因此,中国文化整体主义的核心价值在西方根本得不到认同。可见,与西方强势文化相比,中国的文化竞争力、对外的投射力处于绝对弱势。

社会力是一种比较特殊的软实力,前三种软实力是在国际社会的互动中建构起来的,而社会力则是政府与内部社会互动建构的结果。在这里,受篇幅所限,我们只取"人文发展指数"(HDI)这一国际认可的指标来分析中国的社会力。① 联合国开放计划署每年都要对全球一百七十多个国家的人文发展指数进行分类排序,以反映各国的人文发展水平。根据这一综合指数一般分为三类:高人文发展水平(HDI 值为 0.800 及以上);中等人文发展水平(HDI 值为 0.500 ~ 0.799)和低人文发展水平(HDI 值为 0.500 及以下)。以 2004 年和 2005 年两年为例,2004 年中国人文发展指数为 0.745,在全世界的位次由上年的第 104 位上升到第 94 位。2005 年全世界的人文发展指数为 0.741,比 2004 年的 0.729 提高了 1.65%。其中,中国的人文发展指数为 0.755,比 2004 年提高了 1.34%,居世界的位次有所上升,由上一年的第 94 位上升到第 85 位。进入 21 世纪的第二个十年后,这个数据大致处于世界中位水平上。这一方面表明,随着改革开放的不断深入和经济的持续发展,中国社会和经济发展水平有了明显提高。但另一方面也显示,中国的人文发展指数并不高,仍然属于中等人文发展水平。这就意味着中国的社会力还有很大的提升空间。

总之,同整体国力一样,直接表现为中国软实力的四个要素的发展也是很不平衡的:政治力、外交力发展很快,但文化力、社会力发展相对缓慢。这种不平衡性表明,中国仍然是一个处于崛起过程中的次强国家,但中国经济实力的增强同样也伴随着所有软实力的提升。因此从趋势来看,中国整体性的崛起已经是一个不可回避的现实。

---

① 人文发展指数(HDI)是联合国开发计划署制定的用来反映人类生活质量的一个复合指数,它包括三大要素指标:出生时预期寿命、受教育程度、实际人均 GDP,并以此作为衡量人类发展的综合尺度。这三个指数中的"实际人均 GDP"虽然是硬实力的要素,但它与另外的两个指数结合来考虑所形成的新的符合指数则是一个软实力要素。

第二节 软实力的构成、功能、发展规律

自从奈提出软实力以后,国内外学术界对软实力进行了诸多的研究,对软实力理论也有了不少探讨。但是从目前的研究来看,要么是在奈的概念中进行简单的阐释,要么是对该概念进行拓展,对软实力理论的研究却显得非常薄弱,特别是软实力究竟有哪些构成要素、软实力对国家成长发挥什么样的功能,以及与硬实力相比,软实力的发展究竟有什么独特的规律等理论问题缺乏必要的研究。笔者在既有的研究成果上尝试对软实力的理论进行新的解读。

一、软实力的要素构成

关于软实力的构成学术界并没有一个明确的说法,奈只是提出了软实力的概念,并没有直接探讨软实力的要素构成。即使提到这一问题,也主要是从软实力的来源来分析软实力的构成。他认为,软实力的来源包括三个方面,即文化、政治价值观和外交政策。[①]

后来中国学者沿着奈的逻辑进行了多方的拓展。倪世雄指出,软实力包括三个方面的要素:"价值标准,尤其是西方的自由、民主和人权;市场经济,特别是市场经济体制;西方文明、文化和宗教等的影响。"[②]很显然,这一概括远远超出了奈对软实力内涵,特别是在这里包含了奈的概念中所没有包含的制度因素——市场经济体制,从而把制度所体现出来的能力即制度力纳入奈的软实力概念的框架之中。周桂银等认为软力量包括三个要素:建立并控制国际制度的能力、文化与价值观及意识形态、外交政策所产生的国际形象和地位。[③] 这里又在奈的软实力框架内增加了新的内容:国

---

① 参见[美]约瑟夫·奈:《软力量:世界政坛成功之道》,吴晓辉、钱程译,东方出版社,2005年,第11页;约瑟夫·奈:《"软权力"再思索》,《国外社会科学》2006年第4期。
② 倪世雄等:《当代西方国际关系理论》,复旦大学出版社,2001年,第392~394页。
③ 参见周桂银、严雷:《从软实力理论看美国霸权地位的变化》,《解放军国际关系学院学报》2005年第1期。

际形象和国际地位,也就是说,软实力的内容进一步增加了。楚树龙则认为,软力量是以科技、管理、体系、吸引力、文化、人的素质、竞争力等为内容,重要一环是价值观、文化、教育等精神方面的吸引力;另一重要内容是系统力,包括信息系统力,而一个国家、一个民族、一个集体、一个个体的最永久、最根本的软力量是创造力、创新能力、应变调整能力。这里实际上包含了软实力和运用软实力的能力的内容,也就是奈所说的聪明力(smart power)。① 龚铁鹰的博士论文又将软权力分为制度性权力、认同性权力和同化性权力。② 而阎学通则认为,软实力由三个二级要素(国际吸引力、国际动员力、国内动员力)和六个三级要素(国家模式吸引力、文化吸引力;战略友好关系、国际规则制定权;对社会上层的动员力、对社会下层的动员力)构成。③ 由此可见,中国学者对软实力的研究最大的贡献在于不断拓展了奈的软实力概念的内涵和外延,但是也有不少值得商榷之处。

奈只是指出,软实力存在于国家的综合国力框架之中,并没有明确分析软实力是什么。也就是说,即便是奈的软实力研究也有理论上的重大缺陷。例如,一方面,奈对软力量和硬力量从概念上做了简单的"一刀切"式的划分,即硬力量是一种强制力,主要表现为军事和经济;而软力量是一种吸引力,主要表现为文化、价值观和政策。另一方面,基于国际政治的现实,他又指出软力量和硬力量之间具有相互联系、相互加强的性质。经济、军事等硬力量可以催生软力量。这就是说,奈的软实力概念存在着自相矛盾之处。④ 这种矛盾也导致了衡量软实力的难度。奈曾指出:"衡量权力有两种途径:一则是资源和潜力的衡量,一则由对结果的影响来衡量"⑤,而且他用了吸引外来人口数、文化产品的出口数量、获得诺贝尔奖的人数、

---

① 不过,奈所说的 smart power 是指如何更好地将硬实力、软实力结合起来使用的能力。参见[美]约瑟夫·奈:《软力量:世界政坛成功之道》,吴晓辉、钱程译,东方出版社,2005 年,第31 页。

② 参见龚铁鹰:《论软权力的维度》,《世界经济与政治》2007 年第 9 期;同时还可参见龚铁鹰:《软权力的系统分析》,天津人民出版社,2008 年。

③ 参见阎学通、徐进:《中美软实力》,《现代国际关系》2008 年第 1 期。

④ 参见郑永年、张弛:《国际政治中的软力量及其对中国软力量的观察》,《世界经济与政治》2007 年第 7 期。

⑤ [美]罗伯特·基欧汉、约瑟夫·奈:《权力与相互依赖》,门洪华译,北京大学出版社,2002 年,第 19 页。

发表科技论文的数量等来衡量软实力。[①] 但奈也觉得这些只不过是各种力量的资源问题，而并非软实力本身的大小。也就是说，奈始终没有真正解决软实力的衡量问题。

国内学术界关于衡量软实力的最新成果要数阎学通建立的软实力构成要素系统了。他设计了一组衡量软实力的量化指标：用相似政治制度国家的数量来衡量国家模式吸引力的大小，用相同民族文化国家数量来衡量文化吸引力的大小，用执政党人数来衡量国内动员能力，等等。[②] 但问题是，A 国认同 B 国的发展模式，并不意味着 A 国会推行与 B 国相同或相似的政治制度。文化的内涵非常复杂，其中也包含了民族情感的内容，比如中日民族文化相近甚至相同，但中日两国在民族情感上却一直相互排斥。可见，同质文化的两国并不一定产生文化上应有的吸引力。例如，美、法、俄都是基督教文化，日本是儒家文化，但美俄之间、美法之间的文化吸引程度却远远不及文化异质的美日之间的吸引力大。国内的动员能力不能以执政党人数的多少来衡量，因为它涉及体制、机制和协调性等问题。当年苏共作为执政党时的人数在苏联不在少数，应该有足够的能力继续维持苏共的执政地位，但百年老党却一朝倾覆。用举行成建制、大规模联合军事演习为军事盟友的标志和作为国际动员力的标尺，中、美、印都进行了这样的军事演习，但我们绝不能说，美、印都是中国的军事盟友。即便是俄和中亚四国及朝鲜，中国对它们有动员能力是值得怀疑的。此外，阎先生还把不同要素的数量作为平均值来比较，其结果也难以令人信服。基于上述的研究，笔者也试图建立一个关于软实力构成和衡量的关系式，即：

$$Ps = A(Rs + Rf + Rp) \qquad (1)$$

* Ps（Soft Power）即软实力
• A（Ability）代表国家运用软实力资源的能力
• Rs（Structural Resources）代表国家的结构性资源
• Rf（Functional Resources）代表国家的功能性资源
• Rp（Policy Resources）代表国家的政策性资源

---

① 参见［美］约瑟夫·奈：《理解国际冲突：理论与历史（第五版）》，张小明译，上海人民出版社，2005 年，第 36~37 页。

② 参见阎学通、徐进：《中美软实力》，《现代国际关系》2008 年第 1 期。

● "＋"表示接受者对他国软实力积极认可；"－"则表示接受者对他国软实力持消极的态度

其中,运用软实力资源的能力包括运用的工具、实施的手段和技巧,若工具先进、手段高明且有技巧,那么运用资源的能力就大;反之,运用资源的能力就小。结构性资源包括国家的文化资源、政治资源、社会资源和制度资源,是软实力来源的最基本要素构成;功能性资源是指软实力在国家成长进程发挥功能的表现性资源,包括议程设置资源、国际话语权资源、国家形象的维护资源、制度塑造资源等;政策资源则包括国家的对内政策资源和对外政策资源。需要说明的是 Rs、Rf、Rp 不是指其所代表资源的量的多少,而是代表该资源的权重值。例如,人们常常把文化产品的数量来表示文化资源的多少,但文化资源的多少并不直接体现为文化软实力的大小。文化软实力的大小还要看分析者对文化资源在软实力框架中重要程度的评价,即权重值。其他各指标则以此类推。也就是说,这一关系式也不完全是对软实力大小的定量分析,而是对软实力大小程度的分析,是定性与定量相结合、以定性为主的分析关系式。

从上述关系式可以看出,资源丰富可以在一定程度上增强软实力,但决定一国软实力大小的不是资源,而是运用资源的能力,如果运用资源的能力强,它可以对软实力产生倍增效应。从这一关系式可以解读为什么中国是一个文化资源大国却不是一个软实力大国。

中国文化资源丰富,特别是文化历史悠久、发展脉络从来没有被打断,所以中国拥有任何国家都没有的文化厚重感,也正如西方学者所说,中国几千年的文明史使中国文化资源有着无与伦比的优势。① 但是中国运用文化资源的能力弱小。这是因为:从文化传播工具来说,中国缺乏像西方那样庞大而先进的媒体机构和传播技术。从文化传播手段来看,中国基本上是靠政府推动的,即使是在中国经济发展下引发的"汉语热",后来也主要是借助于政府的力量,如设置孔子学院等来进行传播的。但是这种最简单的传播方式实际上已经面临了种种困境,包括经费难以筹措等问题。美国的好莱坞大片、流行乐、电视节目和快餐能够实现全球另类的文化统治,

---

① See Bates Gill and Yanzhong Huang, Sources and Limits of Chinese "Soft Power", *Survival*, Vol. 48, No. 2, Summer 2006, p. 17.

这完全是借助于市场和技术的手段来传播的。① 我们用政府来推动世界性的"汉语热",其背后隐藏的是一个严重的问题:全球并没有多少人真正认同汉语中所包含的价值观念。文化的传播力决定文化的影响力,传播技术落后、传播手段单一,导致中国的文化传播力弱小。② 从传播技巧来看,中国缺乏文化创新能力或创新程度不足。一方面表现为当今中国仍然具有较强的文化自负感,沾沾自喜于中华民族丰富的传统文化资源;另一方面表现为中国文化现代化发展陷入了困境,特别是中国文化发展存在着一个严重的悖论,即在传统文化资源面前的文化自负感和中国现代化之路离中国传统文化精神愈来愈远。相反,受西方文化精神影响的机会则愈来愈大。其结果是,在中国文化现代化之路上,不是对中国传统文化价值观的创新,而是把一套西方化了的文化价值观念移植到了中国。

一种文化要拥有传播力,首先必须自身要拥有强大的生命力和成长力。没有生命力的文化只是一堆文化垃圾,而没有成长力的文化则只能是"侏儒文化",这样的文化不可能有传播力和影响力,在这种文化生存的民族就会成为文化的"侏儒民族"。中国文化拥有强大的生命力,但在当今却缺少强大的成长力。其原因就在于缺乏创新力,只有持续的创新力才能造就持续的成长力。

二、软实力对国家成长的二重性功能

软实力是国家成长的基础性实力之一,那么软实力对国家成长究竟发挥着什么样的功能呢? 关于这一问题,目前国内外学术界并没有相关的研究,奈也只是在提出这一概念的时候从软实力性质的角度提到了软实力的功能。国内有学者认为,软实力对国家利益具有维护作用,包括可以提高证券存在的合法性、增强政权运行的稳定性、增强政治当局的凝聚力、塑造

---

① 关于这方面的详细分析参见[加拿大]马修·弗雷泽:《软实力:美国电影、流行乐、电视和快餐的全球统治》,刘满贵等译,新华出版社,2006 年。

② 关于中国文化的传播力,有学者将中国的传媒实力与主要国家进行了比较,认为中国的国内传播实力并不弱,相当于居于首位的美国的89%,但中国的国际传播实力只相当于美国的14%,而这正是中国长期在国际舆论被动挨骂的根本原因。参见张晓群:《中国传媒实力的战略取向》,载门洪华主编:《中国:软实力方略》,浙江人民出版社,2007 年,第 105 页。

国家的良好形象以及维护国家的安全利益等。① 除此之外,鲜有学者专门分析软实力究竟在国家成长进程中发挥怎样的功能。

中国古代就有"不战而屈人之兵"之说。于是,学术界就有了一种错误的看法,认为软实力在国家成长中一定是发挥正面作用的因素。其实不然,软实力既可以成为国家成长的积极推动力,同时过多地宣扬自身的软实力也可能成为国家成长的障碍。前者为正功能,后者则为负功能。这就是软实力对国家成长的二重性功能。关系式检验如下:

$$Ps— + (……) \qquad (2)$$
$$Ps— – (……) \qquad (3)$$

关系式(2)表示,只要接受者对该国软实力持积极态度,那么该国的软实力资源越丰富、运用资源的能力就越强,即关系式(1)中 A(Rs + Rf + Rp)越大,该国的软实力就越强大,二者存在正相关性;关系式(3)则表示,只要接受者对该国软实力持否定的态度,那么该国拥有的软实力资源越丰富、运用软实力的能力就越强,该国的软实力实际上就越弱小,二者存在反相关性。

软实力的二重性功能表现为:一方面,软实力是国家成长不可或缺的一种实力,是大国成长进程中具有持续性的关键性力量;另一方面,正如奈所说,软实力是一种同化性实力,具有影响、改变和塑造他者的功能。② 也就是说,软实力同样是征服他者的力量,所不同的是,软实力的征服性比较柔和、隐蔽。但是只要含有征服性的因素在其中,软实力的受动者最终总会对施动者产生消极的反馈,从而在软实力问题上导致国家成长也会陷入软实力的"安全困境"之中。

就软实力的正功能而言,这已经被西方大国崛起正反两面的历史事实所证明。诚然,历史上大国的崛起首先是指其实力的崛起,但传统的权力政治学却把实力狭义地界定为以军事实力为主的硬实力,从而忽略了软实力对国家成长的重要作用。历史上的西方大国崛起主要是靠硬实力增强而成长为大国的。远的不说,近的德国以军事立国并通过三场战争实现了

---

① 参见孟亮:《大国策:通向大国之路的软实力》,人民日报出版社,2008 年,第 149 ~ 173 页。
② See Joseph S. Nye, Jr., The Changing Nature of World Power, *Political Science Quarterly*, Vol. 105, No. 2, 1990, pp. 177 – 192.

国家的统一,最后建立了德意志第二帝国,并从 19 世纪末期到 20 世纪 30 年代,德国就通过发展硬实力而不断打破欧洲的均势,最后纳粹德国更是敢于向整个欧洲开战。然而由于纳粹德国通过灭绝人性的方式来实现国家的成长,德国很快就覆灭了。同样,日本在经历了明治维新之后而崛起为世界大国,但立即就发动了一系列征服别国的战争。然而日本的军事扩张和反人类的政策最终导致其内部矛盾的激化,而为了把内部矛盾转移出去,就必然要发动更多的战争。日本军国主义正是在这样一种恶性循环之中走向了灭亡。与德国、日本相反,美国自 19 世纪末 20 世纪初逐渐取代了大英帝国成为世界的主导国家之后,历经了一个多世纪而不衰,究其原因并非只是在于美国拥有强大的硬实力,而是在于美国在拥有强大的硬实力的同时还拥有强大的软实力。[①]

　　就软实力的负功能而言,这则是被不久前的历史所证明。美国一直标榜自己是"民主的样板""自由的灯塔",因而美国认为自己有责任在其他国家保护自由和民主、推行民主和人权,也就是向其他国家展示其软实力。特别是在苏联解体之后,美国在分享"和平红利"的同时在独联体国家培植亲美势力,用渐进的手段向这些国家输出价值观。伊拉克战争结束以后,美国又利用独联体国家大选的机会进行"民主化改造",不遗余力地展示美国的软实力。然而美国在独联体地区的软实力攻势很快就陷入了困境:以"颜色革命"为背景的"民主化改造"2003 年始于格鲁吉亚、2004 年盛于乌克兰,而在 2005 年止于吉尔吉斯斯坦。在这种情形下,"民主化改造"作为美国推进全球战略的一部分宣布失败,甚至可以说是美国维护全球霸权的相当重要一部分战略失败了。从另一个角度来看,这其实也是美国在新的国家成长之路上遭遇到的失败。

　　不论是软实力的正功能还是负功能,其具体的表现实际上都是塑造,一种功能是塑造一个新的他者,另一种功能则是塑造一个新的自我。在奈的软实力内涵中,软实力的塑造功能主要是指塑造新的他者的功能。奈把

---

　　①　正如资中筠先生所说:"一个国家的发展可以有两条主线:一是物质的和表层的,科技、经济、政治、军事、外交等,姑且称之为'硬件';一是包括精神、思想、历史传统、价值观念、信仰习俗等比较内在而抽象的,姑且统称之为'软件'。美国在这两方面都尤其有特色。"参见资中筠主编:《冷眼向洋　百年风云启示录(上卷)》,生活·读书·新知三联书店,2000 年,第 3 页。

国家实力分为命令性实力和同化性实力,但在奈那里无论是命令性实力还是同化性实力,目的都在于改变他者。所不同的是,命令性实力是基于胡萝卜(Carrots)加大棒(Sticks)的引诱和威胁方式来改变他者的行为。这种实力通常与施加对象的意愿是不一致的,而同化性实力则是使他国希望实施者所希望的能力。① 也就是说,不论是硬实力还是软实力都对他者具有征服性色彩。硬实力对他者的征服性无需多言,软实力的征服性常常被疏忽,但却最具有持久的征服性作用。以美国为例,美国取代英国成为世界霸主,并不是以军事实力征服英国,而恰恰是借助于美国的软实力而实现的。例如,1823 年出台的"门罗主义"虽然实质上反映的是美国想把拉美变成自己"后院"的战略野心,但是它既制止了神圣同盟对拉美革命的镇压,又挫败了英国势力侵入拉美的图谋,客观上保护了新独立的拉美国家。在 19 世纪正值欧洲列强凭借硬实力拓展殖民地的时代,而"门罗主义"公然反对欧洲列强干涉拉丁美洲的革命,从而使美国在美洲树立了一个良好的国际形象,其自身在实力上升的情况下不仅不会被邻国视为威胁,反而视为一种保护,从而赢得了拉美人民的好感。② 与此同时,"门罗主义"并没有打破英国主导下的殖民主义体系,但在拉美却建立一个新的地区体系,使美国成为"担负美洲国家代言人的角色"③。即使是军事扩张,美国也打着种种合法的旗号,或者说是在美国取代英国成为全球霸权国的进程中,"美德或道德的作用"④更为突出。众所周知,美国搞垮其冷战对手苏联并不是硬实力起了决定作用,而是软实力发挥了独特的功能。所以说,

---

① See Joseph S. Nye, Jr., The Changing Nature of World Power, *Political Science Quarterly*, Vol. 105, No. 2, 1990, pp. p. 181.

② 参见郭树勇:《大国成长的逻辑:西方大国崛起的国际政治社会学分析》,北京大学出版社,2006 年,第 148~151 页。

③ 周琪主编:《意识形态与美国外交》,上海人民出版社,2006 年,第 186 页。

④ 在这一问题上,学术界还是有颇多争论的,一种观点认为,美国取代英国成为世界霸权国主要是在一定硬实力基础上突出展示其道德的力量而成功的,如精致的民主制度设计、多元化的国内文化、个人主义的精神乐园以及给国际社会贡献了庞大的国际认同体系等,而成为世界上最有吸引力的国家,因而美国是"和平崛起"的典范。参见郭树勇:《大国成长的逻辑:西方大国崛起的国际政治社会学分析》,北京大学出版社,2006 年;[美]约瑟夫·奈:《软力量:世界政坛成功之道》,吴晓辉、钱程译,东方出版社,2005 年。另一种观点认为,美国的成功崛起仍然是硬实力起突出的作用,而不是所谓的美德或道义原则的作用,而且在 20 世纪,美国从以前的反霸转变为争霸,要求与欧洲平分天下,并最终用两次世界大战彻底摧毁了大英帝国。[美]孔华润主编:《剑桥美国对外关系史》(上),王琛等译,新华出版社,2004 年;张文木:《全球视野中的中国国家安全战略》(上卷),山东人民出版社,2008 年,第 38~53 页。

软实力的征服性功能不可小觑。软实力的这种征服性功能就是对他者的塑造。

关于软实力塑造自我的功能，这是从中国近年来软实力增长过程中所遭遇到的"中国软实力威胁论"中得出的结论。自 20 世纪 90 年代以来，国际舆论对中国的说三道四一直没有停止过，从"中国崩溃论""中国威胁论"到"中国责任论"等，一直伴随着中国成长的进程。然而中国在硬实力发展到一定程度而大力发展软实力时，"中国软实力威胁论"也开始甚嚣尘上。例如，中国在海外办孔子学院和日益流行的"汉语热"等都一度被国际社会认为中国是在发动"魅力攻势"。① 2008 年 4 月，时任美国国会参议院外交委员会主席、民主党副总统候选人拜登曾组织国会研究处撰写了《中国的外交政策及其在南美、亚洲和非洲的软实力》的报告，详细地研究了中国软实力在亚非拉地区的增长情况。② 以该报告为蓝本，2008 年 9 月，美国国会出台了一篇长达 175 页的报告——《比较全球影响力：中国和美国在发展中世界的外交、外援、外贸和投资》，报告明确指出，美国对中国软实力的上升深表忧虑。而这种忧虑实际上一些美国学者早在几年前就已经直白地表露过了。③ 即使是西方学者所说的"北京共识"也被认为是带有浓重地向其他国家推销中国经验的意味，认为中国在用"北京共识"对抗"华盛顿共识"（Beijing Consensus vs. Washington Consensus）。④ 由此可见，西方对中国提升软实力的目的并不十分清楚。

实际上，中国提升国家软实力并不是像美国那样是为了改变别国、塑造新的他者，而是为了改善自身的形象，塑造一个新的自我，以纠正国际社会对中国形象的歪曲。这是因为：首先，中国的任何发展都不以改变其他

---

① See David Shambaugh, Beijing Charms Its Neighbors, *International Herald Tribune*, May 14, 2005；Edward Cody, China's Quiet Rise Casts Wide Shadow, *Washington Post*, February 26, 2005；Joshua Kurlantzick, China Buys the Soft Sell, *Washington Post*, October 15, 2006.

② See Congressional Research Service Library of Congress：China's Foreign Policy and "Soft power" in South America, Asia and Africa, http://www.gpoaccess.gov/congress/index.html.

③ See Thomas J. Christensen, Fostering Stability or Creating a Monster? The Rise of China and U. S Policy toward East Asia, *International Security*, Vol. 31, No. 1, 2006, pp. 81 – 126；Joshua Kurlantzick, How China Is Changing Global Diplomacy：Cultural Revolution, *New Republic*, June 27, 2005 等。

④ 参见郑永年、张弛：《国际政治中的软力量以及对中国软力量的观察》，《世界经济与政治》2007 年第 7 期。

国家为目的,软实力的发展也是一样。中国的和平发展的道路与和谐世界的国际政治观,并不是要改变其他国家的发展道路及其国际政治理念,如果是这样,那么中国的确是在通过软实力来征服别的国家,是要用自己的发展道路和全新的国际政治观来彰显未来一种理想的国际社会秩序并为构建这样的国际秩序而作出自己的努力。因此,中国提升软实力仍然是内部发展战略的一部分,而不是对外的拓展战略。其次,近年来中国遭遇的国际舆论压力越来越大,而国际舆论对中国指责是多方面的,主要是民主政治问题、人权问题、社会如何共享经济发展成果的问题等,而这些问题都涉及中国形象的问题。因此,提升中国的国家软实力,是为了更好地向世界展示一个真实的中国,更是为了让世界了解一个真实的中国。此外,中国提升软实力也是为了更高地提升中国硬实力的素质。过去40年的改革虽然大大增强了中国的硬实力,但中国的硬实力仍然表现出"量大质低"[①]的特点,而改变硬实力的这种现状特点,根本出路则在于全面提升中国的软实力。因为只有软实力的全面提升,才会有硬实力质量的持续性提高。由此可见,中国提升软实力的目的是要从根本上改变自己的国家形象——塑造一个新的自我。如果国际社会认识到这一点的话,那么就不可能产生什么"中国软实力威胁论"的奇谈怪论了。

三、软实力发展的一般规律

所谓规律就是事物本身所固有的本质的必然的稳定的联系,是发展的必然趋势。任何事物都有其自身的发展规律,软实力也不例外。既然软实力有别于硬实力,那么软实力的发展也就有别于硬实力的发展,从而也决定了软实力发展拥有特殊的规律,即软实力发展对硬实力的依赖性、软实力发展具有倍增/减效应和软实力发展对信息反馈的敏感性。

所谓软实力发展对硬实力的依赖性,是指软实力的发展必须以硬实力为基础,离开了硬实力的依托来谈软实力的发展是没有意义的。关系式检验如下:

---

① 黄仁伟、胡键:《中国和平发展道路与软力量建设》,《社会科学》2007年第8期。

$$Ps—(Rs + Rf + Rp) \qquad (4)$$

软实力中的结构性资源、功能性资源和政策性资源（Rs + Rf + Rp）都是在硬实力基础上的软实力资源，离开了硬实力，也就没有了软实力资源。例如，文化资源是历史文化的积淀和当前的文化产品等的综合。以此类推，其他资源也是如此。所以说软实力对硬实力具有摆不脱的依赖性。

当然，单就软实力本身而言，可以不依赖于硬实力。正如奈所说，罗马教皇没有部队，但梵蒂冈却着实拥有软实力。[①] 沿着奈的逻辑类推，古今中外的例子举不胜举：罗马帝国不存在了，但罗马文化、法律精神等还在影响世界；苏联解体了，但苏联的某些软实力因素还深深地影响着俄罗斯甚至远苏联的其他加盟共和国；[②]中国从秦始皇以后建立了不少盛世王朝，如"文景之治""贞观之治""开元盛世""康乾盛世"等，在盛世王朝都成为历史之后，那些历史朝代所创造的文化、价值观念等对当今中国乃至整个世界仍然起着非常重要的作用。从这些情况来看，软实力的确不依赖于硬实力而存在并发挥着相应的作用。但是我们不是专门就软实力来讨论软实力，而是把软实力建设置于大国成长的背景下来讨论的，主要是探讨软实力对大国成长的作用。如果一个国家都不存在了，还来讨论软实力对该国成长的作用，这无异于空谈。因此，一个存在的大国，其软实力的发展必然是以一定的硬实力为基础的，离开了特定国家的硬实力来谈软实力，这样的软实力缺乏客观的载体，是没有意义的。

软实力对硬实力的依赖性，集中表现为需要硬实力为之提供必要的物质基础。一方面，任何国家没有一定的硬实力基础就没有资格来谈软实力建设，只有在硬实力有一定基础的前提下，软实力建设才能提上日程；另一方面，软实力要发挥作用也需要以硬实力为依托。这两方面都可以从中国的国家成长历史中得到验证。在改革开放初期，在中国人均 GDP 不到 200 美元、赤贫人口多达数亿人的情形下，中国根本没有资格来谈软实力。历史再往前推一些，弱国无外交的真理则被中国近现代史所证明。从巴黎和

① 参见［美］约瑟夫·奈：《软力量：世界政坛成功之道》，吴晓辉、钱程译，东方出版社，2005年，第9页。

② 例如，至今还有相当一部分俄罗斯人在每年十月革命的胜利日举行盛大的庆祝活动，今日俄罗斯国歌的旋律还是苏联国歌的旋律，当今不少俄罗斯人还在留恋苏联时代，等等。总之，苏联软实力对今日俄罗斯的影响仍然是深远的。

会中国外交的失败到 20 世纪前半叶历届中国政府为收复香港进行外交努力的徒劳,都表明硬实力弱小的国家无法使自己的外交软实力起到维护国家利益的作用。即使在中国融入国际体系的初期,由于硬实力还处在崛起的起步阶段,中国在国际制度建设、国际议程的设置以及国际话语权等方面都无力发挥作用。但是当进入 21 世纪的中国的硬实力增强到全世界都给予高度关注的时候,中国在上述几个方面才逐渐发挥日益重要的作用,包括 2001 年 6 月,在中国的倡导下建立了上海合作组织,在亚太安全、东亚合作、APEC、联合国等问题和框架内,中国角色和中国因素越来越被重视,甚至在与中国利益相关度不高的八国集团内,中国也开始主动争取话语权。① 而在"一带一路"倡议提出之后,中国主导下建立了亚洲基础设施投资银行。中国在该行中的出资份额占 50%,因此中国拥有绝对的话语权。如果说没有硬实力的提升,中国不可能使自身的软实力功能发挥得如此良好——尽管中国软实力的功能本应该更加强大一些。

当然,软实力对硬实力具有依赖性,反过来,软实力对硬实力也具有促进作用。硬实力的提升具有递减的规律,即当硬实力发展到一定程度以后,要想继续通过在量的维度上增强硬实力就越来越艰难。但是如果通过提升软实力的质量和素质来提升硬实力,那么就可以收到事半功倍的效果。近年来,中国之所以强调要大力提升国家软实力,就是因为中国硬实力的增强已经进入瓶颈,而硬实力本身却无法打破瓶颈,只有而且必须通过提升软实力才能根本走出硬实力发展的瓶颈。由此可见,软实力发展对硬实力的依赖性并不意味着软实力对硬实力毫无作为,相反,软实力对硬实力同样具有"能动"作用。

所谓软实力发展的倍增/减效应,是指软实力在某个偶然发生的事件以后,或者在不同水平的传播工具之下,如果一国对事件处理得当、传播工具运用巧妙,那么软实力将倍增;反之,如果一国对事件处理不好、不会运用或缺乏先进的软实力传播工具,那么软实力将大大缩水。关系式检验

---

① 例如,2008 年 7 月 9 日,胡锦涛在八国集团同发展中国家领导人对话会议(日本北海道洞爷湖)上的讲话中提出的四点建议:建设可持续发展的世界经济体系、建设包容有序的国际金融体系、建设公正合理的国际贸易体系和建设公平有效的全球发展体系,就被认为是中国在本次金融危机中为建立新的国际经济金融体系而欲施加中国影响的表现。

如下：

$$Ps—A(Rs + Rf + Rp) \qquad (5)$$

假设（Rs + Rf + Rp）是一个固定值，当运用资源的能力强、传播工具先进时，那么软实力 Ps 就成倍放大；反之，当运用资源的能力、传播工具不先进时，软实力就会成倍缩小。

就软实力倍减的情况而言，不论是苏联还是美国都有众多的例子：第二次世界大战后，苏联凭借着作为粉碎德国法西斯的主要大国之一而在欧洲拥有很强的软实力，但苏联在 1957 年入侵匈牙利和 1968 年入侵捷克斯洛伐克后，这种软实力就被消耗掉了。[①] 也正是从这两次事件开始，苏联模式在东欧社会主义国家中已经彻底失去了它的吸引力，所以当戈尔巴乔夫在 20 世纪 80 年代中期对东欧进行"松绑"之时，东欧各国在"走自己的路"的同时也都纷纷成为反苏的国家。[②] 同样，美国在 2003 年未经联合国授权而悍然发动伊拉克战争，反战运动不仅在美国国内成为一种浪潮，而且在国际上美国的吸引力也一落千丈。上述情况表明，错误的政策引发的错误事件从而导致了国家软实力的严重滑坡。

就软实力倍增的情况而言，一国善于运用先进的传播工具，便能够迅速提升国家的软实力。美国在这方面最为典型。美国不仅拥有世界一流的软实力传播工具：新闻、出版、广播、电视、电影以及网络，而且还善于运用这些工具来宣传和推销美国，也就是所谓的公共外交。美国公共外交的主要目标就是宣传美国的政策，以便赢得外国民众和各国政府对美国外交政策的支持；同时，使外国民众更好地了解美国，了解其社会制度和社会文化，以便外国民众和政府了解美国对外政策产生的社会和文化根源，同时达到向其他国家输出美国的价值观念、民主制度和自由市场经济制度的目的。此外，美国还通过如富布莱特项目、国际访问项目、公民交流项目、国际青年交流项目、图书馆项目等文化交流活动来拓展美国的影响力。[③] 客

---

① 参见［美］约瑟夫·奈：《理解国际冲突：理论与历史》，张小明译，上海人民出版社，2002年，第 92 页。

② 参见邢广程：《苏联高层决策 70 年——从列宁到戈尔巴乔夫》（5），世界知识出版社，1998年，第 251 页。

③ 参见韩召颖：《输出美国：美国新闻署与美国公众外交》，天津人民出版社，2000 年，第147 页。

观地说,美国在这些方面曾经是非常成功的,这从美国吸引的移民数量上便可见一斑了。[①] 美国在其迅速成长的时期,是世界各大国中移民人数最大的国家,而欧洲大陆的主要大国都是移民的流出国家。自 1870 年至 1913 年,美国所吸引的移民量是居第二位移民大国——法国的近 18 倍;1914 年至 1949 年,这一数据则是居于第二位的日本的近 32 倍。即使在 1974 年至 1998 年间美国吸引移民相对人数在减少,但也是移民最大的国家,是居于第三位的德国的近 3 倍。[②] 这种情况虽然不完全是软实力在起作用,但美国运用软实力传播工具向全球宣传美国所发挥的作用是绝对不能忽视的。

自中国融入国际体系以后,这两种情况中国都遭遇过,既有对灾害、危机事件处理不得当而导致中国软实力严重受损的情况,也有对灾害、危机事件处理得当而使中国软实力迅速提升的情况;既有缺乏先进传播工具有限的软实力无法对外传播的现象,也有巧妙利用有限的传播工具使中国软实力倍增的现象。从对处理灾害、危机事件的情况来看,2003 年在 SARS 疫情发生初期,个别官员人为地隐瞒了疫情的真实情况,结果造成了更大的社会恐慌,也使得政府的信誉度和政府形象都严重受损;相反,在 2008 年的雪灾和汶川大地震中,中国国家领导人走在了抗震救灾的第一线,即使是一直自诩为民主的西方国家领导人也难以做到。但面对达摩克利斯的死亡之剑时,中国领导人却奋然不顾,充分显示了中国政府是对人民高度负责任的政府,是以人民的生命为重的政府,从根本上改变了西方社会对中国政府的错误认知,中国软实力得到了空前的提升。从软实力传播工具来看,由于意识形态的固有偏见,中国在崛起的过程中往往成为国际舆论"讨伐"的对象。而与此相对应的是,中国软实力传播工具远远落后于美国等西方大国,既没有像 CNN、VOA、BBC 和被英语高度垄断的网络等媒体,也缺乏支撑媒体巨无霸的技术工具。因此,中国面对国际舆论横加

---

① 有学者认为,如果一个国家在世界上形成了全世界各国人民的自愿的移民,而且这种移民潮基本上处于一种持续的状态的话,那么这个国家在世界上的软实力就被认为是比较强大的。参见郭树勇:《大国成长的逻辑:西方大国崛起的国际政治社会学分析》,北京大学出版社,2006 年,第 166 页。

② 参见[英]安格斯·麦迪森:《世界经济千年史》,伍晓鹰等译,北京大学出版社,2005 年,第 119 页。

指责却无力回击。其结果是，中国良好的国家形象被严重歪曲了。相反，在汶川大地震中，中国政府巧妙而现实地利用了有限的传播工具，使信息走在谣言前，所有的信息完全透明，结果中国政府的公信力大大提高。

所谓软实力发展对信息反馈的敏感性，是指一国软实力的提升很容易受其他国家态度的影响。关系式（2）和（3）实际上对此发展规律进行了检验，这里不必赘述。软实力是一种关系性实力。① 在这一层面上，软实力可以说是一种真正意义上的权力即软权力②。按照法国哲学家福柯的理论，权力是一种关系，而不是静态的所有物，它是多形态的、流动的、变化的，是一种针对行动的行动。因而在发展和运用软实力的时候，就不可能像发展和运用硬实力那样可以采用单边主义。③ 虽然一国硬实力的增强或减弱都会使该国陷入安全困境，但不论是一个超强的国家还是一个三流国家都可以对另一个国家单边使用硬实力。例如，美国可以未经联合国的授权，也无须考虑伊拉克的态度而对伊拉克发动军事行动；同样，当年伊拉克也无须考虑科威特的态度而对科威特发动军事行动。也就是说，不考虑成功失败，硬实力是可以单边使用的，而且有时候还能成功。然而单边使用软实力不仅困难，而且由于违背软实力发展的客观规律而注定失败。可以说，历史上还没有哪种软实力能够通过单边行为而推行成功的。自中华人民共和国成立以来，美国就一直在向全世界推销其价值观念，特别是在第二次世界大战结束以后，美国更是凭借强大的软实力，通过文化输出、文化渗透、文化侵略或文化殖民等手段，不断增强美国文化在全球的影响力，最终在所谓"信息与思想自由交流"的过程中实现了全球文化霸权，④这就是所谓的文化外交。基辛格则直白地表示，美国"除了维持力量均衡，

---

① 参见苏长和：《中国的软权力——以国际机制与中国的关系为例》，《国际观察》2007 年第 2 期。

② 关于"soft power"一词目前对应中文的有"软权力""软实力"和"软力量"等词，虽然目前国内学术界几乎是三个词都在用，但实际上三者是有较大区别的。"软实力"和"软力量"的内涵比较接近，都是指主体自身拥有的力量。而"软权力"则表现为一种权力关系，是主体与客体建构的结果。

③ 参见［美］约瑟夫·奈：《软力量：世界政坛成功之道》，吴晓辉、钱程译，东方出版社，2005 年，第 134 页。

④ 参见李智：《文化外交：一种传播学的解读》，北京大学出版社，2005 年，第 73 页。

还要推广美国文化和价值"①。"9·11"事件以后,美国在"世界为什么仇恨美国"的反思中,更是掀起了新一轮的文化外交高潮,力图消解、融化对美国的仇恨。然而其结果是,不仅美国的价值观遭到了怀疑和批判,而且美国所设定的某些国际规范和制度安排也遭到了漠视和抵制,从而使美国丧失了建立广泛国际反恐联盟的机会。即使当今世界存在着亨廷顿所说的西方与非西方之间的"文明冲突"和美国内部的"文化冲突"②,那也是因为美国在国际上把基督教作为全世界的"福音",并无视其他文明的存在而进行"贩卖";在国内则将盎格鲁-撒克逊新教文化作为核心文化而推行盎格鲁-撒克逊式的种族民族主义。③

与美国单边推行软实力所遭遇的情景相反,以推广汉语和中国文化为目标的孔子学院,自2004年3月在海外设置以来,截至2008年3月,仅仅4年的时间就在全世界近70个国家和地区建立了238所孔子学院,近5万人在那里学习汉语。孔子学院为什么会有如此高的发展速度呢?这固然与中国政府的推动有关,但更重要的是,国际上的巨大需求造就了孔子学院和"汉语热"的空前盛况。中国政府的推动实际上是适应了国际上的需求,而不是中国政府的推动造就了国际的需求。同样的理由,中国特色社会主义制度正在显示出越来越强大的生命力,它开辟了一条使落后国家加速实现现代化、和平融入国际体系的道路。尽管中国并不向外输出中国模式,但在华尔街金融危机席卷世界的今天,西方制度模式的历史局限性不仅使广大发展中国家开始认真研究"中国模式",而且许多有远见的西方人士也开始转向关注中国的制度优势。④ 通过对中美两国软实力的推行方式进行比较,美国软实力的全球影响力在相对下降,而中国软实力却在相对上升。一个非常重要的原因就在于,中国对其他国家的影响力都十分

---

① Henry Kissinger, *Years of Upheaval*, Boston：Little, Brown and Company, 1982, p.242.

② 关于美国内部的"文化冲突",参见[美]塞缪尔·亨廷顿:《我们是谁？美国国家特性面临的挑战》,程克雄译,新华出版社,2005年。

③ 参见郝时远:《民族认同危机还是民族主义宣示？》,《世界民族》2005年第1期。

④ 例如,美国学者雷默提出了"北京共识"的概念,并认为即使"中国模式"不能在其他国家复制,但它表明中国以凭借自己的实力成为一个强国,这恰恰是众多发展中国家感兴趣之处。2006年11月,中非北京论坛上,几乎所有的非洲国家元首都聚集到了北京。之所以会如此,正如一些西方学者所说,非洲国家除了看中国对非洲的投资贸易外,还有一个很重要的原因就是,他们要到北京亲身体验一下"中国模式"给中国所带来的实际效应。

在意这些国家对中国的态度，而美国却常常用推行军事硬实力的单边方式来推行其核心的软实力。

第三节　从软实力到文化软实力的研究

美国学者约瑟夫·奈不仅提出了"软实力"这一概念，而且还指出文化（在能对他国产生吸引力的地方起作用）、政治价值观（当它在海内外都能真正实践这些价值时）及外交政策（当政策被视为具有合法性及道德威信时）是软实力的三个来源。[①] 在奈提出这一概念之初，实际上学界应者寥寥。然而在近二十年过去之后，关于软实力的讨论却成为学界乃至政界的热门话题。随着文化在当今国家发展战略中的地位日益重要，文化实力更成为国家软实力最重要的构成要素之一，因此学界都从各自的学科背景出发不断深化对文化软实力的研究。虽然文化软实力这一概念是从奈的软实力概念引申出来的，但这一概念已经明显"中国化"了，[②]即无论是其内涵还是外延等，中国视野下的文化软实力与奈等西方学者笔下的软实力已经大相径庭了。

一、文化软实力的内涵

什么是文化软实力？这一概念既源于奈的软实力概念，又有中国特色，是中国话语中的一个全新的概念。从奈提出软实力概念以来，国内学者首先从研究奈的软实力理论开始，后来越来越关注文化软实力这一概

---

① 参见［美］约瑟夫·奈：《软力量：世界政坛成功之道》，吴晓辉、钱程译，东方出版社，2005年，第11页。

② 郑永年、张弛：《国际政治中的软力量以及对中国软力量的观察》，《世界经济与政治》2007年第7期。

念。学术界关注点的转移表明,文化力的确是软实力的核心要素。① 近二十年来,国内学者对文化软实力的理解大致有以下三种观点:

第一种观点是直接把文化作为软实力来看待,或者说是从文化的角度来解释软实力这一概念。这种观点在 20 世纪 90 年代初引入奈的软实力概念时比较流行。例如,王沪宁教授在《作为国家实力的文化:软实力》一文中就表示:"文化不仅是一个国家政策的背景,而且是一种权力,或者一种实力,可以影响他国的行为。"②在他看来,文化就等于软实力。后来也有不少学者沿袭了这一观点并对它进一步阐发。③ 不过,把文化直接视为软实力的一部分,就很容易让人觉得凡是文化资源越丰富的国家,其文化软实力就越强大,然而事实并非如此。文化发展的历史长河并非完全是一个优胜劣汰的过程,留下来的并非都是精华。而文化糟粕无论如何也不能转为一个国家的文化软实力,相反它还会对国家文化软实力产生副作用。正因为如此,王沪宁教授也承认,只有把优秀的文化遗产激活成为文化创新的原动力,并使之跨国界传播,成为其他国家和国际社会的基本价值观或主流文化,那么发源这种文化的社会才能获得巨大的软实力。④ 由此可见,文化并不都是文化软实力,或者说,并不是所有文化都能直接转化为软实力,丰富的文化资源和文化传统只是为软实力提供了必要的物质基础。

第二种观点把政治价值观视为文化的一部分,进而认为政治价值观也可以直接转化为文化软实力。这样,文化软实力就带有鲜明的国家意识形

---

① 在这一问题上,国内学者有不少争论,一种观点认为,苏联的文化实力在 1991 年远大于 1951 年,但增强的文化实力却未能维持国家的生存;古巴、朝鲜、越南和许多非洲国的文化实力都远小于苏联,但这些国家却能在冷战后生存下来。原因就在于苏联的政治变得弱小而亡国,古巴、朝鲜、越南等国虽然文化力弱小但政治力在增强,从而国家得以生存。所以说,政治力才是软实力的核心。另一种观点认为,软实力的本质就是指国家的对外吸引力、劝说能力,其源头是传统文化、价值观具有正统性(即合法性)的政策。而这一切归结起来都是文化层面的东西,所以文化力是软实力的基础性要素和动力性要素,因而更是软实力的核心。参见阎学通:《软实力的核心是政治力》,《环球时报》2007 年 5 月 22 日;陆钢:《文化实力弱让这个失分》,《环球时报》2007 年 6 月 19 日;吴旭:《中国软实力不能吃老本》,《环球时报》2007 年 10 月 29 日;高占祥:《文化力》,北京大学出版社,2008 年;唐代兴:《文化软实力战略研究》,人民出版社,2008 年。

② 王沪宁:《作为国家实力的文化:软权力》,《复旦学报》(社会科学版)1993 年第 3 期。

③ 例如,单世联:《在全球竞争中实现中国文化的复兴》,《哲学研究》2008 年第 7 期。

④ 参见王沪宁:《作为国家实力的文化:软实力》,《复旦学报》(社会科学版)1993 年第 3 期。

态属性。① 问题在于，文化具有可分享性的特点，任何民族所创造的文化成果，一方面为整个人类文化的多重复合体增添了色彩，另一方面也为其他民族的成员贡献了可以分享的财富。② 文化的可分享性，是指文化具有非竞争性和非排他性的特点。一个民族、一个国家所创造的文化，该民族、该国家可以享用，同时并不排斥世界其他民族、其他国家对某一特定民族、特定国家所创造的文化进行享用。而政治价值观是社会成员对政治世界的看法，包括社会成员看待、评价某种政治系统及其政治活动的标准，以及由此形成的政治主体的价值观念和行为模式的选择标准。在某种政治文化的影响下，社会成员在总体上都存在着基本一致的政治价值观念，它直接影响着政治行为主体的政治信念、信仰和态度。可见，不同政治文化影响下的社会成员其政治价值观是不同的。政治价值观的核心是政治意识形态，而政治意识形态又具有明显的阶级性。在一定社会中，占统治地位的政治意识形态必然是该社会经济上占统治地位的阶级的政治体系。政治价值观特别是其核心——政治意识形态只能是一个国家或一个政党所拥有的，其他国家、其他政党绝不会与之分享同一种政治价值观，更不可能与之分享同一种意识形态。假若说某一个国家的政治价值观具有可分享性，那么就意味着该国的价值观具有普适性，而这恰恰是西方国家凭借着自身强大硬实力对世界进行"价值观改造"的关键所在，即把自己的政治价值观作为普适性的"福音"推广到全世界。文化是可分享的，而政治价值观却不能，因而政治价值观不应包含在文化的框架之内。

第三种观点是把文化软实力简单地视为文化竞争力，或者说是把文化竞争力等同于文化软实力。③ 把文化软实力当成文化竞争力，在发展国家文化软实力的时候，其必然的政策取向是大力发展文化产业、培育新的文化业态、抢占国际文化市场、大力推进文化产品的出口贸易等，而所有这一

---

① 参见贾磊磊：《国家文化软实力的主要构成》，《光明日报》2007年12月7日；福建省社科联课题组：《提高国家文化软实力》，《东南学术》2008年第2期。

② 参见童世骏：《文化软实力》，重庆出版社，2008年，第17页。

③ 这方面的研究大多来自从事文化产业研究的学者中，他们认为，建设中国的文化软实力主要就是要通过发展中国的文化产业来提升中国的文化竞争力。这方面的研究成果科见于花建等：《文化力：先进文化的内涵与21世纪中国和平发展的文化动力》，上海文艺出版社、百家出版社，2006年；田丰、肖海鹏、夏辉：《文化竞争力研究》，中国社会科学出版社，2007年，等等。

切都为提高文化竞争力服务。诚然,面对西方的强势文化,包括中国在内的所有发展中国家都非常有必要提升本国的文化竞争力,以抵御西方的文化霸权。特别是中国,虽然中国拥有雄厚的文化资源,但中国文化在国际文化竞争中却并不占据优势。相反,中国在文化产品的进出口贸易中一直就存在着巨大的逆差。① 这种现象不仅与中国巨大的经济贸易顺差形成明显的反差,而且与中国世界贸易的大国地位也不相符。更重要的是,这一现象反映出一个现实问题,即世界文化传播格局仍然处于"西强我弱"的境地,西方仍然绝对掌握着世界的制信息权。在这种情形下,提高中国文化竞争力非常紧迫。但是过分强调文化竞争力在文化软实力中的地位,实际上就使国家软实力的建设陷入权力政治学的泥潭,不仅会把文化软实力明显"硬化",而且还必然会使国际社会认为,中国发展文化软实力就是为了抢占国际文化市场。这在很大程度上将成为外部散布"中国文化威胁论""中国文明威胁论"的重要依据。②

那么什么是文化软实力呢? 笔者认为,文化软实力是以文化资源为基础的一种软实力,这种软实力不是强制施加的影响,而是受动者主动接受或者说是主动分享而产生的一种影响力、吸引力。文化软实力应该是一种完全意义上的柔性力量,而不是像奈那样倡导软实力也是为了用现实主义的方式强行推行美国的价值观。

二、文化软实力的资源构成

美国软实力的重要来源之一在于能对他国产生吸引力的地方起作用,

---

① 关于中国文化产品对外贸易巨大逆差的详细数据可参见中华人民共和国新闻出版总署发布的相关各年的"全国新闻出版业基本情况"报告。

② 最初,塞缪尔·亨廷顿认为,不同文明间的冲突将取代国家利益和意识形态冲突而成为未来国家间战争的根源,中国将与伊斯兰国家联合起来,对以美国为首的西方基督教世界形成挑战。全球政治的主要冲突将在不同文明的国家和国家集团之间发生,即"文化冲突是沿着文明的断层线发生的",(参见[美]塞缪尔·亨廷顿:《文明的冲突与世界秩序的重建》,周琪等译,新华出版社,2002 年,第7页)。后来,西方一些学者沿用了他有关"文明冲突论"的观点,但换了一个视角认为,中国文化向世界的扩张特别是在亚非拉地区的扩张构成了对西方文化的威胁(如 David Shambaugh, Beijing Charms Its Neighbors, *International Herald Tribune*, May 14, 2005; Joshua Kurlantzick, China Buys the Soft Sell, *The Washington Post*, Oct. 15, 2006, etc.)。

并认为不论是阳春白雪的雅文化还是下里巴人的俗文化都是美国软实力的重要来源。① 但是美国在全球推行其文化总是采用强制的手段，从而被许多人认为是一种"文化帝国主义"，因而它反衬出美国软实力的效力问题。② 假若像美国那样来推行中国的文化以提升自己的文化软实力，那么中国没有任何优势，因为相比之下，不论是雅文化还是俗文化中国都缺乏足够的国际竞争力。③ 从这一角度看，一般意义上的雅文化和俗文化并不是中国文化软实力的主要来源。那么究竟什么是中国文化软实力的资源构成要素呢？笔者认为，凡是能够彰显中国文化软实力柔性一面的东西就是中国文化软实力的资源要素。而作为资源要素的内容同时应该对文化软实力具有源源不断的供给能力。从这两个条件看，只有中国传统文化特别是传统人文精神，才能既可以彰显中国软实力的柔性一面，同时又在资源上具有源源不断的供给能力。中国文化软实力是深深根植于中国传统文化之中的"中国品格"，其核心要素就是中国的传统人文精神。笔者承认，中国文化软实力的资源构成是非常复杂的，但最主要的组成部分应该是那些能够对他国民众产生吸引力的"中国元素"。

（一）"重天道""法自然""尚人道"的人本主义

中国传统文化的核心是强调人在天地万物中核心地位的同时又尊重生存环境的人本主义精神。早在西周时期，中国的典籍里就有"人为万物之最灵最贵者"的思想。《尚书》说："惟天地万物之母，惟人万物之灵。"④ 后来荀子强调"人最贵"的思想与前者是一致的。不过，中国传统文化虽然强调"人最贵"且"人有其治"，但并不是"随心而治"的，而是使万物有一个秩序，同时又"莫从己出"⑤"私志不得入公道"⑥，也就是不从自己的主

---

① 参见［美］约瑟夫·奈：《软力量：世界政坛成功之道》，吴晓辉、钱程译，东方出版社，2005年，第11、46～56页。

② 参见［加拿大］马修·弗雷泽：《美国电影、流行乐、电视和快餐的全球统治》，刘满贵等译，新华出版社，2006年，第4页。

③ 文化进出口贸易是衡量文化竞争力的重要指标之一，但根据中华人民共和国新闻出版总署发布的各年的"全国新闻出版业基本情况"报告，中国每年的文化产品对外贸易都存在着巨大贸易逆差。这就表明，中国的文化国际竞争力非常弱小。

④ 《尚书·泰誓上》。

⑤ 《淮南子·主术训》。

⑥ 《淮南子·修务训》。

观出发去改变事物,个人的意志和愿望不能转变成天地万物的本然。简而言之,就是"循理而举事"并"推自然之势",最后达到"天人合一"的境界。

当今中国所倡导的建设社会主义和谐社会、坚持以人为本,实际上就是坚持人本主义原则。毫无疑问,当今中国社会所坚持的人本主义原则是马克思主义唯物史观基础上的人本主义。马克思在《1844 年经济学哲学手稿》中批判地吸收了费尔巴哈思想的"基本内核"和黑格尔哲学的"合理内核"之后,通过对人与动物的比较,通过对人在自然界中的位置的确定,不仅揭示了"人是自然界的一部分"的事实,[①]而且提出了解决人和自然对立的正确途径,从而形成了以"人的全面发展"为核心内容的人本主义思想。但是在不同的物质条件下,究竟如何来实现"人的全面发展"也是有所不同的。马克思主义中国化的重要内容之一,就是把马克思主义的基本原理同中国传统文化有机结合起来。而在这一方面结合的具体表现,就是把马克思的人本主义思想与中国传统的人本主义精神结合起来。正是这一结合形成了科学发展观的内涵。

"重天道""法自然""尚人道"的人本主义不仅是中国文化发展源源不断的动力并影响着中国社会发展的历史进程,而且在某种程度上也是西方人本主义的重要来源之一。众所周知,西方启蒙主义所倡导的人本主义从古希腊、古罗马文化中吸取了营养,但这并不是它的唯一来源。当传教士把中国文化带到欧洲之后,欧洲的启蒙思想家就自然地接受了中国文化的精神养料,最终发展成近代西方的人本主义。甚至于在第二次世界大战以后,由于经济至上主义导致的拜物主义膨胀,社会发展陷入了新的困境,西方的思想家们倡导新人文主义以防止拜物主义的无限扩张,也极力主张到东方中国的古老文明中去寻找,并从中国传统思想中获得其精神来源。[②]

(二)反省自求、提升自我的内省主义

中国传统文化主要由儒、释、道三教组成。儒家的重要理念是"皇天无

---

① 参见[德]马克思:《1844 年经济学哲学手稿》,中共中央马克思恩格斯列宁斯大林著作编译局编译,人民出版社,2000 年,第 56～57 页。

② 参见楼宇烈:《中国的品格》,南海出版公司,2009 年,第 50～51 页。对于这种看法,实际上早在 20 世纪 40 年代著名历史学家朱谦之先生就对此进行了深入的研究。参见朱谦之:《中国思想对于欧洲文化之影响》,商务印书馆,1940 年。不久,梁漱溟先生在 1949 年完稿的《中国文化要义》一书中再次强调了这一观点。参见梁漱溟:《中国文化要义》,上海人民出版社,2005 年,第 8 页。

亲,惟德是辅",也就是强调自身品德的提升是根本。用《尚书》中的话来说,就是"疾敬德"①,即统治者必须要把德行放在最重要的位置,这样才能祈求上天保护国运永昌。按照儒家的看法,提升自身的道德就是要修身,通过"克己"来完善人品操行,提高人生境界。而这种情形与道教所倡导的通过内心的修养来实现道德的提升有异曲同工之处。佛教虽不是中国土生土长的文化,②但佛教所提倡的内省恰恰跟儒家思想中"疾敬德"的思想相契合,所以它很快且很好地融入了中国本土的文化之中并成为中国文化的传统来源之一。

那么国家又如何来修德以保国运永昌呢? 作为中国传统文化主干的儒家思想,在这一问题上给出了具体的答案,即"推王道、施仁政"。儒家思想的核心就是以"仁政王道"来化导天下。"王道"就是以仁义治天下,以德政安抚臣民。"王道"的社会理想就是实现"天下为公"的"大同世界"。由此可见,"王道"体现了中国的另一重要传统:天下主义。③ 天下主义也许如有的学者所说的那样,是"一个现实的超越式的乌托邦",但它提出了一种对话式的、无中心的天下大同理想,④而且这种价值理念很可能会被证明是一种优越的价值观,它已经被世界上越来越多的人所认同并成为一种"普世"的价值。⑤

(三)"尚中贵和"的"中和"思想

"中"的意思是指执行刑罚要准确、合理、不偏不倚、无过不及,也就是要严格按照法律(刑书)所制定的标准行事。这可以上溯到西周。后来,孔子把"中"的思想运用到他的伦理道德理论中并提出了"中庸"之说,把

---

① 《尚书·召诰》。

② 不过有一种观点认为,佛学分为两种,一种是"中国的佛学",另一种是"在中国的佛学"。在中国的佛学是自印度输入的,而中国的佛学是本土理知的产物,为在中国的佛学的后期发展。参见[美]成中英:《从中西互释中挺立——中国哲学与中国文化的定位》,中国人民大学出版社,2005 年,第 14 页。

③ 参见李慎之:《全球化与中国文化》,《太平洋学报》1994 年第 2 期;梁漱溟:《中国文化要义》,上海人民出版社,2005 年,第 146 页;郭沂:《从古代中国的天下一体化看当代全球化趋势》,《哲学动态》2006 年第 9 期;赵汀阳:《天下体系的一个简要表述》,《世界经济与政治》2008 年第 10 期。

④ See Tong Shijun, Chinese Thought and Dialogical Universalism, in Gerard Delanty, ed., *Europe and Asia beyond East and West*, New York: Routedge, 2006, pp. 305 – 315.

⑤ 参见赵汀阳:《天下体系的一个简要表述》,《世界经济与政治》2008 年第 10 期。

"中庸"视为一种难能可贵的道德伦理准则。"中"就是慎独自修、忠恕宽容和至诚尽性,简言之就是包容;"和"就是事物或系统中不同因素、不同要素、不同倾向之间的对立统一,它包含自然界内部、人与自然、人与己、人与人、人与社会、人与环境之间的和谐。"和"更强调"和而不同",是多样性的统一,是中国传统文化的根本特征和基本价值取向。

"尚中贵和"简言之就是多元并存、相互包容。这种思想作为中华文化之精粹,不仅在中华民族的发展过程中产生过且继续发挥过巨大的影响作用,而且当今西方各国大多已经深深感到,西方个人主义所包含的以自我为中心的闭锁和孤独给人类带来了道德和心理的迟钝,造成各领域的隔绝,限制了人们的智慧能力,使人们孤立无援,在复杂面前束手无策。① 所以他们越来越倾向于借非西方文化特别是中国传统文化作为参照来反思自己的文化,以寻找新的未来。② 而实际上,在当今世界,不同文化之间的融合日益频繁,而文化的融合正是以文化的多元性为前提的。世界文化的多元性与包容性更是从文化的层面体现了中国传统文化中"以和邦国,以统百官,以谐万民"的和谐理念。

(四)"克己复礼"的礼仪主义

礼在儒家的思想体系中居于首要和核心的位置,这主要是因为在春秋时期由于诸侯之间进行的争霸战争导致周代的礼乐崩颓。所以孔子一心要恢复礼乐制度。儒家的"克己复礼"就是要克制人的欲望来遵守礼乐制度,或者说是通过对人的规范,最终达到社会秩序的稳定。道家则用自然的本性批判了儒家所倡导的仁义礼教的规范,以得之于天道。③ 道家所强调的则是天然本性,也就是事物发展的内在规律。二者虽有矛盾,但都强调秩序。所不同的是,儒家的礼是社会规则所规范的秩序,而道家的本性则是事物的内在规律。二者只是从不同的层面阐述了中国人文精神中的礼,即在尊重人的本性的基础上遵循社会认同的规则。这也是中国"礼仪之邦"的实质所在,是"中国品格"的最高体现。"礼仪之邦"还有一个体现就是,每个成员都清楚自己的身份、地位、责任和义务,并在此基础上形成

---

① 参见乐黛云、钱林森编:《迎接新的文化转型时期》,上海文化出版社,2006 年,第 203 页。
② 参见乐黛云:《21 世纪的新人文精神》,《学术月刊》2008 年第 1 期。
③ 参见楼宇烈:《中国的品格》,南海出版公司,2009 年,第 122 页。

一个良性互动的共生环境。

中国综合实力的增强是中国模式创造的世界奇迹，中国模式是中国传统文化的产物，更是中国传统文化智慧在当今中国的升华。而中国的智慧随着中国的崛起及其对世界的影响而逐渐成为世界智慧。特别是金融危机爆发以来，世界各领域的"中国元素"在不断增多，并不断被越来越多的各国民众所接纳。虽然"中国元素"在很大程度上通过中国经济实力在发挥作用，但在经济实力的背后却是支撑中国经济发展的传统文化因素。正是传统的人文精神使"中国元素"在当代产生了世界性的影响力。

三、文化软实力的功能

文化具有塑造的功能，文化软实力也具有塑造的功能。一个国家文化软实力的塑造功能包含两层意思：对某种文化的母国而言，其塑造功能在于提高该国、该民族的品格，即通过塑造"新的自我"来获得外部的某种认同和相应程度的接纳；对某种文化的接受国而言，其塑造功能在于，通过推行自己的强势文化来排挤东道国的文化，以达到塑造一个"新的他者"的目的。

一国的文化软实力究竟发挥什么样的功能，关键要看该国究竟持什么样的国际政治观。奈提出软力量理论无非是告诉美国，即便是其他大国的硬实力得到了很大的提升，美国仍然可以通过新的方式来实现自己的霸权目标。所谓新的方式就是指要在硬实力衰落的情况下擅于使用软实力来重塑美国的霸权。因此，尽管奈在国际关系理论上是一个新自由主义学者，但在运用软实力问题上，奈实际上还是有明显的现实主义的色彩，连奈都自称是一个"自由主义化的现实主义学者"（a liberal realist）。① 后来，那些真正的现实主义学者也日益重视软实力的作用，就更加凸显了文化软实力"塑造新的他者"的功能。正如亨廷顿所说："是什么使文化和意识形态具有吸引力呢？当它们被看作根植于物质上的胜利与影响时，它们就是有吸引力的。软权力只有建立在硬权力的基础上才成其为权力。硬的经济

---

① 参见［美］约瑟夫·奈：《自由主义化的现实主义学者——对约瑟夫·奈的访谈》，《世界经济与政治》2007 年第 8 期。

和军事权力的增长会提高自信心、自负感,以及更加相信与其他民族相比,自己的文化或软权力更优越,并大大增强该文化和意识形态对其他民族的吸引力。经济和军事权力的下降会导致自我怀疑、认同危机。"他进一步认为:"共产主义意识形态在(20世纪)50年代和60年代吸引了世界各地的人民,当时它是与苏联的经济成功和军事权力联系在一起的。当苏联发生经济萧条且不能维持其军事力量时,这种吸引力也就随之消失了。西方的价值观和体制已吸引了其他文化的人民,因为它们被看作西方权力和财富的源泉。"①

亨廷顿的这段话包含了两层意思:一是文化的吸引力是借助于硬实力而产生的,二是西方文化对其他民族产生吸引力必须以消除其他文化的吸引力为前提。由此可见,美国文化软实力的功能根本在于"塑造新的他者"。从奈的软实力理论来看,软实力"是一个国家造就一种情势,使其他国家仿效该国发展倾向并界定其利益的能力"②,或者是"塑造他人行为偏好的能力"③。因而奈分析软实力仍然是以实力政治学为基础的,他认为实力的大小决定了国家塑造他国行为偏好能力的大小。可见,奈的目的仍然是用现实主义的手段来推行美国的文化软实力,使其他国家接受美国所谓的"普世价值"。

不论是奈的看法还是亨廷顿的观点,它们都反映了一个事实:美国软实力的功能在于借助于美国的强大硬实力向全球推进美国的文化,以展示美国文化的强大优势。问题的关键是,美国的这种做法无疑对其他国家民族的文化主体性产生直接的威胁。而一个国家民族文化的主体性一旦失落,那就意味着这个国家、民族的历史中断了,其民族精神和文化传统也就彻底丧失了。诚然,美国社会曾经具有"熔炉"(milting pot)的特性,但随着冷战的结束,特别是"9·11"事件以后美国实力的逐渐衰落,④美国在外部

---

① [美]塞缪尔·亨廷顿:《文明的冲突与世界秩序的重建》,周琪等译,新华出版社,2002年,第88~89页。

② Joseph S. Nye, Jr., Soft Power, *Foreign Policy*, Issue 80, Fall, 1990, pp. 153 – 171.

③ [美]约瑟夫·奈、王缉思:《中国软实力的兴起及其对美国的影响》,《世界经济与政治》2009年第6期。

④ 参见[美]伊曼纽尔·沃勒斯坦:《美国实力的衰落》,谭荣根译,社会科学文献出版社,2007年。

担心自己主导地位的丧失,内部则强调"美国的例外性"①而变得日益保守。美国的这种保守性,对外表现为因担心"文明间的冲突"而运用美国的强势文化进行文化扩张,推行文化霸权主义;对内则表现为担心盎格鲁-撒克逊民族文化的衰落而推行文化排外主义和种族歧视。② 但是不论是对外还是对内的文化保守主义,美国都在"普世价值观"的幌子之下企图消灭文化的多样性。这就正如赵汀阳所说:"西方的典型策略都属于'同',因为西方总是希望能够通过'普世化'(universalizing)西方价值观去解决冲突,从基督教试图一统精神世界到现代西方试图以自然人权去统一世界的价值观都是试图消灭价值观差异的做法。西方这种错误的政治追求很可能源于西方的一元真理观。"③美国在这一方面尤其突出。

与西方不同,中国文化软实力的功能在于塑造"新的自我"以改变国际社会对中国的错误认知。自20世纪90年代以来,中国的崛起伴随着国际社会对中国的各种指责之声:"中国崩溃论""中国威胁论"等,甚至近年来流行的"中国责任论""中国贡献论""中国统治世界论""中国傲慢论"等也含有对中国的贬责之意。这些都在很大程度上是对中国的错误认知。原因是多方面的,但从中国自身来看,主要在于在中国经济实力迅速增强的时候,中国软实力没有相应地得到提升,从而导致国际社会认为,中国的崛起同样会陷入西方大国兴衰的"历史周期律"。中国文化软实力的功能在于塑造中国一个"新的自我",这是由中国传统文化的特性所决定的。既然传统文化是文化软实力的源泉,那么传统文化的特性就必然对文化软实力功能的取向产生决定性的作用。中国传统文化的特性有很多,从不同的角度可以梳理出中国传统文化不同层面的特质。④ 不过,从价值观念来

---

① See Siobhan McEvoy-Levy, *American Exceptionalism and US Foreign Policy*, *Public Diplomacy at the End of the Cold War*, London: Palgrave, 2001.

② 参见[美]塞缪尔·亨廷顿:《我们是谁?——美国国家特性面临的挑战》,程克雄译,新华出版社,2005年。

③ 赵汀阳:《天下体系的一个简要表述》,《世界经济与政治》2008年第10期。

④ 这方面的详细研究可参见梁漱溟:《中国文化要义》,上海人民出版社,2005年;[美]成中英:《从中西互释中挺立——中国哲学与中国文化的新定位》,中国人民大学出版社,2005年;牟宗三:《中国哲学的特质》,上海古籍出版社,2007年;牟钟鉴:《试论中国传统文化的特点》,《社会科学战线》1990年第1期;汪澍白:《中国传统文化的特质》,《社会科学家》1991年第3期;吕大吉:《中国传统文化的特质:以儒家伦理而不是宗教为准则》,《浙江社会科学》2002年第6期;蔡仲德:《从顾炎武到王国维——兼论中国文化的特质》,《浙江社会科学》2000年第1、2期等。

看,中国传统文化的特质表现为以下三点:

一是在国家治理观念上倡导"正德利用厚生"。"正德",就是尽人之性,以正人德;尽物之性,以正物德;"利用",即利物之用,也就是利用自然资源;"厚生",即厚民之生,也就是尊重、关爱、厚待社会民生,使百姓富足。这就是后来孟子所说的"王道"。即使如有的学者所说的那样《战国策》是以争夺霸权为核心的,①但《战国策》也强调"德""仁""道""义""法""贤""圣"等因素的决定性作用。例如,司马错对秦惠王说:"欲王者,务博其德。"②意思就是说,要建立王道大业,必须广施德政,用今天的话来说就是要增强软实力。"正德厚生"的文化特质几千年来一直就流淌在中国文化的长河之中,时而为潜流、暗流,时而为明流乃至洪流,为中国封建社会历朝历代都造就了为期不短的盛世奇光。中国传统文化的这种特质和以这种文化特质为源泉的中国文化软实力,也为当今中国社会发展、经济繁荣提供了思想动力。更为重要的是,它们正在把当今中国塑造成一个"德惟善政、政在养民"的德治国家。

二是在施政理念上强调"修己以安百姓"③。《论语》这种德政观念虽然是由亲亲尊尊的五伦来维系的,但由这种文化特质滋长起来的尽心、尽性、尽伦、尽制的"综和的尽理之精神",就是要求每个人尤其是施政者要成就圣贤人格。④ 孟子曾说,人人皆可为尧舜。意思就是每个人不断"修己",即不断地进行自我完善、自我发展、自我提升,就能进行有效的"安人"和"安百姓"。在漫长的中国封建社会中,因财富占有的差别而经常导致社会底层的暴动最终改朝换代,但历朝历代的统治者都深知载舟覆舟的道理,从而在夺得江山社稷之初,总是非常注重"修德政""养生息"。这不仅与文化有直接的关系,而且实际上就是传统文化的特质使然。这种传统文化特质一直就是中国历朝历代为政的基本道德。中国共产党在近七十年的执政生涯中,反复强调加强党的自身建设,提高执政能力,构建和谐社会,这也正是中国传统文化的特质在当今成为时代强音的具体表现。

---

① 参见阎学通:《〈战国策〉的霸权思想及其启示》,《国际政治科学》2008 年第 4 期。
② 《战国策·秦策》。
③ 《论语·宪问》。
④ 参见牟宗三:《中国哲学的特质》,上海古籍出版社,2007 年,第 166 页。

　　三是在对外的理念上强调"和而不同"。包容性是中国传统文化最鲜明的特质。"和而不同"包含着不同、差异、矛盾在内的多样性的统一,同异有别,协调差异,以求和谐。不论是道家还是儒家都追求和谐。《道德经》讲:"道生一,一生二,二生三,三生万物。万物负阴而抱阳,冲气以为和。"①孔子也说:"君子和而不同,小人同而不和。"②虽然道家与儒家所追求的"和谐"内容不同,但从本质上都强调在尊重多样性的前提下来谋求和谐。中国文化的历史发展脉络之所以能绵延不断地传承至今,一个非常重要的原因就在于,中国文化具有海纳百川的包容性,中国文化的巨大生命力和成长力就在于,它提倡求同存异,而不化异为同。当今中国以"和平、合作、共赢、发展"为内容的"人类命运共同体"为目标取向的外交理念在相当大程度上也是基于这种"和而不同"的传统文化特质的。

　　中国文化软实力的功能在于塑造一个"新的自我",也就是要塑造良好的国家形象。长期以来,由于意识形态的偏见,西方总是视中国为"他者",而"他者"不仅被想象为与"我们"不同,而且还被认为是国际社会中的"异类"。③ 因此,西方对中国的认知存在着巨大的偏差。那么究竟如何来纠正被歪曲了的中国形象呢?既然"中国崩溃论""中国威胁论"都是基于对中国经济快速增长即硬实力的快速提升的认知,④那么纠正被歪曲的中国形象就不能再通过提升硬实力来实现,而是通过提升中国软实力特别是文化软实力来实现。

　　中国文化软实力对中国自身的塑造功能集中表现在主体文化对当代中国社会的整合功能上。这种整合功能主要体现在两个方面:价值整合和规范整合。

---

　　① 《道德经·四十二章》。

　　② 《论语·子路》。

　　③ 参见王立新:《在龙的映衬下:对中国的想象与美国国家身份的建构》,《中国社会科学》2008年第3期。

　　④ 20世纪90年代前半叶出现的"中国威胁论"认为,中国经济的快速增长是不能持续的,这是因为中国受自身各种条件的限制不可能成为世界强国;同时,中国以高投入、低产出为特征的经济发展模式正在步入死胡同,并终将难以为继,一旦多年积累下来的问题突然迸发,势必迅速导致中国经济的停滞不前,甚至是大崩溃。而"中国威胁论"则认为,中国的政治改革严重滞后于经济改革,中国政治上的权威主义体制与经济多元化之间的矛盾已经孕育着严重的政治危机。因此,经济实力的提升将以政治危机的形式威胁到其周边国家乃至整个世界。由此可见,不论是"中国威胁论"还是"中国崩溃论",其立论的依据都是一样的。

所谓价值整合就是构筑社会的价值认同。近代中国是"一盘散沙"，这固然有外部军事入侵的原因，但更为重要的是军事入侵的同时伴随着的是西方的文化殖民。中国文化的现代化历程正是在西方现代文化的强烈冲击下被迫起步的。在这种外在力量的解构之下，中国传统文化的整合功能迅速瓦解，于是中与西的冲突、新与旧的冲突迅速显现。前者被费正清比喻为"两出巨型戏剧"：第一出是中西之间的文化对抗，第二出是这场对抗引导中国在"一场最巨大的革命中所发生的基本变化"。① 而关于新与旧的冲突，论者颇多，较早对此冲突进行阐述的是民国初年的黄远生，他认为："自西方文化输入以来，新旧之冲突，莫过于近日。"②随后，陈独秀、李大钊、胡适、梁漱溟等都有不凡的论述。陈旭麓先生在总结自鸦片战争以降八十年的历史时更是一语道破问题的实质："八十年来，中国人从'师夷长技以制夷'开始，进而'中体西用'，进而自由平等博爱，进而民主科学。在这个过程中，中国人认识世界同时又认识自身，其中每一步都伴随着古今中西新旧之争。"③文化价值观是社会认同的基础。文化价值被解构之后，社会认同也迅速多元化，甚至无序化，随之而来的是社会的失范。鸦片战争以后，中国社会长期处于动荡之中，正是文化价值观被解构之后社会失范的现实反应。所以当时就有西方学者认为："中国人的性格绝不是温文尔雅的……妇女处于愚昧、附属和隔离的状态，男人则奴颜婢膝、欺诈、漠视真理。从国王到乞丐的中国社会的每一阶层和每一级官吏都无情地实践一套欺骗和伪善的系统……一般说来，中国人也没有任何信仰。"④这是对中国形象较早的最恶劣的歪曲。

20世纪下半叶的前30年，由于政治价值的功能完全掩盖了文化价值的功能，也由于认为时代主题仍然是"战争与革命"，因此中国常常不顾国力的实际情况而进行外交援助以推进"世界革命"。在这种情况下，中国

---

① 参见[美]费正清：《剑桥中国晚清史》（上卷），郭沂汶译，中国社会科学出版社，1985年，第2页。

② 《远生遗著》（卷1），商务印书馆，1984年，第154页。

③ 陈旭麓：《近代中国社会的新陈代谢》，上海人民出版社，1992年，第398页。

④ 转引自王立新：《在龙的映衬下：对中国的想象与美国国家身份的建构》，《中国社会科学》2008年第3期，See Samuel Goodrich, *The Tales of Peter Parley about Asia for Children*, Philadelphia: Desilver, Thomas and Co., 1836, pp. 57 – 58.

作为世界"解放运动的支持者"(liberation supporter)而被视为"革命解放者的"堡垒(bastion of revolutionary-liberator)。① 在冷战时期,对中国的这种角色定位实际上就是把中国视为"异类",认为中国是"将改变国际体系本身作为追求目标的坚定的革命者"。② 西方对中国的这种认知到今天还保持着强大的"惯性"。这是当今"中国威胁论"错误的认知根源之一。改革开放以后,中国市场的价值取向取代了政治价值而掩盖了文化价值的功能,传统文化价值观在市场理念的冲击之下再一次被解构。一时间,从政府到市场主体都陷入经济至上主义的泥潭中,而中国在经济发展的时候过多地强调了量的增多,却忽视或无法在短期内解决质的提高问题。于是,在能源和资源利用、环境保护、碳排放与气候变化等问题上中国被西方认为是害上了"中国综合征"(The China Syndrome)。③ 而为了不让"中国综合征"成为国际社会的威胁,就必须对中国崛起的进程和势头加以"掌控"。④ 从这里可以看出,中国硬实力的"量大质低"也是外部"中国威胁论"产生的根源之一。

当今,中国重新倡导"和合"等传统文化思想,就是要实现传统文化的现代化,使之在当今中国社会发展中发挥文化的整合功能。当然,发挥文化价值的整合,并不是要使社会抛弃政治价值和市场价值,而是一方面要用传统文化的精髓来重构社会认同体系,另一方面用一种共享的文化价值来夯实市场价值体系,使市场在文化价值的引导下更为理性,包括理性地对待社会、自然和人类自身。若能实现这样的整合,则中国的对外形象就实现了新的再造。

二是规范整合。人创造文化,但文化却是人的精神养料。人的言行举止是文化的外在表现,同时在对外时又代表了一个民族、一个国家的形象。从这一角度来看,规范对于一个民族、一个国家来说关系到外界对该民族、该国家整体形象的认知。在相当长的时期内,中国人被西方视为不被人信

---

① See Kal Holsti, National Role Conceptions in the Study of Foreign Policy, *International Studies Quarterly*, Vol. 14, No. 4, 1970, p. 260, 263.

② See Henry Kissinger, *A World Restored*, New York: Grosset and Dunlap, 1964, p. 2.

③ See Joshua Kurlantzick, The China Syndrome, *New Republic*, December 16, 2006.

④ See Robert Kagan, The Illusion of "Managing" China, *The Washington Post*, May 15, 2005.

任、贫穷、狡诈、贪婪的民族。① 19 世纪末期,美国传教士明恩溥(Arthur H. Smith)在《中国人的素质》(*Chinese Characteristics*)一书中指出,中国人在性格上漠视时间和精确性、天性误解、没有契约精神、拐弯抹角、因循守旧、柔顺固执、麻木不仁、心智混乱、互相猜疑、缺乏同情,他们愚昧而狡诈、懦弱而残暴、虚伪而淫荡,等等。② 于是,中国就被描述为是一个经济贫困、政治腐败、道德堕落的野蛮国度,是个邪恶的专制帝国。这种认知迄今为止也没有根本扭转过来。一方面是外部的偏见,另一方面则是在国外的中国人把在国内的劣行全都带出去了,言行举止缺乏文明的规范,因而使外部对中国人的认知形成定势,认为中国人过去、现在大致一样,所不同的是,富裕了的当今中国人"具有猎豹一样美丽的外表"但有"像猎豹一样的狡猾和残忍"。③

所谓规范整合,就是借助于文化的教化使文明的规范内化为个人的行为准则,进而将社会成员的行为纳入一定的轨道和模式,对内以维持社会秩序,对外以塑造国家形象。有学者指出:"所有的他者形象,都源于自我意识。"④同样的道理,所有的自我形象都必须通过他者所反映出来。而这两者都包含着一个文化的"教化"过程,两个"教化"过程的互动就产生了主体的"自我"在客体"文化镜子"中的形象。

文化软实力是从奈的软实力理论衍生出来的一种柔性力量,但又与奈的"软实力"概念有着巨大的差异。一国的文化软实力基于该国的文化资源,但并不意味着一国的一切文化都是该国的软实力,只有在一国文化产品的对外传播中能够被其他国家、其他民族主动接受时,这种文化就直接转化为该国的文化软实力。

文化既可以产生硬性的实力,也可以产生柔性的实力。当文化产生硬

---

① 参见[法]孟德斯鸠:《论法的精神》,张雁深译,商务印书馆,2002 年,第 308 页。类似的观点可参见 Harold Isaacs, *Scratches on Our Minds: American Images of China and India*, Westport, Connecticut: Greenwood Press 1958; Stuart C. Miller, *The Unwelcome Immigrant: The American Image of the Chinese, 1785 – 1882*, Berkeley: University of California Press, 1969, 等等。

② 参见[美]明恩溥:《中国人的素质》,秦悦译,学林出版社,1991 年。

③ 这两句话是 18 世纪英国人引用《新约·启示录》中的比喻谴责中国人的两句话,但当今西方对中国的认知基本上保持着这样的认知惯性,因此才有了中国崛起进程中的"中国威胁论"之说。

④ 周宁:《天朝遥远:西方的中国形象研究》,北京大学出版社,2006 年,第 4 页。

性的实力时,它所体现的是国家的现实主义政策取向,是在实力政治学基础之上推行文化的扩张,是一种文化霸权主义的政策。因此,美国的软实力不"软",就在于美国推行软实力的目的不是为了改善美国屡屡单边使用硬实力而严重受损的自身形象,而是把软实力作为单边使用硬实力的一种补充,为了更好地在全世界用美国的价值观念进行"美国式改造"。可见,奈的软实力理论实际上是为美国文化霸权主义提供了理论的依据。中国的文化软实力以中国传统文化为基础,目的是充分运用传统文化的底蕴来向世界展示"中国品格"和改善自鸦片战争以来被世界扭曲了的中国形象,而不是为了炫耀中国文化的优越性并强迫外部接受中国文化。可见,中国文化软实力是真正的柔性实力。

中国传统文化一直就是通过吸纳外部文化元素而获得新的成长力的,从来就不是用"改造"和强制的方式来征服周边和外部世界的。从历史发展来看,中国历朝历代的文化政策即便有"改造"的成分,但也是"改造"自身以适应外界。从这一角度来看,正如有的学者所指出的那样,中国传统文化并不是单一的定型模式,而是一个变体,即因其时代与社会条件不同而变异。变,是中国传统文化的基本精神。① 然而即便如此,中国传统文化的精髓却是亘古不变的。中国传统文化众多的文化资源都必须要经过转化之后才能成为中国的软实力,但中国传统文化的精髓却可以直接转化成为中国的软实力。这是因为这些思想起源于中国,孕育于中国传统文化之中,同时在经过当今中国的全新阐释之后而被国际社会所接受,因而具有"普世性"的意义。

第四节　中国文化软实力建设：必要性、瓶颈和路径

文化软实力是从奈的软实力理论衍生出来的概念,但又与奈的"软实力"概念有着很大的差异。就文化本身而言,"任何民族所创造的文化成果,一方面为整个人类文化的多重复合体增添了色彩,另一方面也为其他

---

① 参见马勇:《近代中国文化诸问题》(增订本),东方出版中心,2008 年,第332 页。

民族的成员贡献了可以分享的财富"①。因此，文化是可以在不同民族之间进行分享的。从这一方面来看，文化所产生的力量是一种柔性的力量。但是当文化被赋予了政治的内容以后，一国在推介本国文化往往会采取现实主义的手段，把本国的文化及其所包含的价值理念强加于其他国家和民族之上。这时候，文化所产生的就不再是柔性的力量，而是一种强制性即刚性力量。② 这样的力量不属于软实力，而是硬实力。换言之，文化软实力是基于文化资源的一种实力，但并不意味着一国的一切文化都是它的软实力，只有当一国文化产品在对外传播的过程中能够被其他国家、其他民族主动接受并产生积极的效应时，这种文化才能直接转化为该国的文化软实力。③ 自从中国共产党从国家的层面提出要建设国家文化软实力之后，中国通过发展文化产业来建设文化软实力，应该说取得了不小的成绩，但实际效果并不理想。其重要原因在于，着力发展文化产业很容易把中国建设文化软实力至于国际文化竞争的格局之中，其结果是，中国文化产业越发达，中国文化占有的国际文化市场就越大，"中国文化威胁论"的声调就越高。因此，加强中国软实力建设不能单纯从文化产业入手，而要从战略高度来认识其必要性和重要性，以及要从理论上和政策层面弄清楚加强中国软实力建设的瓶颈和发展的路径。

一、中国文化软实力建设的必要性

党的十七届六中全会专门就文化发展问题做出重大决定，并充分认识到增强国家文化软实力的必要性、重要性和紧迫感。但是这一重大决定绝非单纯从文化的角度来考虑文化问题的，而是对中国社会经济发展的战略考量。而这一战略构想不仅是基于中国改革发展和现代化建设三十多年所取得的伟大成就及改革和发展进入攻坚阶段的现实，而且也基于中国通过改革开放已经进入国际舞台的中心区域，国际竞争的内容发生了重大变

---

① 童世骏：《文化软实力》，重庆出版社，2008 年，第 17 页。
② 文化既可以成为一种柔性力量，也可以构成一种刚性力量。参见唐代兴：《文化软实力战略研究》，人民出版社，2008 年，第 5 页。
③ 参见胡键：《文化软实力研究：中国的视角》，《社会科学》2011 年第 5 期。

化的实际。这样的现实对文化软实力建设提出了现实的要求。

（一）文化软实力建设是经济发展质量提升的需要

过去40年的改革，从根本上解决了中国经济发展的动力问题，即通过改革，社会各种要素、各种资源在市场与政府两种配置手段之下得以充分动员起来，并为中国经济发展做出了巨大贡献。最为突出的表现在于，中国经济增长速度一直保持着两位数的增幅，从而使中国经济大规模增长，经济总量达到了5万亿美元，位居世界第二。但是过去40年的改革开放并没有解决中国国民生产总值的质量问题和自主创新的能力问题。国民生产总值的质量不高，表现在三次产业贡献率上，第二产业对国民生产总值的贡献率偏高，第三产业的贡献率偏低。

自主创新不足表现在，经济增长仍然是粗放方式，因而单位国民生产总值的资源消耗量偏高。改革开放以来，中国的能源消耗强度有所降低，从1978年的15.68万吨标准煤/亿元下降到2008年的0.95万吨标准煤/亿元。2010年进一步下降到0.82万吨标准煤/亿元。[①] 而且从中国的实际情况来看，中国的单位国民生产总值的能耗还在下降，这些年来降得幅度更大。但是从横向比较来看，中国这些数据仍然是偏高的。事实上，中国的国民生产总值单位能耗远远高于巴西，略高于印度，与南非相近，只比俄罗斯略低。由此可见，中国经济规模的迅速增大主要是靠高投入、高消耗来实现的。

国民生产总值质量不高和自主创新力不足，还有一个直接的结果就是经济的国际竞争力不强。"世界经济论坛"全球竞争力排名显示了中国经济竞争力不强的一面。自2001年以来，中国在全球竞争力排名的位次时有波动。2001年排在第39位，2002年上升到第33位，2003年到2006年则大幅度下降，分别排在第46、46、48和54位，2007年又回升到第34位，以后隔年都有较大幅度的上升。2008年排在第30名，2009年第29名，2010年第27名，2011年进一步上升到第26位。2014、2015、2016年连续三年排在第28位。[②] 虽然中国的排名已经数年领跑金砖国家，但这种排名

——————————

① 以上数据来自于中华人民共和国相应各年的国民经济和社会发展统计公报。

② 以上数据来自于相关各年的世界经济论坛发布的"全球竞争力报告"，http://www.weforum.org/issues/global-competitiveness。

位次与中国作为世界第二大经济体的地位仍然十分不相符。

（二）文化软实力建设是国民素质提升的需要

不可否认的事实是，自社会主义市场经济启动以来，社会结构状况及国民的价值观与行为方式发生了深刻的变化。社会主义市场经济使经济活动的主体成为具有独立地位的人，促使国民心理素质中的主体意识与自主意识空前增强，国民素质随着物质文明的进步而有了较大幅度的提高。但由于社会转型中出现的利益分化和价值多元化，也使社会出现了一些道德和价值观方面的问题，突出地表现为心浮气躁、急功近利、诚信缺失、责任感缺失、人与人心理距离拉大、人际关系冷漠等。虽说这并非中国国民素质的整体性出了问题，但在网络媒体时代，特别是微博、微信等开启了自媒体时代以后，由于微博等新媒体具有开放性、即时性、多对多的交互性等特点，社会上任何一个小的问题都会通过微博等途径的即时传播快速发酵出很大的社会效应。从国民素质建设来看，这种传播效果的倍增效应要求社会成员随时随地要对自己的言行加以检点，时时刻刻要以社会公德为标准来对自己的言行进行测评。

当前出现的一些问题虽不能说是中国社会的道德严重滑坡，但至少表明国民素质在某些方面出现了一些问题。这恰恰表明，在 20 世纪 80 年代以来的现代化建设中，我们主要是抓物质文明建设并且取得了举世瞩目的成就，但我们不能用物质文明建设的成就掩盖国民道德素质有待提高的事实。众所周知，社会的现代化不只是物质的现代化，甚至可以说，中国物质文明建设的成就并非中国社会现代化的本身，而是中国走向现代化的物质条件。只有人的素质的全面提升包括物质生活水平的提高和精神境界的提升才是社会现代化的真正含义。物质生活水平的提高相对容易，而精神境界的提升则需要通过优秀文化长期的潜移默化。事实上，国民素质不高已成为制约我国经济发展和社会进步的瓶颈之一。

从另一方面来看，当前国民素质出现问题相当重要的一个原因是精神文化消费不足。物质生活水平的提升客观上要求精神文化方面有更多的产品供应，但在物质生活产品供应充足的情况下，中国社会的文化生活产品供应不足，也就是说，文化生活产品无法满足社会消费的需求，从而导致精神素质与物质水平之间的脱节。精神境界提升的前提是精神文化消费的不断增多。因此，加强文化软实力建设的目的就是要为社会成员不断提供丰富多样的文化生活产品，从而为国民素质的提升提供智力支持。

（三）国家的复兴和大国成长，不只是经济发展，也需要文化的发展，只有文化的复兴才能使得国家的崛起具有可持续性

这是从西方大国成长的历史中总结出来的教训。西方历史大国兴衰更替原因众多，但其中有一个原因是一样的，它们都集中全力发展硬实力，然后全面进行武力扩张，最后都没有避免崩溃的结局。虽然它们也注意文化软实力的重要性，但西方历史大国要么信奉血腥的殖民主义文化，要么倡导反人类的法西斯军国主义文化。这非但没有成为积极的文化软实力，反而使这些国家在文化软实力方面严重减分，是一种负软实力。

二、中国文化软实力建设的瓶颈：转化能力不足

中国是一个文化资源大国，源远流长、底蕴深厚、博大精深的中华文化，不仅是中华民族共有的精神家园，而且也同样滋润了世界其他民族，也是世界其他民族的精神养料。但是文化资源大国并不天然就是文化软实力大国。资源要成为实力，还需要一个转化过程和国家的转化能力。但长期以来，中国文化软实力弱小的重要原因就在于把文化资源转化为文化软实力的能力严重欠缺。因此，要加强文化软实力建设，必须要挖掘中国从资源转化为实力的能力不足的根源。从历史和现实来看，中国在文化软实力建设方面存在的将资源转化为能力的根源在于文化自觉不足，进而导致文化自信缺失，因而中国文化自强就非常困难。

中国文化自觉不足，有时表现为文化自负，有时则表现为文化自卑。所谓文化自觉，按照费孝通先生的说法就是指："生活在一定文化中的人对其文化有'自知之明'，明白它的来历、形成过程，所具的特色和它发展的趋向，不带任何'文化回归'的意思，不是要'复归'，同时也不主张'全盘西化'或'全盘他化'。"[①]简而言之，文化自觉就是要说清楚自己的文化传承关系和品格。早在20世纪初，王国维就把"学术自觉"与"文化自觉"在相

---

① 费孝通：《费孝通文集》（第14卷），群言出版社，1999年，第197页。

同意义上提出来,要求学人对于本国学术文化和外国学术文化,在比较中看到它们的特点及其长短,不可能都优,也不可能都劣。应研究外国学术文化之长以济本国学术文化之短,并主张将中学与西学之优长加以融合,为学术文化开辟新路。①

传统以中国为中心的东方朝贡体系和以儒家文化为中心的东方文化体系造就了中国的"天朝"意识和"中央之国"的情结,其特点是唯我独尊,从各个角度强调"华夏相对于夷狄的尊贵地位和不容侵犯的权威",并最终形成"华夏为尊,夷狄为卑"的文化等级观念。② 这就是文化自负现象。所谓文化自负,就是一种对待自身文化态度上的自满自足和妄自尊大。③ 万邦来朝、四夷宾服的盛况,一方面赋予了古代中国统治政权强有力的合法性,另一方面经过历朝历代的嬗变后更确立了以中华帝国为中心的"华夷秩序"。但这种秩序观,与其说是从种族来强调的,不如说是从文化来强调的。④

长期以久,华夏文明的中心地位最终导致了中华民族在文化上的自我满足、自我陶醉,最终也走向了文化夜郎主义:自我封闭和对外界的茫然无知。不仅"华夷秩序"反映出中国的文化保守主义,而且"天下"观念也同样表明了华夏文化中心主义的倾向。"天下"观念一方面反映出中国传统文化中所具有的整体主义,另一方面它也进一步强化了华夏中心主义。在"天下"观念中,中国"不是国家至上,不是种族至上,文化至上"。⑤ 由此,我们可以在"天下"观念中看到:其一,家国同构体是一个没有固定边界甚至也无确定民族依托的集合,任何实现儒家伦理的地域、民族都可以纳入这一家国同构的道德共同体;其二,中国是实现儒家道德伦理的礼仪之邦,处于道德的最高等级,是人类社会的中心,根据道德水平的高低,又可把其他国家分为夷国和藩国,它们均处于天朝帝国的周围。⑥ 因此,那些没有

① 参见张岂之:《关于文化自觉与社会发展的几点思考》,《西北大学学报》(哲学社会科学版)2002 年第 4 期。
② 参见秦平:《〈春秋穀梁传〉华夷思想初探》,《齐鲁学刊》2010 年第 1 期。
③ 参见杜振吉:《文化自卑、文化自负与文化自信》,《道德与文明》2011 年第 4 期。
④ 参见冯友兰:《中国哲学简史》,北京大学出版社,1985 年,第 221 页。
⑤ 梁漱溟:《中国文化要义》,上海人民出版社,2005 年,第 144 页。
⑥ 参见金观涛、刘青峰:《从"天下""万国"到"世界"》,《二十一世纪》2006 年第 4 期。

实现儒家道德伦理的个人、共同体和国家，就往往被视作不可教化的另类和异端。① 但是我们并不能以此为根据认为"天下"暗含了中国领导世界的内容，如"中国治下的和平"的野心，当然也不能赞同"汉以来的进贡体系虽仍然体现了天下观念的影响，但"天下观念"已被歪曲，大一统帝国这一新身份使原来的文化边界变成了政治边界，原来文化性的华夷之别变成了政治性的华夷之别"②的说法，甚至认为"天下体系是一个反帝国的政治体系"③。

笔者坚持认为，"天下"作为一个文化意义上的概念的色彩要比作为政治意义上的概念的意味更浓。正如钱穆所说，中国人"对于国家观念之平淡或薄弱。因此他们常有一个'天下观念'超乎国家观念之上。他们常愿超越国家的疆界，来行道于天下，来求天下太平"，"中国人常把民族观念消融在人类观念里，也常把国家观念消融在天下或世界的观念里，他们只把民族和国家当作一个文化机体，并不存在狭义的民族观与狭义的国家观，民族与国家都只是为文化而存在"。④ "天下"作为文化意义上的概念，它仍然是一种文化优越论，是一种文化自负表现的抽象表达。这种文化自负使得中国人即便是在从 18 世纪的繁荣走向 19 世纪初期的衰落时还仍然沉浸在传统的天下观念的迷思中，并未意识到世界已经发生了改变。或者说，由于文化自负，在鸦片战争前夕中国人并没有足够的资源和动力来突破传统的世界图式。⑤ 有学者将这种迟钝称为制度惰性使然，但笔者觉得这完全是文化的保守和文化的自负感所致。

文化自负会导致文化保守主义，这是文化自觉不足表现的一个方面。文化自觉不足的另一个方面是文化自卑。文化自卑是一种在对待自身文化价值上的轻视、怀疑乃至否定的态度和心理。中国文化自卑感产生于鸦片战争以后，首先是从器物文明上感觉到中国文化的落后性，也就是西方的船坚炮利确实是中国农耕文明所不及的。于是，中国知识分子提出"师

① 参见朱其永：《"天下主义"的困境及其近代遭遇》，《学术月刊》2010 年第 1 期。
② 参见赵汀阳：《坏世界研究》，中国人民大学出版社，2009 年，第 161~183 页。
③ 赵汀阳：《天下体系的一个简单表述》，《世界经济与政治》2008 年第 10 期。
④ 钱穆：《中国文化史导论》，商务印书馆，1994 年，第 47~48、23 页。
⑤ 参见陈廷湘、周鼎：《天下·世界·国家：近代中国对外观念演变史论》，上海三联书店，2008 年，第 8 页。

夷长技"的口号,也就是学习西方的器物文明。

经过三十余年的洋务运动以后,应该说,中国在器物文明的学习上取得了不小的进步,不仅在中国建立了现代工业,而且也建立了一支强大的海军。然而中国在甲午海战中仍然惨败。于是,中国知识分子认识到,仅有器物文明的学习是不行的,还要学习西方的制度文明。从戊戌变法到辛亥革命,中国在学习西方制度文明的过程中同样付出了沉重的代价,不论是康梁变法还是孙中山通过"揖美追欧"来实现"旧邦新造",最后都失败了。这就表明,学习西方的制度文明仅仅停留在制度学习本身之上也是不行的。事实上,鸦片战争以后,随着西学东渐和中国在与西方列强对抗中的一次次失败,中国人对自身文化的评价越来越低,特别是随着民族危机的一次次加深,中国人对自身文化的失望之情也日益加重。在这种情形下,中国社会的文化革新运动就在所难免。但是新文化运动的矛头一开始就直指中国传统文化,到"五四"时期,新文化运动集中表现为对中国文化的彻底否定,甚至产生了对民族文化的罪恶感和"赎罪"意识,文化自卑程度之深甚至对中华民族在种族方面的品质也产生了怀疑。①

在这种背景下,中国学术界出现了废除汉字、彻底否定中国传统文化、主张全盘西化等文化现象。时至今日,这种文化自卑感依然在许多方面表现出来:首先仍然是表现为对传统文化的否定,认为文化的历史包袱太沉重是中国现代化无法真正取得突破的根源;其次是对中国现代化道路的不自信,认为没有接受西方的"普世价值",中国现代化最终要陷入困境;再次是否定中国经济发展的奇迹来自于中国现代化的特殊模式,认为中国的经济奇迹实际上是利用西方市场经济而取得的,因而没有所谓的"中国特色",等等。

文化自卑的结果会导致历史虚无主义。近代著名思想家龚自珍在研究春秋战国历史时总结了一条重要经验:欲灭人之国,必先灭其史。所谓"灭其史"就是灭掉它的文化。② 文化自卑导致的历史虚无主义,实际上就是自己灭掉自己的历史、灭掉自己的文化。众所周知,传统文化有诸多的

① 参见封海清:《从文化自卑到文化自觉——20世纪20—30年代中国文化走向的转变》,《云南社会科学》2006年第5期。
② 参见楼宇烈:《中国的品格》,南海出版公司,2009年,第31页。

弊病，如林语堂从国民性的角度概括中国文化的弊病：忍耐性、散漫性、老滑性；①鲁迅认为，中国文化是"吃人"和"被吃"，并号召"扫荡这些食人者，掀掉这筵席，毁坏这厨房，则是现在的青年的使命"②；陈独秀认为，中国文化的弊病在于陈腐的思想与学说，甚至认为这是"实为制造专制帝王之根本原因"③；梁漱溟认为，中国文化由"早熟之病"④引发出幼稚、老衰、不落实、落于消极亦在没有前途和暧昧而不明爽五大弊病，等等。但是这并不意味着传统文化中没有值得借鉴的东西，相反，中国传统文化中有诸多优秀的部分在今天的中国现代化进程中仍然值得吸取，在加以现代化改造之后，使之成为当今中国社会主义文化的重要组成部分。对中国传统文化的全面否定与过度批判，只会导致当今中国文化成为无源之水、无本之木。

　　不过，在西学东渐的过程中，中国社会的文化自卑固然是当时的主流，但与此同时，重建中国文化自信的努力也一直存在。不过，其中一个重要原因是第一次世界大战以后，由于对战争的恐惧和厌恶，西方开始对自身文化进行反思甚至怀疑和否定。在这种情形下，中国知识分子也开始审视一度被自己所追随的西方文化：梁启超直接否定了"科学万能论"⑤；张君劢指出："科学无论如何发达，而人生观问题之解决绝非科学所能为力，惟赖诸人类自身而已"⑥；梁漱溟认为，西方文化存在着三大弊端："一是向外侵略，掠夺他国财富供自己挥霍；二是在国内少部分人为自己的利益，不惜牺牲大多数的利益；三是表面幸福，未必真快乐"⑦；熊梦飞指出："拜金主义与享受主义成为现代资本主义文化中的双轮，双轮上载着奢侈的文明病。西洋人生的目的在赚钱，赚钱之目的在享受，享受之结果是'穷奢极欲'。"⑧在经历着文化自卑的心路历程中，理性、成熟地看待西方文化是中

　　①　参见《林语堂文选（上）》，中国广播电视出版社，1995 年，第 441 页。
　　②　《鲁迅全集（第一卷）》，人民文学出版社，1981 年，第 217 页。
　　③　《独秀文存选》，贵州教育出版社，2005 年，第 78 页。
　　④　梁漱溟：《中国文化要义》，上海人民出版社，2005 年，第 250 ~ 254 页。
　　⑤　梁启超：《饮冰室文集点校》，吴松、卢云昆、王文光等点校，云南教育出版社，2001 年，第 3481 页。
　　⑥　张君劢：《人生观》，许纪霖主编：《二十世纪思想史论》，东方出版中心，2000 年，第 204 页。
　　⑦　《梁漱溟全集》（第三卷），山东人民出版社，1989 年，第 150 ~ 151 页。
　　⑧　熊梦飞：《谈"中国本位文化建设"之闲天》，罗荣渠主编：《从"西化"到现代化》，北京大学出版社，1990 年，第 520 页。

国文化自信的一个方面。中国文化自信的另一个方面是中国本位文化的建设。从五四运动以来,中国学术界关于文化发展曾郑重发表了三次宣言:第一次是 1935 年 1 月,王新命等 10 位教授联名发表《中国本位的文化建设宣言》;第二次是 1958 年元旦,牟宗三、徐复观、张君劢、唐君毅 4 位教授在台湾自发发表《为中国文化敬告世界人士宣言》,原题为《我们对中国学术研究及中国文化与世界文化前途之共同认识》;第三次是 2004 年 9 月,由许嘉璐、季羡林、任继愈、杨振宁、王蒙 5 位发起人提议并发布的《甲申文化宣言》。这三次文化宣言历经近百年,其历史背景和具体内容或许不同,但都有一个共同的目的就是矫正中国文化发展进程中出现的盲目复古和盲目西化的动向,以重建中国的文化自信。三次宣言的发布,并不意味着中国文化自信的建立,而是中国学人对中国文化发展的深深忧虑而发出的呼号。近代中国以来,中国文化遭遇西方文化之后,从未有过的文化自卑已经成为中国现代化的严重障碍,不摆脱这种文化自卑就不可能有中国文化的复兴,更不可能有中华民族的复兴。正是这样一种目的而使得三次文化宣言都具有非同寻常的价值。

综上所述,不论是文化自负还是文化自卑,都不能实现一个民族的文化自觉。不能实现文化自觉,也就不能实现文化自强。文化自负使中国人面对自己丰富的传统文化资源只会盲目乐观,只会炫耀。虽然中国不乏文化民族主义者,他们在对中国文化的态度上也的确存在着文化自负感。但自鸦片战争以来,特别是改革开放以来,即便是在中国现代化取得举世瞩目的成就之时,文化自卑仍然是中国社会的通病。这种通病表现为,要么是彻底否定中国传统文化,要么是主张脱胎换骨,以迎合西方所倡导的文化全球化。其结果是,由于否定传统文化而使文化创新缺乏文化存量的基础,由于迎合西方的文化全球化而对西方文化兼收并蓄、囫囵吞枣。前者在把资源转化为能力的过程中,根本就不知道转什么东西,因为当传统文化被否定以后根本就没有东西可以转化了;后者则试图把外来的文化资源转化为自己的文化软实力,实际上这是一种文化洋买办,帮助别国在中国进行文化扩张。换言之,前者是不知道转什么,后者则不清楚转成什么。

三、中国文化软实力建设的路径：整理、传承、创新

　　关于如何建设中国文化软实力的问题，国内学者已经提出了不少建设性的建议。例如，童世骏认为，文化软实力建设的路径，一是同步发展物质文明和精神文明，彰显中华民族的国际自信力；二是统筹国内发展和对外开放，提升国家形象的国际亲和力；三是结合传统智慧和现代文明，扩大民族文化的国际影响力；四是推进文化创新和产品升级，提高文化产业的国际竞争力。① 韩振峰则提出了提升国家文化软实力的十项措施：发展文化生产力、增强文化凝聚力、强化文化感染力、增进文化传承力、拓展文化吸引力、激发文化创造力、提高文化竞争力、提升文化传播力、扩大文化影响力，以及加大文化保障力等。② 孙波认为，提升国家文化软实力应注重建设社会主义核心价值体系，形成全民族奋发向上的精神力量和团结和睦的精神纽带；注重和谐文化建设，巩固社会和谐的思想道德基础；大力弘扬中华民族优秀文化传统，推动中华文化走向世界。③ 陈正良认为，国家文化软实力日益成为国家综合实力的战略性、基础性因素，对国家发展发挥着愈来愈重要的作用，必须继承弘扬中华优秀传统文化，荟萃世界多元文化精华，凝练民族文化精华，建设生气勃发的当代中国新文化，为国家发展提供强大精神动力；大力发展文化事业，重视文化创新，奠定文化强国基础；树立"文化国力"观念，整合利用中国深厚悠久文化资源，大力推动文化产业的发展，让中国产品成为中国特色文化的结晶和载体；增强中国文化价值观的全球辐射、对外亲和力与感召力。④ 孟亮认为，中国的复兴和再次崛起，是中国失去世界文明控制权150年后的民族复兴、经济崛起和文化觉醒，是正在和将要对世界秩序和西方文明产生重大震荡和长远影响的重大历史事件。因而我们要以全球的大视野，把中国的发展纳入国际视野和历史视野进行考察，真正的大国复兴，不仅要能给人类提供物质财富，同时

---

　　① 参见童世骏：《提高国家文化软实力：内涵、背景和任务》，《毛泽东邓小平理论研究》2008年第4期。

　　② 参见韩振峰：《提高国家文化软实力的十大举措》，《理论导报》2008年第4期。

　　③ 参见孙波：《文化软实力及我国文化软实力建设》，《科学社会主义》2008年第2期。

　　④ 参见陈正良：《增强中国文化软实力论要》，《浙江社会科学》2008年第2期。

还要能为世界提供政治体制、法律制度、科学技术、文化艺术、生活方式和语言。① 唐代兴则从多视角探讨了文化软实力综合开发战略,提出了文化软实力发展的反馈-激励体系。② 艺衡指出,民族政治意识的养成需要文化主权的锻造;文化主权不仅是中国和平发展战略中的文化战略理论的重要内容,而且关乎中华民族在全球化时代的文明命运。③ 客观地说,这些研究都颇有价值。笔者在此研究基础上进一步探讨中国文化软实力的路径问题,并认为中国文化软实力建设的路径是:整理—传承—创新。

(一)整理,也就是整理国故

提到"整理国故",人们自然会想到 20 世纪 20 年代前后发生的"整理国故运动"。按照顾颉刚的说法,"整理国故呼声倡始于太炎先生,而上轨道的进行则发轫于适之先生的具体的计划"④。1919 年 12 月,胡适在《新青年》第 7 卷第 1 号发表《新思潮的意义》一文,倡导对国学进行系统的整理。从当时的背景来看,胡适倡导的"整理国故运动"主要针对两个目标:一个目标是反对文化保守主义,正如他在《新思潮的意义》的文章中所说,对中国旧的学术思想的态度应该是:"第一,反对盲从;第二,反对调和;第三,主张整理国故。"也就是说,胡适倡导的"整理国故"有别于旧式国学家的主张,有新文化运动的色彩。另一个目标是"与外人争",主要是因为当时国际汉学界在汉学方面取得的成就对当时的中国知识界产生了重大冲击,促使中国知识界产生了强烈的民族自尊情结,对恢复中国学术产生了强烈的欲望。从胡适惭愧地看到"第一次作《章实斋年谱》的乃是一位外国的学者"⑤到傅斯年的"甚欲步法国汉学之后尘,且与之决胜"⑥、陈寅恪的"国史之责托于洋人,以旧式感情言之,国之耻也"⑦等,无不反映出当时中国学界的民族自尊心。也许当时发生的"整理国故运动"并非如胡适所说的要通过"整理国故"来"再造文明",但他们的确并非只是要"为学术

① 参见孟亮:《大国策:通向大国之路的软实力》,人民出版社,2008 年。
② 参见唐代兴:《文化软实力战略研究》,人民出版社,2008 年。
③ 参见艺衡:《文化主权与国家文化软实力》,社会科学文献出版社,2009 年。
④ 顾颉刚:《古史辨》(第一册),上海古籍出版社,1982 年,第 79 页。
⑤ 参见《胡适文存二集》,黄山书社,1996 年。
⑥ 顾潮编:《顾颉刚年谱》,中国社会科学出版社,1993 年,第 152 页。
⑦ 陈寅恪:《陈寅恪集·书信集》,三联书店,2001 年。

而学术"来"整理国故",而是通过"整理国故","还其本来面目",从而达到"解放人心"的目的。①

历史虽不能重复,但历史有着惊人的相似之处。今天我们重提整理国故,也是因为中国现代化遭遇了文化保守主义和历史虚无主义两种思潮。当今中国的文化保守主义表现为,由于对 20 世纪 80 年代以来中国所取得的成就沾沾自喜,由于对中国发展模式的过度自信,并认为中国模式"能够提供新鲜知识,促进我国学界对本土文明的自觉,从而促进'中国话语系统'的形成,以及'中国学派'的崛起"②。中国模式本是中国经济发展的解释概念,是一套"经济话语",但有学者将这一"经济话语"转换成"文化话语",认为只有在儒家文化背景下才能产生中国模式和经济的迅速崛起;更有甚者,进一步将这一话语转化为"政治话语",认为中国的未来发展将是一个"儒家社会主义共和国"。③ 把中国模式转化为"政治话语",其目的就是为中国的一切做合理性的辩护,甚至对中国比较严重的权力腐败现象也认为是现代化进程中非常正常的现象。其理由在于:一是西方国家在工业化时期也是腐败迅速滋生的时候;二是中国的腐败程度不如菲律宾、泰国、孟加拉、印度、巴基斯坦以及所有的非洲国家。按照这种逻辑,这就意味着,中国要现代化就必然跟西方国家工业化一样要"腐败一段时间";同时,中国的腐败程度没有上述国家那样严重,中国就不必去考虑如何治理的问题。④ 如果再沿着这种逻辑推下去,那就意味着,既然中国的一切都是好的,中国模式已经是最好的模式了,那么中国就不再需要新的改革,只

---

① 参见周质平:《评胡适的倡导科学与整理国故》,《近代史研究》1992 年第 1 期。
② 潘维主编:《中国模式:解读人民共和国的 60 年》,中央编译出版社,2009 年,第 6 页。
③ 参见甘阳:《中国道路:三十年与六十年》,《读书》2007 年第 6 期。
④ 这种观点详情可参见张维为:《中国震撼:一个文明型国家的崛起》,上海人民出版社,2011 年,第 10 ~ 11 页。需要强调的是,张维为先生总是把中国好的一面与落后国家差的一面相比,而无视中国问题的一面。事实上,据"透明国际"的研究,在改革初期的 1980—1985 年间,中国的清廉指数为 5.13,属于轻微腐败国家;但到了 1993—1996 年期间,中国的清廉指数降到了 2.43,属于极端腐败国家。进入新世纪后,中国在透明国际的清廉指数榜上保持在 3.4 ~ 3.8 之间。2010 年中国的腐败指数、中国清廉指数是 3.5,排名 78 位,排在欧洲、美国、新加坡等国家之后,在印度、希腊、阿根廷、菲律宾、俄罗斯之前,与泰国持平。2011 年,中国的清廉指数是 3.6,排名 75 位。分数和名次都有所上升,但从分数和名次上看,中国都属于比较腐败的国家。更详细的数据参见"透明国际"网站:http://www.gwdg.de/~uwww。另外,清廉指数(Corruption Perceptions Index 简称 CPI)采用 10 分制,10 分为最高分,表示最廉洁;0 分表示最腐败;8.0 ~ 10.0 之间表示比较廉洁;5.0 ~ 8.0 之间为轻微腐败;2.5 ~ 5.0 之间表示腐败比较严重;0 ~ 2.5 之间则为极端腐败。

要沿着既有的模式走下去就可以了。① 而事实上，大多数承认中国模式存在的学者都清楚地知道，中国模式是非常不完善的，还需要在新的改革实践中进一步完善。因此，文化保守主义最后的结果是阻止改革并导致中国社会的全面停滞。

当代中国的历史虚无主义则表现为，对20世纪80年代以来中国现代化建设所取得的成就不认可，认为根本没有所谓的中国模式，中国在经济上所取得的成绩，主要是采用了西方的市场经济，并非中国的特色，也没有所谓的中国特色。这种情况同样是把"经济话语"转换为"政治话语"，即"中国模式"存在的前提是中国全面接受西方的"普世价值"，除此之外，没有任何模式可言。② 所谓的"中国模式"是"关于中国特色社会主义的一种认识误导"，"是中国走向现代化的一口'陷阱'"。③ 众所周知，鸦片战争以来一百七十多年的历史，就是中国历代先进分子探索中国现代化的历史。这一百七十余年的探索，不论是成功的还是失败的，不论是成就巨大的还是陷入困境的，毫无疑问都是中国道路的一部分。所不同的是，20世纪80年代以来的这一段历史显然与历史上任何一段历史相比都完全不同。特别是这一阶段中国现代化建设取得了举世瞩目的成就，用"中国模式"来概括这段历史及其成就仅仅是一种经验的概括。把"中国模式"视为一种挑战西方价值的价值，这显然是将"经济话语"进行了"政治话语"的转换，并将"模式"的认识彻底"模式化"了。④

当今重提整理国故并非是要复古，而是要重建中国的文化自觉。也就是通过借用现代科技手段整理国故，去国渣、扬国粹，既不能陷入文化保守主义，也不能对西方所谓的"普世价值"顶礼膜拜；既要防止文化自负，也要防止文化自卑，在文化自信中走向文化自觉，最终实现中华民族的文化

---

① 持类似观点的学者如姚洋认为，"中国道路"有四个特征：社会平等、贤能体制、制度的有效性先于制度的纯洁性、中性政府。社会平等奠定了中国现代化转型的基础；贤能体制选取有能力和德性的人进入政府，并以表现作为衡量政府好坏的标准；强调制度的有效性使得中国的制度转型比较平稳，并可能创造出新的制度形态；中性政府保证政府不受利益集团的左右，从而放开手脚采取选择性的、但有利于经济增长的政策。参见姚洋：《中国道路的世界意义》，《国际经济评论》2010年第1期。

② 参见杨继绳：《我看"中国模式"》，《炎黄春秋》2011年第1期。

③ 包心鉴：《关于"中国模式"的辨析和中国道路的思考》，《学习论坛》2011年第2期。

④ 参见胡键：《争论中的中国模式：内涵、特点和意义》，《社会科学》2010年第6期。

自强。

（二）传承,也就是传承国粹

整理国故不是要将中国传统文化梳理之后便束之高阁,而是要在区别国渣与国粹之后,扬善弃糟,传承国粹。目的就在于:一是为了夯实文化发展的基础,二是为了建立中国文化的传承体系,三是为了建立中国文化发展及构建中国话语的知识谱系。

如何夯实文化发展的基础? 任何文化的发展都有自己的基础。一方面,在全球化背景之下,西方文化以强大的力量和惊人的速度向外推进来展示自己的强大优势。中国文化虽然有数千年的历史,但并不意味着中国文化是一种强势文化,相反,在西方文化主导下的"文化全球化"进程中,中国文化的主体性受到了严重削弱。文化主体性的丧失就意味着民族历史的中断,民族精神和文化传统的失落。因此,在西方以消灭文化多样性为目标的文化扩张面前,必须重建中国文化的主体意识,而最根本的就是要找到中国文化的根。这是中国历史发展进程中不可或缺的"文化存量",更是当今中国文化发展最重要的基础。在社会变迁中,文化存量发挥着潜在性和基础性的功能,尽管其功能是隐性的,但它却是影响文化发展的重要"基因"。因此,整理国故实际上就是为了更好地使优秀的"文化基因"在人为的干预之下在今天乃至未来得以传承。另一方面,马克思主义毕竟是一种外来的文化,作为中国社会发展中的"文化增量",它要在中国社会变迁中发挥作用,无疑要与中国的"文化存量"进行有机结合并内化为中国社会新的"文化存量",特别是对中国原有的"文化基因"进行改造。这样,两种"文化基因"的相互吸纳将最终成为中国文化发展的新的基础。两者有机结合的前提是,要对中国传统文化进行新的整理,厘清国渣与国粹,使优秀的"文化基因"能够与外来的优秀文化结合,形成新的"遗传密码",并在现代化进程中得以传承。

如何建立文化传承体系? 中国优秀传统文化凝聚着中华民族自强不息的精神追求和历久弥新的精神财富,是发展社会主义先进文化的深厚基础,是建设中华民族共有精神家园的重要支撑。因此,传承优秀传统文化意义重大。但是自鸦片战争以来,尤其是在西方主导下的全球化浪潮之下,中国优秀传统文化的传承所遭遇的最大挑战是自西学东渐以来中国传统文化与西方文化之间的巨大冲突。亨廷顿说:全球化导致了全球认同危机,"几乎在每一个地方人们都在问'我们是谁?''我们属于哪儿'以及'谁跟我们是一伙儿?'"①如果说鸦片战争的失败导致了中国人的文化自卑感,那么在西学东渐过程中,东西方文化的冲突则在相当大程度上导致了中国文化认同感的丧失。百年历史变迁甚至当今中国的崛起并没有真正恢复中国的文化认同。因此,要恢复中国的文化认同,必须要建立传统文化的传承体系。

为此,一是要通过传统文化的教育与普及来重塑文化认同。自改革开放以来,社会价值取向的多元化以及中国传统文化重义轻利的原因使中国传统文化逐渐被边缘化,取而代之的是经济至上的物欲文化占据主导地位。因此,重塑传统文化的认同感,就要恢复优秀传统文化的主导地位并使之成为全社会的共识。二是要引导社会民众进行合理的文化消费和健康的文化生活。传统文化的传承不只是学习和普及,还要对传统文化进行理性的消费。西方强势文化的扩张与各国民众对西方文化的消费实际上是一个硬币的两面,单有文化扩张,这种文化不可能成为其他民族的主流文化;当文化的扩张又伴随着另一个民族非理性的消费时,这种文化就很容易占据社会的主导地位。在西方消费主义文化的过度侵蚀之下,中国社会同样也出现了对西方文化非理性的消费,从而导致中国内部对自己传统文化的消费不足的现象。引导民众理性消费传统文化,实际上也是一个取其精华、去其糟粕的过程。三是要对传统文化进行时代转化。传承传统文化仅仅是从历史中"拿来"是不够的,"拿来"之后还要能够使用,并且能够产生新的活力和赋予其新的生命力。这就是要对传统文化进行现代化的转化。因此,认同-学习与普及—理性消费—时代转化是建立传统文化传承体系必不可少的环节。这些环节以及由此构成的传承体系可以确保文化从"无意识的传承"向"有意识的传承"。

为什么要建立中国的知识谱系?传承文化并非是目的,而是工具。传承文化的目的在于使文化转化为国家现实的软实力,使之为现实社会发展服务。中国文化资源丰富,可为什么中国的文化软实力弱小? 主要是因为

① [美]塞缪尔·亨廷顿:《文明的冲突与世界秩序的重建》,周琪等译,新华出版社,2002年,第129页。

中国缺乏自己的知识谱系，从而丧失了话语能力。因为支撑一个国家话语能力的正是建立在一个国家传统文化基础上的知识谱系。文化是构建现代国家认同的工具，知识谱系也是构建现代国家认同的工具，更是塑造国家话语权的智力资源。当今中国经济发展起来了，国际地位有所提升，但话语能力并不强，中国政学两界在国际社会都是在回应有关中国的话语，而没有能力构建过中国的话语。

　　原因固然是多方面的，但中国缺乏话语建构的知识谱系是最为主要的原因。而这又跟中国传统文化传承不够、百余年来的文化自卑有直接的关系。中国传统文化包括三种形式的知识：一是价值之知，如儒家的仁、义、礼、智、信，墨家的兼爱、非攻，道家的道法自然、清静无为，佛教的慈悲等；二是事实之知，如中国历史学著作中关于社会、自然科学的知识；三是形式之知，如汉字、汉语以及通过汉字、汉语所表达出来的思维方式、做事方式、艺术形式等。[①] 但是今天的中国主要是传承了传统文化的"形式之知"，而"价值之知"和"事实之知"则完全被抛弃了。也正因为如此，中国在融入国际社会之后被迫辗转于西方的话语体系之中，被动地回应西方有关中国的问题话语。从这一角度来看，建立知识谱系对提高中国文化软实力具有重要的战略价值和现实意义。

　　（三）创新，也就是创新文化

　　中国文化历经悠久的历史而不衰，不是因为中国社会原封不动地继承下来，而是因为在保持其精髓的情况下在新的时代条件下加以创新，从而使之获得不衰的生命力。有学者认为，文化现代化的问题并不是西方文化和中国文化的冲突，而是中国文化的古今变换。传统并非是一成不变的东西，"传统乃是'尚未被规定的东西'"，传统文化"永远处在制作之中、创造之中，永远向'未来'敞开着无穷的可能性或是'可能世界'。正因为如此，'传统'绝不可能只等于'过去已经存在的东西'，恰恰相反，传统首先就意味着'未来可能出现的东西'"。[②] 西汉著名思想家扬雄在《太玄》中就强调"物不因不生，不革不成"。"不因不生"是指不能忘记传统，"不革不成"意

---

　　① 参见吴根友：《"国学"如何可能成为一种"软实力"？——从知识谱系看"国学"的内蕴力量》，《河北学刊》2011 年第 5 期。
　　② 甘阳：《古今中西之争》，生活·读书·新知三联书店，2006 年，第 53 页。

思就是事物的发展必须不断创新。因此,文化的发展和文化软实力的提升,就是要在尊重传统的前提下不断创新。

文化创新必须坚持科学发展观。科学发展观的核心是以人为本,当前中国社会文化消费的现状正如前文所说,一方面是文化消费不足的问题,另一方面是文化消费品类型单一的问题。而解决这一矛盾的关键在于创新,创造更多、更新颖的文化消费品来拉动文化消费内需。也就是说,文化创新必须以满足人民群众精神文化生活为出发点和落脚点。这是贯彻科学发展观的现实要求。

文化创新必须以建设社会主义核心价值体系为核心。任何社会在历史发展进程中都会形成与其根本体制相适应的、发挥主导和支配地位的社会核心价值体系。社会主义核心价值体系就是当代中国社会精神之魂。文化的发展总是为建设国家现时代的核心价值体系服务的。经济学家熊彼特指出:"社会主义瞄准比塞饱肚子更高的目标,正如基督教的意义远比关于天堂和地狱带点享乐主义的价值更高。更重要的是社会主义意味着一个新的文化世界。"①所谓"新的文化世界"不仅意味着社会主义要展示文化先进性的一面,更重要的是要拥有以前任何社会所没有的全新的核心价值体系。离开了社会主义的核心价值体系,社会主义文化就不具有先进性,也就不具有感召力和吸引力。

文化的目的是塑造国家品格、提高国家品位。反过来,文化要塑造国家的品格就需要不断创新。文化是一个民族的精神和灵魂,是国家发展和民族振兴的强大力量。文化和文化软实力对国家具有塑造功能。② 因为一个国家的品格蕴含在自己的传统文化之中,是文化在不断创新中提高了国家的品位。

中国的品格就是根植于中国传统文化之中的特殊品质。③ 国家品格的高低取决于文化发展水平,落后的文化塑造的是低品格的国家,先进的文化塑造的是高品格的国家。文化创新首先是要对自身传统的扬弃,然后

---

① [美]约瑟夫·熊彼特:《资本主义、社会主义与民主》,吴良健译,商务印书馆,1999 年,第261 页。

② 参见胡键:《文化软实力研究:中国的视角》,《社会科学》2011 年第 5 期。

③ 参见楼宇烈:《中国的品格》,南海出版公司,2009 年,第 1 页。

也要吸收外部文化的积极成分,要吐故纳新。特别是当今时代是一个文化交融、民族交往、国家交流的时代,虽然全球化导致了文化冲突与认同感的丧失,但如果文化自身不能进行创新,那么全球化的外在力量也会对文化进行重构,对文化进行强制性的更新。在这种情形下,国家的品格是在文化的被动更新中塑造起来的,这种品格也是畸形的。因此,只有主动的文化创新才能塑造一个高品格的国家,才能构建一个良好的国家形象。

第五节　中国文化软实力评估与增进策略

文化软实力是国家综合实力的重要组成部分,这一观念产生于冷战后大国新的合作与竞争时期。但是在企业管理中,把文化作为一种实力早已非常普遍。早在20世纪80年代,美国加利福尼亚大学教授巴尼(Jay B. Barney)开展了"企业文化与持续的、优异的财务业绩(sustainable superior financial performance)之间关系",以及在何种条件下"企业文化可以转化为企业的持续竞争能力"(sustainable competitive advantages)的研究。巴尼认为,企业可以不受模仿者的制约,获得一种持续竞争优势,这种竞争优势可能来源于企业持续的"优异业绩",而这种持续的"优异业绩"可能来源于企业文化,而构成企业"持续竞争能力"的企业文化必须具有价值性(to be valuable)、稀缺性(to be rare)和难以模仿性(to be imperfectly imitable)这三个方面的特征。[①] 但是把文化放在国际战略的视野下则是在文化竞争成为国际竞争重要内容的全球化时代。随着冷战的结束,国际竞争正在从军事-经济-科技-文化演进,文化竞争也就日益成为国际竞争的新态势。因此,各国不仅把文化视为国家综合实力中的重要内容,而且也从国际战略的角度来思考如何增强国家文化软实力问题。

关于文化软实力,实际上马克思、恩格斯早就对此进行了论述。他们在《共产党宣言》中就指出:"资产阶级,由于一切生产工具的迅速改进,由于

---

① See Jay B. Barney, Organizational Culture: Can It Be a Source of Sustained Competitive Advantage?, *The Academy of Managerial Review*, Vol. 11, No. 3, 1986 p. 657.

交通的及其便利,把一切民族甚至最野蛮的民族都卷入文明中来了。"①资产阶级之所以能够按照自己的面貌创造出一个世界,就是因为资产阶级不仅掌握着先进的生产力,而且通过工业革命之后,它拥有比此前的一切阶级都先进的技术文明。简言之,资产阶级拥有比其他一切阶级都强大的文化软实力。不过,马克思、恩格斯同时也指出,作为现代民族的资产阶级并非比一切民族优先掌握先进的文化,有的野蛮民族却比资产阶级民族的文明程度反而更高一些,因而其文化更具有竞争力。马克思、恩格斯在《德意志意识形态》中指出:"民族大迁移后的时期中到处都可见到的一件事实,即奴隶成了主人,征服者很快就学会了被征服民族的语言接受了他们的教育和风俗。"②后来马克思在《不列颠在印度统治的未来结果》中也提出了同样的观点,指出"野蛮的征服者总是被那些他们所征服的民族的较高文明所征服,这是一条永恒的历史规律"③。马克思、恩格斯虽然没有直接使用"文化软实力"这一概念,但他们的观点已经很明显了,文明程度高的民族往往拥有更大的文化竞争力,这样的民族至少在文化上更具有同化作用。

20 世纪初,德国著名学者马克斯·韦伯(Max Weber)在宗教文化的视角下来探讨不同文化的竞争力问题。他在 1904 年出版的《新教伦理与资本主义精神》一书中提出了这样一个问题:"为什么在西方文明中,而且只有在西方文明中才出现了一个(我们认为)其发展具有世界意义和价值的文化现象,这究竟应归结为怎样一种环境呢?"韦伯的回答是:这主要归结为新教伦理的宗教文化。他认为,正是因为新教伦理对理性主义的不懈追求,才使得西方文化不论是在天文学、历史学、艺术领域、建筑科学还是社会组织方面都达到了中国文化、伊斯兰文化、印度文化无法企及的高度。④韦伯的这一观点无疑是"西方文化中心论"的一个直接表现,这一观点对西方文化学者形成了长期而深刻的影响,使西方的"文化优越感"和"东方主义"思维保持了半个多世纪。⑤

---

① 《马克思恩格斯选集》(第 1 卷),人民出版社,1995 年,第 276 页。

② 《马克思恩格斯全集》(第 3 卷),人民出版社,1956 年,第 83 页。

③ 《马克思恩格斯全集》(第 9 卷),人民出版社,1961 年,第 247 页。

④ 参见[德]马克斯·韦伯:《新教伦理与资本主义精神》,马奇炎、陈婧译,北京大学出版社,2012 年,第 1 章。

⑤ 参见万君宝:《西方文化竞争力研究的五种视角》,《上海交通大学学报》(哲学社会科学版)2007 年 6 期。

在冷战结束以后,"西方文化中心论"再次流行开来,最典型的代表是亨廷顿的"文明冲突论"。1996 年,他在《文明的冲突域世界秩序的重建》一书中阐述了其"文明冲突论"的思想。他认为,冷战结束后,国际冲突的根源主要不是来自意识形态,也不是来自经济,而是来自于文化和以不同文化体现出来的文明,"最为危险的文化冲突是沿着文明的断层线发生的那些冲突"①。在亨廷顿看来,文化的竞争必然导致文化的冲突。另外,亨廷顿延续了韦伯"西方文化优越论"的逻辑,认为"在所有的文明之中,唯独西方文明对其他文明产生过重大的、有时是压倒一切的影响"②。然而亨廷顿没有注意到一个事实:西方启蒙主义所倡导的人本主义固然起源于古希腊、古罗马文化,但这并不是它的唯一来源。当传教士把中国文化带到欧洲之后,欧洲的启蒙思想家就自然地接受了中国文化的精神养料,最终发展成近代西方的人本主义。③ 第二次世界大战结束以后,由于拜物主义膨胀,西方社会发展陷入了新的困境,西方的思想家们倡导新人文主义以防止拜物教的无限扩张,也极力主张到东方中国的古老文明中去寻找,并从中国传统思想中获得其精神来源。④ 也就是说,文化在相互竞争的同时也在相互影响着,并非只是一种文化或文明对其他文化或文明的单向性的影响。

不论是马克思、恩格斯关于征服者与被征服者之间文明的较量,还是韦伯、亨廷顿关于一种文化优于另一种文化的观点,都表明文化软实力对于一个民族、一个国家至关重要。尤其是在当今,文化竞争反映了发达国家从谋求军事霸权、经济霸权到谋求文化霸权的新变化。因此,党的十八届三中全会明确提出,要推进文化体制机制创新和增强国家文化软实力来建设社会主义文化强国。这既是国际竞争的压力所致,也是中国现代化发展的需要。

① [美]塞缪尔·亨廷顿:《文明的冲突域世界秩序的重建》,周琪等译,新华出版社,2002年,第7页。
② 同上,第199页。
③ 参见胡键:《文化软实力研究:中国的视角》,《社会科学》2011年第5期。
④ 参见楼宇烈:《中国的品格》,南海出版公司,2009年,第50~51页。对于这种看法,实际上早在20世纪40年代著名历史学家朱谦之先生就对此进行了深入的研究。参见朱谦之:《中国思想对于欧洲文化之影响》,商务印书馆,1940年。不久,梁漱溟先生在1949年完稿的《中国文化要义》一书中再次强调了这一观点。参见梁漱溟:《中国文化要义》,上海人民出版社,2005年,第8页。

一、中国文化软实力的资源构成

文化软实力来源于文化,即文化是文化软实力的资源。但是并非所有的文化都可以转化为文化软实力。只有那些具有生命力和创造力的文化资源才有可能转化为文化软实力。从当前中国文化来看,至少有三种文化可以直接转为中国的文化软实力,即物质文化、精神文化、制度文化。不过,在关于文化软实力的既有研究中,一般都主要关注精神文化资源,而很少关注物质文化和制度文化这两种资源。实际上,这两种资源在相当大程度上确实能转化成为当今中国的文化软实力。

（一）物质文化

物质文化是指为了满足人类生存和发展需要所创造的物质产品及其所表现的文化,包括饮食、服饰、建筑、交通、生产工具以及乡村、城市等,是文化要素或者文化景观的物质表现。特别是在建筑上,中国历史悠久,不少建筑艺术真的是巧夺天工,迄今仍然为世界各国所称道。例如,长城、故宫、敦煌莫高窟、秦始皇陵及兵马俑、周口店北京猿人遗址、孔府、孔庙、孔林、西藏布达拉宫和大昭寺、龙门石窟、皖南古村落-西递宏村、山西云冈石窟、澳门历史城区、安阳殷墟、广东开平碉楼与村落、永定土楼群等。这些最为叹为观止的中国物质文化资源已经转化为当今中国文化软实力的重要内容。现实的物质资源本身也可以转化为文化软实力。例如,近年来在全世界范围内形成的"汉语热"已经成为中国的文化软实力。但是支撑"汉语热"的重要物质基础正是中国改革开放以来形成的巨大经济优势。换言之,正是中国的经济实力使中国在国际上产生了巨大的吸引力。奈也认为:"硬力量能够创造出不可战胜和注定论的深化来吸引他人。"[1]

（二）精神文化

关于什么是精神文化,学术界的定义有多种,一种认为,所谓精神文化是指属于精神、思想、观念范畴的文化,是代表一定民族的特点、反映其理论思维水平的思维方式、价值取向、伦理观念、心理状态、理想人格、审美情

---

① ［美］约瑟夫·奈:《软力量:世界政坛成功之道》,吴晓辉、钱程译,东方出版社,2005 年,第 24 页。

趣等精神成果的总和。另一种观点认为，精神文化是指价值观念、道德规范、心理素质、精神面貌、行为准则、经营哲学、审美观念等。还有一种观点认为，精神文化是指人类思维领域所涉及的诸如哲学、伦理学和文学艺术等的总称。可见，对精神文化内容的认识其实是大同小异的。它们的共同特点都是指观念上的东西。我们可以这样来界定精神文化的内涵，所谓精神文化就是指人类在从事物质文化基础生产时产生的一种人类所特有的意识形态，是人类各种意识观念形态的集合。精神文化的优越性在于其具有人类文化基因的继承性，还有在实践中可以不断丰富完善的待完成性。这也是人类文化精神不断推进物质文化的内在动力。由于文化精神是物质文明在观念意识上的体现，在不同的领域，其具体文化精神有不同的表现和含义。另外，唐代兴还提出了精神文化的构成要素，即神话（或艺术）精神、自然精神、宗教精神、科学精神、人文关怀精神、伦理精神、政治精神、哲学精神八大要素。① 中国历史悠久，不仅在物质文化上创造了举世瞩目的物质文化，而且同样也创造了让世界惊羡的精神文化。中国精神文化的核心是中国的传统人文精神，在今天仍然能够为中国文化软实力提供重要资源的中国传统文化精神。

（三）制度文化

制度文化是人类为了自身生存、社会发展的需要而主动创制出来的有组织的规范体系。主要包括国家的行政管理体制、人才培养选拔制度、法律制度和民间的礼仪俗规等内容。中国历史上制度文化十分先进，这表现为：一是中国创造了一种"统治最为完善的制度"。如果说《马可·波罗游记》对当时中国尽善尽美的描述多少带有虚幻性的话，那么西班牙神父门多萨所撰写的《大中华帝国志》对当时中国的政治制度、技术器物都进行了非常客观的刻画，以至于把中国视为"世界上迄今为止已知的统治最为完善的国家"②。这就表明中国的制度文明在当时是最为发达的。

二是创始于隋唐时期的科举制度，也是中国最为重要的制度文化。这一人才培养与选拔制度不仅为中国历朝历代选拔了优秀人才进入朝廷，而

---

① 参见唐代兴：《文化软实力战略研究》，人民出版社，2008 年，第41 页。
② 转引自周宁：《天朝遥远：西方的中国形象研究》（上），北京大学出版社，2006 年，第54～55 页。

且它的影响深远。起初,日本、韩国、越南均效仿中国的科举制度,越南科举的废除在中国之后。16—17世纪,欧洲传教士在中国发现科举取士制度,在他们的游记中把它介绍到欧洲。18世纪启蒙运动中,不少英国和法国思想家都推崇中国这种公平公正的制度。英国在19世纪中至末期建立的公务员叙用方法,规定政府文官通过定期的公开考试招取,后来渐渐成为欧美各国仿效的文官制度。英国文官制确定的考试原则与方式与中国的科举制度十分相似,很大程度上是吸纳了科举的优点。故此有人称科举是中国文明的第五大发明。今天的考试制度在一定程度上仍是科举制度的延续。即便在今天,中国的政治制度虽然颇受西方指责,在很大程度上是西方的意识形态偏见。但实际上中国政治制度至少创造了当今世界的三大奇迹,其中包括:①经济增长的奇迹。中国今天所取得经济成就,从一个积贫积弱的状态用三十多年的时间而发展成为世界第二大经济体,这首先要归功于中国的政治制度。正是这种政治制度对社会资源、人才的巨大动员能力才产生了这种经济奇迹。②社会稳定的奇迹。古今中外的社会政治改革都导致了严重的社会动荡或政治危机,但中国的改革尽管出现了各种各样的所谓群体性事件,但始终能保持社会政治的稳定。这同样要归功于中国的政治制度。正是中国政治制度对中国社会政治秩序的巨大协调作用,才为中国社会政治的稳定提供了重要的制度基础。③科技创新的奇迹。中国科技实力虽然仍然还落后于西方发达国家,但近年来中国在探月工程、载人航天计划、极地科考、深海科考等领域都取得了举世瞩目的成就,而这一切同样是因为中国政治制度的巨大作用。总之,中国制度文化已经在诸多领域内为中国文化软实力提供了直接的资源,甚至可以说制度文化直接转化为了文化软实力。

二、文化软实力的要素构成及其评估依据

文化软实力究竟由哪些要素构成?这关键要看如何理解文化软实力。在这方面,国内学术界是存在不同看法的。本章第三节对此进行了详述,具体可概括为以下三点:第一种观点认为文化本身就是软实力。第二种观点认为政治价值观可以直接转化为文化软实力。第三种观点认为文化软

实力就是文化竞争力，即文化竞争力等同于文化软实力。

（一）文化软实力构成要素

根据上述分析，我们将文化软实力的构成要素做出如下图解（表2）。从表2可以看出，文化软实力不等于文化竞争力。文化竞争力只是文化软实力的一部分，但在有的情况下，文化竞争力等同于文化软实力。因为广义的文化竞争力不仅包括文化硬竞争力，即由硬性文化资源产生的文化软实力所构成的文化竞争力，也包括文化软竞争力，即由软性文化资源构成的文化软竞争力。但是由于文化软实力竞争力并不是通过真正意义的竞争而产生影响的，而是通过如春风化雨般的滋润而产生影响的，也就是所谓的"潜移默化"。由此可见，文化竞争力更应该是指文化的硬竞争力，是硬性文化资源产生的那一部分文化软实力。

表2 文化软实力构成要素体系

文化软实力	硬性文化资源产生的文化软实力	文化基础力	博物馆数，科技馆数，图书馆数，影剧院数，体育场馆数，高等院校数，科研机构数，非物质遗产数，世界物质遗产数，每百人拥有的宽带用户数
		文化发展保障力	文化发展的法治环境，文化发展的体制机制，国家治理能力，知识产权保护程度，社会秩序
		文化研创力	人才素质，人才数量，教育投入量，研发投入量，发表的科研论文数，居民申请专利数
		文化生产和消费力	文化产业总产值，文化从业人数，居民文化消费总值
		文化产品竞争力	报纸、杂志、图书、电影、电视、戏曲、版权、激光唱片等核心文化产品对外贸易状况
		文化产业竞争力	文化品牌数，福布斯2000公司排行榜上榜公司数，文化产业增加值占GDP的比重，跨国公司总部数
	软性文化资源产生的文化软实力	文化价值观	价值取向，民族精神，志愿者精神，慈善精神
		文化传播力	文化在国际上的知晓程度，世界友好国家，国际组织落户数
		文化包容性	外国人占总人口的比重，境外来的游客数，外来语言数（或者是本地语言的普及化程度）
		文化品位	传统文化的保护程度，传统文化的消费状况，历史遗迹的保护状况，传统文化资源的数量，居民生活质量（国家人文指数、幸福指数）

（二）文化软实力构成要素说明

根据表 2 文化软实力的要素构成，我们构建一个文化软实力的评估指标体系和评估依据。

（1）文化基础力：在表 2 中，文化基础力包括博物馆数、科技馆数、图书馆数、影剧院数、体育场馆数、高等院校数、科研机构数、每百人拥有的宽带用户数等 10 个指标。我们在评估时选取非物质遗产数、世界物质遗产数、著名科研机构指数、高等教育指数和每百人拥有的宽带用户数 5 个指标来衡量文化基础力。

（2）文化发展保障力：在表 2 中文化发展保障力包括文化发展的法治环境、文化发展的体制机制、国家治理能力、知识产权保护程度、社会秩序 5 个指标，但有一个核心指标即知识产权保护程度具有标志性的意义，因此我们用知识产权保护指数来衡量文化保障力。

（3）文化研创力：包括人才素质、人才数量、教育投入量、研发投入量、发表的科研论文数、居民申请专利数指标。笔者认为，应用具有高等教育水平劳动者占总人数比重来表示人才数，用每百万人从事研发的人员数来表示人才素质，用科技投入占 GDP 的比重（%）表示研发投入，用教育支出占 GDP 的比重（%）表示教育投入，此外再加上发表的科技论文数和居民申请专利数，共 6 个指标来衡量文化研创力。

（4）文化生产与消费力：包括文化产业总产值、文化从业人数、居民文化消费总值 3 个指标。但是文化产品产出得再多如果没有人消费，那么这种文化产品便是不具参考价值的。因此，笔者认为，应用居民文化消费的指标来衡量文化生产与消费力。

（5）文化产品竞争力：报纸、杂志、图书、电影、电视、戏曲、版权、激光唱片等核心文化产品对外贸易状况。戏曲这一指标尚无统计。因此笔者用过去新闻出版总署发布的全国新闻出版业基本情况的文化核心产品的统计数据来衡量文化产品竞争力。

（6）文化产业竞争力：表 2 中包括国家品牌指数、福布斯 2000 公司排行榜上榜公司数、文化产业增加值占 GDP 的比重、跨国公司总部数。由于跨国公司总部的数量没有具体的统计，因此笔者认为，应用前三个指标来衡量文化产业竞争力。

（7）文化价值观：表 2 包括价值取向、民族精神、志愿者精神、慈善精神4 个指标。这些指标都不可能用具体的数量来衡量，但笔者认为，应选取企业家精神和国民态度指数作参考。

（8）文化传播力：包括文化在国际上的知晓程度、世界友好国家、国际组织落户数 3 个指标。但除了国际组织落户数外，其他都不能用数量来衡量，而且国际组织落户数并不能直接代表文化传播力。不过，笔者认为，应选取文化吸引力指数来衡量文化传播力。

（9）文化包容性：包括外国人占总人口的比重、境外来的游客数、外来语言数（或者是本地语言的普及化程度）指标。笔者认为应选取外国人占总人口的比重和语言的普及性指数来衡量文化包容性。

（10）文化品位：包括传统文化的保护程度、传统文化的消费状况、历史遗迹的保护状况、传统文化资源的数量、居民生活质量（国家人文指数、幸福指数）5 个指标。笔者认为，应选取居民生活质量并用国家人文指数和幸福指数来衡量文化品位。

三、中国文化软实力的发展状况评估

根据上述评估依据，我们对中国文化软实力的发展状况进行量化的评估。在评估的过程中，我们不仅考虑中国的情况，同时与世界上主要国家（笔者抽取的样本国家包括：美国、俄罗斯、日本、英国、法国、德国、意大利、英国、印度、韩国以及中国共 11 个国家）进行比较，来体现中国的文化软实力发展状况（数据收集不到的就只分析中国的发展状况）。

（一）文化基础力

表3　世界主要国家文化基础力比较①

国家	非物质遗产数量	世界物质遗产数量	著名科研机构指数	高等教育指数	每百人拥有的宽带用户数
中国	34	34	124.53	881.23	9.41875

---

① 数据来源于中国社会科学院国家竞争力研究中心课题组的研究，以下若没有专门说明则数据均来自于该研究。另外，数据是 2010 年的数据，这已经是可参考的较新数据了。

续表

国家	非物质遗产数量	世界物质遗产数量	著名科研机构指数	高等教育指数	每百人拥有的宽带用户数
法国	7	32	382.73	355.52	33.92399
德国	0	31	359.59	271.21	31.6999
印度	7	23	126.15	472.43	0.897425
韩国	10	9	27.79	219.39	35.68346
美国	0	9	672.97	2208.25	27.61842
新加坡	0	0	11.86	11.98	24.98025
英国	0	24	132.09	214.57	30.83715
俄罗斯	2	13	99.91	593.46	10.98223
意大利	2	41	112.34	132.90	21.56865
日本	18	12	149.30	601.48	26.88286

表 3 显示,中国文化基础力在历史文化方面有优势,表明中国是一个文化资源大国;高等教育指数较高,仅次于美国,表明中国也是一个教育资源大国。但是在科研机构指数上比主要大国都弱,而这是代表了一个国家的研发能力基础的指标。另外,每百人拥有的宽带用户数这一方面中国处于绝对落后状态,仅仅好于印度。

(二)文化发展保障力

表4　世界主要国家文化发展保障力比较

国家	中国	法国	德国	印度	韩国	美国	新加坡	英国	俄罗斯	意大利	日本
知识产权保护指数	3.98	5.85	5.74	3.58	4.12	5.51	6.12	5.50	2.57	3.66	5.22

表 4 显示,通过知识产权保护指数显示出来的中国文化发展保障力非常弱小,在样本国家中,只比印度、意大利和俄罗斯稍好。文化发展的重要前提是知识产权保护,而知识产权保护的基础是法治。虽然中国近年来法治意识不断提高,但知识产权保护的意识还有大幅度提升的空间。

（三）文化研创力

表5　世界主要国家文化研创力比较

国家	具有高等教育水平劳动者占总人数比重(%)	每百万人从事研发的人员数	科技投入占GDP的比重(%)	教育支出占GDP的比重(%)	发表科技论文数	居民申请专利数
中国	32.27	1599.63	1.565	3.67	198905	293066
法国	31.7	5561.50	2.157	6.11	86280	14748
德国	26.5	5109.36	2.732	5.20	126004	47047
印度	22.70	228.81	0.79	3.33	51764	6814
韩国	36.67	5771.77	3.25	5.09	52056	131805
美国	69.25	6074.28	2.78	5.72	533615	241977
新加坡	80.87	6431.11	2.67	3.49	12219	895
英国	35.4	4631.20	1.82	5.89	145680	15490
俄罗斯	25.92	3566.34	1.17	5.47	32012	28722
意大利	17.0	2511.84	1.23	4.72	74485	8445
日本	3.09	5786.06	3.55	3.78	104228	290081

　　表5显示,中国的文化研创力在人才数和人才质量上都处于劣势,研发投入、教育投入也不高,但发表论文数和居民申请专利数并不处于劣势。但是也证明了另一个长期以来被国际社会所诟病的一个事实,即科技论文发表的数量多,而产业转化能力却比较弱。在专利上也存在着同样的问题。也就是说,中国文化研创力存在着数量与质量的结构性缺陷。

（四）文化生产与消费力

表6　2011年中国文化与消费力状况①

全国城乡文化消费总量（亿元）	城乡人均消费(元) 753.56			全国人均文化产值(元)
	占总收入的比重(%)	占总消费的比重(%)	占文化产值的比重(%)	
10126.19	5.2013	7.3486	2.14	35181

---

　　①　数据来源:王亚楠、高书生主编:《中国文化消费需求景气指数》(2013),社会科学文献出版社,2013年。

文化与消费力状况方面的数据无法收集到世界主要国家的情况,所以无法进行国家间的比较,只能针对中国自身文化生产与消费的情况来分析。从文化消费总量来看,根据最新出版的《中国文化消费需求景气报告》,2011 年,全国城乡文化消费总量是 10126.19 亿元,人均文化消费是753.36 元。但是根据国际的标准,当人均 GDP 达到 1000 美元、恩格尔系数 44% 时,城乡文化消费应占个人消费的 18%,总量应该是 10900 亿元。然而直到 2011 年,中国文化消费总量才超过 1 万亿元。根据国际的经验,按中国当前人均 GDP 为 4000 美元测算,文化消费总量应当在 5 万亿元左右。但据预测,到"十二五"末,中国的文化消费总额最多能够达到 1.5 万亿元。也就是说,中国居民的文化消费总量严重偏低,居民文化需求的满足程度不足 1/4。文化消费决定生产,消费不足,那么就意味着生产具有无效性。这也正是当前中国文化发展过程中的供需矛盾。

(五)文化产品竞争力

表7　中国各年主要文化产品对外贸易情况①

年度	文化产品(万美元)		出口	进口	差额
2009	图书、期刊、报纸		3437.42	24505.27	−21067.85
	音像制品、电子出版物、数字出版物		61.11	6527.06	−6465.95
	版权(种)	图书	3103	12914	−9811
		音像制品	77	262	−185
		录像制品	0	124	−124
		电子出版物	34	86	−52
		电影	0	249	−249
		电视节目	988	155	833
		软件	3	3	0

---

① 数据来源:中华人民共和国新闻出版总署相关各年全国新闻出版业基本情况,以上统计均未含中国香港、中国澳门、中国台湾的统计数据。

续表

年度	文化产品(万美元)		出口	进口	差额
2010	图书、期刊、报纸、音像制品、电子出版物、数字出版物		3758.2	37391.3	−33633.1
	版权(种)	图书	3880	13724	−9844
		音像制品	36	439	−403
		录像制品	8	356	−348
		电子出版物	187	49	138
		电影	0	284	−284
		电视节目	1561	1446	115
		软件	－	－	－
2011	图书、期刊、报纸		5894.12	28373.26	−22479.14
	音像制品、电子出版物、数字出版物		1502.43	14134.78	−12632.35
	版权(种)	图书	5922	14708	−8786
		音像制品	－	－	－
		录像制品	130	278	−148
		电子出版物	125	185	−60
		电影	2	37	−35
		电视节目	1559	734	825
		软件	5	273	−268
2012	图书、期刊、报纸		7260.58	30189.2	−22928.62
	音像制品、电子出版物、数字出版物		1815.50	16685.95	−14870.45
	版权(种)	图书	7568	16115	−8547
		音像制品	97	475	−378
		录像制品	51	503	−452
		电子出版物	115	100	15
		电影	－	－	－
		电视节目	－	－	－
		软件	－	－	－

　　注:差额是指出口与进口差,负值表示中国是逆差,正值表示中国是顺差,－表示无数据。

在文化竞争力方面,无法找到世界其他国家如此齐全的数据,但根据中华人民共和国新闻出版总署隔年公布的新闻出版产业状况的数据对中国的文化产品对外贸易情况可以看出,中国主要文化产品对外贸易都存在着巨大的逆差。这表明,中国文化产品竞争力非常弱小。

（六）文化产业竞争力

表8　世界主要国家文化产品竞争力比较

国家	中国	法国	德国	印度	韩国	美国	新加坡	英国	俄罗斯	意大利	日本
国家品牌指数	54.83	66.69	67.62	53.41	53.14	68.15	54.04	66.62	56.39	65.55	66.45
福布斯2000公司排行榜上榜公司数	136	63	53	61	68	524	18	90	28	34	259

根据中国社会科学院国家竞争力研究中心的最新研究显示,2010年中国的国家品牌指数为54.83,而欧洲主要国家英国、法国、德国、意大利以及亚洲的日本和北美洲的美国都在60以上,中国跟韩国、新加坡、俄罗斯、印度在同一水平上。福布斯2000公司排行榜上榜公司数量,中国是136家,多于欧洲主要国家,但远远少于美国（524家）和日本（259家）处于第三位（见表8）。从文化产业增加值和文化产业占GDP的比重来看,根据国家统计局的统计,2011年中国文化产业法人单位增加值是13479亿元,占GDP比重达2.85%;文化产业法人单位增加值占GDP比重从2004年的1.94%增至2011年的2.85%（见表8）。然而在欧美发达国家,文化产业在GDP中的比重都普遍高于10%,美国这一比例高达25%,在其国内产业结构中仅次于军事工业,位居第二。日本的文化产业占GDP的比重也达到了20%。

（七）文化价值观

表9　世界主要国家文化价值观比较

国家	中国	法国	德国	印度	韩国	美国	新加坡	英国	俄罗斯	意大利	日本
企业家精神指数	5.35	5.57	4.29	6.51	6.09	7.47	5.9	5.3	6.67	5.01	4.15
国民态度指数	57.72	64.4	65.68	58.7	56.74	66.32	58.8	65.68	57.82	66.25	65.97

企业家精神至少包括：公平，即公平交易，排除等级、身份、特权等不平等因素；合作，即市场主体在谋利的同时必须以提供一定的商品或服务、满足他人和社会的需要为前提，这种互利性要求市场的各方必须具有合作精神；诚信，也就是契约精神，市场经济是契约经济，契约经济最基本的精神就是诚信。拥有企业家精神的文化价值观一般会更具竞争力。中国的企业家精神指数是5.35，比英国（5.3）、德国（4.29）、意大利（5.01）、日本（4.15）都高，与法国（5.57）相当，但低于美国（7.47）、印度（6.51）、韩国（6.09）、俄罗斯（6.67）。这表明，中国在"企业家精神"这一指标上比老牌的欧洲国家更具有竞争力，但文化价值观的活力不及强大的美国和新兴市场国家——印度、俄罗斯、韩国等。所谓国民态度，是指对整个国家的精神状态和民族士气的概括。在国民态度指数上，在样本国家中，中国是最低的。这表明较其他样本国家，中国整个国家的精神状态和民族士气处于最不佳的状态。

（八）文化传播力

表10　世界主要国家文化吸引力指数

国家	中国	法国	德国	印度	韩国	美国	新加坡	英国	俄罗斯	意大利	日本
文化吸引力指数	64.05	69.69	68.51	57.52	53.71	69.82	48.72	67.49	64	69.61	65.11

文化吸引力指数用来标识文化的国际影响力，有影响力的文化无疑更

具有吸引力,有吸引力的文化也就更具有传播力。中国的文化吸引力指数在样本国家中处于中等偏上的位置。这也就反映了中国的文化传播力也是中等偏上的。中国有悠久的文化,但缺乏比较好的文化传播工具和平台,也缺乏好的文化传播方式。虽然作为中国文化传播平台和工具的孔子学院近年来在世界各地开花,也取得了较好的成效,但也招致颇多的贬责,认为中国政府通过孔子学院在世界各地搞文化扩张。这对中国文化传播起到了相当大的负面作用。

(九)文化包容性

表11　世界主要国家文化包容性比较

国家	语言的普及性指数	外国人占总人口的比重
中国	0.009317	0.051197
法国	0.111801	10.27237
德国	0.018634	13.15542
印度	0.254658	0.445574
韩国	0.006211	1.082372
美国	0.208075	13.85544
新加坡	0.23913	38.74367
英国	0.208.75	10.36729
俄罗斯	0.012422	8.641127
意大利	0.018634	7.379547
日本	0.003106	1.713543

虽然这两项指标不能完全表明一个国家的文化包容性,但外国人占总人口的比例可以在一定程度上反映一个国家对外来人口的态度,也在一定程度上反映一个国家的文化包容程度。20世纪90年代以来,随着中国与周边国家在海岛上的主权纷争导致中国国内民族主义情绪高涨,一些外国人对在中国生活产生了一种恐惧心理。结果,他们不太愿意继续留在中国。因此在中国居住的外国人数出现了减少的情况。

（十）文化品位

表12　世界主要国家幸福指数和人类指数比较

国家	中国	法国	德国	印度	韩国	美国	新加坡	英国	俄罗斯	意大利	日本
幸福指数①	4.65	6.79	6.72	4.98	6.11	7.16	6.53	7.02	5.46	6.34	6.05
人类指数②	0.699	0.893	0.920	0.554	0.909	0.937	0.895	0.875	0.790	0.881	0.912

客观地说,虽然中国文化历史悠久,有很多文化精髓值得传承,但文化糟粕一定程度上在中国文化中仍然起作用。因此,从幸福指数和人类指数来看,中国的文化品位非常低。

四、中国文化竞争力的总体发展状况以及发展的机遇与挑战

早在20世纪80年代,美国著名未来学家阿尔温·托夫勒就指出,随着信息时代的到来,"我们正进入一个文化比任何时候更重要的时期"③。进入21世纪以后,世界确实已经进入了一个文化竞争的时代。中国参与国际文化竞争,这是不可回避的现实。

（一）中国文化软实力发展的总体状况

第一,中国的文化资源十分丰富,但文化竞争力非常弱小。文化资源狭义上主要是指国家在历史进程中所形成的物质产品和精神产品。中国文化历史悠久,且其历史发展脉络从未被打断过,这种文化发展历史造就了中国文化资源的大国地位,也使中国文化具有其他国家文化所没有的厚重感。西方学者也认为,几千年的文明史使中国文化资源有着无与伦比的优势。④ 但是丰富的文化资源和文化传统只是提升中国文化竞争力的基

---

① 此数据来源于中国社会科学院国际竞争力研究中心的研究,反映的是2010年的状况。

② 此数据来源于联合国开发计划署,反映的是2012年的情况。

③ ［美］阿尔温·托夫勒:《预测与前提——托夫勒未来对话录》,粟旺等译,国际文化出版公司,1984年,第160页。

④ See Bates Gill and Yanzhong Huang, Sources and Limits of Chinese "Soft Power", *Survival*, Vol. 48, No. 2, Summer 2006, p. 17.

础和前提条件。只有把优秀的文化资源激活为文化创新的原动力,并使之跨国界传播,成为其他国家和国际社会的基本价值观或主流文化,那么发源这种文化的社会才能获得巨大的软实力。①

第二,中国文化品种丰富,但文化品牌严重缺乏,文化品牌国际化程度非常低。中国文化品种繁多,不仅传统文化产品积淀深厚,而且当今高科技条件下的文化产品也比比皆是。这同样跟中国悠久的传统文化有关,也跟中华民族善于吐故纳新、敢于创新的精神有关。但是在繁多的中国文化产品中,我们很难找到国际知名的文化品牌。虽然进入新世纪以后,中国的文化创意已经成为全球创意产品的第一生产国和出口国,但创意产业出口主要集中在文化产品制造,如工艺品加工、设计产品加工等,而核心的版权产品输出仍然不多,尤其是视听内容产品及版权贸易还相当匮乏。真正的文化品牌是民族的,也是国际化的,而国际化品牌的多少和品牌国际化程度的高低恰恰是检验一个国家文化软实力和文化产业竞争力的重要标志。综观我国的文化品牌发展,还存在内外失衡的现象,即文化产业总体结构仍偏重内向型,核心文化产品的国际市场开发力度不足、程度不高。②

第三,文化平台多,但缺乏文化营销的有效手段。进入 21 世纪以来,中国已经认识到文化在国际竞争中的重要作用,因而加大了文化平台建设,尤其是在世界各国都在构筑新的中国文化平台,以传播中国文化,其中包括各种各样的"中国文化艺术节""中国文化周""汉语年"等,遍布世界各国的孔子学院和孔子学堂对传播中国文化更是发挥了重要作用。但是提升文化影响力仅仅靠文化平台是不够的,还需要进行有效的文化营销。中国的各种文化平台基本上是政府或类政府构建的,很少借助于市场的作用。这样,一方面由于政府的色彩过浓而被外界视为"中国文化侵略",另一方面政府运作往往具有不可持续性,文化平台很可能成为文化"烂尾工程"。

(二)中国文化软实力发展的机遇与挑战

虽然中国文化软实力存在着种种劣势,但增强中国文化软实力仍然是机遇与挑战并存,但机遇大于挑战。从机遇来看,主要表现为以下三个

---

① 参见王沪宁:《作为国家实力的文化:软实力》,《复旦学报》(社会科学版)1993 年第 3 期。

② 参见欧阳友权、杜鹃:《我国文化品牌发展现状、问题及对策》,《黑龙江社会科学》2009 年第 5 期。

方面:

其一,在全球化进程之下,中国文化竞争力的发展获得了世界文化资本和先进技术的支持,从而有利于优化中国文化产业发展和文化竞争力提升的投融资体制。特别是通过引进国外先进的文化成果、管理经验和科学技术,利用其全球文化市场网络,将促进中国文化产品质量和档次的提升,加速中国文化产业融入世界的进程,进而提高中国文化在世界的整体竞争力。此外,随着文化市场准入条件的逐步放宽,境外文化集团将在更大范围、更高层次上参与中国文化的资源开发,带来新的文化产业经营理念,从大文化的角度整合产业,也有利于提升中国文化竞争力。

其二,美国等西方国家文化发展的全球文化大市场理念,为中国文化发展和文化竞争力的提升提供了重要借鉴。以美国为代表的西方国家,其文化竞争力强大的重要原因在于,既拥有全球化的文化观念,更拥有全球文化大市场的观念。正如前文所说,美国的文化产品从一开始就定位于世界市场,即便像韩国这样的单一民族国家,它的文化也越来越具有全球文化大市场概念,所以在全球电影、电视竞争如此激烈的情况下,韩剧竟然能够在世界市场占据重要一席。从这个角度来看,全球文化市场的一体化为中国文化竞争力的提升提供了广阔的空间。

但是全球化也给中国文化竞争力的发展带来了严峻的挑战。毕竟在中西文化的对视中,中国文化目前仍然处于弱势,而西方文化在竞争中处于绝对的优势。因此,中国文化参与全球化进程注定要面对以下方面的挑战:

其一,文化安全面临挑战。中国文化参与全球文化竞争直接面对的是西方发达国家文化的大规模进入和渗透。西方凭借其科学技术和文化设施的优势,控制着文化资源和市场,在对中国进行资本、技术、商品输出的同时,也倾销其文化和价值观。这种倾销必然对中国社会的思想观念、生活方式、思维方式造成很大冲击,从而导致国民对本民族文化认同感和忠诚度的下降,文化主权的内在凝聚力、亲和力也会弱化。没有凝聚力的文化根本就谈不上有竞争力。

其二,文化产业面临严峻挑战。西方文化产业技术先进、经营成熟、市场竞争力强;相反,中国文化产业起步晚、经营幼稚、市场竞争力非常弱。

文化产业弱小意味着文化生产力弱小,而文化生产力则是文化竞争力的基础,没有强大的文化生产力就没有强大的文化竞争力。同时,技术落后也表明文化创造力的落后,而文化创造力是文化竞争力的核心。① 因此,不论是从文化生产力还是文化创造力来看,中国文化都处于较为初级的发展阶段。

其三,中国文化管理体制自身的挑战。中国文化领域的改革相对滞后,特别是文化体制的改革可以说是刚刚启动。不过,受传统体制的影响,目前,中国文化产业体制在很大程度上处在尚无完全面向市场。更为突出的是,中国文化立法滞后,许多管理以行政命令为主要手段,许多执法以红头文件为主要依据。这种体制、机制是无法适应全球文化竞争需要的。

五、增强中国文化软实力的战略建议

关于如何建设中国文化竞争力的问题,国内学者已经提出了不少建设性的建议。例如,童世骏从文化软实力建设的路径探讨了提升文化竞争力的措施在于推进文化创新和产品升级、提高文化产业的国际竞争力。② 韩振峰则提出了提升国家文化软实力的十项措施,其中直接关于提升文化竞争力的措施包括:发展文化生产力、增进文化传承力、激发文化创造力、提高文化竞争力、提升文化传播力、扩大文化影响力,以及加大文化保障力等。③ 陈正良认为,必须大力发展文化事业,重视文化创新,整合利用中国深厚悠久文化资源,大力推动文化产业的发展,让中国产品成为中国特色文化的结晶和载体;增强中国文化价值观的全球辐射、对外亲和力与感召力。④ 客观地说,这些研究都颇有价值。笔者在这些研究的基础上进一步探讨了中国文化竞争力的路径问题。

(一)开发中国传统文化资源

发展中国文化竞争力首先要开发和挖掘中国的传统文化资源。这是

---

① 参见田丰:《论文化竞争力》,《马克思主义研究》2006 年第 2 期。
② 参见童世骏:《提高国家文化软实力:内涵、背景和任务》,《毛泽东邓小平理论研究》2008 年第 4 期。
③ 参见韩振峰:《提高国家文化软实力的十大举措》,《理论导报》2008 年第 4 期。
④ 参见陈正良:《增强中国文化软实力论要》,《浙江社会科学》2008 年第 2 期。

中国文化的根。为此，一方面要重新整理国故。也就是通过"整理国故"来重建中国的文化自觉，尤其是借用现代科技手段整理国故，去国渣、扬国粹，既不能陷入文化保守主义，也不能对西方所谓的"普世价值"顶礼膜拜；既要防止文化自负，也要防止文化自卑，在文化自信中走向文化自觉，最终实现中华民族的文化自强。另一方面要传承国粹。也就是用传统文化的精粹来夯实当今中国社会文化发展的基础，建立中国文化的传承体系，建立中国文化发展及构建中国话语的知识谱系。

（二）推进中国文化创新

开发传统文化资源的目的是要以优秀传统文化为基础不断推进中国文化的创新。中国文化历经悠久的历史而不衰，不是因为中国社会原封不动地继承下来，而是因为在保持其精髓的情况下在新的时代条件下加以创新，从而使之获得经久不衰的生命力。文化的发展和文化竞争力的提升就是要在尊重传统的前提下不断创新。

其一，文化创新必须坚持科学发展观。科学发展观的核心是以人为本，当前中国社会文化消费的现状是，一方面是文化消费不足的问题，另一方面是文化消费品类型单一的问题。而解决这一矛盾的关键在于创新，创造更多、更新颖的文化消费品来拉动文化消费内需。也就是说，文化创新必须以满足人民群众精神文化生活为出发点和落脚点。这是贯彻科学发展观的现实要求。

其二，文化创新必须以建设社会主义核心价值体系为核心。任何社会在历史发展进程中都会形成与其根本体制相适应的、发挥主导和支配地位的社会核心价值体系。社会主义核心价值体系就是当代中国社会精神之魂。文化的发展总是为建设国家现时代的核心价值体系服务的。经济学家熊彼特指出："社会主义瞄准比塞饱肚子更高的目标，正如基督教的意义远比关于天堂和地狱带点享乐主义的价值更高。更重要的是社会主义意味着一个新的文化世界。"①所谓"新的文化世界"不仅意味着社会主义要展示文化先进性的一面，更重要的是社会主义要拥有以前任何社会所没有的全新的核心价值体系。离开了社会主义的核心价值体系，社会主义文化

---

① ［美］约瑟夫·熊彼特：《资本主义、社会主义与民主》，吴良健译，商务印书馆，1999年，第261页。

就不具有先进性,也就不具有感召力和吸引力。

(三)坚持走国际化发展之路,提高中国文化产业的国际地位

文化发展必须融入全球化的进程,这是文化产业发展不以人的意志为转移的客观过程。文化产业不仅要立足本国,而且必须面向世界。只有在参与全球竞争的情况下才能不断提高自身的竞争力。

其一,要在全球化的市场框架中构思中国文化产业的发展规划。前文述及,中国文化产品对外贸易均为逆差,这是因为长期以来中国文化产业的发展着只限于内部市场。中国内部文化市场大,但文化产品不走出去就不能检验中国文化竞争力的强弱。全球文化市场的日益开放,意味着世界各国的文化将以最快的速度抢占中国市场。在这种情形下,中国文化产品并不能在国内市场占据优势地位。因此,迎接竞争才能增强自身实力。文化产业发展不仅要有内需的拉动,而且也要有外需的拉动。用外需来拉动内需,用外需来推动内需的增长和质量的提高,用外需来影响国内市场的国际竞争,这已经成为一些国家文化产业发展战略的重要选择。中国文化产业发展要实施走出去战略,积极利用国内、国外两种资源,培育、开发国内和国外两个市场,努力开拓文化产品和文化服务的出口渠道;充分利用中国丰富的民族文化资源,加快发展自己的特色文化产业,主动参与国际竞争,在竞争中变得强大起来。

其二,增强文化竞争力必须打造文化品牌,特别是要采取国际化的文化产品制作、传播方式来打造中国特色、中国风格的文化品牌产品。文化品牌既是文化企业的无形资产,也是民族文化走向世界的窗口。在激烈的文化产品竞争中,中国文化产业要努力打造民族文化品牌,多创作、多生产出既有艺术品位又有市场需求的文化产品。要扶植有发展潜力的大中企业,做大做强一批对外交流的文化品牌,把反映中国文化特色与当代中国风貌的文化产品及服务尽可能多地推介到国际市场和世界范围内的文化交流中。只有那些能够展现中国文化特色、中华民族特色的文化品牌才能够抢占世界市场高地。

其三,充分利用经济领域走出去积累起来的市场和经验,大力支持文化企业参与国际竞争。中国经济开放已经40年了,不仅拥有了巨大的国际市场,而且还积累了中国产品"走出去"的丰富经验。因此,中国文化产

品和文化企业"走出去"参与国际竞争，要利用这些经验来开发国际市场，特别是通过开展国际合作与交流来促进中国文化企业和文化产品尽快熟悉和适应国际市场的竞争环境，在竞争中不断增强中国文化的竞争力。此外，具体的文化企业还要认真研究世界市场的文化需求和消费心理，使中国的文化产品能够积极应对世界市场的需求。这样才能从根本上扭转中国文化产品贸易逆差的态势。

其四，要在不断提高文化产品的技术含量和技术水平的同时，全方位整合文化资源，加快推进文化资源集约化经营战略。中国文化产品的技术含量不高，面对西方先进技术广泛应用于文化产品之上的现实，中国文化产品还停留于传统的文化生产方式和经营方式上。因此，一方面，提高中国文化竞争力就要借用新技术进行文化产品创新，打造新技术条件下的文化品牌；另一方面，中国文化产业刚刚起步，不论是文化产业的经营理念、策划经营能力，还是资源整合能力都不够成熟和强大。也就是说，在这方面中国要不断学习西方的文化经营战略，提高自己的文化资源整合能力，努力打造中国的文化产业"航空母舰"，提升中国文化的整体竞争力。

第三章　中国软实力的主要要素研究

在《中国和平崛起进程中的软实力建设方略》一书中,我们提出从两个向度①来研究软实力:第一是输入的向度,探析究竟是哪些要素最终铸就了软实力,也就是我们说的软实力的来源。约瑟夫·奈将其归纳为"文化、政治价值观及外交政策"②。我们也可以将其细化为政治资源、经济资源、社会资源、历史文化资源、思想资源等。软实力的来源既有静态的诸如文化、思想等资源,也有动态的诸如运用外交政策的正义和成功等。第二是输出的向度,也就是软实力对外辐射出何种影响,它具有何种功能,这是学者和政策制定者都十分关注的问题,因为这直接关系到国家如何运用软实力来实现自己的战略和国家利益。在这里,笔者不想对软实力的要素进行细分,而是从软实力构成的几个关键性要素来透视中国软实力的发展状况。

第一节　中国模式:有关软实力要素的一个争论

关于"中国模式"前几年用得比较多,而且推崇者往往把"中国模式"置于西方模式的对立面,引起了外界对中国输出中国模式的忧虑与担心,而且也很容易挑起中国与西方的论争。因此,进入"新时代"以后,国内基本统一用"中国道路"一词。本书并不是推崇"中国模式"一词,而是对前些年关于"中国模式"的争论的一种陈述,反映相关争论的情况。这里的

---

① 参见胡键等:《中国和平崛起进程中的软实力建设方略》,新华出版社,2013年,第217页。

② [美]约瑟夫·奈:《软力量:世界政坛成功之道》,吴晓辉、钱程译,东方出版社,2005年,第11页。

争论主要是两个方面的内容：一是关于一种发展模式是否可以成为一个国家的软实力，二是是否存在所谓的现代化道路的中国模式。关于前一种争论，这里仍然可以借用约瑟夫·奈软实力理论引申出来的另一个概念——制度软实力。制度软实力主要是来自政治资源和经济资源的共同作用。制度是指人们在行为中所共同遵守的办事规程或行为准则。更通俗地讲，制度就是社会成员的行为规范或共同认可的模式。从这里可以看出，制度尤其是指团体标准化的行为模式。发展模式成为一国的软实力在于某种发展模式所产生的经济效应、社会效应乃至政治效应。当然，这并不是说所有的发展模式都能成为国家的软实力，只有那些对国家经济实力有重要提升、能保持社会稳定、促进政治民主发展的发展模式才能被其他国家所推崇甚至效仿。这样的发展模式就直接转化为国家的软实力，并成为国家软实力结构性要素之一。①

　　关于是否存在中国模式的争论，国内学术界最初主要是从经济转轨方式的角度来考察的，而且更多的是置于中国与俄罗斯经济转轨比较的视野之下来探讨的，认为20世纪90年代俄罗斯"休克疗法"的激进模式是失败的，而相比之下，中国"双轨制"的渐进模式却取得了成功。国内学术界在这方面的研究成果颇多，这里不必枚举。不过，这些成果研究的视野是比较狭小的。进入新世纪之后，随着中国综合国力的迅速增强以及在社会民生诸问题上所取得的成就，国内外学术界开始从国家的整体发展战略和现代化战略的大视野来探讨中国发展的经验及其根源。这里就不得不提及乔舒亚·库珀·雷默提出的"北京共识"（Beijing Consensus）。② 雷默在《北京共识》的报告中提出了"北京共识"的三个定理：大胆实验，使创新的价值重新定位，求变、求新和创新是体现实力的基本要素；超越人均国内生产总值的衡量尺度，把重点放在生活质量上，追求公平与可持续性的发展；发展不对称力量是应付复杂安全环境的最有效办法。更为重要的是，雷默

　　①　参见胡键等：《中国和平崛起进程中的软实力建设方略》，新华出版社，2013年，第191～192页。
　　②　"北京共识"（Beijing Consensus）是乔舒亚·库珀·雷默在2004年5月7日伦敦《金融时报》上首次提出的，当年5月11日他在伦敦外交政策研究中心全文发表了《北京共识》报告。《北京共识》的中文版，于黄平、崔之元主编：《全球化与中国——"华盛顿共识"还是"北京共识"》，社会科学文献出版社，2005年。

用这一概念来概括中国的发展经验和发展道路,认为"北京共识"是超越
"华盛顿共识"的全新的发展模式,从而引起了国内外学术界的广泛反响。
本来讨论的高潮很快就过去了,但没有想到的是,肇始于华尔街的金融危
机很快席卷了全球,特别是西方国家都深受金融危机的袭击而陷入困境,
但唯独中国经济似乎独善其身,很快就摆脱了金融危机的阴影;几乎与此
同时,中国汶川发生了特大地震,但中国共产党领导下的人民政府在应对
汶川特大震灾和举办北京奥运会所展现出的"举国体制"的优势令世界对
中国的整个体制都刮目相看。在这种情形下,关于中国模式的讨论又重新
升温,国内外学术界开始重新认识中国模式。

一、关于中国模式之争

当雷默提出"北京共识"之时,处处都将"北京共识"与"华盛顿共识"
进行对比,认为"北京共识"是"华盛顿共识"的"终结者"。结果,一些学者
也是基于对"华盛顿共识"的批评而来肯定"北京共识"的,使得"北京共
识"一出来就是作为"华盛顿共识"的对立面而存在的。鉴于中国所取得
的成就,因而"北京共识"应取代"华盛顿共识"而逐步成为其他发展中国
家学习的榜样。[①] 但是冷静的学者却对"北京共识"的提法在肯定的同时
也怀有相当大的谨慎,一方面承认,在国内外许多人把中国的成功主要归
结为经济发展的时候,雷默却从经济、政治、社会和国际关系等多个方面研
究了中国模式,"事实上提出了一个全新的命题";但另一方面又强调,"北
京共识"的核心不在于"共识",而在于"北京"这个中国的象征,强调中国
没有为发展中国家提供可以照抄照搬的样板,而只是把马克思主义的普遍
真理与中国的具体实践相结合而走出的一条适合中国的道路,绝不是"发
展中国家理所当然应走的唯一正确的发展道路"[②]。一方面接受"北京共
识"这一概念,认为"北京共识"实际上就是"中国模式"的另一种说法,是
"中国作为一个发展中国家在全球化背景下实现社会现代化的一种战略选

---

① 参见何恒远:《超越"华盛顿共识":"北京共识"的转型意义》,《上海经济研究》2004 年第
9 期。

② 张幼文、黄仁伟等:《2005 中国国际地位报告》,人民出版社,2005 年,第 1～2 页。

择,它是中国在改革开放过程中逐渐发展起来的一整套应对全球化挑战的发展战略和治理模式";另一方面又认为,由于"北京共识"与早已声名远扬的"华盛顿共识"相对应,只是更容易吸引人们的眼球而已。① 甚至有学者直白地说,"要慎用'共识'一词",如果把中国的经验上升为"北京共识",甚至像"华盛顿共识"那样向外推广,那就大错特错了。② 当前关于中国模式的论争主要有以下三种看法:

一是"不用论"。这种观点认为,所谓模式就是固定成形的,其内部构型也是相对稳定的。而中国的发展自改革开放以来一直就是像邓小平所说的那样"摸着石头过河",从来就没有固定的路子。所以说中国根本没有形成所谓的"中国模式",甚至连在西方都承认的中国经济模式,国内极少的学者也强调,"我们还不能认为已经存在一个经济发展的'中国模式'。"③对这一看法,听者可以有两种理解:一种理解是中国的发展确实是没有固定的模式;另一种理解是所谓固定的模式很有可能是以西方模式为参照物的,如果不是或不像西方模式,那么就不能成为模式。正如一些西方学者所说的那样,中国没有按照西方的模式发展,没有认同西方的政治理念,因而中国就没有模式,而是一种实用主义的发展方式。

后一种理解的错误不言自明,发展模式显然不是只有西方一种,用西方模式作为参照物来衡量是否是模式,其本身就犯了"模式化"的错误。以中国的改革"摸着石头过河"为由来否定中国的发展模式,也是不符合中国实际情况的。中国的改革最初确实是"摸着石头过河",但随着路线图的日益明晰,中国的改革转为"看清石头在哪里之后再过河";再后来,中国的改革蓝图就更加清晰了,改革也变为"埋好石头再过河",即知道河道哪里宽、哪里窄,河水哪里深、哪里浅,从而知道应该在哪里"埋下石头"更有利于"过河"。由此可见,中国模式的确不是一种固定的模式、方法或道路,而是不拘于任何一种成法的思维方式与实践精神,是一种什么好就拿来,有多少好就拿多少的"拿来主义"。这正是"中国模式"成功的关键。

---

① 参见俞可平、庄俊举:《关于"北京共识"与中国发展模式的对话》,《当代世界与社会主义》2004 年第 5 期。

② 参见郑永年:《切莫夸大"北京共识"》,香港《信报》2005 年 2 月 15 日;庄俊举:《关于"北京共识"与中国模式研究的若干思考》,《当代世界与社会主义》2005 年第 5 期。

③ 陈宪:《自由市场、政府干预和"中国模式"》,《文汇报》2009 年 9 月 19 日。

二是"慎用论"。这种观点承认中国的发展已经形成了一种独特的模式,但主张不要直接说出"中国模式"。在持这种观点的学者看来,长期以来,现代化发展模式,不只是一种发展道路,它蕴含着特定的价值取向。中国模式作为西方模式相对的东西提出来,对于西方发达国家而言,中国模式更多的是一种价值,是挑战西方价值的价值。① 这显然超出了西方思维中所接受的范围,因而会被西方视为是对西方价值的挑战和竞争,进而认为中国模式是对西方的威胁。但是全球化并不是趋同化,现代化也不是西方化。全球化强调的是"和"而不是"同",现代化也不是"西化",不同国家的现代化应该有各自不同的路径和模式。因此,别拿西方标尺衡量中国模式。众所周知,中国今天所取得的成功不是照搬照抄西方的结果,而是基于中国在发展模式上的伟大创举。在举世瞩目的成就面前,却因害怕成为"中国威胁论"的依据而不敢用中国的话语来概括自己的经验和发展道路,那么中国还可以通过什么方式来说明自己呢? 中国又靠什么来构建自己的话语体系呢?

三是"必用论"。中国模式是中国改革开放经验的总结,是中国"成功之路"的理论解释,更是一种特殊而且出色的利益平衡方式,用"中国模式"来总结中国的经验,"能够提供新鲜知识,促进我国学界对本土文明的自觉,从而促进'中国话语系统'的形成,以及'中国学派'的崛起"。② 对很多西方人来说,他们总是在黑白对立的认知框架下来认识中国模式,从而认为中国模式就是对西方模式的挑战;但是对很多发展中国家来说,中国模式的意义在于其究竟是否能够成为有别于从前其他所有现代化模式的一种替代模式。因此,中国模式不仅对中国未来的发展具有深远的意义,

① Timothy G. Ash, China, Russia and the New World, *The Los Angles Times*, September 11, 2008.另外还可参见郑永年:《国际发展格局中的中国模式》,《中国社会科学》2009年第5期。关于这一看法,郑永年在最近出版的著作《中国模式:经验与困局》(浙江人民出版社,2010年)一书中有更详细的论述。

② 参见潘维:《当代中华体制——中国模式的经济、政治、社会解析》,潘维主编:《中国模式:解读人民共和国的60年》,中央编译出版社,2009年,第5、6页。另外,坚持用"中国模式"来总结改革开放经验的研究成果还有徐贵相所著的《中国发展模式研究》(人民出版社,2008年)、韩保江所著的《中国奇迹与中国发展模式》(四川人民出版社,2008年)、江金权所著的《"中国模式"研究》(人民出版社,2007年)等。

对世界的发展尤其是对发展中国家也具有借鉴意义。[①]

　　关于中国模式的争论有着十分特殊的历史和国际经济背景:中国在计划经济时代基本上沿用的是"苏联模式"。苏联解体之后,福山提出了"历史终结"之说,认为西方资产阶级民主自由制度是人类社会发展的"终极理想"。与此同时,中国开始从计划经济向市场经济过渡,中国社会经济的过渡似乎在实践上证明了福山的观点,以为中国也会走向"华盛顿共识"。然而与福山预料的相反,中国没有走向自由市场经济,而是走向了可调控的市场经济。这种类型的市场经济不仅使中国成功地应对了1997年的金融危机,而且也实现了经济的腾飞。所以在进入新世纪以后,西方学者也开始认真地研究中国的发展模式。雷默提出的"北京共识"是西方学者第一次公开认为"是一个涉及经济、政治、社会、国际关系等多个领域的新的发展模式"[②]。而西方学者马丁·雅克(Martin Jacques)在审慎考察中国的发展历史之后,在《当中国统治世界》一书中更深刻地剖析了中国模式内涵。[③] 而从国内学术界来看,以上三种看法比较有代表性。"不用论"的观点实际上代表了两种情况:一种是中国改革在探索中发展,也没有固定成形的框架;另一种是所谓的"代价论",认为中国的发展付出了高昂的代价,不能成为模式。

二、从争论中引发出来的关于"中国模式"的认识

　　用中国改革没有固定的方法、路径和中国模式尚未成形来否认中国模式的存在显然是不对的。实际上,西方模式也一直在变化之中,不可能有永恒不变的模式。英国在撒切尔夫人时代经济上推行大规模私有化,而布莱尔时代则重新国有化,但谁也不能否认英国模式的存在;美国共和党和民主党也存在着不同的执政方式,但美国模式也不能因此而消失。由此可见,变化的只是模式的"边界",其核心和骨架是相对稳定的。中国模式也

　　① 参见郑永年:《国际发展格局中的中国模式》,《中国社会科学》2009年第5期。

　　② Joshua Cooper Ramo, The Beijing Consensus, *The Foreign Policy Center*, May 2004.

　　③ See Martin Jacques, *When China Rules the World: The Rise of the Middle Kingdom and the End of the Western World*, London: Pengium Books Ltd., 2009.

是一样,中国40年的现代化实践证明了中国模式的存在,但其"边界""外围"是不断变化的。中国模式正是通过其"边界""外围"的变化而不断得到调整的,并因此不断走向完善。

笔者在这里讨论中国模式的内涵,主要是指中国模式的核心架构,即骨架或内核。为此,我们要避免把中国模式当作一个无所不包的大杂烩,不能把凡是积极的成分都放在中国模式的"袋子"中。如果把所有中国现代化建设中的积极内容都放入中国模式之中,很可能会对中国模式产生误解和曲解,甚至对中国模式顶礼膜拜。中国模式的骨架是相对固定的,而且中国模式是特定时期、特定空间中的一个概念。特定的时间,就是指自中国改革开放以来的现代化建设发展最突出的时期;特定的空间,是指中国特别是作为发展中大国。任何超出这样的时空条件来讨论中国模式,都会导致对中国模式内涵的误解。

当前,关于中国模式的讨论,大多数学者尤其是西方学者基本上只是从经济的角度来分析,而刻意回避中国模式的其他方面,甚至否认中国模式还有其他的内涵。[①] 即便是从经济角度来讨论中国模式,也没有真正揭示中国经济模式的实质性内容,大多数学者只看到经济高速增长的表象,而没有发现中国经济模式的内在要素。也就是说,中国经济高速增长的原因究竟是什么他们并没有完全搞清楚。西方媒体包括相当一部分学者在理解中国经济高速增长和中国经济崛起的奇迹之时,往往只是从表面现象来解释,并提出了所谓的"廉价劳工论""外资推动论""出口拉动论""威权政府论"等,但这都不是中国经济高速增长的根本原因。实际上,支撑中国经济高速增长的是中国社会主义市场经济的内在要素,即国家对土地的控制权和民间的有限土地使用权;国有金融和大型企业及事业机构;以家庭和社区中小企业为基础的自由的劳动力市场;以家庭和社区中小企业为基础的自由的商品-资本市场。[②] 这四大要素的合力作用才促成了当今中国的经济奇迹。或者说,这四个方面也正是中国经济模式的关键要素。

但是中国模式的内涵远不只在经济方面,中国的经济模式是由中国的

---

① See Susan L. Shirk, *The Political Economy of Economic Reform in China*, Berkeley, LA: University of California Press, 1993.

② 参见潘维主编:《中国模式:解读人民共和国的60年》,中央编译出版社,2009年,第10页。

政治模式促成的,①而中国的政治模式则是中国社会模式的结果,中国的
社会模式则是中国模式的内核。② 因此,除了从经济的角度来考察中国模
式之外,我们还必须从政治、社会、文化和对外关系等方面对中国模式的内
涵进行综合分析。北京大学的潘维教授提出,中国模式由三个子模式构
成:由四个支柱构成的"国民"经济所体现的经济模式,由四个支柱构成的
"民本"政治体现的政治模式,由四个支柱构成的"社稷"体制体现的社会
模式。③ 潘维从经济、政治和社会三个层面剖析了中国模式,但缺少了对
中国文化模式、中国外交模式的分析。潘维在自己的文章中也承认了这种
缺陷的存在。即便如此,这仍然是迄今为止关于中国模式内涵最完善、最
全面的概括,也是从理论上对中国模式最详尽的分析。

关于中国经济模式,潘维从经济的四要素(劳力、土地、货币、企业)的
相互关系,阐述了中国经济模式的四大支柱:国家对土地的控制权和民间
的有限土地使用权、国有金融和大型企业及事业机构、(以家庭和社区中小
企业为基础的)自由的劳动力市场、(以家庭和社区中小企业为基础的)自
由的商品-资本市场。任何经济制度包括经济体制的创新都应该包括三个
核心内容,即说明经济模式或者说经济体制合理性的"意识形态"、一个完
整的组织构架和一个用来配置资源的机制。④ 显然,潘维的中国经济模式
只概括出了"一个完整的组织构架",至于支撑经济体制合理性的"意识形
态"和资源配置机制基本上没有涉及。从意识形态看,中国经济模式的最
大特点是在意识形态上不仅摆脱了苏联意识形态的束缚,而且也超越了经
典的马克思主义理论,更为重要的是,马克思主义的"落地"在中国获得了
普遍的认同。这是中国经济模式合理性的关键所在。从资源配置机制来
看,中国经济模式不仅解决了资源配置的手段问题,而且还解决了市场配
置资源的过程中"国"与"民"谁优先的问题。在"国"与"民"中,"民"具有
优先性,即改革首先在"国"的"蛋糕"暂时不动的前提下对"民"进行改革
并产生利益增量,从而为改变"国"的利益格局奠定基础。也就是所谓的

---

① 参见郑永年:《国际发展格局中的中国模式》,《中国社会科学》2009 年第 5 期。
② 参见潘维主编:《中国模式:解读人民共和国的 60 年》,中央编译出版社,2009 年,第 59 页。
③ 同上,第 6 页。
④ 参见乔榛:《我国经济体制改革过程中的"中国模式创造"》,《经济学家》2009 年第 2 期。

"增量改革",是中国经济模式的最大特点。中国经济模式的"产出型"特点正是中国经济改革取得成功的重要原因之一。

中国的经济模式是由中国独特的政治体制而产生的,所以要研究中国的经济模式必须要分析中国的政治模式。不过,西方在讨论中国政治模式时总是拿西方的标尺来衡量中国,认为中国政治"不民主""不透明",是"极权主义模式"等荒谬的论调。关于中国政治模式的研究,国内学术界一般是从政治体制的角度来论述的,这方面国内外学术界的研究成果相当多,不过这不是笔者所要讨论的问题。相比之下,从政治发展的角度来研究中国政治模式的却很少,郑永年教授是较早从政治发展的角度使用中国政治模式的学者。他指出,民主化不是一个国家政治发展的唯一目标,除了民主化,政治发展还有其他很多同样重要的目标,如经济发展和社会转型等,而对于这些目标而言,秩序和物质基础是重要的前提条件。中国的政治模式就是保证秩序和物质基础的政治安排。① 应该说,这一观点从一个侧面揭示了中国模式的内涵。

国内对中国政治模式研究比较深入和详细的是潘维教授。他从四个方面揭示了中国的"民本"政治模式:现代民本主义的民主理念,强调功过考评的官员遴选机制,先进、无私、团结的执政集团,独特的政府分工制衡纠错机制。② 这里的"民本"政治模式包含了政治主体、政治运作的构架、政治文化,但作为政治安排的政治模式还应该包括政治决策的方式。从中国 40 年的政治发展来看,中国政治决策方式简单但又抽象地说是一种"供给型"模式。从政策的制定到推行都是政府主导下的,即便是有些改革举措是从民众中开始试验的,如家庭联产承包责任制等,但最终也是在纳入政府的政策之后才在政府的主导下得以全面推行。这种"供给型"的模式既是中国政治模式的最大特点,也是中国良好社会秩序的重要保障。

关于中国社会模式,学术界一般是从社会结构、社会分层来探讨的,认为中国是一个二元结构非常明显的社会分层模式,这是社会学的解读,不是笔者所要探讨的内容。这里仍然是从现代化发展模式的角度来探讨中国

---

① 参见郑永年:《国际发展视野中的中国经验》,《开放时代》2007 年第 4 期;郑永年:《国际发展格局中的中国模式》,《中国社会科学》2009 年第 5 期。

② 参见潘维主编:《中国模式:解读人民共和国的 60 年》,中央编译出版社,2009 年,第 26 页。

社会模式。在这方面,研究成果几乎是空白,唯有潘维首先采用了这一概念并进行了详细剖析。他认为,中国的社会模式是中国政治模式的直接原因,它也是由四个支柱构成:分散流动的家庭构成中国社会的基本单元;平等的社区和单位构成了中国的社会网络;社会网络和行政网络天然重合,在基层彼此嵌入,相互依存,形成弹性开放的立体网络;家庭伦理观渗透社会组织和行政管理的逻辑。[①] 这是迄今为止对中国社会模式最全面的概括,但也看到其中还是有所欠缺的。虽然这里涵盖了中国社会的结构单元、社会网络构成、社会网络与行政网络的关系等,但在社会网络与行政网络的关系问题上,潘维认为,二者是重叠且相互依存的,但实际上两个网络是有区别的,而且不是相互依存而是社会网络依存于行政网络之中,甚至可以说是行政网络的一个特殊部分。这是中国与西方最大的区别。西方的市民社会是作为行政网络的对立面而存在的,且通过批评行政系统来发挥对社会秩序的维护功能,但其结果往往适得其反。中国的市民社会网络虽然也是在市场经济环境中培育起来的,但这个网络与行政网络在价值取向上保持相对一致而存在,而且它是通过作为行政网络的重要补充来发挥对社会秩序的维护功能。从实践来看,其维护社会秩序的效果远比西方市民社会要好。[②] 中国的市民社会网络不仅共享行政网络的价值,而且也共享行政网络的利益,并通过政治参与、经济参与等行为合理化"消费"行政网络所提供的各种资源。由此可见,中国社会模式是一个"需求型"的模式。

中国的经济模式、政治模式和社会模式之所以不同于西方,原因在于中国拥有不同于西方的思维方式,而中国的思维方式是由中国独特的传统文化所决定的。中国传统文化既是中国模式的智慧来源,也是中国模式的重要组成部分。"文化模式"第一次在中国的话语体系中提出来的是梁漱溟先生。他在20世纪20年代所著的《东西文化及其哲学》一书中,第一次从现代化的视角用这一概念赋予了以儒学为核心的中国传统文化在现代社会中的世界意义。此后,就鲜有人再论及这一概念,即便有所涉及,也只

---

① 参见潘维主编:《中国模式:解读人民共和国的60年》,中央编译出版社,2009年,第62页。
② 关于中国市民社会的作用参见邓正来:《中国发展研究检视——兼论中国市民社会研究》;邓正来、J.C.亚历山大编:《国家与市民社会——一种社会理论的研究路径》,中央编译出版社,1999年,第445~462页;孙立平:《转型与断裂:改革以来中国社会结构的变迁》,清华大学出版社,2004年,第155页。

是从文化学视角来阐述不同民族的文化结构,而没有涉及文化对现代化的意义。

那么从现代化意义来看,中国文化模式是什么呢?沿着潘维的逻辑,笔者认为它也由四大支柱构成:"重天道""法自然""尚人道",着重于人与自然之间的和谐和生命本真价值提升的自然主义;强调"人最贵""惟天地万物之母,惟人万物之灵"的人本主义;反省自求、提升自我的内省主义;"克己复礼"的礼仪主义。四大支柱融合了道、佛、儒三家之精粹乃至其他众家之所长,从而构成了中国传统文化模式的基本框架。但是这里并没有体现出文化模式对现代化的意义。其实,文化本身对国家的现代化是不直接发生作用的,文化是通过滋养和塑造国家的品格而对国家的现代化发生作用的。英国著名诗人雪莱曾说过:"品格在重大的时刻表现出来,但它却是在无关紧要的时刻形成。"中国在现代化进程中经历过多次重大时刻并成功应对,这其中所表现出来的"中国的品格"是在中国数千年文化的滋养下形成的。"中国的品格"是根植于中国传统文化之中的,是中华文明所打造出来的一种特有的品质。① 这是中国现代化能够走到今天的文化根源。

中国文化并非一种单质文化,从主脉来看,中国文化主要是儒、道、佛三家,道家以"道"为本,强调人与自然之间的关系和谐和生命本真的价值提升;儒家以"仁"为本,致力于人与人之间的社会关系的和谐和人的内在价值的提升;佛家以"德"为本,强调人内心的和谐和心智价值的提高。但是中国文化并非仅此三家而已。在中国文化数千年发展的历史进程中,无论是中国边缘少数民族文化还是非中国文化圈的其他文化,一旦进入中国文化环境之后,都会被她吸收和接纳成为她自身的一部分。由此可见,中国文化最大的特点是多样性与包容性的统一,中国文化模式是一个"包容型"的模式。

中国的外交模式也是中国模式的重要组成部分。国际上热议中国外交模式是在北京奥运会前后,而且主要是从中国软实力究竟在多大程度上影响世界、是否对西方构成挑战来讨论中国外交模式的。仅2008年,美国多家机构的研究报告都涉及了这一问题,但都认为中国的崛起目前还不足

---

① 参见楼宇烈:《中国的品格》,南海出版公司,2009年,"再版赘言",第1页。

以抗衡美国的实力,但是把中国与美国的国际影响力做出如此详细和扎实的比较,显示美国对"北京模式"已不再轻看。① 2008 年 9 月 24 日,美国《世界日报》发表社论,指出中国的对外模式,尤其是务实外交正在取得巨大的进展,北京的双赢外交风格注重短期的共同经济利益,赢得了许多发展中国家的注意。这可能是最早使用中国外交模式的西方媒体。那么中国外交模式的内涵是什么呢? 笔者认为,也应该包括四大支柱:和平发展的国际政治观、独立自主的外交方式、政府外交为主与公共外交为辅但越来越重视公共外交的外交手段、巩固和发展同发展中国家的合作为外交政策基石。

和平发展的国际政治观包括中国的新秩序观、新安全观、新发展观、新气候观等一系列有关世界安全与发展的战略性主张;独立自主的和平外交方式包括独立自主、国家主权和国际利益之上、不结盟、反对任何形式的霸权主义等政策主张;政府外交的目的在于为国内经济发展营造良好的国际环境,公共外交的目的在于塑造中国的良好形象,二者"各司其职"但又相互补充;以巩固和发展同发展中国家的合作为外交政策基石,这不仅包括中国在国际社会的角色定位,也包括中国以什么样的身份来处理各种双边关系和多边关系等策略主张。由此可见,中国的外交是以天下主义为理念、以超越自我中心主义为视觉来观察世界、以"尚中贵和"的"中庸"之道来处理中国与世界关系、以软实力优先的一种模式,因而中国外交模式是一个"内敛型"的模式。长期以来,西方散布的"中国威胁论""中国部确定论"以及自哥本哈根气候峰会以来抛出的"中国傲慢论""中国强硬论"等,实在是因为西方太不了解中国文化,因而也就不能把握在这种文化环境影响下的国家行为方式。

三、不能从纯粹的经济增长来理解中国模式

大多数学者从经济学的角度来认识中国模式,认为中国模式的最大意

---

① See Congress Research Service Library of Congress, China's Foreign Policy and "Soft Power" in South America, Asia, and Africa, http://www. gpoaccess. gov/congress/index. html; The Chicago Council of Global Affairs, Soft Power in Asia: Results of a 2008 Multinational Survey of Public Opinion, http://www. thechicagocouncil. org/dynamic_page. php?! d = 75.

义就在于它在中国内部实现了经济的高速发展;从外部来看,它因带来的经济高速发展而为广大发展中国家提供了一种典范;而在金融危机冲击之下,西方的衰退显得更为严重,所以中国模式在一些学者看来似乎也是西方学习的榜样。不过笔者认为,要真正理解中国模式,必须从以下四个方面来考察:

一是中国模式究竟是一种促进经济高速发展的手段,还是中国走向现代化的一种路径? 假若认为中国模式最大的意义在于它使中国经济实现了举世瞩目的高速发展,那么就意味着中国模式只是一种经济发展的手段。手段是中性的,谁都可以使用,因而中国模式就具有普遍性的意义,中国可以用,其他国家也都可以用。如果认为中国模式是中国走向现代化的路径,那么中国模式具有特殊的价值取向,因而中国模式的意义就应该主要是在中国自身,即便对世界其他国家产生影响,也是通过对中国自身的影响而对其他国家产生间接的借鉴作用。如果把中国模式的意义集中在促进经济高速发展之上的话,那么那些经济落后的广大发展中国家乃至在金融危机之下经济陷入困境的西方发达国家都可以采用这种模式来促进经济发展。这也正是西方散布"中国经济威胁论"的另一个重要理由。不过,赞同中国模式的学者有一个共识:中国模式是中国社会主义现代化建设和全球化进程中形成的一种发展战略。如果把中国模式视为一种经济发展的手段,那就把它的内涵缩小了,而把它的使用范围扩大了。无论是把中国模式的内涵缩小还是扩大它的适用范围,这两种情况都错误地理解了中国模式的意义。

二是中国模式究竟是一种在特殊文化背景下、在特定国情下形成的,只适合于中国的现代化战略,还是不分文化背景、不分国情而具有普遍意义的现代化战略? 如果是前者,那么在中国文化背景下形成的中国模式就只能适用于中国。任何超出中国的范围来谈论中国模式都是对中国模式的错误理解。问题的关键在于,西方现在越来越担心中国模式会成为西方模式的威胁,因为它们担心中国把自己成功的发展模式向广大发展中国家输出。问题还不仅于此,在西方模式遭受金融危机重创的情况下,中国模式在不少国家包括部分西方国家都产生了一定程度的示范效应,所以西方感到中国模式作为西方模式的现实挑战已经不可避免。在西方看来,不只是中国的经济模式所产生的巨大"产出效应"早就对西方产生了"经济威胁",而且中国政治模式的超常动员能力充分显示出中国的举国体制和民主模式的巨大优势更是对美国民主价值观的"嘲讽",是美国政治制度强有力的"竞争者"。实际上,西方主观上有意在把中国模式"推广"到其他国家,从而导致中国模式"被具有"普遍性的意义。而在中国看来,中国模式是中国沿着人类民主政治发展的逻辑创造了中国自己的民主模式,而不会使中国模式成为具有普遍意义的"全球共识"。

三是中国模式究竟只是中国改革开放 40 年实践的总结,还是在总结改革开放 40 年历史的基础上勾画了中国未来发展的蓝图?假若中国模式只是对中国改革开放 40 年历史经验的总结,那么对中国未来的发展最多是一种经验性,而且这种经验随着时间的推移其效应将慢慢消退。假若中国模式既是过去 40 年的历史总结又是未来发展的蓝图,那么它就具有长期性的效应。毫无疑问,中国模式是中国改革开放 40 年历史经验的总结,把 40 年的经验和所取得的成就归结为"中国模式"。但是这里必须要声明的是,笔者不像有的人那样把中国模式视为尽善尽美的一种东西,更不会认为可以成为其他国家现代化实践的模板。正如习近平在世界政党对话大会上所说的那样,中国不输出"中国模式"。然而有的人由于对中国模式顶礼膜拜,只看到中国成功的地方和所取得的成就,没有看到或有意忽视中国发展中客观上存在的问题。这样的结果将使中国改革进程停滞,中国在发展中出现懈怠。正是因为中国发展中存在着问题,所以我们需要深化改革,否则旧的问题与新的改革出现的新问题将同成为中国现代化进程的更大羁绊。

四是中国模式究竟是一种着眼于内部发展的模式,还是着眼于内部与外部、国内与国际相统筹的模式?如果中国模式只是着眼于内部发展的模式,那么中国模式是封闭型的;如果中国模式只是着眼于外部拓展的模式,那么它就是一个扩张型的模式。显然,两者情况都不对。在内部与外部的关系上,中国模式的意义就体现在既要着眼于内部的发展,又要兼顾外部的发展,但主要目标是内部的发展。这是中国的责任,也是中国模式的责任。中国模式是中国实践的产物,它必须回应中国实践中的所有问题。中国的实际是,内部发展存在着严重的二元现象,改革、发展、稳定仍然是关系到中国整个发展进程的三大战略性问题,而发展则是重中之重。因此,中国模式首先是要解决中国内部的发展问题。但是全球化与全球性问题的关联性使中国的发展又必须关注外部问题,特别是与中国内部发展息息相关的全球性问题。在这种情形下,中国不得不参与到全球化进程和国际社会中去并承担与自身身份相适应的国际责任,从而有效地拓展中国的国际利益。这样,对外开放、国际合作、和平发展就成为中国模式的题中应有之义。此外,中国作为一个发展中大国,内部的任何一个问题都有可能成为全球性问题。因此从这一方面来看,中国模式的意义在于,作为中国内部发展的模式也深深地影响着全球治理。

从上述四个方面来看,要正确理解中国模式的意义,就要坚持内涵与使用范围的统一,即要把握中国模式的内涵和它被使用的范围;要坚持普遍性与特殊性的统一,即要放在中国的文化背景和历史条件下来发挥中国模式的功效,而不可使之成为全球的价值取向;要坚持历史与未来的统一,即中国模式既是中国过去 40 年历史经验的总结,也是中国未来发展战略的基本构架;要坚持内部与外部的统一,即中国模式是中国内部的发展战略,但中国的发展离不开世界,世界的和平也需要中国的发展。因此中国模式也在一定程度上发挥着某种全球治理作用。当然,中国模式还不完善,它需要随着中国现代化实践的发展而发展,也必然随着国际形势的变化而变化,但它的基本骨架是相对稳定的。中国模式的生命力就在于,在基本骨架相对稳定的前提下,随着国际国内的形势变化而在内容上、机制上不断创新。

第二节　中国的政治力研究

政治力即政治能力,有时候也可以与政治实力通用,[①]是国家软实力

---

① 严格来说,实力的强弱与能力的大小是两回事,实力是客观的存在,而能力是主观努力的结果,政治实力强大的国家,其政治能力未必大;而政治实力弱小的国家,其政治能力未必小。可见,客观存在的政治实力要转化为政治主体的主观能力,需要政治主体自身具有转化能力。但是为了便于分析,本书的理论假设是:执政的中国共产党充分具备将政治实力转化为政治能力的能力。在这样的理论假设之下来分析当代中国的政治力,就可以把政治能力与政治实力等同起来。

的重要组成部分。政治力的大小强弱是衡量国家政治生活水平的重要标尺。当今中国正在为构建社会主义和谐社会而努力，而构建和谐社会的关键在于，执政的中国共产党是否能够通过政治手段有效地进行社会资源的分配、有效地进行各种风险控制、有效地解决政治冲突、有效地进行国民动员、有效地在法律的框架下推行公平的公共政策，以及能否有效地拓展与保护中华民族的海外利益和进行必要的国际动员。因此，加强国家政治力的建设实际上就是加强中国共产党执政能力的建设，也是国家软实力建设的主要内容。

一、政治力的内涵及其构成

究竟什么是国家的政治力呢？美国政治学学者罗伯特·杰克曼（Robert W. Jackman）认为，政治是利益和价值分配引起的冲突，所以政治能力就是政府解决冲突的能力，它由两个部分组成，即制度与合法性。当政治能力体现为制度能力时，它表现为作为法律意义上的国家的实际年龄和实行宪法以来的代际更替年龄；当政治能力体现为政治合法性时，它的核心内容就是权力的实施与贯彻。① 很显然，杰克曼把政治能力完全置于国内政治的分析框架之中，把政治能力视为国内政治发展的核心问题。而在当今开放的世界中，国内政治发展与国际政治环境是紧紧联系在一起的，特别是在全球化的巨大推动之下，非国家行为体国际互动关系的发展催生了日益频繁的跨国政治，这标志着不同社会之间的交往日益多元化，国内政治与国际政治之间的界限也越来越模糊。在这种情形之下，如果国家与其国内行为体之间的交流渠道被堵塞，代表跨国网络特点的回飞镖影响模式就会出现：国内非政府组织绕过它们的政府，直接寻求国际盟友的帮助，力求从外部对其国家施加压力。② 因此，把国内政治与国际政治完全分隔开已经不合时宜了。

---

① 参见［美］罗伯特·杰克曼：《不需要暴力的权力——民族国家的政治能力》，欧阳景根译，天津人民出版社，2005 年。
② 参见［英］玛格丽特·E. 凯克、凯瑟琳·辛金克：《跨越国界的活动家：国际政治中的倡议网络》，韩召颖、孙英丽译，北京大学出版社，2005 年，第 15 页。

国内有学者的确是从国内和国际两方面来分析国家的政治能力或实力的。例如,阎学通教授认为,政治实力包括了国内和国际两方面的动员能力。国内动员能力是让本国人民自愿支持政府政策的能力,国际动员能力是让他国自愿支持本国政策的能力。他认为,从内容上讲,政治实力包括权力和信誉两方面。国际政治实力的权力包括一国在国际组织和机构中拥有的法定权力,如参与权、投票权、提案权、否决权等;战略信誉则是其他国家对一国执行其所宣示的政策的可靠性的判断。信任的国家越多,一国的战略信誉就越高,否则反之。战略信誉高的国家盟友多,战略信誉低的国家盟友少。① 但是阎学通教授一方面把政治实力与权力等同起来是值得商榷的;②另一方面,阎学通教授虽然从国际、国内两个视角来分析政治实力,但他只提及了国家的动员能力,实际上除了动员能力之外,政治实力还有更为广泛的内涵。

基于上述的分析,笔者认为国家政治力包含国内和国际两个方面的内容。前者主要是对内的能力,属于执政能力的范畴;后者是对外的能力,属于外交的一部分。从国内角度来看,国家政治力由资源配置能力、风险控制能力、危机和冲突的解决能力、国内动员能力组成。资源配置能力是执政党及其领导下的政府执政能力的最直接的体现。资源配置包括两方面的内容:一是社会资源的宏观配置,二是公共资源的社会配置。这两个配置过程的合理性、有序性和有效性可以体现国家政治力中资源配置力的大小。社会资源的宏观配置无非两种:行政计划配置和市场配置。两种配置手段没有好与坏之分,这早已是定论。一个典型的例子是,金融危机有摧毁美国金融体系的趋势,为了拯救金融体系,美国政府以前所未有的力度对市场进行了干预,并且违背了一向信奉的自由市场主义原则,而掀起了一股"国有化"浪潮,美国政府史无前例地成为众多私人机构的控制性股

---

① 参见阎学通:《软实力的核心是政治实力》,《环球时报》2007 年 5 月 22 日。

② 如前文所说,实力是客观的存在,而权力则是一种关系,是一种社会性能力。在传统政治学中,正如霍布斯(Thomas Hobbes)所指出的,权力是"获得未来任何明显利益的当前手段"。可见,传统政治学认为,实力与权力是没有区别的。但是这种意义上的权力是静态的所有物,而实际上权力更多所指的是一种关系,是动态多形的、流动的、变化的,是"某些人对他人产生预期效果的能力"。参见[美]丹尼斯·郎:《权力论》,陆震纶、郑明哲译,中国社会科学出版社,2001 年,第 2~3 页。

东。可见,无论哪种配置手段,归根到底还是要看资源配置是否达到了合理性、有序性和有效性。如果达到了这些要求,那就意味着国家的资源配置力是强大的,反之就是弱小的。公共资源的配置涉及具体利益的分配问题,在这方面,资源配置力体现在:以公正、公平的制度安排为基础,妥善协调复杂的社会利益关系。这也是制度合法性重要的来源之一。

风险是指客观的实际与主观的预期之间的偏差,偏差越大,风险越高。同样的道理,政府的施政实践和施政目标之间也不可避免地存在偏差,而施政实践与施政目标之间偏差的大小表现为政府风险控制力的大小,二者的偏差越大,表明国家的风险控制力越小;偏差越小,则国家的风险控制力越大。在这方面最重要的一个测算标准是国家的短期、中长期发展战略落实到何种程度。

危机和冲突是风险达到某一临界点时的爆发。社会资源的宏观配置低效或无效,公共资源的配置出现严重不公平,以及施政的实践与施政的预期目标之间的偏差超过了某一临界点,这一切都会导致危机和冲突的出现。① 国家风险与冲突的解决能力的大小,与国家采取控制危机与解决冲突的具体方式有直接的关系。这些方式包括:武力、控制(或操纵)和对话(或说服)。武力的方式显示的是最弱的解决能力,控制略强;对话的方式表明国家解决危机与冲突的能力最强。用武力的方式来解决危机和冲突,表明国家面对危机与冲突已经完全束手无策了,只好采取"最后的手段"。所以说,这时候国家的解决能力是最弱的。控制的方式表明国家对自己的能力缺乏自信,于是只好把有关的信息、过程和政府的意图都隐藏起来,来最终达到诱使对象追随政府的意愿。由于真相只能隐瞒一时,一旦面纱被解开之后,政府的能力将受到新的挑战。因此,与武力方式相比,这种方式所显示的危机与冲突的解决能力相对强一点,但并不可靠。对话是指在双方没有任何压力之下而进行的相互说服和自由接受。用对话的方式而成功地解决危机与冲突,表明国家解决危机与冲突的能力最强。

---

① 国家的危机与冲突解决能力应该既包括突发性事件的解决能力,也包括社会冲突的解决能力。笔者在这里虽然没有分别阐述,但本意是包括两方面的能力的,而且后面的内容在这两方面都有实证的分析。

国内动员能力①是指政府集合与组织人员和物质来实现政府目标的能力。② 人员是否能组织起来,物资是否能集合起来,是建立在人员对政府的信任和对自身集体身份认同的基础之上的。因此,国民的动员能力来自于两个方面:一是民众对政府的信任程度,二是对自身集体身份的认同程度,两个方面没有必然的联系。对政府的信任度不高,但对自身集体身份认同度高,这样的人也会响应政府的动员。这种情况在战争条件下非常突出。例如,当一个国家被外族侵略时,一个腐败的政府是得不到民众的信任的,但为了自身的政权政府号召民众抵御外族的侵略,民众会积极响应。这时候,民众不是对政府的信任度提高了,而是作为本民族的一员的认同而做出的必然反应。当然,政府国民动员能力的大小主要还是以集合和组织的速度、集合人员和组织物资的规模来衡量的,它体现的是国家的凝聚力。

从国际角度来看,国家政治力包括海外利益的拓展能力、海外利益的保护能力和国际动员能力。海外利益由政治利益、经济利益、文化利益、安全利益等组成,但从政治角度来谈海外利益的拓展能力,它应该包括国家对外政治透明度的提高、国家的国际议程设置能力的提高和国家良好形象对外传播能力的提升等。国家对外政治透明度和国际议程的设置,体现的是国家的国际政治地位的高低;而国家形象的对外传播,实际上是国家在某一国际政治地位上的外部包装。俗话说:人要衣装,佛要金装。同样的道理,国家在国际事务中扮演什么样的角色,必须要配上相应的外衣。因此,国家形象的对外传播能力是海外利益拓展能力的一个重要体现。

海外利益的保护能力,是指用政治的手段而不是用军事的手段来保护海外利益的能力,即便使用军事手段,但也主要是政治意义多一些,军事意义则是间接的。例如,近些年来,索马里海盗猖獗,各大国都采取军事护航以打击海盗,虽然是军事护航,但它更多的是政治威慑,军事色彩比较淡。

---

① 阎学通教授把国内动员能力分为对社会上层的动员力和对社会下层的动员力,前者用议会中执政党议员所占的比例,后者用执政党党员占成年人的比例来衡量。参见阎学通、徐进:《中美软实力比较》,《现代国际关系》2008 年第 1 期。

② "动员"最初主要是指军事动员,即集合人力、物力用于战争或准备战争。后来用法日益广泛,用来指"为追求集体目标而形成人群、集团、社团和组织的过程"。See Anthony Oberschall, *Social Conflict and Social Movements*, Englewood Cliffs, N. J.: Princeton-Hall, 1973, p. 102.

海外利益同样也包括海外政治利益、海外经济利益甚至海外文化利益,以及为维护这些利益而相伴的海外安全利益等。从政治力的角度来看,这里主要是指海外工作人员和侨民的安全保护能力、海外机构的保护能力以及战略航道的保护能力等。

关于国际动员能力,阎学通教授认为,它是指一国为了使别国接受本国的建议和要求而对别国运用非强制力所产生的影响力,它主要来自于与其他国家的战略友好关系和所拥有的国际规则制定权。一国拥有较多的战略友好关系,该国在国际事务中就容易争取到较多国家的支持;掌握较大国际规则制定权,则有较大机会促使他国接受本国在国际事务中的政策立场。[1] 不过,笔者认为国际动员能力应该还包括国际话语能力。所谓话语能力是指控制舆论的能力,包括决定舆论内容的能力、决定舆论走向的能力以及通过舆论内容影响他人的能力,是政治影响力最直接的表现形式。因此,拥有越多的话语权,则国际动员能力也越强。

二、中国政治力的现状特点及其影响

中国软实力总体上表现为“量小质不高”[2]的特点,作为软实力一部分的中国政治力受中国政治发展进程的影响而表现出两重性特点:优势与不足并存。一方面,虽然中国民主政治发展进程缓慢,但中国政治对内始终保持强大的凝聚力;另一方面,中国政治上有相当长一段时期推行“左”倾路线,民主政治生活非常不健康,而国际社会对中国当前民主政治的健康发展了解不多,或者因固有的意识形态偏见而攻击中国政治,使中国对外的政治感召力变弱。从国内与国际比较的角度来看,中国政治力国内动员力强大,而国际动员力弱小。这样的特点可能在相当长的时期内很难改变。为了更加清晰地展现中国政治力的特点,下面分别从政治力各构成要素进行分析。

（一）资源配置能力

从社会资源的宏观配置来看,中国的资源配置力体现在建立了有效、

---

①　参见阎学通、徐进:《中美软实力比较》,《现代国际关系》2008 年第 1 期。

②　黄仁伟、胡键:《中国和平发展道路与软力量建设》,《社会科学》2007 年第 8 期。

有序的可调控市场经济。衡量中国社会资源的宏观配置力最重要的指标就是经济增长率和经济总量。如果从 1978 年改革开放算起,中国经济平均增长率近 10% ;如果从 1992 年推行市场经济以后算起,中国经济的平均增长率则超过了 10% 。而在可调控的市场经济之下,中国经济总量也迅速增长。根据国家统计局的统计,中国经济总量占世界经济的份额已从 1978 年的 1.8% 提高到 2007 年的 6.0% ;GDP 由 1978 年的 3 千多亿元迅速跃升至 2007 年的 24 万亿元。2008 年,中国 GDP 将上升到 30 万亿元左右,成为排在美国、日本之后的世界上第三大经济大国。进入 21 世纪第二个十年后,中国经济规模已经仅次于美国位居世界第二。这些情况表明,从社会资源的宏观配置来看,中国的资源配置力是强大的。特别是在金融危机之下,美国式的自由市场经济的配置方式不断遭到怀疑,而中国式的可调控的市场经济却越来越受到各国的关注。

但是从公共资源的社会配置来看,改革开放 40 年来,中国社会的贫富分化现象比较严重,特别是以 20 世纪 90 年代为甚。在“效率优先、兼顾公平”的口号下,中国公共资源的分配往往只讲效率而忽视公平。按照有的学者的研究,中国城镇家庭最高 20% 收入户与最低 20% 收入户年人均收入差距,从 1990 年的 4.2 倍、1993 年的 6.9 倍增加到 1998 年的 9.6 倍,而且由于中国在过渡期中存在着大量的隐性收入,实际的贫富差距情况可能比数据所反映得还要严重;[1]而基尼系数各年都超过了 0.4,最高时有的学者认为达到了 0.59[2]。此外,中国经济发展的同时,地区差别、城乡差别、贫富差别也在拉大。据有的学者早几年的研究,中国 0.4% 的人口掌握了 70% 的财富。[3] 虽然考虑到中国在人口、幅员、区位等方面的具体情况,考虑到正处于社会全面转型和经济发展中的最敏感阶段这一事实,中国的贫富差距程度应该说仍处在可接受或可容忍的范围内,[4]但是三大差距已经

① 参见李培林、李强、孙立平等:《中国社会分层》,社会科学文献出版社,2004 年,第 94 页。
② 参见何清涟:《现代化的陷阱——当代中国的经济社会问题》,今日中国出版社,1998 年,第 236 页。
③ 参见周瑞金:《解放思想是改革发展的火车头》,载上海市邓小平理论和“三个代表”重要思想研究中心编:《关键抉择:上海市纪念改革开放 30 周年理论研讨会文集》,上海人民出版社,2008 年,第 100 页。
④ 参见朱光磊:《中国的贫富差距与政府控制》,上海三联书店,2002 年,第 141 页。

成为中国社会问题的爆发点,并成为国际社会对中国社会稳定的最大忧虑,认为这是中国式的"综合征",有可能危及世界的安全。① 也正因为如此,党的十八大以后,习近平提出的"一带一路"倡议实际上就是中国现代化战略的巨大转型,即从不平衡发展战略向平衡性发展战略的重大转型。

(二)风险控制能力

风险控制能力,从宏观战略来看,主要是指国家宏观战略的事实能力。改革开放初期,中国改革的总设计师邓小平确定了"三步走"的发展战略,即第一步实现国民生产总值比 1980 年翻一番,解决人民的温饱问题;第二步到 20 世纪末,使国民生产总值再增长一倍,人民生活达到小康水平;第三步到 21 世纪中叶,人均国民生产总值达到中等发达国家水平,人民生活比较富裕,基本实现现代化。根据国家统计局的统计显示,1980 年,全年工农业总产值按 1970 年不变价格计算为 6619 亿元;1990 年则上升为 17400 亿元;2000 年,全年国内生产总值则迅速上升到 89404 亿元。② 从已经走过的"两步"来看,都是提前完成任务的。也就是说,从宏观战略来看,中国实际的结果与预期的目标有偏差,但这种偏差是向积极一面的偏差。因此从这一角度来看,中国发展没有风险,中国政府的风险控制能力极强。但是中国战略目标的实现是以高投入、高污染的粗放式方式来实现的,经济的发展把社会风险转移到了环境之上,使社会风险转变为环境风险,因而成为"中国环境威胁论"的重要依据。③ 党的十八大以后提出的"经济新常态"和绿色发展的理念也是为了对过去的发展方式进行校正。

从社会微观问题来看,中国社会的风险在聚集,在经济增长的同时,中国的社会风险也在迅速上升。④ 根据联合国开发计划署每年对全球 170 多个国家的人文发展指数的排行榜显示,中国自参加排名以来,指数逐年提

① See Joshua Kurlantzick, China Syndrome, *New Republic*, November 16, 2006.

② 数字来源于在中华人民共和国国家统计局相关各年的统计公报,参见 http://www.stats.gov.cn/tjgb/ndtjgb/qgndtjgb/t20020331_15373.htm。

③ See Stephan Johnson, U.S. Criticized China Exporting Air-Polluted Goods, *Financial Times*, April 12, 2006.

④ 除了众所周知的发展不平衡之外,中国的社会风险上升还表现在:社会整体利益结构的大幅调整和社会成员利益诉求意识的增强,从而使相当部分社会成员产生了"相对剥夺感";社会加速转型期但缺乏完善的秩序和健全的规则体系;社会加速转型所带来的社会焦虑,等等。参见吴忠民:《走向公正的中国社会》,山东人民出版社,2008 年,第 229~231 页。

升,位次也逐年前移,特别是几年来上升的幅度较大:2004 年中国人文发展指数为 0.745,在世界的位次由上年的第 104 位上升到第 94 位;2005 年为 0.755,比 2004 年提高了 1.34%,高于全球的平均人文发展指数(0.741),位次也由上一年的第 94 位上升到第 85 位;2006 年比 2005 年又有所上升,达到了 0.768,位居世界第 81 位。也就是说,中国在经济逐渐接近中等发达国家的同时社会发展水平也有所上升。但是也应该看到,中国仍然处于中等人文发展水平的行列。① 换言之,尽管中国经济总量已经步入经济大国的行列,但经济发展的成果仍然没有最大限度地转化为人文的发展。②

(三)危机和冲突的解决能力

当前中国的社会矛盾在有些方面在不断激化,这表现在,一方面,社会冲突的总量在迅速上升,制度内和制度外的社会冲突都呈现上升态势;另一方面,制度内的社会冲突在社会冲突总量中的比例在下降,相应的制度外的社会冲突的比例在上升。③ 但是这些小范围内的冲突没有转化为大规模的冲突,在有效控制的范围内,是可容性的社会冲突。这种冲突不仅不会成为更大危机的导火线,反而起到了社会"安全阀"的作用。其中最重要的原因是,在中国政治生活中,一是官民对话的空间扩大了。40 年的改革开放不仅使全体社会成员的经济地位得到普遍提高,同时也激发了民众政治参与的极大热情,因而官与民能够在更多的领域、更多的问题上对话。二是在中国政治日益开放的前提下,中国各级政府与民众的对话能力也得到了前所未有的提高,在社会利益矛盾面前,政府的强制性减弱了,更多的是进行官民协商、干群协商的方法来解决。但是在面对突发事件的时候,政府或者说是一部分领导干部还缺乏自信,对突发事件的信息进行捂、封、堵,结果难以获得外界的理解,从而有损政府的形象,也显示出政府危机解决能力不足的一面。

---

① 联合国开发计划署将人文发展指数分为三类:高人文发展水平(值为 0.800 及以上)、中等人文发展水平(HDI 值为 0.500~0.799)和低人文发展水平(HDI 值为 0.500 及以下)。

② See Bates Gill and Yanzhong Huang, Sources and Limits of Chinese 'Soft Power', *Survival*, Vol.48, No.2, 2006, pp.17–35.

③ 参见胡鞍钢:《科学发展是硬道理,社会和谐也是硬道理》,门洪华主编:《中国:软实力方略》,浙江人民出版社,2007 年,第 70 页。

（四）动员能力

从国内动员能力来看，中国的动员能力表现为，在突发事件或危机面前，国民动员能力强，而在平时国民动员能力相对较弱。从1998年的特大洪灾到2003年的抗击SARS疫情，特别是2008年汶川特大地震的救援工作中，中国的国民动员能力超强：政府各部门、军队、武警、媒体等社会各界以及志愿者都被完全动员起来。根据2008年5月18日中国国防部新闻发言人胡昌明公布的情况，截至5月18日12时，据不完全统计，军队和武警部队共出动113080人，出动各型飞机1069架次，开出军列92列，调运各类物资7.8万多吨。这可以说是中国在和平时期规模最大的一次军事动员。从捐款来看，据民政部公布的数字，截至2008年11月25日，全国共接到社会各界捐赠款物合计751.97亿元。与此同时，社会各种志愿者团体也全面投入到抗震救灾的第一线。从这些情况看，在危机时期，中国的国民动员能力是不容置疑的。

然而在平时，虽然社会各阶层众志成城、共克时艰、推进改革建设的信心进一步增强，全社会的凝聚力向心力明显提升，[1]但国民动员能力相对弱小。其中的原因很多，但党内极少数领导干部的腐败行为这一因素至关重要。根据"透明国际"的研究，改革发展初期的1980—1985年间，中国的清廉指数为5.13，中国属于轻微腐败国家，但到了1993—1996年期间，中国的清廉指数降到了2.43，表明中国已经进入极端腐败国家行列。虽然近几年中国通过改革开放来推进反腐败、对腐败犯罪严惩不贷的政策取得了积极的成效，清廉指数有所上升，但仍然不高：2006年3.3、2007年3.5、2008年3.6。这意味着中国当前的反腐败工作依然任重道远。尤其是从党的十八大以来，部分领导干部在反腐风暴中纷纷落马。这些情况对过去相当长一段时间内关于"政策不出中南海"的说法作出了注释。可是腐败

---

[1]　国家统计局2008年11月以了解社会各阶层对中共和国家发展方向、发展形势、发展政策的评价为重点，进行了"社会各阶层思想动态调查"，调查显示，对中国发展方向、发展前景"很有信心"和"较有信心"的分别为56.3%和35.2%，合计为91.5%，"信心不足"和"没有信心"的分别仅占3.8%和1.3%，合计只有5.1%；对中国共产党和国家的信任度进一步提升，满意度分别为91.5%和98.3%；对经济形势总体向好依然保持较高信心，即使在金融危机的冲击之下，也仍然对中国经济的基本面看好的占80.9%；对30年改革开放表示满意的达93.8%。资料来源：新华社北京2009年1月23日电。

无疑损害了党和政府的形象,因而也削弱了国家的国民动员能力。

从国际动员能力来看,中国的国际动员能力同样有弱有强:一是中国的话语能力非常弱但正在改善。弱的表现为,自 20 世纪 90 年代以来,随着中国的崛起,中国挨骂的情形在不断增多,包括"中国威胁论""中国崩溃论""中国综合征""中国输出通胀论""操纵货币论"等各种论调,或者此起彼伏,或者同时盛行,所有话锋直指中国,甚至中国承办奥运会都成为一些国家指责的对象。因此长期以来,中国的国际话语能力非常弱。但是随着中国自信心的提高,特别是在经历了 2008 年的抗震救灾、北京奥运会以后,以及金融危机之下中国负责任的承诺,中国在某些领域内的国际话语权逐渐取得了主动,包括面对危机如何建立国际金融新体系、国际贸易新体系都提出了被众多国家所接受的新主张。

关于与其他国家的战略友好关系,阎学通教授用军事盟友的数量来测定与其他国家的友好关系,又以举行成建制、大规模联合军事演习为军事盟友的标志,他认为,2007 年美国有 38 个军事盟友,中国有 6 个军事盟友(俄罗斯、哈萨克斯坦、吉尔吉斯坦、塔吉克斯坦、乌兹别克斯坦和朝鲜),中国军事盟友的数量约为美国的 15.7%。中国在这一方面的国际动员能力是美国的 15.7%。[1] 笔者认为这是不科学的。姑且不论中国与哪些国家举行了这类军事演习,但说俄罗斯与中亚四国是中国的军事盟友也是非常值得怀疑的。因此在这里,笔者用民众对华认知,即各国民众眼中的中国国际形象来衡量对华友好关系,进而来估量中国的国际动员能力。

这里用英国广播公司国际广播电台(以下简称 BBC 国际台)连续三次的关于"中国形象"调查统计为依据,来分析中国的国际动员能力。2005年 3 月,在全球 22 个国家中进行的"中国形象"调查中显示,在各国民众心目中,中国的国家形象良好。被调查人群中,认为中国对世界影响积极和正面的国家和人数超过了对美国和俄罗斯进行的同类调查。这次调查的主要内容有三个方面:第一,如何看待中国在世界的影响,在 22 个国家中,有 18 个国家的民众对中国持正面看法。总的来说,48% 的民众认为中国对世界的影响是正面的,30% 的人持负面看法。第二,是否希望中国在经

---

① 阎学通、徐进:《中美软实力比较》,《现代国际关系》2008 年第 1 期。

济上进一步强大,49%的人的答案是肯定的,33%的人持否定态度。第三,是否希望中国在军力上进一步强大,对此态度最积极的国家居然是印度,56%的印度民众认为中国军力增长对世界的影响是积极的。2007年3月,BBC对27个国家的2.84万人进行了调查,结果显示,中国对世界的正面影响大于负面影响,对中国持正面评价的占45%。这几乎与美国《时代》周刊同时期进行的调查结果大致相同,中国已经成为全球最受敬重的前五个国家之一。这五个国家得到的民意支持率分别是:加拿大及日本均为54%、法国50%、英国45%、中国42%。除中国以外的26个受调查国家中,16个国家民众对中国持正面评价,9个国家持负面印象,1个国家没有形成相对多数一致意见。平均而言,中国在这26个国家民众中获得的正面评价率为42%,负面评价率为32%。然而BBC在2009年2月公布的最新调查显示,全球民众对中国持正面评价者的比例比上一次调查下降了6个百分点,降至39%;持负面评价者的比例为40%,上升了7个百分点。由此可见,中国的确经济发展很快,国际影响力也在上升,甚至国际社会也不得不承认,没有中国的充分参与,21世纪的任何事情都无法良好运行,不论是气候变暖问题、非洲问题、世界贸易,还是各种各样的安全问题,西方都需要中国发挥建设性的作用,需要中国利用其影响力与西方国家配合。① 但是中国在国际民众眼中的国家形象却呈下降趋势,同时也表明中国的国际动员能力也在下降。正如组织这次调查的全球舆论调查公司总裁道格·米勒所说,在经济高速发展的同时,"中国需要学习如何在全球赢得人心"②。

关于中国的国际规则制定权,中国塑造国际规则的能力还非常有限。长期以来,中国游离于国际体系之外,因而对国际规则和国际政治议程的认识可以说是非常模糊的,甚至是无知的。自20世纪70年代中国正式与国际社会建立积极的互动关系以来,中国开始从有限参与国际规则到积极参与并试图对国际制度的建设施加影响。应该说,在国际制度的参与数量

---

① See Tony Blair, We Can Help China Embrace the Future, *The Wall street Journal*, August 26, 2008, p.21.

② 法新社伦敦2009年2月6日电。

上,中国已经后来居上,成为参与程度比较高的国家之一。① 但是在塑造
国际规则方面,中国在自己所处的地区有一定的能力,而在全球性国际规
则和国际制度的构建方面,中国的塑造能力非常有限;同样,在相应的国际
规则内,除了在上海合作组织和亚投行里面中国的规则塑造能力和政治议
程设置能力都比较高之外,其他不论是在全球性国际组织内还是在地区性
国际组织,中国的国际规则塑造能力和政治议程设置能力都非常低。

(五)海外利益的拓展与保护能力

中国海外利益的拓展能力正在快速提升,主要表现在:一是中国到国
外留学的人数剧增:从 1978 年到 2008 年年底,中国各类出国留学人员总
数是 93 万多人,回国工作人数为 23 万多人,就是说,大约有 70 万人留在
了海外。这构成了中国海外利益十分重要的一部分。二是海外的中国人
在增多。据外交部资料统计显示,2004 年中国公民出境人数是 2850 万人
次,2005 年达到 3102 万人次,2006 年达到 3400 万人次,2007 年更是高达
4093 万人次。专家预测,到 2020 年,中国公民每年出境人数预计将达到 2
亿人次。这些人的安全也是中国海外利益的重要组成部分。三是孔子学
院在政府的推动下遍布全球:2004 年中国在海外建立了第一所孔子学院;
到 2017 年,孔子学院已经遍布各大洲,数量达到数百家。此外,中国还有
遍布各国的驻外使领馆、驻国际组织代表等外交人员及其家属。这些也是
中国海外利益重要的构成部分。撇开中国对外的经济活动不说,随着中国
融入国际社会,单从在海外的中国人数而言,庞大的数字就表明中国海外
利益的拓展能力已今非昔比。

不过,在中国海外利益拓展能力上升的时候,中国海外利益的保护能
力却没有迅速跟上。这方面的能力虽然有所提升,但还是比较弱小的。一
方面,近年来中国在保护海外中国人的安全方面做了非常大的努力。例
如,2006 年 4 月,在所罗门群岛骚乱期间,中国撤出了 300 多名侨民;5 月,
在东帝汶骚乱期间撤出了 200 多名侨民;7 月,在黎以冲突期间撤出了 170
名中国公民;11 月,因汤加骚乱撤出了 193 名中国侨民;2008 年 11 月,因
泰国动乱,中国派出飞机接回了滞留在泰国的中国游客;12 月,中国海军

① 参见门洪华:《中国软实力评估(下)》,《国际观察》2007 年第 3 期。

赴亚丁湾为中国商船护航。这些都体现了中国海外利益保护能力的提升。此外,为了保护外海利益,2000 年,外交部出台了《中国境外领事保护和服务指南》;2004 年,外交部成立了涉外安全事务司;2006 年 5 月,外交部在领事司设立了领事保护处,专门处理和协调海外中国公民和法人合法权益的保护工作;2007 年 8 月,外交部领事保护中心成立。这些行动和机构在保护中国海外利益方面发挥了十分积极的作用。另一方面,中国公民出国人数逐年增加,随之而来的海外安全事件也日益增多。

近年来,随着"一带一路"倡议的全方位推进,中国境外的资产和人员的安全也是中国的海外利益。各类海外安全事件几乎囊括了中国各类出国人员,包括政府官员、士兵、中国企业驻外员工、劳务人员、非法偷渡者、出境旅游人员等,遇难的性质、方式及年龄层次也日渐多元化。近两年来,又呈现政治性强、涉及面广、影响范围大的特点。由此可见,与中国海外利益面临的各种安全风险①相比,中国海外利益的保护能力显得仍然比较弱小。

总之,中国的政治力有优势,也有劣势,而且发展很不平衡。即使是中国政治力的优势之处,由于国际社会特别是西方大国对中国存在认知偏见,也认为中国政治力的上升是对国际社会的威胁。至于中国政治力的劣势之处,则要么认为是另一种"中国威胁",要么就是"中国崩溃"的依据。因此,提升中国政治力同样关系到中国和平发展道路的问题。

三、提升中国政治力的思考

政治力建设,对内而言,是提高政治发展水平的必然要求;对外而言,

---

① 当前,中国海外利益面临的主要安全风险包括:一是地区冲突与恐怖活动构成的威胁,如在伊拉克、阿富汗、巴基斯坦、尼日利亚、埃塞俄比亚、索马里等国针对中国人员与机构的袭击和绑架事件;二是由于经济利益矛盾而产生的伤害案件,包括当地犯罪分子对华人华商实施暴力袭击,当地执法当局恶意伤害中方经贸商业利益,以及由政治原因导致中国经贸利益受损害的事件;三是带有种族歧视与排华性质的民事伤害案件;四是针对中国人的非法行政案件,即外国一些执法机构在针对中国人的执法中偏离公开、公正原则,出现恶性伤害与侮辱事件;五是非法移民伤害事件,这往往与人口走私犯罪组织有关;六是中国留学生被骗和伤害事件,除留学被骗外,海外留学生遇害事件也时有发生,成为中国公民海外最易受伤害的群体之一;七是意外伤害事件,如交通意外、自然灾害等。

则是内部政治系统与外部政治系统"政治能量"交换正常进行的保证。内部政治发展水平的高低决定于政治制度化水平,制度化水平也是政治合法性的重要来源。内部政治系统是否能够跟外部政治系统进行正常的"政治能量"交换,也是一个政治系统合法性的重要来源之一。因此,提升国家政治力的最终目的就是进一步巩固政权的合法性。根据中国政治力优势与劣势并存的特点,提升中国政治力可以从以下五个方面入手:

第一,在公正的基础上构建和谐社会,以彰显公共资源的配置能力和对危机与冲突的解决能力的提升。社会公正是社会安全与稳定的重要保证。反过来,社会不公正则会大大降低社会安全的程度。① 公共资源的配置不合理和配置机制的扭曲,必然导致社会的不稳定。正如亚里士多德所说,所有的内讧,都常常以"不平等"为发难的原因,而且"内讧总是由要求'平等'的愿望这一苗生长出来的"。② 当前中国社会之所以出现了一些不利于社会安全运行的群体性事件,就是因为社会不公正现象的存在。社会公正是社会和谐的前提。在当今中国,社会公正的要义在于让全体社会成员能够共享社会经济发展的成果。

第二,以科学发展取代盲目追求 GDP 的发展,提升风险控制能力。从前文的分析来看,当今中国的风险主要来自社会领域,特别是过去的改革发展过多地强调经济本身的发展,而忽视了人的发展和人与自然的协调发展。把发展经济视为社会的最高目标的经济至上主义发展观必然陷入这样的逻辑之中:人的一切行为归根结底是经济行为;个人幸福和社会福利绝对依赖于经济增长;经济增长依赖于科技进步,科技可以无限进步,所以经济可无限增长。③ 其结果是发展的本意完全被曲解,要么是人与人之间的关系直接表现出来的是经济政策的执行者与普通社会成员之间的紧张关系成为最大社会风险源;要么是 GDP 增长所掩盖的人与人的风险被转化为人与自然的风险。化解这两种风险的根本出路在于把人的发展和人与自然的协调发展纳入新的发展观之中。

---

① 参见吴忠民:《走向公正的中国社会》,山东人民出版社,2008 年,第 9 页。
② 参见[古希腊]亚里士多德:《政治学》,吴寿彭译,商务印书馆,1981 年,第 234 页。
③ 参见卢风:《经济主义批判》,载中国社会科学院环境与发展中心编:《中国环境与发展评论》(第二卷),社会科学文献出版社,2004 年,第 472 页。

第三，以经济、效率、效能为目标实行政府再造，提升国内动员能力。就当前中国而言，提升国内动员能力的瓶颈在于政府的形象问题，而归根到底在于一些领导干部的腐败问题。长期以来，政府在民众中的形象不佳，原因在于：一是各级政府包揽了原本由企业、社会、中介机构甚至个人所做的事，从而导致政府的运作成本过高。政府为了维持自身的高成本运作，就不得不挤占科教文卫医和社会保障等公共资源。二是行政体制中官僚主义仍然十分严重。挤占资源和官僚主义的结果是腐败的滋生。挤占资源使得政府在公共资源配置上拥有更大的垄断权，而官僚主义使得政府依法行政的情况大打折扣。政府本来被赋予了依照合法标准而非行贿意愿来为个人和企业配置资源的责任。但是当政府不能发挥这种法定功能的时候，贿赂就会像价格一样使政府提供的稀缺资源供求趋于平衡。① 而官僚主义又进一步使得国家对贿赂采取不闻不问的态度，结果腐败必然严重损害国家为建立一个富强的国家所作的种种努力。② 这样，政府为实现社会福利最大化的行政能力就受到质疑。三是由行政能力被质疑进而引发民众对政府满意度即支持率的危机。在当今，评价政府行政绩效的标尺越来越依赖于群众的满意度。换言之，群众的满意度是政府政治合法性的最根本的基础。因此，提升国家的国内动员能力，必须塑造一个依法行政、清廉透明的服务型政府。

第四，全力打造中国国家形象的传播工具，提升国际动员能力。俗话说，"好事不出门，坏事传千里"。这就是说，不好的东西比好的东西更容易传播出去。事实上也是如此，中国稍微有点瑕疵，很快就被无限放大而在国际社会大肆宣扬；相反，中国好的一面由于缺乏先进的传播工具和手段而被国际社会忽略。有学者对中美两国的国际传播力进行了比较，认为中国的国际传播力只相当于美国的14%。③ 由于中国的国际传播工具远远落后于美国等西方大国，既没有像 CNN、VOA、BBC 和被英语高度垄断的网络等媒体，也缺乏支撑媒体巨无霸的技术工具，因此中国面对国际舆

---

① 参见［美］苏珊·罗斯·艾克曼：《腐败与政府》，王江、程文浩译，新华出版社，2000 年，第 3 页。
② 同上，第 21 页。
③ 参见张晓群：《中国传媒实力的战略取向》，载门洪华主编：《中国：软实力方略》，浙江人民出版社，2007 年，第 105 页。

论的横加指责却无力回击。在西方固有的意识形态偏见之下,中国良好的形象也被严重歪曲。这样,中国在国际社会中的动员能力就被严重削弱。由此可见,打造先进、强大的国家形象传播工具,是提升中国国际动员能力乃至增强中国整体软实力最迫切的手段。

第五,要充分利用安全与治理方面的全球公共品提升中国海外利益的保护能力。利用全球公共品来提升自身保护海外利益的能力,即使是西方大国也不例外。因为只有这样,保护海外利益的任何举动都具有"正当性"的理由。在世界战争史上,这样的例子屡见不鲜:冷战后的地区性冲突甚至包括美国发动的科索沃、阿富汗和伊拉克等战争,都借用了安全方面的全球公共品——防止人道主义灾难、打击恐怖主义、防止大规模杀伤性武器扩散——作为发动战争的理由。不过,美国发动上述战争也有意地绕开了治理方面的全球公共品——国际法、联合国等。也因为如此,美国发动上述战争的理由就显得苍白无力。当然,中国充分利用安全和治理方面的全球公共品不是为了发动战争,而是为了保护中国的海外利益。过去,中国一直坚持不出兵海外的原则,即使是中国的海外利益受到毁灭性的伤害,也始终坚持这一原则。例如,20 世纪 70 年代,柬埔寨华人在红色高棉时期非正常死亡率高达 80% 以上,但当时中国仍然奉行"不干涉"的政策,以至于华人求助无门;在 1997 年的风暴之中,印度尼西亚华人华侨也同样遭到了摧残,但也是奉行"不干涉"原则而无法保护这些海外华人华侨的安全。而这些安全同样是中国的海外利益之所在,保护这些人的安全就是保护中国的海外利益最主要的一部分。通过最近几年在他国多次暴乱中的撤侨行动,中国也正在努力学习如何使用全球公共品。亚丁湾的护航行动可以说是中国利用安全与治理方面的全球公共品保护海外利益的最成功的案例。从此之后,随着中国海外利益的不断拓展,中国利用全球公共品而进行的非战争性海外军事行动越来越多。这是一个崛起的大国对外行为方式的必然选择。

第三节　中国共产党的软实力研究

奈在 20 世纪 80 年代末 90 年代初提出了"软实力"这一概念,主要是用于国家战略的层面,即把软实力视为国家综合实力的重要组成部分。[①]
奈认为,软实力是一种同化性力量(cooptive power),主要来源于文化、政治
价值观和对外政策。[②] 如果我们不从国家层面而是从政党的层面来理解,
一个政党要夺取革命胜利、要使自己的政权稳固、要赢得国际社会的支持,
也需要有软实力,特别是革命党,由于自身并不拥有国家的合法暴力,它要
发动民众来支持其革命,主要甚至是只能依赖其软实力。即便是执政以
后,执政地位也不是一劳永逸的,急需用执政所拥有的硬实力来巩固政权
之外,更需要用执政党的软实力来争取民众的大多数来拥护执政党。由此
可见,软实力对政党长期执政、对国家的长治久安都同样重要。

一、政党的软实力构成要素

什么是政党的软实力? 这里仍然借用奈的研究。政党的软实力也来
源于文化、政治价值和对外政策三个方面。前二者主要是政党对内的软
实力来源,对外政策则是政党对外的软实力来源。从这三个方面来看,政
党的软实力主要有以下六个构成要素,用关系式表示如下:

$$Ps = 2D(C + P + M + I)$$

Ps(Soft Power)代表政党软实力,"+"表示接受者对该政党的软实力
持积极认可的态度;"-"则表示接受者对该政党的软实力持消极的看法;
C(Culture)代表文化力,P(Politics)代表政治力,M(Mechanism)代表制度
力,I(Image)代表政党形象,这四种软实力是政党软实力构成的结构性要
素;2D一个代表话语能力(Discourse),另一个代表塑造(或者也称"设
计")党际关系的能力(Design)。2D属于软实力的功能性要素。功能要素
发挥得好,它们将对政党软实力产生乘积效应;反之,政党软实力就会变成
副作用,即关系中的"-"发挥作用。[③]

从文化力来看,政党的文化力不同于国家的文化力。国家的文化力是

---

①　See Joseph S. Nye, Jr., Soft Power, *Foreign Policy*, Issue 80, Fall, 1990, pp.153 – 171.

②　参见[美]约瑟夫·奈:《软力量:世界政治成功之道》,吴晓都、钱程译,东方出版社,2005
年,第11页。

③　关于软实力的乘积效应和副作用的分析请参见胡键:《软实力新论:构成、功能和发展规
律——兼论中美软实力的比较》,《社会科学》2009年第2期。

指国家的文化资源转化而成的文化软实力。但政党并不直接掌握或拥有文化资源,政党不能直接将文化资源转化为自己的软实力,而只能是通过国家的行为将文化资源转化为自己的文化力,但其前提是该政党处于政治地位,掌握着国家的合法暴力。非执政党没有资质将国家的文化资源转化为自己的文化力。可见,政党的文化力显然不是指国家层面的文化力,而是政党是否代表先进文化的发展方向。衡量一个政党是否代表先进文化的发展方向的标志,就是要看它的理论、路线、纲领、方针、政策是否能推进民族进步、提升国家品格。

从政治力来看,政党的政治力也不同于国家的政治力。按照美国学者罗伯特·杰克曼的看法,政治是利益和价值分配引起的冲突,所以国家的政治力就是国家解决冲突的能力。① 政党的政治力是指政党的政治取向是否获得民众的支持、政党的价值观是否能获得民众的认同并成为社会动员的重要工具。国家掌握着各种社会公共资源,它可以通过对社会资源的宏观配置和公共资源的社会配置,并使这两个配置过程处于合理、有序、有效之中来实现自身政治力的提升。但是除非是一党长期执政,那么政党并不拥有这样的配置权,政党只有通过自己的政治目标和先进的价值观来吸引民众,从而提升自己的政治力。

从制度力来看,按照制度学派的看法,制度是人与人之间的契约关系,是人们在行为中所共同遵守的办事规程或行为准则。通俗而言,制度就是社会成员的行为规范或共同认可的模式。从这一角度来看,制度力主要是指国家的发展模式。在这一方面,政党的制度力与国家的制度力有相同之处,但也有一些区别。国家制度力完全指国家的发展道路或模式。如果政党是执政党,那么二者是一致的;如果政党是非执政的革命党,那么革命党考虑更多的是如何取得革命胜利的问题,这是政党的制度力来源于是否有保证胜利的革命道路。在这种情形下,政党的制度力与国家的制度力是不同的。

从政党形象来看,国家有国家形象,国家形象是国家的软实力。政党也有政党形象,它也是政党的软实力。国家形象"是国家的外部公众和内

---

① 参见[美]罗伯特·杰克曼:《不需要暴力的权力——民族国家的政治能力》,欧阳景根译,天津人民出版社,2005年。

部公众对国家本身、国家行为、国家的各项活动及其成果所给予的总的评价和认定。"①相应地,政党的形象也是公众对政党的总的评价和认定。政党形象主要是通过党的领袖、党的干部和党的每一名普通成员的言行举止以及党所取得的成就体现出来的。

从话语能力来看,所谓"话语"就是指一个社会团体依据某些成规将其意义传播于社会之中,以此确立相应团体的社会地位并为其他团体所认识的过程。② 话语权也称为话语能力,它最直接表现为舆论的主导能力。国家的话语能力主要是指对外话语能力上,通过话语(即理论、思想、价值、理念、议题、政策、主张和情况等)传播影响舆论,塑造国家形象和主导国际事务。而对政党而言,主要是对内的话语能力。无论是革命党还是执政党,都主要面临着内部不同政党的竞争,需要通过话语传播来影响舆论,从而赢得民众的支持。

从塑造党际关系的能力来看,国家可以通过话语来塑造国家的关系,从而转化为国家的软实力;同样,政党也可以通过自身的路线、纲领、政策来塑造党际关系而获得软实力。一是跟其他政党建立同盟关系,使之成为实现政治的同盟军;二是跟其他政党建立友好合作关系,共同完成某种使命;三是至少确保其他政党在自己与敌对的政党竞争时保持中立。这样,该政党在这一方面就获得了软实力。

以上是政党软实力构成要素的主要方面,如果一个政党能在文化力、政治力、制度力、自身形象、话语能力和塑造党际关系六个方面得到提升,那么该政党就能具有由包容性、适应性、亲和力等所体现出来的综合影响力。

二、中国共产党的软实力

中国共产党最初从几十名党员发展成为拥有八千万党员的大党,而且历经各种挫折而成功走过九十多年的风风雨雨。其原因是多方面的,但归根到底是中国共产党拥有强大的软实力。1939 年 10 月,毛泽东就指出:

---

① 管文虎主编:《国家形象论》,电子科技大学出版社,2000 年,第 23 页。
② 参见王治河:《福柯》,湖南教育出版社,1999 年,第 159 页。

"十八年的经验已使我们懂得:统一战线,武装斗争,党的建设是中国共产党在中国革命中战胜敌人的三个法宝,三个主要的法宝。"①在这三大法宝中,其中统一战线和党的建设两大法宝是属于软实力范畴的。在这里,我们仍然从政党软实力的上述六大要素来分析九十多年来中国共产党的软实力发展变化。

(一)文化力:中国共产党始终代表中国先进文化的发展方向

衡量一个政党是否代表先进文化发展方向的标准是什么呢? 一是看该政党是在什么样的文化母体中诞生的;二是看该政党是否引领文化发展的方向;三是看该政党能否随着实践的发展而进行文化创新。

中国共产党是在五四新文化运动中诞生的一个全新的政党。五四新文化运动倡导"民主"与"科学",与中国旧文化相比,它无疑是一种先进文化,是开启中国人由"学术"而"政治"而"伦理"之觉悟的思想钥匙。② 尔后,五四新文化运动以传播马克思主义为主,为中国共产党的诞生奠定了思想基础。从这一角度来看,五四新文化运动不仅为中国文化的复兴开辟了道路,而且也是中国共产党诞生的文化母腹。③ 中国共产党的组织者们从一开始就引领五四新文化运动的潮流,特别是像陈独秀、李大钊等知识分子既是五四新文化运动的旗手和领袖,又是中国共产党的创建者,他们用马克思主义对中国文化进行了改造,并对中国民众进行马克思主义的启蒙,比较早地提出了用新文化对"国民性"进行"改造"的主张。中国共产党诞生之后,"国民性改造"的任务,从组织上来说,就落在了中国共产党的肩上;从文化上来说,就是用马克思主义的先进文化来改造中国文化的落后性。中国共产党一直在实践中通过文化创新来促进中国文化的现代化。鸦片战争以来,中国文化的落后性不仅是鸦片战争以降中国落败于西方的原因,也是阻碍中国现代化进程的重要因素。中国文化现代化的滞后性一直非常突出,在鸦片战争中,一个占世界经济 32.9% 的大清帝国败给

① 《毛泽东选集》(第二卷),人民出版社,1991 年,第 606 页。
② 参见高力克:《新文化运动之纲领——论陈独秀的〈吾人最后之觉悟高〉》,《天津社会科学》2009 年第 4 期。
③ 参见耿云志:《应当怎样评估五四新文化运动》,《东岳论丛》1999 年第 2 期。

了只占世界经济约6%的大英帝国。① 可见战败的原因并不是中国经济落后,而是中国文化落后。正因为如此,中国共产党始终把先进文化的建设视为党的整个事业不可缺少的一个重要组成部分,因而才能不断促进文化的现代化。

(二)政治力:中国共产党的意识形态和价值观成为中国社会的普遍认同

中国共产党靠什么来进行社会动员? 在革命时期,中国共产党没有掌握任何有形的资源,不可能有机会用物资资源来进行社会动员,但民众最终选择了中国共产党。这就要归功于中国共产党的软实力:意识形态的魅力和正确的政策。

美国历史学家斯塔夫里阿诺斯指出,社会主义在俄国的胜利产生了一种具有"世界性影响的新的思想意识",它"深刻地影响了一战后数年世界历史的模式"。② 特别是世界各国人民对苏联社会主义制度的憧憬,就直接表现为对本国共产党的支持与拥护,并用实际行动来表达自己对共产主义意识形态的信仰和价值取向。中国共产党建立之后的相当长时间内是比较弱小的,"在思想上的准备、理论上的修养是不够的,是比较幼稚的"③。但是由于中国共产党人在传播和运用马克思主义的过程中始终紧扣中国革命和建设的实践问题,从而使马克思主义更能切合中国的实际,并最终成为中国共产党进行社会动员的最重要的工具。除了意识形态和价值观之外,中国共产党的政治力还来源于其正确的纲领和政策,特别是能够根据形势的需要制定正确的政策。在1922年的党的二大上就直截了当地提出了党的最低纲领和最高纲领,指出了现阶段的任务和未来的发展方向。在新民主主义革命时期,中国共产党总是根据民众的利益需求来调整自己的政策,从而能够团结最广大的民众。在社会主义建设时期,中国共产党也是根据形势的变化而不断调整政策而获得人民的拥护的。从"家庭联产承包责任制"的推行到经济体制改革,从对内改革到对外开放,从解

---

① 参见[英]安格斯·麦迪森:《中国经济的长期表现——公元960—2030年》,伍晓鹰、马德斌译,上海人民出版社,2008年,第36页。

② [美]斯塔夫里阿诺斯:《全球通史——1500年以后的世界》,吴象婴、梁赤民译,上海社会科学院出版社,1992年,第593页。

③ 《刘少奇选集》(上卷),人民出版社,1981年,第220页。

决人民温饱到科学发展、包容性发展等都表明中国共产党是用正确的政策来使民众获得利益和实惠的。这是中国共产党最重要的软实力来源,在建政以后也是中国共产党最重要的软实力资源。

(三)制度力:中国共产党开辟的革命和建设道路是中国社会认可的行为模式

中国共产党的制度力来自于何处呢? 既然制度是指社会成员的行为规范或共同认可的模式,那么中国共产党的制度力主要来自于两个方面:一个方面是中国共产党开创的中国革命道路,另一个方面是中国共产党领导下开创的国家发展道路。

鸦片战争以后,中华民族第一次面临着民族复兴的任务。关于民族复兴道路的探索,从"师夷长技"到"中体西用",从"揖美追欧"的维新变法到辛亥革命的"旧邦新造"都没有找到符合中国国情的民族复兴之路。直到中国共产党建立以后,中国共产党领导中国人民开创了一条民族复兴之路,即首先是农村包围城市、武装夺取政权的革命道路。这条道路夺取了新民主主义革命的胜利,实现了中华民族的解放和独立,为中国的现代化开辟了光明的前景。然后是有中国特色的社会主义道路。探索这条道路分为两个时期:1979 年以前,在中国共产党的领导下,中国开始了在一个经济文化都十分落后的、人口众多的国家实现现代化的伟大长征,但中国共产党对如何进行社会主义现代化建设毕竟缺乏必要的经验,在当时国际国内诸多因素的影响下,中国选择了向苏联"一边倒"的政策,并把苏联社会主义建设的经验照搬过来,甚至把苏联的经验神圣化。1979 年以后,中国现代化历经了对内改革、对外开放,以及加入世界贸易组织和全面融入国际体系的过程,最终全面进入世界舞台的中心。后一段时期与历史上关于中国道路的探索相比,显然具有完全不同的特征,即在这一时期,"社会平等奠定了中国现代化转型的基础;贤能体制选取有能力和德行的人进入政府,并以表现作为衡量政府好坏的标准;制度的有效性使得中国的制度转型比较平稳,并可能创造出新的制度形态;中性政府确保政府不受利益集团的左右,从而放开手脚采取选择性的、但有利于经济增长的政策"①。

---

① 姚洋:《中国道路的世界意义》,《国际经济评论》2010 年第 1 期。

有学者把它概括为"中国模式"。①　无论是中国革命的道路还是建设的道路,都直接转化为中国共产党强大的制度软实力。

(四)党的形象:中国共产党党员的言行和党所取得的成就塑造了良好的形象

作为中国工人阶级的先锋队,中国共产党在中国民众眼中一直具有良好的形象。原因在于,一是在革命时期,共产党员都是以天下为己任,为了中华民族的解放而抛头颅、洒热血,从而使广大民众切身地感受到中国共产党是拯救中国于水火的民族先锋队。二是在和平时期,中国共产党没有像苏共那样在内部形成一个"特权阶层"并以溜须拍马来谋取党内权位的腐败现象。相反,中国共产党的各级领导干部始终坚持立党为公、执政为民。这是中国共产党塑造自身形象和得到民众认可的最重要的方式。三是中国共产党领导中国人民取得了中国革命的胜利和在现代化建设中,把一个经济文化落后的农业国在几十年中就变成了一个经济规模世界第二的经济大国。迄今为止,世界上没有任何一个其他执政党能够做到这一点。所以说这是中国共产党良好形象最直接的塑造。此外,长期以来,中国共产党在加强自身建设方面也推行了一系列重要举措,包括党风建设、廉政建设、干部队伍建设、干部任期制,以及通过建立"党委新闻发言人制度"来推进党务公开等,都为塑造中国共产党良好形象发挥了积极的作用。

(五)话语能力:中国共产党擅于通过话语创新来化导民众

中国共产党最大的优势就在于与时俱进,在话语上也是一样,一直通过话语创新来化导群众。理论是政党最重要的话语,中国共产党的话语创新最重要的表现是理论创新。一部中共党史就是不断推进理论创新的历史。在新民主主义革命时期,以毛泽东为代表的中国共产党人,把马克思列宁主义的基本原理同中国革命的具体实践结合起来,创立了毛泽东思想,实现了马克思列宁主义与中国实际相结合的第一次理论飞跃。党的十一届三中全会以来,以邓小平为代表的中国共产党人,开辟了社会主义事业发展的新时期,形成了建设中国特色社会主义的路线、方针、政策,阐明了在中国建设社会主义、巩固和发展社会主义的基本问题,创立了邓小平

---

① 近年来,有关"中国模式"的讨论很热,而且不同的观点都有不少的研究成果。关于中国模式的讨论参见胡键:《争论中的中国模式:内涵、特点和意义》,《社会科学》2010年第6期。

理论,实现了马克思列宁主义与中国实际相结合的第二次理论飞跃。党的十三届四中全会以来,中国共产党人在对马克思列宁主义、毛泽东思想和邓小平理论的继承和发展的基础上,又创立了"三个代表"重要思想,取得了马克思主义中国化的第三大理论成果。党的十六大以来,中国共产党人立足于国内外形势的发展变化,不断推进实践基础上的理论创新,先后提出了坚持走和平发展道路、建设和谐世界等一系列重大战略思想。更为重要的是,中国共产党人并不是仅仅停留在理论创新上,而是把理论创新直接转化为人民群众的实践,把党的话语直接转化为人民群众的行动。所以说正是理论创新才使得中国共产党保持了生机和活力。

(六)党际关系:中国共产党领导下的多党合作是和谐党际关系的重要表现

党际和谐是中国特色政党制度的显著特点,也是中国政党制度的优势。其特点和优势体现在中国共产党领导、多党派合作,共产党执政、多党派参政。其中包括以下思想:一是共产党的领导不是用强制的手段来获得的,而是在实践中形成的。早在1940年3月6日,毛泽东在《抗日根据地的政权问题》一文中就指出:"所谓领导权,不是一天到晚当做口号去高喊,也不是盛气凌人地要人家服从我们,而是以党的正确政策和自己的模范工作说服和教育党外人士,使他们愿意接受我们的建议。"[1]二是共产党的领导"决不意味着我们党把他们当做附属的团体,决不意味着我们党可以去命令、干涉或控制他们。"[2]三是民主党派作为共产党长期合作的朋友,最重要的角色就是给处于执政地位的中国共产党提意见,对共产党实行政治监督。四是民主党派不是反对党,而是作为参政党而对执政的中国共产党进行监督和批评的。这四个方面是构建中国共产党领导下和谐政党关系的根本保证。也正是这样,在民主革命时期,中国共产党才团结各民主党派取得了新民主主义革命的胜利,并建立了人民民主政权;在社会主义建设时期,中国共产党同各民主党派建立了"肝胆相照、荣辱与共"的关系,共同朝着中华民族的伟大复兴这一目标携手并进。

---

① 《毛泽东选集》(第三卷),人民出版社,1991年,第742页。

② 李维汉:《关于民主党派的几个问题》,载《历次全国统战工作会议概况和文献》,档案出版社,1988年,第28页。

三、当前中国共产党软实力存在的问题与解决的方式

着眼于长期执政是中国共产党的政治目标,但要确保这一目标,仅仅靠处于执政地位所拥有的国家机器是不够的。执政党掌握的国家机器属于执政党的硬实力,但要维持这一硬实力,还必须借助于执政党软实力的进一步提升。从前面的分析来看,中国共产党已经拥有了强大的软实力,不过这并不意味着中国共产党的软实力已经足以支撑其执政地位之所需。相反,在软实力的诸多方面,处于执政地位的中国共产党仍然存在着一些不足之处。在当前甚至是未来相当长时期内,以下三个方面仍然是中国共产党软实力建设最为重要的内容。

一是文化资源转化为党的文化力的能力不强。前文述及,五四新文化是中国共产党诞生的文化母腹,虽然新文化是在反对旧文化的过程中建立起来的,但并非完全否定中国传统文化,而是对中国传统文化的扬弃。也就是说,传统文化仍然是中国共产党的文化母体。中国共产党要始终代表中国先进文化发展的方向,那就必须努力实现中国传统文化的现代化,使之转化为党的文化力。但是把丰富的传统文化资源转化为党的文化力,中国共产党并不是那么游刃有余。或者说,中国共产党还不擅于使用丰富的传统文化来提升自己的文化力。

二是发展模式的自主创新力不足以及它的可持续性问题制约着中国共产党制度力的提升。自主创新力不足表现为中国模式下缺乏中国的自主品牌。近年来,美国有线新闻网等媒体都频频报道认为,中国将成为下一个品牌超级大国,这显然是在有意抬高中国。不过,正如美国《财富》杂志所预测的那样,中国要发展成为品牌超级大国,至少要到 2100 年。也就是说,中国要发展成为一个创新型国家,还有很长的路要走。这就必然要涉及中国模式的可持续性问题。西方更多地认为,中国发展模式的最大特点是过度依赖投资和出口,利用国家力量掌控银行资金流向。所以从长远来看不具有可持续性。[①] 如果长期缺乏自主创新,那么中国共产党开创的

---

① See Will Hutton, *The Writing on the Wall*: *China and the West in the 21st Century*, Verso, 2007.

现代化模式无疑要受到质疑,从而稀释了中国共产党现有的制度力。

三是少数干部的腐败问题严重影响了中国共产党的形象。党的形象通过党员特别是党的领导干部来塑造。自中国共产党建立以来,每一名共产党员和党的各级领导干部都通过自己的言行塑造了党的良好形象。但是改革开放以来,少数党内干部的堕落极大地损坏了党的形象。邓小平形象地指出:"打开窗户,新鲜空气进来了,苍蝇蚊子也进来了。"自改革开放以来,中国经济快速增长的同时,党员干部腐败堕落的问题也日益突出。据"透明国际"的研究,在改革初期的1980—1985年间,中国的清廉指数为5.13,属于轻微腐败国家;但到了1993—1996年期间,中国的清廉指数降到了2.43,属于极端腐败国家。进入新世纪后,中国在透明国际的腐败指数榜上保持在3.4~3.8之间。① 进入21世纪以来,中国的腐败指数基本上在这个数据上下。这表明,尽管从严惩治和反腐败风暴席卷中国各层级官场,腐败问题只能说是在一定程度上得到有效控制,但腐败仍然是影响党的形象和国家建设的最大的因素。尽管党的十八大以来,以习近平为核心的党中央进一步强化惩治权力腐败的力度,在遏制腐败方面取得了重大成效,但当前中国最大的危险仍然是腐败。因此反腐败依然在路上。

以上三个方面是中国共产党软实力存在的主要不足之处,要有针对性地提升中国共产党的软实力必须做到:

一是提高中国共产党的文化力,就是要提升中国共产党将文化资源转化为文化力的能力,具体来说就是要提升中国共产党对传统文化进行现代化的能力。传统文化现代化,简而言之就是努力将传统文化的精华与世界先进的科学文化相结合,使之成为当代中国的精神纽带。② 特别是要使传统文化为中国现代化建设提供源源不断的动力。

二是提升中国共产党的制度力,就是要在坚持中国模式的前提下加强自主创新,使中国模式充分体现"中国创造"的巨大优势并通过创新而获

---

① 具体数据参见"透明国际"网站:http://www.gwdg.de/~uwvw。另外,清廉指数(Corruption Perceptions Index 简称 CPI)的数据来源是由一些专家学者从国际上重要、著名的调查报告中提取有关人士对各个国家腐败程度的感觉和评判数据,加以综合评估给出的分数。CPI 采用 10 分制,10 分为最高分,表示最廉洁;0 分表示最腐败;8.0~10.0 之间表示比较廉洁;5.0~8.0 之间为轻微腐败;2.5~5.0 之间腐败比较严重;0~2.5 之间则为极端腐败。

② 参见王霞林:《对传统文化现代化的再认识》,《光明日报》2005 年 3 月 36 日。

得新的动力。从中国模式来提升中国共产党的制度力，不是要在全世界输出中国模式，而是要用全球视野来说明中国模式的意义。长期以来，在中国模式的争论中，不少学者总是用西方模式作为参照物来衡量中国模式并进而否认中国模式的存在，实际上就是继续在延续着"西方中心主义"的逻辑而将对"中国模式"的认识"模式化"了。① 很显然，全球金融危机摧毁了西方模式的神话，也证明了非西方模式特别的存在，甚至可以说正是中国模式拯救了西方。

三是从严惩治腐败以维护中国共产党的良好形象。中国共产党历来重视惩治腐败。建党以来，中国共产党就根据不同时期历史任务的需要，有针对性地加强党风建设，对党内任何腐败分子都严惩不贷。但惩治只是最后的手段，最重要的还是在于防范。防范首先是要改革某些制度和体制，创造条件，稳健推进当代民主政治建设，使中国共产党的民主政治能够充分彰显社会主义民主政治的优越性。其次是完善党的干部任用机制，使德才兼备之才能够在党的各项事业中得到充分展露。最后要进一步完善党的干部的选拔机制，通过民主测评、财产申报、家属从业申报、职务述廉、任期制、离任审计、问责制等使党的各级干部既能够在制度内外两种监督之下得到重用，又能在自己的职位上充分发挥才干。这是中国共产党长期执政最重要的保障。党的十八大以来，以习近平为核心的党中央在全面深化改革的过程中，不断强化党的制度的重要性，通过制度来约束领导干部的权力，也就是要把"权力关在制度的笼子里"②。全面实行从严治党，坚决遏制腐败现象滋生蔓延的势头，用制度做保障，使党员干部不敢腐败。③

第四节　中国国际传播力研究

中国的和平崛起不仅需要坚实的硬实力基础，更需要强大的软实力做后盾。国际传播能力是国家软实力的重要内容，是一个主权国家所具有的

---

① 参见胡键：《用全球视野理解中国模式》，《光明日报》2010 年 12 月 19 日。
② 《习近平谈治国理政》（第一卷），外文出版社，2014 年，第 388 页。
③ 同上，第 166 页。

一种特殊能力,它包括政府和民间拥有的传播能力的总和,更是一个主权国家为实现和拓展国家利益在国际范围内进行信息交流的能力和效力。国际传播能力的大小折射出一国综合国力的大小。在信息技术高度发展的当今时代,谁的传播手段先进、传播能力强大,谁的思想文化和价值观念就能更广泛地流传,就能更有力地影响世界。因此,加强国际传播能力建设,提高国际传播水平和提高自身引领国际舆论的能力,对于塑造一个崛起大国良好的国家形象,消除国际社会对它的不理解、曲解、误解等具有重要意义。

一、国际传播能力评估指标

文化是传播的同义语,二者在很大程度上是同构、同质的,特别是在经济全球化、政治多元化和文化传播国际化的态势下,文化的竞争其实就是传播能力的竞争。传播能力的大小决定了文化竞争力的大小。关于如何衡量一个国家的国际传播能力,目前国内外学界研究得较少。国内仅有的文献是胡鞍钢和张晓群的 2 篇文章,他们设计了一个国际传播的指标体系,提出了图书出口额、国际广播语言数、全球电视受众数和互联网站数四个衡量指标。[①] 但该指标体系有其缺陷。比如,在这一指标体系中,传媒经济仅指广告收入和收看、收听人数,这远不能说明一个国家的传媒经济;图书出口数额在一国文化产品对外贸易中仅占非常小的一部分,以它作为衡量传媒经济的指标涵盖面不足,文化对外贸易还应包括期刊、报纸、音像制品、电子出版物、电影、电视、软件以及相应的版权贸易等;国际广播语言数在媒体多元化的今天只涉及国际传媒能力的一部分,更多的如国际电视语言数、网络语言数等不应被忽视;而且国际广播语言数所揭示的是全球受众数,它与后一指标全球电视受众数是同一内涵的不同方面,都指传媒的覆盖面。此外,互联网站数并不能真正显示一个国家的国际传播能力,因为在网络语言被英语充斥的情况下,非英语国家互联网站数越多,该国

---

① 参见胡鞍钢、张晓群:《中国传媒迅速崛起的实证分析》,《战略与管理》2004 年第 4 期;胡鞍钢、张晓群:《国际视角下中国传媒实力的实证分析》,《清华大学学报》(哲学社会科学版)2007年第 3 期。

的民众反而受外来传媒的影响越大。总之,用上述四个指标来衡量一国的国际传播能力是欠科学性的。黄旦和屠正峰的文章也对该指标系统提出了质疑。①

　　笔者将一国的国际传播能力(Power of International Communication)定义为一个国家的媒介信息到达国际受众并实现相应的国家利益的能力(Capacities)。衡量这种能力可用以下三个指标:

　　第一个指标是传媒基础。媒介信息要到达受众,必须有传媒基础。这里所指的传媒基础不是指国内所拥有的电话主线数、移动电话数、互联网主机数、邮局数,这些一般用来衡量一国的国内传播能力。衡量一国国际传播能力的传媒基础主要指国际传媒机构,如澳大利亚默多克新闻集团、美国在线-时代华纳、法国威望迪环球集团、德国贝塔斯曼等。也就是说,只有进行对外传播的传媒机构才能构成国际传播能力的物质基础。

　　第二个指标是传播经济。这是一个综合指标,包括图书、期刊、报纸、音像制品、电子出版物、电影、电视、软件以及相应版权等的出口总额。上述文化产品的对外贸易总额反映了传播经济的大小。当然,严格来讲,传播经济还应包括相应的广告收入,但这项收入很难确定它是否发挥了国际传播的作用。所以笔者所指的传播经济不含广告收入,用文化产品的对外贸易额和传媒产业总产值两个指标来衡量传媒经济的大小。

　　第三个指标是传播效果。这是一个较难进行定量分析的指标。因为衡量传播效果的好坏程度主要看受众的反应,但受众的反应很难用某一个具体数据来测算。当前,衡量国际传播效果最直接的手段是,一国传媒机构的话语制造能力和外界对该话语的反应,以及测算的一个重要指标——国际直播率,即一国传媒机构是否能够面向整个国际社会进行直播本国的突发事件、政治事件等。虽然国际直播率(即单位时间内一国的国际传播机构有多少次进行国际直播)可以进行量化统计(如电视可用收视率表现出来,网络媒体可用点击率表现出来),但还有大量的传播机构是没有办法进行这种量化统计的。不过有一个数据是可以确定的,那就是用国际传播机构所拥有的受众数来确定其传播范围,并用这些数据来体现一国的传播

　　①　黄旦、屠正峰:《也谈中国的传媒实力》,《新闻记者》2006 年第 1 期。

效果。

国际传播能力所涵盖的内容非常丰富,仅用传播基础、传播经济、传播效果这三个指标来进行估量无疑仍存在着某些缺陷。例如,这里仅仅分析了国际传播机构的传播能力,而实际上某些特殊的人包括驻外人员、一国移居海外的人员等也能发挥国际传播的作用,甚至其作用有时非常大,但这里没有办法进行测量。笔者仅探讨构成一国最主要的国际传播能力的国际传播机构所体现的国际传播能力,并不求全面。应该说,它基本上体现了一国国际传播能力的实际情况。

二、当前中国国际传播能力现状评估

近年来中国在迅速崛起的过程中,国际舆论对中国的负面评论越来越多,中国如何应对,关系到国家形象问题。中国最近已提出要加强自己的国际传播能力建设。下面笔者先就上述三个指标用国际比较的方法对中国国际传播能力现状进行分析。

首先,中国的传播基础。早在 2000 年就有研究指出,中国的传媒实力居世界第二,仅次于美国,超过了日本,远远高于英国、印度和德国,已经是名副其实的传媒大国。[①] 实际上,从传播机构来看,中国的机构数量的确不少。印刷媒体方面,《中国日报》是中国进入西方主流社会的报纸,许多国家的政要和商界精英都是其读者;《北京周报》自 1985 年创刊以来,一直致力于对西方国家和非洲报道中国的热点事件、经贸发展和文化生活;此外还有《今日中国》《中国画报》《人民中国》等英文、日文报刊也是中国国际传播的重要平台。根据世界期刊协会的有关信息,中国现有 26 种社科期刊在世界期刊 500 强中排名在前 50 名,有 120 种科技期刊被列为国际科技界有影响的期刊。目前,《女友》《知音》《中国石油》《家庭》和《中国烹饪》5 家期刊已经将办刊业务拓展到海外。[②] 广播传媒方面,中国国际广播电台是世界三大国际广播电台之一,被海外听众称为是"了解中国最迅

---

① 参见胡鞍钢、张晓群:《中国传媒迅速崛起的实证分析》,《战略与管理》2004 年第 4 期。

② 参见刘继南、何辉等:《中国形象——中国国家形象的国际传播现状与对策》,中国传媒大学出版社,2006 年,第 244 页。

速、最快捷、最有效的途径"。电视方面,中国中央电视台国际频道(1992
年开播)、英语频道(2000 年 9 月开播)、上海东方卫视等设有向海外观众
传递中国文化的卫星电视。电影方面,中国目前有 3 个电影专业频道,即
中央电视台电影频道(CCTV - 6)、家庭影院频道(CHC)和面向北美市场的
中国电影频道(CMC)。此外,中国还有专门从事国际新闻传播的网络媒
体,如新华网英文版、中国新闻网英文网站,以及央视九套国际网站、央视
四套网上直播等,成为中国传统大众传媒与网络结合的新兴国际传媒。这
些机构在传播中国形象、扩大中国文化影响等方面都发挥了非常重要的
作用。

但是说中国是传媒大国,其传播能力主要体现在对内传播能力上,与
世界主要大国相比,中国的国际传播能力是非常弱小的。从产业结构和主
营业务来看,西方传媒集团都是立体形的。例如,美国在线-时代华纳集团
麾下分为两大产业群:媒体和通讯集团(下辖美国在线、时代公司、时代华
纳图书集团、时代华纳有限公司及交互视频公司)和娱乐以及网络集团
(下辖家庭影院公司、新线影院公司、特纳广播电视网、华纳兄弟娱乐公司、
华纳兄弟电视网及华纳音乐集团),主营业务包括新闻、理财、娱乐、购物、
健康、邮件、图书、期刊等,几乎涵盖了传媒领域的所有主业务。时代华纳
很早就成功地开拓了国际市场,在全球范围内拥有了数目众多的子公司。
2001 年,美国在线与时代华纳大合并的时候,公司的收入只有 11% 来自于
海外市场,但 2002 年就迅速增加到 18% ,2005 年已经超过了 21% ,其目标
是在合并十周年的时候,公司收入的 50% 来自其国际业务。[①] 由此可见,
美国的软实力之所以能在世界产生不可抗拒的影响,最直接的原因在于美
国拥有强大的国际传播机构。美国等西方国家通过它们的国际传媒机构
向全球进行文化扩张,中国是它们的主要目标,这是中国传媒业面临的最
现实的挑战。迄今为止,时代华纳在中国的"扩张"表现为:建立"华纳院
线",合资成立影业公司;入主华娱卫视,借助"央视风云"输出数字电视节
目;联手中国本土传媒集团,进军中国互联网市场,等等。迪士尼作为一家
多元化影视娱乐公司,其最大业务是媒体网络,公司这方面的收入占总收

① 参见张金海、梅明丽编著:《世界十大传媒集团产业发展报告》,武汉大学出版社,2007
年,第 30 页。

入的 38%,其次是影音娱乐业务,收入占 28%。① 迪士尼制造的"米老鼠"热长期在中国高温不降。近年来,迪士尼在中国加大了战略拓展的力度,包括打造迪士尼"造梦"乐园、加强影视渗透(特别是迪士尼动画片)、建造迪士尼网上家园和推销迪士尼文化消费品等,2016 年迪士尼乐园更是落户上海,成为美国本土外的第四家乐园。默多克新闻集团的业务更是遍布中国传媒的各个领域,报纸如《人民日报》网络在线版;电视包括凤凰卫视中文台、星空卫视、Channel V、汉语收费电视;互动电影,如旗下 NDS 公司与四川广播电视网络公司合作推出的数字互动电视业务和互联网等。②

与上述国际传媒"巨人"相比,中国的国际传播机构仍还是个"呱呱坠地的婴儿",不仅没有覆盖传媒各个产业的"巨无霸",也缺乏向世界各国特别是西方大国实施全方位影响的传媒"巨人"。简而言之一句话,中国的国际传播基础非常薄弱。

其次,中国的传播经济。笔者用两方面的数据来分析中国的传播经济:一是中国传媒产业的总产值,二是中国文化产品的对外贸易额。从传媒产业的总产值来看,中国的传播经济正在迅速发展,其近年来的利税总额甚至超过了烟草业,成为国家第四利税产业。③ 根据中国出版科学研究所传媒研究中心与清华大学媒介经济与管理研究中心组成课题组研究撰写的《2007 年中国传媒创新报告》和国家统计局的统计数据显示,2007 年中国传媒产业的总产值为 4811 亿元,比 2006 年增长 13.6%,2008 年进一步上升到 5400 亿人民币。但是与西方国家的传播经济相比,中国的传播产业规模仍非常弱小。2006 年美国传媒产业的总收入是 8576 亿美元,④中国的传播经济不及美国的 1/10;甚至西方国家的一家传媒集团的经营收入就接近或超过中国传媒全部收入的一半。例如,美国在线-时代华纳2005 年的总收入是 424 亿美元,2006 年是 442 亿美元,都超过了中国传媒

---

① 参见张金海、梅明丽编著:《世界十大传媒集团产业发展报告》,武汉大学出版社,2007年,第 45 页。
② 参见姜飞主编:《海外媒体在中国》,中国文联出版社,2005 年,第 18 页。
③ 参见常永新:《我国传媒集团发展现状分析》,《广西社会科学》2003 年第 2 期。
④ 参见崔保国主编:《中国传媒产业发展报告(2007—2008)》,社会科学文献出版社,2008年,第 405 页。

全部收入的一半。① 2008 年,在线-时代华纳的总收入已经上升到 466 亿美元,新闻集团 286.5 亿美元,贝塔斯曼 256.75 亿美元。②

最后,中国国际传播的效果。从社会传播学来讲,传播效果是指媒介信息对受众的影响,而不是指媒介信息对受众面(数量和范围)的影响。也就是说,当受众对特定媒介信息做出某种反应,这就是传播效果。国际传播一般不考虑受众会做出什么反应,而更多考虑媒介的信息能够拥有多少受众,以及这种信息在全球覆盖了多大的范围。特别是当传播效果被用来指媒介功能的发挥程度时,传媒制造的信息量、受众的数量和覆盖的范围就是最好的测量指标。③

从传媒的信息制造能力来看,世界四大通信社美联社、合众国际社、路透社、法新社每天发出的新闻量占据了整个世界新闻发量的 4/5;传播于世界各地的新闻 90% 以上由美国等西方国家垄断;西方 50 家传媒跨国公司占据了世界 95% 的传媒市场。美国控制了全球 75% 的电视节目的生产和制作,许多第三世界国家的电视节目有 60% ~ 80% 的栏目内容来自美国。以新闻社来比较,英国路透社每年以 18 种语言发布有关全球 209 个国家或地区的新闻消息 250 万条,平均每天近 7000 条。而中国新华社每天播发的文字稿件不到 600 条,中国新闻社每天不到 100 条。④ 也就是说,中国两家新闻社的日均发稿量还不到英国路透社一家的 1/10。可见,中国传播机构的信息制造能力非常有限。

从国际受众数量和覆盖范围来看,中国传媒机构也处于绝对弱势。以中央电视台第四套和第九套为例,央视四套虽在亚、非、拉美、北美、欧洲和大洋洲的许多国家和地区都实现了全频道或部分节目的落地播出,但它的服务对象主要是华人、华侨,语言是汉语,因而对非华人、非华侨和不懂汉

---

① See Time Warner Inc. reports for 2006 full year and fourth quarter, http://www. ir. timewarner. com/downloads/4Q06earnings. pdf.

② 参见《2008 年财富全球 500 强中的娱乐产业公司》,http://www. mofcom. gov. cn/xglj/500fg2008/500fg200802. shtml.

③ 关于传播效果的定义,学术界还存在许多争论。有关该概念的不同解释和对传播效果的详细分析参见[美]詹宁斯·布莱恩特、苏珊·汤普森:《传媒效果概论》,陆剑南等译,中国传媒大学出版社,2006 年;周鸿铎:《传播效果研究的两种基本方法及其相互关系》,《现代传播》2004 年第 3 期。

④ 参见明安香:《传媒全球化与中国崛起》,社会科学文献出版社,2008 年,第 63、100 页。

语的人影响非常有限。央视九套虽是英语频道,并以英语国家的观众为主
要对象,但它缺乏自己的特色栏目,更缺乏品牌栏目,因而其国际受众也非
常有限。传媒集团的受众和覆盖范围与它在全球的投资股份有关。在全
球不同地区的投资领域越多,其受众数量和覆盖范围就越大。中国没有一
家传播机构能够在全球各个地区和各个领域同时投资,而西方大型传播机
构无论是在地区分布上还是在领域分布上都是全方位的。以新闻集团为
例,据不完全统计,新闻集团新世纪初在亚洲地区投资包括:卫视集团
(STAR,100%)、凤凰卫视有限公司(包括凤凰卫视中文台、凤凰卫视电影
台、凤凰卫视咨讯台,37.6%)、天津金内地发展有限公司(60%)、ESS(包
括 ESPN 亚洲频道和 STAR 体育频道,50%)、CHANNEL V 音乐台
(87.5%)、国家地理频道(50%)、VINA 电影台(50%)、亚洲体育集团
(20%)、今日亚洲有限公司(50%)、亚洲节目贸易私人公司(50%)、SITI
有线电视私人有限公司(50%)、新闻集团日本广播公司(80%)、天空娱乐
公司(50%)、天空电影公司(50%)、天空完美电视(8.1%)、北京笔电新人
信息技术有限公司 CHINA BYTE(70%)、NDS 科技(北京)股份有限公司
(79%)、中国网通有限公司(12%)、网易(8.5%)等。[①]

综上所述,中国目前的传播基础非常薄弱,由此导致中国传播经济非
常弱小,传播的国际受众数量少、覆盖的有效范围不大。因此,总的判断是
中国的国际传播能力还处于幼年阶段,全球传媒格局仍然处于"西强我
弱"局面,西方传媒掌握了绝对的制信息权。[②]

三、当前中国国际传播能力对中国崛起的影响

从上面的实证分析可以看出,中国的国际传播手段相对简单,传播机
构的覆盖面有限,传播载体相对落后。客观地说,这与中国经济社会发展
水平和中国国际地位是极不相称的。中国国际传播能力的这种状况会对
中国的崛起产生不利影响。

---

① 参见郑小伶:《默多克摸到"中国石头"?》,《21 世纪经济报道》2001 年 11 月 13 日。
② 参见胡建红:《中国传媒 30 年之变与不变》,http://www.scio.gov.cn/cbll/cmll/200812/t244878.htm。

　　首先,中国国际传播能力弱小,就无法向国际社会推介一个真实的中国。中国传统观念认为,"有麝自然香,何必当风扬",认为好的一面是不需要张扬的。然而在信息时代,沉默不再是金,酒香也怕巷子深。中国过去40年改革开放所取得的成就以及中国现代化建设所开拓的现代化模式如果没有自己的传播机构来宣传和推介,在外部世界看来就意味着中国缺乏足够的自信,不敢宣传和推介。而中国所创造的发展奇迹如果仅靠西方媒体来报道,往往欠客观且存偏见。例如,《华尔街日报》曾发表社论诬蔑北京奥运会是"种族灭绝的奥运会",并呼吁通过抵制北京奥运会向中国施加压力。① 类似的报道在北京奥运会前在西方的主流媒体上,如路透社、美联社、法新社等可以说是屡见不鲜。中国主流媒体虽然有声音,但在西方的各种噪音之中显得非常微弱,不足以澄清是非。又如,关于西藏问题。实际上自1949年以来,中国政府在保护西藏文化、发展西藏经济、促进西藏全方位发展等方面都取得了巨大成就。②

　　遗憾的是,中国自己的媒体在对外宣传西藏成就方面声音同样微弱。相反,几乎整个世界充斥的声音是:"中国在西藏推行的政策是灭绝西藏文化、剥夺藏人宗教自由等。"③更严重的是,一些西方媒体存在着意识形态偏见,报道中出现妖魔化中国的倾向。例如,每次中国"两会"结束后,西方特别是美国的主流媒体就爆炒"中国军力威胁论"。2009年,美国《华盛顿邮报》《纽约时报》等主流报纸曾连续刊登有关中国军力发展的报道,并认为中国军队将给美军协防台湾增加难度。这种看法恰恰与美国五角大楼随后出台的"中国军力报告"的内容大致相似。④ 又如,随着中国的迅速崛起,中国与非洲的关系越来越紧密,西方主流媒体也迅速大肆炒作"中国

　　① See The 'Genocide Olympics', *The Wall Street Journal*, March 28, 2007.

　　② 关于新中国成立后西藏在各个方面所取得的成就,详见中华人民共和国国务院新闻办公室:《西藏民主改革50年(白皮书)》,2009年3月2日。

　　③ Olympic Shame:China Risks Turning the Games into a Showcase of Repression, *The Washington Post*, March 26, 2008.

　　④ See Annual Report to Congress: Military Power of the People's Republic of China 2009, http://www.defenselink.mil/pubs/pdfs/China_Military_Power_Report_2009.pdf.

新殖民主义论"①,指责中国与非洲发展关系是为了石油和自然资源;②"中国在非洲的投资活动与能源和其他高价值稀缺产品紧密相关"③。而实际上,中国正努力帮助非洲解决贫困和发展问题。中国在 2006 年中非北京论坛期间宣布免除了非洲国家巨额债务,2007 年 5 月又宣布将在 3 年内向非洲提供 200 亿美元用于基础设施建设和贸易融资。④ 中国在苏丹的达尔富尔地区除提供衣物、生活用品、建材和水箱之外,仅 2007 年就帮助该地区打了 46 眼水井,建了 120 所学校。⑤ 苏丹的石油工业也是在中国的帮助下发展起来的。西方媒体在这方面的评论显然是持双重标准的:把西方企业对非洲投资贸易说成是传播自由市场与平等理念,而将中国企业在非洲经济活动描绘成"掠夺"资源、破坏环境。⑥ 更为严重的是,党的十八大以后,中国先后免除了非洲及其他欠发达国家大规模的外债,但西方却没有看到中国所做的这一切,反而对中国的"一带一路"倡议持怀疑的态度,甚至认为中国在推行"新殖民主义"。由此可见,中国国际传播能力弱小严重制约了中国国家形象在国际舞台上的正面展现,在这种情况下,西方传播机构对中国的负面报道就成为国际舆论的主流。⑦

其次,中国国际传播能力弱小,无法对国际舆论的某些负面报道予以"纠偏",导致中国的负面形象在西方传媒的渲染之下具有放大效应。中国在过去 40 年的改革发展中既取得了巨大的成就,也存在不少问题,但西方主流媒体却往往专注于中国的问题,尤其喜欢在中国的人权、民主、人民

① Joshua Eisenman & Joshua Kurlantzick, China's Africa Strategy, *Current History*, May 2006, pp. 219 - 224; Dianna Games, Chinese the New Economic Imperialists in Africa, *Business Day*, February 21, 2005.

② See Stephanie Giry, China's Africa Strategy, Out of Beijing, *New Republic*, November 15, 2004, pp. 19 - 23.

③ Bates Gill, Chin-Hao Huang and J. Stephen Morrison, Assessing China Influence in Africa, *China Security*, Vol. 3, No. 3, Summer, 2007, p. 5.

④ See Penny Davies, *China and the End of Poverty in Africa*, Sundbyberg: Diakonia, 2007, p. 18.

⑤ 参见刘鸿武、李新烽主编:《全球视野下的达尔富尔问题研究》,世界知识出版社,2008年,第181~182页。

⑥ See Joshua Kurlantzick, Beijing's Safari: China Move into Africa and Its Implications for Aid, Development, and Governance, *Carnegie Endowment for International Peace*, November 2006, p. 1.

⑦ 事实上,西方传播机构对中国的负面报道远远多于对中国的正面报道。关于这方面详细的情况参见刘继南、何辉:《世界镜像——世界主流媒体中的中国形象》,中国传媒大学出版社,2006年。

币汇率、军事力量、对外投资、全球气候变化、能源、粮食等问题上做文章，进行了大量负面报道。以美国《时代》周刊为例，这是一家对中国报道相对客观的杂志社，但是在被抽查的 251 篇有关中国的文章中，负面报道占 31%，正面报道只占 5%；对中国政府和领导人的报道，负面占 39%，正面只有 3%；关于中国人权方面的报道，负面报道占 81%，正面报道为零；关于中国经济和法律的报道，负面的占 56.8%，正面的占 4.5%；对中国医疗卫生制度的报道，71% 是负面的，4% 是负面的。① 在西方主流媒体的"符号暴力"之下，对中国的妖魔化就难以避免，"中国威胁论"也正是在西方主流媒体对中国负面报道的长篇累牍之下而甚嚣尘上。在这种情形下，中国自己的国际传播机构向世界说明一个真实的中国就显得非常必要，既要做到报喜，也要善于报忧。然而中国传播语境与政治宣传语境的高度一致性表面看是强化了中国的主流声音，但实际上却使得国际社会对中国传播机构传递信息的真实性产生了持久性怀疑。② 媒体应该是塑造国家良好形象的工具，对负面形象"正名"的手段，但中国媒体传播能力弱小，不仅无力回应西方媒体对中国的负面报道，反而由于传递信息的真实性受到怀疑而使中国形象进一步受损。也就是说，通过中国自己媒体传播出来的中国形象往往被国际社会曲解和歪曲。

再次，中国国际传播能力弱小，无力回应外部对中国形象的攻击，导致崛起的中国成为西方媒体抨击的对象。自 20 世纪 90 年代以来，中国崛起的速度和进程都在不断加快，与此同时，西方媒体指责中国的声音也随之不绝于耳。自 1992 年美国传统基金会刊物《政策研究》秋季号刊登《觉醒的巨龙：亚洲的真正威胁来自中国》一文以后，所谓的"中国威胁论"就一直在中国发展的进程中时不时地泛起一些沉渣来，并进而演绎出不同"威胁论"的版本，包括所谓的"中国经济威胁论""中国军事威胁论""中国文明威胁论"等。与此同时，在有关发展的具体领域内，"中国能源威胁论""中国粮食威胁论""中国人口威胁论""中国环境威胁论"等也从西方各主

① 刘继南教授的课题组考察了西方的主流媒体《纽约时报》《时代》周刊、《泰晤士报》《经济学家》《费加罗报》《法兰克福报》《读卖新闻》和《国家报》八大媒体有关中国报道的情况，笔者只是引用了有关《时代》周刊的报道分析数据。更详细的分析参见刘继南、何辉等：《镜像中国——世界主流媒体中的中国形象》，北京传媒大学出版社，2006 年。

② 参见张昆：《国家形象传播》，复旦大学出版社，2005 年，第 65 页。

流媒体中不断扩散出来。然而面对西方媒体对中国形象的"狂轰滥炸"，中国媒体要么是沉默，要么是不会说理而失语，或者因宣传色彩太浓而缺乏足够的说服力。一国国际形象的优化可以通过两种方式来实现：行动和传媒。西方因意识形态的偏见而对中国的对外行为方式产生各种各样的曲解，因此中国传媒在优化中国国际形象方面就有着不可推卸的责任。然而中国弱小的国际传播能力却不足以承担优化中国国际形象的重任，从而导致被西方歪曲了的中国形象长期得不到修复。中国崛起过程中挨骂的情形也就不可避免地时有发生。

四、提升中国国际传播能力的思考

中国的崛起是全方位的，硬实力的崛起只是一个方面，只有在硬实力崛起的同时，软实力也会随之崛起，中国的崛起才能跳出大国兴衰的"历史周期律"。软实力的核心要素是文化，文化复兴的内容虽然非常丰富，但在传播全球化的当今时代，传播是扩大文化影响力最重要的手段。因此，增强中国软实力，最关键的就是要全力提升中国的国际传播能力。

一是要构筑牢固的传播基础，打造中国自己的传播"航空母舰"，用自己的传播机构向国际社会传播中国的信息。在中国崛起过程中，国际社会中的"中国影响""中国因素""中国作用"等在不断增多，国际社会对有关中国的信息需求也不断增加。但目前这方面的信息大多不是中国传播机构发出的，基本上都是西方媒体从中国"倒卖"出去的。因此存在着严重的失真现象：要么是有意歪曲，要么是因传送渠道问题而被"污染"，而网络的广泛应用进一步增强了信息的失真现象。因此，对中国来说，最迫切的就是要建立自己强大的国际传播机构。中国和绝大多数发展中国家一样，传播产业起步较晚，传播基础薄弱，不仅传播产品的流通存在着巨大的不平衡性，而且信息流也存在着巨大的位势差。联合国教科文组织的市场调研表明，在全世界跨国流通的每100本书籍中，有85本是从发达国家流向发展中国家的；在跨国流动的每100小时的音像制品中，有74小时的制品是从发达国家和新兴工业国家流向发展中国家的；在跨国流动的每100套电脑软件中，有85套是从发达国家和新兴工业国家流向发展中国家的，等等。① 由此可见,建设强大的传播基础以便为国际社会提供有关中国的真实信息,既是为了满足国际社会对中国信息的需求,也是为了让国际社会能够充分地了解一个真实的中国。

二是在传播形式上要内外有别,少一点宣传色彩,多一些说理的内容,使中国传播机构发出的信息能够令国际社会信服。这是掌握舆论主动权的关键。长期以来,由于我们强调"宣传有纪律"。因此对内传播是官方语言,对外传播也一样是讲官方语言、发官样文章。从对内传播来看,官方语言是必要的,主流意识形态需要通过媒体传播,只有这样,媒体才能成为国内舆论的引导者,从而使社会不会丧失正确的价值取向。但是从对外传播来看,任何说教式的宣传不仅不能起到正面作用,反而会让受众听而生厌。对外传播如果片面强调"宣传有纪律",试图以对中国自己的传播媒体设置路障的方式来抵制来自外部的影响,从而达到保护自己的主流传播产品的目的,往往会事与愿违——交流的阻滞最终会导致思想的贫乏,也会导致外部的误解。因此,从这一角度来看,对外传播业需要解放思想,不能说教与灌输,而是要用充分且可信的事实说理把真实的中国传递给国际社会。

三是在传播内容上要善于制造话题,而不是一味地应对西方传媒机构制造的话题。这是引导国际舆论能力的体现。这实际上就是要切实提高中国传播机构的话语能力。传播机构的话语能力来自于两个方面:一方面是在具体的突发事件上,信息传递要及时准确、公开透明。信息准确是话语能力的物质性来源,没有准确、真实的信息,即便是第一个报道某个事件而暂时获得了话语能力,也会在真相被识破后很快失去话语能力;信息透明是话语能力的"合法性"来源,信息不透明,有意制造神秘感,就很难令人信服。中国在这一方面既有教训也有经验。另一方面是在战略问题上,要有战略眼光和宏观思维,特别是为中国自身制造话语,就更加需要中国的传播机构要站在中国发展的前头,对中国的发展要有前瞻性的判断。在这一方面,中国的传播机构还有很多东西要向西方同行学习。到目前为止,国际上有关中国的话语和话题无论是积极的还是消极的,大多数的话

---

① 参见姜飞主编:《海外传媒在中国》,中国文联出版社,2005年,第93页。

语和话题都是西方制造出来的,如"中国威胁论""中国崩溃论""北京共识""中国责任论""中国信心论"等,有的直接就是由西方的媒体说出来的。为什么它们能提出来,而我们的媒体却提不出来呢? 一个很重要的原因就是,中国自己的媒体总是跟在中国发展的步伐之后。传播并非只是"事后报道",传播还具有事前制造话语和话题并加以引领的功能,而后一种功能的效果比前一种要大得多。

四是在管理体制上要不断创新,特别是政府要履行好传播管理职能。长期以来,由于各种传播载体,特别是图书、期刊、报纸等在相当大程度上承载着对内、对外宣传的职能,政府不敢放手交给市场,担心市场"办传播"会导致它们的内容超出主流意识形态的所划定的范围而失控,因而政府不得不自己承担起"办传播"的职能,结果不仅传播市场很难培育起来,而且传播的内容也简化到完全等同于宣传了。传播管理体制的创新就是要把政府过去"办传播"的职能转变为"管传播"的职能,从而使"办传播"成为传播市场主体的市场行为,政府则应专注于宏观的管理和指导。

五是在营销形式上要以提升传播产业的国际竞争力为目标,实施"走出去"战略。企业的核心竞争力是品牌,品牌是制胜的关键。西方的传媒"巨人"都拥有自己的核心品牌,如时代华纳拥有《时代》周刊、CNN、华纳兄弟等一系列文化品牌等。因此,中国的传播机构要"走出去",首先要有自己的品牌,要加快品牌的创新步伐。在品牌创新的基础上,还要加快传播产业的业态创新。客观地说,中国目前已经有了传播产业的各种业态,如书报刊出版、印刷和发行业,文化艺术业,广播电影、电视业,文化娱乐业,广告业,等等。但是中国还没有综合性、多元化经营的传播业态。西方的主要传媒,如时代华纳、新闻集团、迪士尼、维旺迪、贝塔斯曼、索尼等走的都是综合性、多元化的发展之路,其主营的业务一般都涵盖了新闻、理财、娱乐、购物、健康、邮件、图书、期刊、版权等。这些传媒"帝国"的成功,无疑是中国传播产业业态创新的可取之路。

第五节 中国文化竞争力研究

建设一个与经济大国地位相匹配的文化大国,是未来中国参与国际竞争的核心任务之一。而21世纪，国与国之间的文化竞争日渐成为国际竞争的核心。因此，增强中国文化竞争力就成为中国在21世纪现代化建设的一项重要任务。要做到这点，就需要准确理解文化竞争力的内涵，对中国文化竞争力做出一个客观的评价，正确认识中国文化竞争力当前所具有的优势和劣势，认清建设中国文化竞争力的机遇和挑战，从而最终寻找到增强中国文化竞争力的路径。

一、文化竞争力：概念、总体评价和发展必要性

当我们论及文化竞争力时就必然要谈到文化软实力这个概念，而文化软实力则是源于奈的软实力。奈不仅提出了"软实力"这一概念，而且还指出文化（在能对他国产生吸引力的地方起作用）、政治价值观（当它在海内外都能真正实践这些价值时）及外交政策（当政策被视为具有合法性及道德威信时）是软实力的三个来源。[①] 中国语境下的文化竞争力是奈的软实力概念的"中国化"表达，不过二者之间实际上存在着很大的差别。正是由于文化竞争力是中国化的学术概念，中国学术界近二十年来的研究也是大相径庭的。不同的学者从各自的学科出发对文化软实力进行了阐释，形成了对文化竞争力的不同理解。

（一）文化竞争力的概念

一种观点认为，文化就是软实力，因而也就是文化竞争力。这种观点在20世纪90年代初引入奈的软实力概念时比较流行。第二种观点把政治价值观视为文化的一部分，并认为政治价值观也可以直接转化为文化软实力，进而转化为文化竞争力。这样，文化软实力就带有鲜明的国家意识形态属性。[②] 第三种观点认为，文化软实力主要表现为文化竞争力，或者

---

① 参见［美］约瑟夫·奈：《软力量：世界政坛成功之道》，吴晓辉、钱程译，东方出版社，2005年，第11页。

② 参见贾磊磊：《国家文化软实力的主要构成》，《光明日报》2007年12月7日；福建省社科联课题组：《提高国家文化软实力》，《东南学术》2008年第2期。

说文化竞争力等同于文化软实力。①

　　笔者认为，文化竞争力是一种文化软实力，在大多数情况下确实可以等同于文化软实力。这是因为文化竞争首先表现为文化产业的竞争，文化产业是文化的生产、交换、消费进入市场体系，由市场调剂的产物，包括从事文化产品生产和提供文化服务的经营性产业。同时，文化竞争也表现为文化价值的竞争。文化价值观是民族文化、民族精神的核心，是民族向心力、凝聚力的支撑点，因而是一个民族生命力、创造力的源泉，也是国家、民族之间竞争的合理性根据。② 如果文化竞争表现为文化产业的竞争，那么文化竞争力明显表现为"硬化"的倾向，而且国际社会认为，中国发展文化软实力就是为了抢占国际文化市场。这在很大程度上成为外部散布"中国文化威胁论"的重要依据。但是当文化竞争表现为文化价值的竞争时，文化竞争力则完全等同于文化软实力了。因此，文化竞争力是文化产业竞争力和文化价值竞争力的综合。

　　(二)发展中国文化竞争力的必要性

　　党的十八大明确指出："文化实力和竞争力是国家富强、民族复兴的重要标志。"③这就充分显示了增强中国文化竞争力的必要性、重要性和紧迫感。同时我们还看到，这绝非单纯从文化的角度来考虑文化问题的，而是对中国社会经济发展的战略考量。而这一战略构想是不仅基于中国改革发展和现代化建设40年所取得的伟大成就及改革和发展进入攻坚阶段的现实，而且也基于中国通过改革开放已经进入国际舞台的中心区域，国际竞争的内容和态势发生了重大变化的实际。这样的现实对增强文化竞争力力提出了现实的要求。

　　第一，增强文化竞争力是提升中国经济发展质量的需要。过去的改革，从根本上解决了中国经济发展的动力问题，即通过改革，社会各种要

　　① 这方面的研究大多来自于从事文化产业研究的学者之中，他们认为，建设中国的文化软实力主要就是要通过发展中国的文化产业来提升中国的文化竞争力。这方面的研究成果参见花建等：《文化力：先进文化的内涵与21世纪中国和平发展的文化动力》，上海文艺出版社、百家出版社，2006年；田丰、肖海鹏、夏辉：《文化竞争力研究》，中国社会科学出版社，2007年，等等。
　　② 参见田丰：《论文化竞争力》，《马克思主义研究》2006年第2期。
　　③ 胡锦涛：《坚定不移沿着中国特色社会主义道路前进　为全面建成小康社会而奋斗》，人民出版社，2012年，第33页。

素、各种资源在市场与政府两种配置手段之下得以充分动员起来,并为中国经济发展做出了巨大贡献。最为突出的表现在于,中国经济增长速度一直保持着两位数的增幅,从而使中国经济规模大幅度增长,经济总量位居世界第二。但是改革开放至今并没有解决中国经济发展的质量问题和自主创新的能力问题。中国通过改革开放和现代化建设,以经济实力为主要内容的硬实力已经达到一定程度,但经济的进一步发展遭遇了新的瓶颈,走出这一瓶颈就需要提高经济发展的质量和进一步提高国家的自主创新能力。而突破口并不在经济本身之上,而是在文化之上。只有增强文化竞争力和文化软实力,才能根本解决经济发展的质量问题。在新一轮的发展中,文化特别是文化竞争力将对国家的发展起决定性的作用。

第二,文化价值竞争力表现文化价值观的竞争,也就是文化软实力的提升问题。文化软实力的提升是国民素质提升的需要。不可否认的事实是,自社会主义市场经济启动以来,社会结构状况及国民的价值观与行为方式发生了深刻的变化。社会主义市场经济使经济活动的主体成为具有独立地位的人,促使国民心理素质中的主体意识与自主意识空前增强,国民素质随着物质文明的进步而有较大幅度的提高。但由于社会转型中出现的利益分化和价值多元化,也使社会出现了一些道德和价值观方面的问题,突出地表现为心浮气躁、急功近利,诚信缺失、责任感缺乏、人与人心理距离拉大、人际关系淡漠等。虽说这并非中国国民素质整体性出了问题,也不能说是中国社会的道德严重滑坡,但至少表明国民素质在某些方面出现了一些问题。这恰恰表明,在 20 世纪 80 年代以来的现代化建设中,我们主要是抓物质文明建设并且取得了举世瞩目的成就,但我们不能用物质文明建设的成就掩盖国民道德素质有待提高的事实。众所周知,社会的现代化不只是物质的现代化,甚至可以说,中国物质文明建设的成就并非中国社会现代化的本身,而是中国走向现代化的物质条件。只有人的素质的全面提升,包括物质生活水平的提高和精神境界的提升才是社会现代化的真正含义。事实上,国民素质水平不高,已成为制约我国经济发展和社会进步的瓶颈之一。

第三,文化竞争力体现着一个国家的复兴程度和大国的成长力。只有文化的复兴才使得国家的崛起具有可持续性。这是从西方大国成长的历史中总结出来的教训。西方历史大国兴衰更替原因众多,但其中有一个原因是一样的,它们都集中全力发展硬实力,然后全面进行武力扩张,最后都没有避免崩溃的结局。虽然它们也注意文化的重要性,但西方历史大国要么信奉血腥的殖民主义文化,要么倡导反人类的法西斯军国主义文化。这就注定了这些国家缺乏持续性的成长力。

二、中国文化竞争力的总体发展状况

早在20世纪80年代,美国著名未来学家阿尔温·托夫勒就指出,随着信息时代的到来,"我们正进入一个文化比任何时候更重要的时期"①。进入21世纪以后,世界确实已经进入了一个文化竞争的时代。中国参与国际文化竞争,这是不可回避的现实。那么我们对中国文化竞争力作何总体评价呢?

其一,中国的文化资源十分丰富,但文化竞争力非常弱小。文化资源主要是指国家在历史进程中所形成的精神产品。中国文化历史悠久,且其历史发展脉络从未被打断,这种文化发展历史造就了一个文化大国的中国,也使中国文化具有其他国家文化所没有的厚重。西方学者也认为,几千年的文明史使中国文化资源有着无与伦比的优势。② 仅从历史阶段来看,中国封建社会发育之早结束之晚世界上没有任何一个国家能够相比。封建社会被视为落后的代名词那是在西方各国进入近代史以后的事,而当时封建社会取代奴隶社会却标志着人类向文明社会迈进了一大步。中国漫长的封建社会发展史积淀了丰富的文化资源。应该说,这些文化资源曾经为中国社会的发展做出了巨大贡献。但是丰富的文化资源和文化传统只是提升中国文化竞争力的基础和前提条件。只有把优秀的文化遗产激活成为文化创新的原动力,并使之通过跨国界传播,成为其他国家和国际社会的基本价值观或主流文化,那么发源这种文化的社会才能获得巨大的

---

① [美]阿尔温·托夫勒:《预测与前提——托夫勒未来对话录》,粟旺等译,国际文化出版公司,1984年,第160页。

② See Bates Gill and Yanzhong Huang, Sources and Limits of Chinese 'Soft Power', *Survival*, Vol. 48, No. 2, Summer 2006, p. 17.

软实力。① 单纯的传统文化资源的积累、堆积,很有可能是一个民族自负的历史优越感之源,其结果是丰富的文化资源成为该民族沉重的传统文化包袱。今天的中国,实际上还沾沾自喜于中华民族丰富的传统文化资源,而缺乏对传统文化现代化的紧迫感。中国往往满足于正在流行的"汉语热",以为这就是中国的文化竞争力。然而全球究竟有多少人认同汉语深层次中所包含的价值观念呢? 中国借助于政府的力量在全球设置孔子学院却面临着包括经费等诸多问题,而美国的好莱坞大片、流行乐、电视和快餐却早已实现了全球的另类统治。②

其二,中国文化品种丰富,但文化品牌严重缺乏,文化品牌的国际化程度非常低。中国文化品种繁多,不仅传统文化产品积淀多,而且当今高科技条件下的文化产品也比比皆是。这同样跟中国悠久的文化有关,也跟中华民族善于吐故纳新、敢于创新的精神有关。但是在繁多的中国文化产品中很难找到国际知名的文化品牌。虽然在进入新世纪以后,中国已经成为全球创意产品的第一生产国和出口国,但创意产业出口主要集中在文化产品制造,如工艺品加工、设计产品加工等,而核心的版权内容产品输出仍然不多,尤其是视听内容产品及版权贸易还相当匮乏。真正的文化品牌是民族的,也是国际化的,而国际化品牌的多少和品牌国际化程度的高低恰恰是检验一个国家文化软实力和文化产业竞争力的重要标志。综观我国的文化品牌发展,还存在内外失衡的现象,即文化产业总体结构仍偏重内向型,核心文化产品的国际市场开发力度不足、程度不高。③

其三,文化平台多,但很少进行文化营销。进入 21 世纪以来,中国已经认识到文化在国际竞争中的重要作用,因而加大了文化平台建设,尤其是在世界各国都在构筑新的中国文化平台,以传播中国文化,其中包括各种各样的"中国文化艺术节""中国文化周""汉语年"等,特别是遍布世界各国的孔子学院和孔子学堂,对传播中国文化发挥了重要作用。但是提升文化影响力和文化竞争力仅仅靠文化平台是不够的,还需要进行必要的文

---

① 参见王沪宁:《作为国家实力的文化:软实力》,《复旦学报》(社会科学版)1993 年第 3 期。
② 关于这方面的详细分析参见[加拿大]马修·弗雷泽:《软实力:美国电影、流行乐、电视和快餐的全球统治》,刘满贵等译,新华出版社,2006 年。
③ 参见欧阳友权、杜鹃:《我国文化品牌发展现状、问题及对策》,《黑龙江社会科学》2009 年第 5 期。

化营销。通俗地说,仅仅进入市场是不够的,要别人购买你的商品还得要吆喝。所谓"吆喝"就是营销方式。中国的各种文化平台基本上是政府或类政府在构建,很少借助于市场的作用。这样,一方面由于政府的色彩过浓而被外界视为"中国文化侵略";另一方面政府运作往往具有不可持久性,文化平台很可能就成为"烂尾工程"。

表 13　主要国家文化指标、数据

国家	价值观念		历史文化		现代文化		国际影响力		多样性	
	企业家精神	创新精神:包容性	非物质文化遗产数量	世界物质文化遗产数量	每千人拥有日报数量	福布斯2000公司排行榜上榜公司数量	国家品牌数量	文化吸引力指数	语言普及型指数	外国人占总人口的比重
中国	5.35	6.67	34	34	74.10363	136	54.83	64.05	0.009317	0.051197
法国	5.57	5.4	7	32	163.5241	63	66.96	69.69	0.111801	10.27237
德国	4.29	6.32	0	31	267.4651	53	67.62	68.51	0.018634	13.15542
印度	6.51	7.38	7	23	70.94377	61	53.41	57.52	0.254658	0.445574
韩国	6.09	6.08	10	9	296.2528	68	53.14	53.71	0.006211	1.082372
美国	7.47	6.92	0	9	193.1891	524	68.15	69.82	0.208075	13.85544
新加坡	5.9	8.29	0	0	360.7763	18	54.04	48.72	0.23913	38.74367
英国	5.3	7.07	0	24	289.7526	90	66.62	67.49	0.208.75	10.36729
俄罗斯	6.67	5.77	2	13	97.77891	28	56.39	64	0.012422	8.641127
意大利	5.01	6.7	2	41	137.1019	34	65.55	69.61	0.018634	7.379547
日本	4.15	5.49	18	12	551.2289	258	66.45	65.11	0.003106	1.713543

三、中国文化竞争力优势与劣势分析

文化竞争已经成为当前国际竞争的主战场之一。要在这场竞争中立于不败之地,首先要客观认识中国文化竞争力的优势与劣势,以及机遇与挑战。

（一）核心文化产品对外贸易状况

长期以来,中国核心文化产品对外贸易一直存在着严重的逆差。以最近四年的数据来看,根据新闻出版总署的产业发展报告,图书的对外贸易情况是:2008 年进口 8155.24 万美元,出口 3130.59 万美元,进出口比是 2.6∶1;2009 年进口 8316.65 万美元,出口 2692.03 万美元,进出口比例是 3.1∶1;2010 年进口 9402.01 万美元,出口 707.23 万美元,进出口比例是 13.3∶1;2011 年进口 11666.91 万美元,出口 3276.61 万美元,进出口比例是 3.56∶1。数据表明,中国图书对外贸易逆差扩大的趋势没有根本改变。期刊的对外贸易情况是:2008 年进口 13290.74 万美元,出口 218.13 万美元,进出口比例是 60.9∶1;2009 年进口 13661.47 万美元,出口 351.13 万美元,进出口比例是 38.9∶1;2010 年进口 12828.96 万美元,出口 423.97 万美元,进出口比例 32.6∶1;2011 年进口 13906.17 万美元,出口 573.44 万美元,进出口比例是 24.3∶1。近四年期刊对外贸易逆差虽然呈下降趋势,但逆差仍然是巨大的。报纸的对外贸易情况:2008 年进口 2615.42 万美元,出口 138.53 万美元,进出口比为 18∶1;2009 年进口 2527.15 万美元,出口 124.56 万美元,进出口比为 20.3∶1;2010 年进口 2777.61 万美元,出口 54.91 万美元,进出口比是 50.1∶1;2011 年进口 2800.18 万美元,出口 55.46 万美元,进出口比例 50.5∶1。[①] 近年来报纸的贸易逆差更是呈跳跃式上升趋势。

（二）国际教育贸易状况

中国教育贸易也存在着严重的逆差。早几年中国一年的教育贸易逆差高达 20 亿美元。从中国出国留学和来华留学的人数来看,据教育部公布的数据显示,来华留学人数 2006 年是 162695 人,2007 年是 195503 人。为落实《国家教育事业发展"十一五"规划纲要》,中国政府在"十一五"期间大幅增加中国政府奖学金来鼓励接收高层次来华留学生,今后来华的留学生人数还将进一步增多。而同期中国出国留学人数大约是 15 万人,据估计,2008 年将突破 20 万人。这就是说,来华留学人数与中国出国留学的人数大致接近。即便如此,也难以减少中国存在的教育贸易逆差。这是因

---

① 以上数据均来源于中华人民共和国新闻出版总署相关各年发布的《全国新闻出版业基本情况》,以上统计数据均未含香港、澳门、台湾地区的统计数据。

为中国学生出国留学费用高。例如,中国留学生赴英国留学费用人均约为每年 12～20 万元人民币,赴美国留学的费用约 16～20 万元人民币。与之相比,在中国读本科和语言的外国留学生,一般费用支出仅为每学年 2.1～2.7 万元人民币;读硕士和博士的费用也只有 2.7～3.2 万元人民币。由此可见,一名美国留学生在中国学习的年均费用,仅为一名中国留学生在美国的 15% 左右。

在上述优势与劣势并存的情况下,中国文化竞争力发展可以说是机遇与挑战并存的。从机遇来看,主要表现为以下两个方面:

其一,在全球化进程之下,中国文化竞争力的发展获得了世界文化资本和先进技术的支持,从而有利于优化中国文化产业发展和文化竞争力提升的投融资体制。特别是通过引进国外先进的文化成果、管理经验和科学技术,利用其全球文化市场网络,将促进中国文化产品质量和档次的提升,加速中国文化产业融入世界的进程,进而提高中国文化在世界的整体竞争力。此外,随着文化市场准入的逐步放宽,境外文化集团将在更大范围、更高层次上参与中国文化资源开发,带来新的文化产业经营理念,从大文化的角度整合产业,也有利于提升中国文化竞争力。

其二,中国有着历史悠久、底蕴深厚的传统文化和丰富的人文、自然资源,是一个有着五千年文化渊源的大国,传统文化繁星浩瀚,且在人类文明史上独树一帜。丰富的文化资源和独具特色的民族文化为中国在全球化进程中参与文化竞争和增强文化竞争力奠定了坚实的物质基础。但是全球化也给中国文化竞争力的发展带来了严峻的挑战。毕竟在中西文化对视中,中国文化目前仍然处于弱势,而西方文化在竞争中处于绝对的优势。因此,中国文化参与全球化进程注定要面对以下三个方面的挑战:

其一,文化安全面临挑战。中国文化参与全球文化竞争直接面对的是西方发达国家文化的大规模进入和渗透。西方凭借其科学技术和文化设施的优势,控制文化资源和市场,在对中国进行资本、技术、商品输出的同时,也倾销其文化和价值观。这种倾销必然对中国社会的思想观念、生活方式、思维方式造成很大冲击,从而导致国民对本民族文化的认同感和忠诚度下降,民族文化主权的内在凝聚力、亲和力也会弱化。没有凝聚力的文化就根本谈不上有竞争力。

其二,文化产业面临严峻挑战。西方文化产业技术先进、经营成熟、市场竞争力强;相反,中国文化产业起步晚、经营幼稚、市场竞争力非常弱。文化产业弱小意味着文化生产力弱小。而文化生产力则是文化竞争力的基础,没有强大的文化生产力就没有强大的文化竞争力。同时,技术落后也表明文化创造力落后,文化创造力是文化竞争力的核心。① 因此,无论是从文化生产力还是文化创造力来看,中国文化都处于极为不利的地位。

其三,中国文化管理体制自身的挑战。中国文化领域的改革相对滞后,特别是文化体制的改革可以说才刚刚启动。因此,受传统体制的影响,目前中国文化产业体制在很大程度上处在事业体制管理、财政划拨经费阶段。更为突出的是,中国文化立法滞后,许多管理以行政命令为主要手段,许多执法以红头文件为主要依据。这种体制、机制不可能适应全球文化竞争的需要。

第六节　中国话语能力研究

中国改革开放的实践开辟了一条中国的现代化道路,这条道路就是中国道路。但是中国道路从一开始就在世界上遭遇各种问题话语,一直就处于国际舆论的漩涡之中。一方面表明,国际社会十分关注中国尤其是中国现代化所取得的成就,以及中国崛起的势头;另一方面,国际社会对中国道路的问题话语也表明中国缺乏自己的话语。在中国进入国际体系中心区域以及中国对国际社会的影响越来越大的情形下,中国特别需要用中国话理论来阐释中国实践,用中国话语来阐释中国道路。所以习近平在哲学社会科学工作座谈会上的讲话中指出:"要按照立足中国、借鉴国外,挖掘历史、把握当代,关怀人类、面向未来的思路,着力构建中国特色哲学社会科学,在指导思想、学科体系、学术体系、话语体系等方面充分体现中国特色、中国风格、中国气派。"②中国哲学社会科学的重要使命之一,就是要构建

① 参见田丰:《论文化竞争力》,《马克思主义研究》2006 年第 2 期。
② 习近平:《在哲学社会科学工作座谈会上的讲话》,http://news. xinhuanet. com/politics/2016－05/18/c_1118891128_3. htm。

中国哲学社会科学的学术话语,科学地阐释中国成长道路。

一、中国道路的实践生成及其对中国话语的客观需求

    中国道路虽然形成于 20 世纪 80 年代改革开放和现代化实践中,但它与鸦片战争以来中国先进分子的民族复兴和现代化的探索历程有着不可分割的历史渊源。在这一百七十多年的历史中,实际上两种实践催生了今天的中国道路:一种是战争的实践,另一种是经济发展的实践。

    战争实践主要是指自鸦片战争以来,西方列强对中国发动的一系列战争,而中国在战争中基本上是失败者。鸦片战争,"对于中国来说,这场战争是一块界碑。它铭刻了中世纪古老的社会在炮口逼迫下走入近代的最初一步。对亚洲来说,战争改变了原有的格局。在此之前,中国是东方的庞然巨物,亚洲最大一个封建制制度的堡垒。但是英国兵轮鼓浪而来,又沿海入长江。撞倒了堡垒一壁……鸦片战争不仅是英国对中国的胜利,而且是先进的西方对古老东方的胜利"①。鸦片战争震醒了沉睡的中国社会,原本充满了文化自负感和心理优越感的中国社会,被大英帝国的坚船利炮彻底摧毁,代之而起的是困惑、震惊,乃至是整个社会的自卑感。在这种情形下,中国一部分先进分子开始思考中华民族走向何处的问题,即民主复兴的问题。对这个问题的思考首先表现为如何战胜西方。不过,他们最初也仅仅是停留在对器物文明上的反思。他们认为鸦片战争的失败在于英帝国主义"器良、技熟、胆壮、心齐"。林则徐尤其强调英国的器物文化的先进性。正如历史学家陈旭麓先生所说:"林则徐的可贵之处在于他最先拿起西方这把尺量出了中国的短处。"②林则徐认为中国要想御侮图强,必须学习西方先进的科学技术。魏源继承了林则徐"师夷制夷"的思想,他在林则徐《四洲志》的基础上完成了《海国图志》,非常详细地介绍了世界各国的地理、历史和社会的状况,比较详细地阐发了"师夷长技以制夷"的向西方学习的思想。很显然,在林则徐、魏源等看来,民族复兴在于通过"师夷长技"来达到"制夷"的目的,潜在的意思就是只要能够"制夷",

---

① 陈旭麓:《近代中国社会的新陈代谢》,上海人民出版社,1992 年,第 53 页。

② 同上,第 56 页。

那么民族复兴的使命就算是完成了，他们并没有探究中国社会落后的根源。[①] 即便是洋务派发起的洋务运动，他们倡导"中学为体，西学为用"，创办了各种近代企业，的确使中国在现代化的道路上迈出了非常重要的一步，"中国的传统发展轨迹已被打破，开始被纳入现代世界发展的大潮之中"[②]。但遗憾的是，"体""用"之间的矛盾从一开始就暴露出来，最终导致洋务运动以失败而告终。这表明仅仅在器物文化上的反思是不够的。

中国在一系列战争中的失败，以及"器物革命"的受挫，促使一部分中国人开始从制度上进行反思，认为中国的落后不只是在器物上，更重要的是表现在专制制度的落后性上。因此，以康有为、梁启超为代表的维新派主张进行维新变法，以君主立宪来代替专制政体。然而借助于处于弱势的皇帝的支持来进行变法，以及在保留封建王朝的前提下来推行宪政制度，多少有点如康有为的"大同世界"一样的乌托邦色彩。维新变法失败后，以孙中山、黄兴为代表的资产阶级革命派，主张推翻封建专制制度建立民主共和制度。虽然资产阶级革命推翻了封建专制制度，但由于民主启蒙仅限于社会的中上层，民众对革命是什么的问题并不太清楚，以至于不少人以为革命就是想要什么就是什么。因此，旧式的资产阶级革命最终失败，历史的重任就自然地落到了中国共产党的肩上。这也就意味着中国民族复兴、现代化的任务最终必须要与社会主义结合起来才能实现。在中共产党领导下，战争的实践彻底改观，不仅开辟了一条中国特色的革命道路，而且在这条道路指引下取得了新民主主义革命的胜利。这是中国道路生成的必不可少的社会历史条件。

在鸦片战争以后，中国经济发展有三个重要的历史阶段，即洋务运动时期。第一次世界大战之后尤其是指国民政府统一中国后民族经济发展的"黄金十年"，以及20世纪80年代改革开放之后尤其是90年代以来的"战略机遇期"中的二十多年。洋务运动的确在一定程度上刺激了中国经

---

① 有学者指出，鸦片战争前后，中国社会并未意识到世界已经发生了改变，仍然沉浸在传统的天下观念的迷思中，因而没有足够的知识资源和动力来突破传统的世界图式，而这不只是一种文化保守，更是一种制度惰性。参见陈廷湘、周鼎：《天下·世界·国家：境地中国对外观念演变史论》，上海三联书店，2008年，第8页。不过，笔者觉得仅仅是用"制度惰性"还不足以说明当时中国制度的本性，更确切地说，是制度的腐朽性。

② 罗荣渠：《现代化新论——世界与中国的现代化进程》，商务印书馆，2009年，第257页。

济的发展,但它的失败是促使中国社会进行制度反思的直接原因。但是后两个阶段则是在经济高速发展的时候促使中国社会进行文化的反思,即中国经济发展该走向何处,尤其是在文化上中国该持什么样的态度。

进入 20 世纪之后,中国经济发展迎来了一个发展的重要时期。这个时期虽然是在 20 世纪 30 年代,但中国文化的反思从第一次世界大战结束的时候就已经开始了。一战结束后,梁启超遍游欧洲写了一本名叫《欧游心影录》的小册子,他看到一战导致欧洲的萧条,使他感到欧洲并非十全十美,过去认为欧洲一切都是好的,中国一无是处,这根本不对。因此,他主张要有所鉴别地学习西方。① 梁启超的这种反思无疑是深刻的,甚至影响了五四新文化运动以后乃至 20 世纪 30 年代的文化论证。当然,30 年代的论战更多的是经济发展所致。因为国民政府统一中国以后,加上一战结束后,世界主要大国都处于“休养生息”时期,中国民族经济迎来了发展的“黄金十年”。② 经济的发展促使中国知识界的文化反思。因为中国知识界已经感觉到现代化不只是一个经济问题,更是一个文化问题。文化发展道路的取向在相当大程度上影响甚至决定了经济发展的路径乃至现代化道路的取向。争论中形成了以陈序经为代表的全盘西化派,以王新命、萨孟武、陶希圣、何炳松等十教授为代表的折中派,以及相当一部分以保护中国传统文化为主张的保守派。虽然是文化论战但实际上反映的是国家的现代化走向的问题。那场论战因经济发展而起,直到全面抗战爆发论战也没有真正停止。

同样是在经济迅速发展的时候,自 20 世纪 90 年代以来尤其是全面深化改革的实践更加促使中国对现代化道路进行深刻反思,从而在这二十多年里在要不要改革、要不要市场经济、怎样改革、国退民进还是国进民退等的大讨论,以及中国特色社会主义道路是否就是中国特色资本主义道路、

① 参见罗荣渠主编:《从“西化”到现代化》(上册),黄山书社,2008 年,第 3~13 页。
② 这主要是指 1927—1937 年的十年,但中国经济在第一次世界大战之前就出现了微弱的增长,但国民政府统一后的十年,中国民主经济是发展最快的十年。按照英国经济史学家麦迪森的统计,从 1890 年到 1933 年,中国人均 GDP 大约上升了 7%,平均每年大约增长 0.16%。按照西方的标准,这点增长是十分微弱的,但中国的经济结构已经发生了一定的转变。到 1933 年,现代产业部门(含制造业、矿业、电力、运输及通讯业)已经由 1890 年占 GDP 的 0.7% 上升到 5.3%。参见[英]安格斯·麦迪森:《中国经济的长周期表现:公元 960—2030 年》,伍晓鹰、马德斌译,上海人民出版社,2008 年,第 46 页。

是否就是儒家社会主义道路、是否就是民主社会主义道路、是否就是新殖民主义道路等方面发生了大论战。① 正是这些讨论、论战的结果最终彰显了中国特色社会主义道路的科学性、真理性。这些争论与论战也表明，在西方文化、西方现代化冲击之下，一百七十多年来的战争和民族经济的发展，是开拓现代化的中国道路的伟大实践，而实践的主体则是中国共产党领导下的中华民族。

二、中国话语权弱势的表现

我们不得不承认，中国现代化的步子太快，中国崛起的速度也太快，所有的实践发展都太快，以至于理论无法跟上实践，也无法解释实践，而理论的创新并非是一蹴而就的，所以中国道路的实践缺乏理论支撑的问题十分突出。而理论是话语的支撑，缺乏话语阐释的实践，也就意味着中国道路缺乏理论的确认，而没有得到理论确认的实践成果会容易丧失。② 因此，中国道路需要中国话语，这是因为：

一是中国现代化实践取得的成就需要中国话语。在众多西方学者看来，中国经济的迅速发展会导致中国基于经济实力的军事扩张，认为中国道路是一条"非和平崛起"的道路。③ 因此，中国话语需要阐释中国经济发展和现代化建设的目标在于实现中华民族的伟大复兴。

二是中国的迅速崛起需要中国话语。在西方学者看来，中国崛起的一个表现就是中国国际地位的提升，在这种情形下，中国很可能颠覆既有的国际体系。尤其是西方的权力转移理论就认为当国际体系不能为崛起国提供持续性的收益的时候，崛起国就有可能摧毁既有的国际体系。④ 因此，中国话语需要阐释中国道路是走向人类命运共同体的和平发展道路，尤其是中国崛起进程所彰显的这条中国和平发展道路表明，中国在既有国

① 详细的分析参见胡键:《理解中国的改革:当代中国社会主义现代化理论与实践研究》,学林出版社,2015 年。

② 参见张康之:《中国道路与中国话语构建》,《国家行政学院学报》2017 年第 1 期。

③ See John J. Mearsheimer, China's Unpeaceful Rise, *Current History*, April 2006, p.160.

④ 参见朱峰、[美]罗伯特·罗斯主编:《中国崛起:政策和理论的视角》,上海人民出版社,2008 年,第 385 页。

际体系中不仅是参加者而且还是积极的建设者,这将会使既有的国际体系为中国的大国成长以及世界的和平发展提供持续性的收益。三是中国与世界打交道,尤其是中国进入国际体系的中心区域需要中国话语。西方学者认为,中国是崛起国而美国是守成大国,当崛起大国崛起到一定程度的时候,就会与守成国——美国争夺世界霸主地位。① 中国话语就是要阐释崛起国将与守成国的关系如何进行科学调适,以共同维护世界和平稳定。

当前学术界往往是孤立地理解话语,所以在增强中国话语权的时候就只是用"抢占"的方式,以为多说就一定获得话语权。话语权实际上是无法直接抢占的,一个人拥有某种话语权的确与他掌握的权力有关,但一个国家所拥有的话语权要复杂得多。国家的话语权至少要建立在以下四种要素的基础上:成功的实践、理论体系、价值体系和历史知识。与之相应的是国家的实践话语、理论话语、价值话语和历史知识话语。学术界所说的中国话语权很弱,是否指上述四种话语权都很弱呢? 其实并非如此,至少可以说中国的实践话语权是比较强大的。因为从实践来看,中国的现代化实践是非常成功的,至少过去40年以改革开放为主要内容的实践是成功的。尽管也存在着不少问题,但中国的改革的确"使中国社会实现了整体性增长和社会普遍性收益"②。这让世界各国都感到中国现代化实践开创了落后国家走向现代化的独特之路。从这个方面来看,中国获得了现代化建设的实践话语权。这表现为,国际社会对中国的发展给予了广泛的关注,也有不少西方学者著书立说来阐述这种实践。例如,提出"北京共识"的乔舒亚·库珀·雷默就指出:"北京共识既涉及经济变化,也涉及社会变化。它是利用经济学和统治权改善社会,这是在由华盛顿共识推动的(20世纪)90年代未能达到的发展经济学的目标。当然,中国的发展和富强道路不能从任何其他国家照搬。它依然充满矛盾、紧张和陷阱。然而中国崛起的许多因素引起了发展中世界的兴趣。"③雷默说这话已经过去很多年了,但广大发展中国家对中国道路的着迷程度不减反增。又如,马丁·雅

---

① See John J. Mearsheimer, China's Unpeaceful Rise, *Current History*, April 2006, pp. 160 - 162.

② 胡键:《理解中国的改革:当代中国社会主义理论与实践研究》,学林出版社,2015年,第85页。

③ [美]乔舒亚·库珀·雷默等:《中国形象:外国学者眼里的中国》,沈晓雷等译,社会科学文献出版社,2006年,第289页。

克也指出："中国的成功表明,中国的国家模式注定要在全球范围内尤其是发展中世界发挥强大的影响力,由此也将改变未来经济分歧的相关条款。"①诸如此类的观点都表明中国道路的实践话语权并不弱。但是由于理论、价值和历史知识三个方面的话语权都比较弱,以至于非常强大的实践话语也被外部所解构,从而使中国施加话语的优势丧失殆尽。

中国话语权的弱势首先表现为理论话语权的弱势之上。由于中国的现代化建设不是在与世隔绝的环境中进行的,而是通过对内改革、对外开放,尤其是在全面融入国际体系之中而进行的伟大实践。更为重要的是,这种实践对于一个落后的社会主义国家来说是前所未有的。而中国关于这种实践的理论建树严重缺乏。因此在西方既有的理论面前,中国的理论尤其是关于市场经济的理论最初主要是从外面拷贝然而来的,即先移植然后再为我所用地进行修正。换言之,中国的现代化建设在理论上具有非常明显的实用主义色彩。其结果是,中国现代化的成功实践缺乏自己的原创性理论来解释。在此情形下,中国现代化发展进程中原本就不可避免地存在着一些问题,只是被经济高速发展所遮盖,当这种问题被外部的理论来阐释的时候往往就会意识形态化地人为地被夸大,从而成为"中国威胁论"或"中国崩溃论"的依据。② 与此同时,中国内部实用主义的、且碎片化的理论知识,既不能解释中国的现代化的成功实践,更无法解释中国现代化建设中难以避免的问题。于是,西方学术界就会借助于自己既有的话语优势而建构"中国问题",从而使"中国问题"产生巨大的增幅效应并在西方社会泛滥。由此可见,理论是最为重要的。理论体系是话语体系的基础,没有理论体系,也就难以构建完整的话语体系。缺乏理论支撑的话语,无论说多少都是没有说服力的,甚至被认为是诡辩。只有建立在理论之上的话语体系才能产生持久不衰的说服力。

中国话语权弱势也表现在中国的价值话语弱势上。西方各国先于中国建立起现代民族国家,也先于中国进入现代政治生活,所以西方各国也就天然地占据着现代政治价值的制高点。它们也自认为是现代政治价值

① ［英］马丁·雅克:《当中国统治世界:中国的崛起和西方世界的衰落》,张莉、刘曲译,中信出版社,2010 年,第 151 页。

② 参见黄仁伟、胡键:《中国和平发展道路与软力量建设》,《社会科学》2007 年第 8 期。

体系的创建者和传承者。中国虽然高举着科学社会主义的大旗，但当今"一球两制"的世界中，社会主义无论从国家数量还是从实力来看都处于弱势。因而中国虽然创造了不少有利于世界政治文明发展的政治价值体系，但仍然无法与处于强势的西方所创造的政治价值体系所抗衡。在这种情形下，中国的价值处境是非常尴尬的。一方面，中国要坚持中国特色，从中国传统文化中挖掘价值资源为现代化服务，这方面已经付出了不少努力，也取得了一些成就。另一方面，由于强调中国特色而对西方创造的价值持拒斥的态度，但中国却无法拒斥全球化浪潮之下所带来的巨大收益和机遇，而这一切又难以与西方创造的政治价值体系划清界限。当然，中国在坚守中国特色与融入世界价值体系之间创造了"共同价值"，这在一定程度上获得了某些价值话语权。

此外，中国话语权的弱势还表现为历史知识话语弱势。从历史知识来看，中国拥有悠久的历史，这为中国的现代化储备了丰富的历史知识和智慧，但也有沉重的历史包袱。① 即便是新中国成立后的数十年中，中国也同样有沉重的包袱。

一是国际共产主义运动的包袱，这个包袱主要是苏联共产党制造的，原本也是由苏联共产党来背负的。然而由于苏联解体、苏共垮台，这个包袱就自然地转到了中国共产党的肩上。尤其是被苏共所歪曲的马克思主义理论都需要中国共产党用时间和实践来正本清源。

二是中国共产党在社会主义建设道路上所走的弯路也产生了一些历史负担。最初，中国共产党对怎样建设社会主义毫无经验，所以只能照搬苏联模式。照搬照抄只能是死路一条，这是中国在探索社会主义道路的实践中的深刻教训。直到党的十一届三中全会以后，中国认识到走自己的路的重要性。正如邓小平所说："马克思主义必须是同中国实际相结合的马克思主义，社会主义必须是切合中国实际的有中国特色的社会主义。"②

三是中共产党自身建设也产生了一些历史包袱，尤其是类似于反右扩大化、"以阶级斗争为纲"等错误政策，以及"文化大革命"这样的极"左"路线等，都在相当大的程度上消耗了中国共产党自身的合法性资源。这也使

① 参见胡键：《中国文化软实力建设：必要性、瓶颈和路径》，《社会科学》2012年第2期。
② 《邓小平文选》(第三卷)，人民出版社，1993年，第63页。

中国共产党背负着这些历史包袱来带领中国人民实现中华民族的伟大复兴。尽管中国正走在快速复兴的路上,但历史知识的话语弱势并没有根本改变。

此外,长期以来中国着眼于内部经济建设,忽视了阐释解释经济发展和现代化实践的话语构建的"思维"工作。尽管有一些非常有限的媒体文章,但并非基于深厚的学术底蕴,而是基于现象的解释的文章。因此没有形成有力的话语,更缺乏创造性的话语,只有回应的能力,没有建构话语的能力。所谓中国挨骂之说,也就是诸如崩溃论、威胁论、强硬论、傲慢论、复仇论等,都是西方学者建构起来的"中国话语",中国学术界仅仅是回应性的话语,缺乏关于中国自己的创造性话语,因此这种回应性的话语也是缺乏力量的。

三、如何构建中国话语?

构建中国话语体系,要像习近平所说的那样,坚持以马克思主义为指导,既要体现继承性和民族性,又要体现原创性和时代性,还要体现系统性和专业性。[①] 也就是说,不能在背离马克思主义的前提下来谈构建中国话语。马克思主义是中国哲学社会科学的指导思想,当代中国哲学社会科学区别于其他哲学社会科学的根本标志,就是坚定不移地坚持以马克思主义为指导。我们必须在这样的前提下来谈构建中国话语。

第一,构建中国特色的话语体系,必须要构建中国特色的理论体系。诡辩和吹捧无法形成有力的话语体系,但当前中国学术界并没有构建话语的能力,在回应西方话语的时候要么是用缺乏现实感的历史案例来证明现实问题,因而很难有说服力;要么是用一些中国实践的成功来试图证明西方实践的错误。而这都陷入逻辑上的错误,因而其结果只会适得其反。只有理论才能产生有说服力的话语。理论是弓,话语是箭。基于理论之上的话语才能够射得更远,才不会像挠痒痒似的抓挠。理论越丰满、越深厚,话语就越有力。只有理论才能产生原创性的话语,原创性的话语才能对中国

---

① 参见习近平:《在哲学社会科学工作座谈会上的讲话》,http://news. xinhuanet. com/poli-tics/2016 – 05/18/c_1118891128_3. htm。

道路具有最大的阐释力。

第二,构建中国特色的话语体系,需要构建中国特色哲学社会科学的学科体系。话语体系的基础是理论体系,而理论体系的基础则是哲学社会科学的学科体系。构建中国特色哲学社会科学学科体系要克服既有学科体系中存在的严重缺陷。尽管中国哲学社会科学学科体系的设置是以实践的需要为依据的,例如,计划经济时代,学科体系建设就尽可能适应计划经济的需要;市场经济时代,学科体系的设置就尽可能为市场经济服务。然而这就导致中国哲学社会科学学科体系缺乏一以贯之的主脉,也缺乏历史传承性。众所周知,哲学社会科学理论最重要的是传承性,那些直接为实践服务的学科、理论是工具性的,但一个国家、一个民族不能都从工具理性出发,而抛弃哲学社会科学那种具有历史规律性的"道"。也正因为如此,中国哲学社会科学的学科体系存在着严重的缺陷。因此,习近平指出,构建中国哲学社会科学的学科体系一定要体现系统性、专业性。① 这样才有利于寻找哲学社会科学学科体系发展之"道"。

第三,构建中国特色的话语体系,需要培育中国自己的战略理论家。大国的崛起不仅需要有理论准备,②而且还必须要有理论家准备。理论家是理论体系的创立者、学科体系的构建者、话语体系的创造者。因此,基础理论研究一刻也不能或缺;基础理论研究更不能浮躁;基础理论研究不能搞短、平、快的方式;基础理论研究也不能简单地采取量化考核。战略理论家绝对不是考核出来的,而是靠坐冷板凳历练出来的。

此外,构建中国特色的哲学社会科学学科体系,要正确把握中国本土传统、国际学科前沿、哲学社会科学未来的发展趋势之间的关系,既不能复古,也不能机械地回到刻板化了的传统学科体系,更不能排斥世界上哲学社会科学的新思想、新观点,以及国际哲学社会科学的发展最新成果。构建中国特色的哲学社会科学学科体系,要善于吐故纳新,特别是对那些新的思想要在甄别的前提下采取"拿来主义"的态度。

一是要正确对待传统文化。传统文化是中国哲学社会科学的重要基

---

① 参见习近平:《在哲学社会科学工作座谈会上的讲话》,http://news. xinhuanet. com/politics/2016 –05/18/c_1118891128_3. htm。

② 参见林跃勤:《论新兴大国崛起的理论准备》,《南京社会科学》2013 年第 7 期。

础,是当代中国哲学社会科学学科体系、理论体系、话语体系的文化沃土。中国传统文化历经了几千年而不衰,而且在新的时代条件下越来越具有生命力。① 这是因为中国传统文化总是随着现实的发展而不断发展的。当然,在几千年的历史长河中,它也会受到影响,其发展的脉络也是充满了曲折的。既有文化自负的文化"夜郎主义",也有文化自卑的"虚无主义",这些对待中国传统文化都不会有正确的态度。因此,只有跳出文化自负和文化自卑的窠臼,才能真正树立中国文化的自信。

二是要正确对待当代文明的积极成果。坚守传统固然重要,但这并非是对文化唯一正确的态度。传统是基础,文化更要发展,而当代文明的成果代表了文化的最新发展状况。一个民族、一个国家必须在坚守传统的同时吸纳现代化文明成果,这样的民族和国家才具有可持续的成长力。当今科学技术的发展突飞猛进,中国有数千年的历史,但我们绝对不能总是沉浸在历史文化的天朝大国之梦中,更不能总是以"四大发明"而沾沾自喜甚至自傲。简而言之,对于文化建设,我们不能睡在祖先的功劳簿上享清福,而要不断进取、不断创新、不断融入现代文明的大潮之中。一方面要坚守传统,另一方面也要在吸收现代文明成果的同时实现传统文化向现代性的转向。②

三是要正确对待世界各国的文明成果。文化上的夜郎自大,必然会导致封闭和愚昧。世界各民族的文化发展都是在其他民族的文化交流融合之中而走到今天的,任何封闭孤立的文化必然会逐渐被淘汰。文化、文明发展的继承实际上就是一个不断淘汰的进程。一个国家只有不断汲取其他民族创造的优秀成果,才能够真正崛起为大国。拒绝其他民族、其他国家的文明成果,将会导致自己越来越落后。中国在鸦片战争的失败并非是源于经济落后,而是文化的落后。③ 长期以来,中国士大夫对西方一无所

---

① 正如梁漱溟先生所说:"历史上与中国文化若后若先之古代文化……或已夭折,或已转易,或失其独立自主之民族生命。惟中国能以其自创之文化绵永其独立之民族生命,至于今日岿然独存。"参见梁漱溟:《中国文化要义》,上海人民出版社,2005 年,第 7 页。

② 参见姚剑文:《从思想文化传统转向现实政治实践:现代民主政治发展与儒家文化传统关系的再梳理》,《人文杂志》2009 年第 11 期。

③ 根据统计研究,清朝在 1840 年鸦片战争爆发前的国内生产总值占世界经济总量的 32.9%,是绝对的第一大经济体。参见[英]安格斯·麦迪森,伍晓鹰:《中国经济的长期表现:公元 960—2030 年》,马德斌译,上海人民出版社,2008 年,第 36 页。

知,沉浸在东方的"天朝美梦"之中,以农耕文化滋养着一个日趋腐朽的帝国。然而大英帝国则在工业革命之后迈进了工业文明时代。两种不同品质的文明进行比拼,就如同两个不同量级的运动员在比赛,结果是不言自明的。今天,中国虽然崛起为世界第二大经济体,但中国仍然需要向西方学习,向其他国家学习,尤其是学习世界各国的先进文化、先进技术。科学无国界、学术无国界、知识无国界。不要以文化是来源于何处来决定是否接受它,而应该看这种文化是否处于世界潮流之前而决定是否吸收它。

总之,中国崛起所彰显的中国道路迫切需要中国话语来阐释。话语是箭,理论、学科是弓,而传统文化是沃土,当代技术文化、世界各国的优秀文化则是中国话语的外来养料。有沃土、有养料,拉弓的人才能拉出满弓,这样话语之箭射出去才有穿透力。

第四章　国际比较视野中的软实力:苏美的经验教训

在研究中国软实力的时候,我们不自觉地要联系其他一些大国在成长过程中软实力的作用。这是因为大国成长若只是以硬实力崛起为内容,那么大国成长是难以有持续性和持久力的。纯粹以硬实力崛起的国家,最终必然要走上对外扩张的道路,也最终因内部缺乏协调而陷入崩溃。有人把大国走上扩张之路与守成国之间发生冲突和战争称为"修昔底德陷阱",但笔者认为如果一个大国在硬实力崛起的同时也相应地增强自己的软实力,那么这样的国家是不会走上大国争霸之路的,也不会导致重新崩溃。也就是说,关键要解决好内部问题,而内部问题既包括硬实力的增强,也包括软实力的提升。因此,根本没有所谓的"修昔底德陷阱",反倒是存在着一个"杜牧陷阱"。杜牧在《阿房宫赋》中有一句经典的政治评论:"灭六国者,六国也,非秦也。族秦者,秦也,非天下也。"内部问题才会导致大国的崩溃。

第一节　从软实力的视角解读苏联解体的原因

十月革命过去一百多年了,苏联崩溃也已经二十多年了,但关于苏联兴亡的研究国际国内学术界一直就没有停止过。这方面的成果可以说是汗牛充栋,从内政到外交,从政治、执政党建设、经济、民族宗教到社会结构等各个领域和方面,深刻地挖掘了苏联败亡的原因。这里,笔者将从软实力的视角来解读苏联的兴亡,并认为苏联是首先拥有强大的软实力优势,然后才迅速崛起成为一个硬实力超级大国的。但在崛起为硬实力大国的进程中,苏联抛弃了曾经拥有的软实力优势,从而使得苏联在后来的硬实力提升上越来越乏力;同样,苏联的败亡也是首先从软实力的衰落开始的,软实力的彻底衰落最后导致其走向全面崩溃。在这个进程中,苏联所走的是一个倒 V 型的历史轨迹。在崛起的阶段,苏联的实力上升特别快,但很快就走下坡路,甚至仿佛是一夜之间倾覆的。

一、强大的软实力与苏联的迅速崛起

在十月革命前,俄国民众不仅抛弃了对"慈父"沙皇的忠诚,而且也抛弃了立宪民主党、社会革命党和孟什维克,最终选择了布尔什维克,从而使俄共(布)"先天性"地获得了强大的软实力优势。在俄共(布)取得政权之前到第二次世界大战结束以后,苏联的软实力迅速强大起来。它主要从以下两个方面表现出来:

一是社会主义意识形态和制度都具有强大的吸引力。马克思曾经指出,社会主义必须在发达的资本主义条件下才能建立起来。然而事实上,社会主义首先是在落后的俄国建立起来的。在马克思、恩格斯生活的时代,社会主义主要还是一种社会运动,对这种社会运动的前景尽管马克思曾经预言"资本主义必然灭亡,社会主义必然胜利",但社会主义运动究竟在什么时候取得胜利、怎样取得胜利等问题对绝大多数民众来说都还是一个未知数。因此,从 1848 年欧洲革命到巴黎公社的胜利和迅速失败,以及到十月革命前夕,关于对社会主义运动前景的争论一直就没有停止过。但是十月革命的胜利,不仅展示了俄国革命领导人的胆略与智慧,而且它还产生了一种具有"世界性影响的新的思想意识",它"深刻地影响了一战后数年世界历史的模式"。[①] 社会主义实践能够产生如此巨大的影响,恰恰表明社会主义无论是作为一种意识形态还是社会制度以及整个社会主义实践,对落后国家和被殖民国家的革命和独立运动等都具有巨大的吸引力。社会主义意识形态之所以有如此大的吸引力,原因还在于,十月革命前,俄国是一个经济文化十分落后的国家,经济文化的落后和民众生存状

---

① 参见[美]斯塔夫里阿诺斯:《全球通史——1500 年以后的世界》,吴象婴、梁赤民译,上海社会科学院出版社,1999 年,第 593 页。

况的恶化,自然也就使得民众以极其朴素的情感在自决与不自决之间,认同和接受了那一幅描绘强调实质性平等的美丽图画的共产主义意识形态;同时,沙皇的专制统治使民众更易于接受有激进色彩的、追求实质性平等的、表达终极价值与关怀的、能够迅速地对社会问题提出答案的思想观念,而共产主义意识形态恰好提供了这样的价值。[①] 由于苏联是第一个取得社会主义革命胜利的国家,因此在当时来看,世界各国对社会主义的憧憬和对社会主义制度的向往,最终都表现为对苏联这个国家的热爱与向往。

二是苏维埃体制所展现的巨大魅力迅速转化为苏联的巨大软实力。苏维埃是在 1905 年革命时期由群众自发建立的领导起义的机关,但 1905 年革命失败以后,苏维埃便停止存在。1917 年二月革命后,苏维埃又重新出现。1917 年 11 月 7 日,彼得格勒武装起义胜利的当天,召开了工兵苏维埃第二次全国代表大会,宣布"各地全部政权一律转归工兵代表苏维埃"。于是,苏维埃便从一个领导起义的群众性组织发展成为无产阶级的革命政权机关,而且是一个完全新型的国家机关。而它的最大魅力就体现在它的"新"上:它同人民保持密切的联系,它的成员不是经过官僚手续而是依民意选出和更换的,它保证能够把议会制的长处和直接民主制的长处结合起来。[②] 十月革命胜利以后,各地方苏维埃也根据宪法建立起来并发挥了积极的作用。列宁在谈到那一时期苏维埃的作用时指出:"在战时这样困难的时期,在欧洲各国几百年来制定的并已为西欧人所习惯的宪法几乎完全停止生效的时候,苏维埃宪法却在各地施行,使人民群众通过代表大会、苏维埃和代表改选等方式参加管理工作和独立解决管理事务,其范围之广,为世界各国任何地方所不及。"[③]列宁的这段话实质上反映了苏维埃体制当时情况下的巨大魅力。

三是和平外交和以"世界革命"为主要内容的国际主义,使苏俄从内部和外部都获得了能够直接转化为软实力的强大资源。布尔什维克夺取政权以后,就立即发布了《和平法令》,谴责帝国主义战争,并向一切交战

---

① 参见周尚文、郝宇青等:《合法性视野下的苏联政治》,上海人民出版社,2006 年,第 73 ～ 74 页。

② 参见王正泉主编:《从列宁到戈尔巴乔夫——苏联政治体制的演变》,中国人民大学出版社,1989 年,第 121 页。

③ 《列宁全集》(第 37 卷),人民出版社,1988 年,第 400 页。

国的人民和政府提出建议:立即就和平问题进行谈判,立即签订停战协定。当时俄国正处在第一次世界大战的漩涡之中,苏维埃高举和平大旗,不仅满足了民众对和平的渴望,而且在和平的旗号下苏俄政府与德国的和平谈判,也极大地刺激了协约国的民众。包括在和平路线下同德国签订的《布列斯特和约》,也正如列宁所说:"……在极端困难的情况下第一次大规模地利用了帝国主义者之间的矛盾,使社会主义终于占了便宜。"①不过,列宁和整个布尔什维克党都清楚地认识到,苏维埃国家和帝国主义是无法和平共处的,俄国革命的最后胜利必须依赖于世界革命。因此,"俄国革命最大的历史课题就是:必须解决国际任务,必须唤起国际革命,必须从我们仅仅一国的革命转变成世界革命"②。当时,帝国主义战争正在进行,苏俄公然提出支持世界革命的主张,这对当时处于革命低潮的欧洲革命来说,产生了巨大的精神力量,也正是受到苏俄革命形势的影响,芬兰南部爆发了革命,并一度建立了革命政府。虽然欧洲革命并没有在苏俄"唤起革命"的主张下迎来高潮,但苏俄的和平外交却使得社会主义在短短的时间内第一次取得了与资本主义的"相对均势",这种均势"虽然极不坚固、稳定,但社会主义共和国毕竟能够在资本主义包围中生存下去了"③。

关于和平外交方面,有一个典型的例子使苏联在 20 世纪 20 年代末到二战爆发前获得了巨大的外交软实力。1926 年,苏联参加国际联盟召开的裁军会议,并于 1927 年 11 月 30 日提出了内容全面的裁军建议,随后又向国际联盟秘书长递交了《关于立即全面彻底裁军的公约草案》。在遭到西方拒绝之后,苏联又提出来一项《关于裁减军备的公约草案》,详细地阐述了裁军的原则和具体做法。在当时英美法等国准备新的世界大战尤其是反苏战争的情况下,苏联主动提出全面彻底裁军,这使得苏联在外交上、舆论上和国际道义上都占据主动。④ 后来有苏联学者认为这是"人类历史

① 《列宁全集》(第31卷),人民出版社,1985年,第400页。
② 《列宁全集》(第34卷),人民出版社,1985年,第6页。
③ 《列宁全集》(第42卷),人民出版社,1987年,第2页。
④ 参见邢广程:《苏联高层君侧70年——从列宁到戈尔巴乔夫(2)》,世界知识出版社,1998年,第357页。

上第一次提出了全面彻底裁军因而也就是要消灭战争的建议"①。这是苏联最为重要的软实力资源。遗憾的是在苏联崛起为硬实力大国的时候,苏联完全把自己的这一优势抛弃了,转而同美国进行全面军备竞赛。

关于苏联兴起的原因,主流的观点认为,苏联首先是从硬实力崛起开始的。但是在沙俄时期,俄国是一个落后的农业国,十月革命胜利后,苏俄仍然十分落后,也就是说,苏俄根本没有硬实力崛起的物质基础。相反,在十月革命胜利之后,在社会主义意识形态的鼓舞之下,人们对社会主义制度的向往和热爱,以及苏维埃体制最初的组织优势,才使苏联能够迅速集中非常有限的资源进行社会主义工业化。换言之,正是在强大软实力的支撑下,苏联才取得了社会主义工业化的伟大成就。

二、从内政外交看苏联软实力的变化

从上面的分析可以看出,最初是强大的软实力成就了苏联,但是在苏联逐渐成为国际社会中一个举足轻重大国的进程中,苏联在内政外交上都在有意或无意地削弱其曾经拥有的强大软实力。

一是个人崇拜现象的不断强化,对内导致民众的畏惧感;对外一方面导致苏联的大国主义外交政策,另一方面个人崇拜则成为西方社会攻击苏联体制独裁的重要依据。20 世纪 20 年代,在托洛茨基、季诺维也夫、加米涅夫、布哈林等反对派相继被击败后,斯大林在党内的领导地位得以确立。随后,苏联国内对斯大林的个人崇拜便开始流行起来。特别是在 1929 年斯大林 50 寿辰的时候,苏联各大报刊更是把斯大林吹捧为"列宁的唯一助手""列宁事业的唯一继承者""活着的列宁"等,可以说这时候的苏联社会已经对斯大林顶礼膜拜了。二战后,斯大林更是被神化了,一切成就都归功于斯大林。由于斯大林在苏联卫国战争期间所做出的贡献,苏联社会对斯大林的个人崇拜有一定的"正当性"。但是把斯大林的话都视为真理,毫无疑问犯了盲目崇拜的机械主义错误。更令人不可理喻的是,赫鲁晓夫虽然发动了反对斯大林个人崇拜的运动,扳倒了斯大林这尊"神像",但由

① 转引自[苏]葛罗米柯、波诺马廖夫主编:《苏联对外政策史》,韩正文等译,中国人民大学1988 年,第 294 页。

于他认为个人崇拜只是斯大林个人性格缺陷的表现,而没有从体制上深入分析斯大林个人崇拜产生的根源,结果赫鲁晓夫又把自己的那尊"神像"搬上了个人崇拜的"供台"上。① 赫鲁晓夫所做的这一套,即他"所揭露的、批判的并力图战而胜之的是斯大林,而不是斯大林主义"②。此后,苏联的几代领导层都没能从根本上消除个人崇拜现象,根源就在于其没有认识到个人崇拜产生的体制性原因。

当时见证了苏联政治决策的阿尔巴托夫指出:"任何一种专制制度或集权专政的最可怕后果之一,就是人民智力资源的贫乏和枯竭。"③个人崇拜对内的后果在于,要么是民众对上阿谀奉承,不敢说真话、说实话,要么是民众对上产生畏惧感,敬而远之,从而使党和党的领导干部根本脱离人民群众。对于执政者来说,这两种情况都是非常危险的。个人崇拜对内的情况最终会反映到苏联对外政策上。二战后,苏联的理论和各项政策被硬性地灌输到东欧国家,东欧任何国家若不按照苏联领导人的旨意行事,不照搬苏联模式,就被视为异端。从 20 世纪 40 年代的苏南冲突、50 年代的波匈事件、60 年代的"布拉格之春"和中苏关系破裂,到后来的波兰事件等,可以说都是个人崇拜苏联大国主义恶性发展的结果。这都严重损害了苏联与其他社会主义国家的关系,也妨碍了苏联对外政策的调整。④ 而在西方看来,个人崇拜似乎与社会主义制度是天然联系在一起的,从而长期以来都认为,苏联模式乃至整个社会主义国家的体制都是"独裁体制"。也就是说,个人崇拜不仅损害了苏联的形象,而且也使所有社会主义国家都背上了"独裁"的骂名。在苏联解体以后,曾任苏联部长会议主席的雷日科夫就一针见血地指出:"对领导者,尤其是对党的领袖的赤裸裸的阿谀逢迎、喋喋不休的空话引起了人民、也包括苏共党员的反感。"他认为,这是苏联解体众多原因中的重要一条。⑤

---

① 参见邢广程:《苏联高层决策 70 年》(3),世界知识出版社,1998 年,第 31 章。

② [俄]格·阿·阿尔巴托夫:《苏联政治内幕:知情者的见证》,徐葵、张达楠译,新华出版社,1998 年,第 139 页。

③ 同上,第 329 页。

④ 参见邢广程:《苏联高层决策 70 年》(3),世界知识出版社,1998 年,第 446 页。

⑤ 参见[俄]雷日科夫:《大国悲剧:苏联解体的前因后果》,徐昌翰译,新华出版社,2008 年,第 74 页。

二是大清洗运动不仅是斯大林执政时期也是苏联七十多年的历史中最不得人心的一件事,它对内使民众人人自危,觉得自身生活在一个没有安全感的社会环境之中;对外则成为西方社会攻击苏维埃体制、践踏人权的重要凭证。1934 年 12 月 1 日,联共(布)中央政治局委员基洛夫被暗杀。在调查该案件的过程中,斯大林把矛头直指原政治反对派领袖,随后,大清洗的范围不断扩大,乃至波及苏联社会生活的各个方面,包括在斯大林倡议下掀起的检查党证运动和与之相伴的清党运动等。结果,从干部到群众、从地方到军队、从知识分子到工农群众,包括各个阶层、各个部门、各个行业成千上万、难以计数的人遭到了打击、摧残和迫害致死。关于苏联大清洗究竟逮捕和处决了多少人,迄今为止国际学术界还是歧见纷呈,[①]但在这一运动中不管有多少人被逮捕和处决,这场运动对苏联的后果是灾难性的,它不仅是对苏联党和国家宝贵干部资源和科学文化资源的一次大摧残,也是对从列宁开始培育、积累的苏维埃国家和布尔什维克党的巨大精神和思想资源的一次大摧残,使苏联党和国家形象严重受损,甚至于苏联社会主义模式越来越缺乏吸引力,以及苏联的最后崩溃。若要就其追根溯源,无不与“大清洗”运动造成的严重后遗症密切相关。而从外部来看,大清洗运动残杀了众多的无辜生命,使西方长期以来形成了一种认识定势:共产党领导下的苏维埃体制是严重践踏人权的一种体制,是一种恐怖体制。20 世纪 80 年代,研究苏联 20 世纪 30 年代大清洗运动的西方学者就出版了一本书,书名叫《大恐怖》,书中描述了苏联当时党内政策的恐怖现象。[②] 总而言之,大清洗运动不仅使整个苏联社会生活中产生了非常严重的冷漠感、恐惧感,而且也在苏共内部、共产国际的各国共产党之间播下了互不信任的种子,严重伤害了苏联党和各国党之间的关系,伤害了各国党的感情。[③]

三是苏联制度的日益僵化,对内导致经济和整个社会生活陷入停滞,

① 这方面的研究可参见吴恩远:《苏联“三十年代大清洗”人数考》,《历史研究》2002 年第 5 期;马龙闪:《试析 30 年代的“大清洗”运动》,《东欧中亚研究》1999 年第 3 期;[美]布热津斯基:《大失败——二十世纪共产主义的兴亡》,军事科学院外国军事研究部译,军事科学出版社,1989 年,等等。

② See R. Conquest, *The Great Terror: A Reassment*, Oxford University Press, 1980.

③ 参见周尚文、叶书宗、王斯德:《苏联兴亡史》,上海人民出版社,2002 年,第 393 页。

社会主义缺乏应有的活力；对外则导致一些国家特别是东欧各社会主义国家怀疑苏联社会主义模式的可行性，并寻求放弃这种模式的可能性。有学者认为，苏联模式本身存在着先天不足的问题，但经过历次不成功的改革，反而使其中不健康的因素日益累积，最后终于形成了一种综合性的"制度僵化症"。"制度僵化症"的表现很多，包括个人专断、权力集中、机构臃肿、腐败丛生，以及到了勃列日涅夫时期的"病夫治国"等现象，不过最为典型的是苏联政治生活中出现的特权阶层。① 早在十月革命胜利不久，列宁就提醒俄共（布）党不要出现"特权阶层"。列宁实际上已经看出了一些苗头。但是从斯大林彻底清除反对派以后，一直到勃列日涅夫时期，苏联内部的特权阶层问题就越来越严重。虽然这个阶层的人数不多，但由于面对丰厚的收益，他们常常采取一致的集体行动来长期维持既有的制度安排，阻碍社会改革和制度创新，从而导致社会生活的僵滞。经济学中有一种劣币排挤良币的现象。苏联的制度安排也是一样，社会不需要的制度安排上升为正式的制度安排以后，社会必需的制度安排却被抛弃在一边。这就是苏联社会生活陷入停滞的深层次原因所在。在苏联内部制度日益僵化的同时，外部东欧社会主义各国也开始对苏联模式进行反思，并纷纷要求摆脱苏联模式而试图探索适合自己国情的社会主义模式。

四是意识形态刚性，使苏共意识形态丧失了应有的亲和力。所谓意识形态的刚性是指意识形态转变的滞后性和一旦形成后的不易被剥落性。② 这里至少包含了两方面的意思：一方面，意识形态作为一种非正式的制度安排，其存在发展具有很大惯性；另一方面，意识形态的这种惯性往往成为社会变革的阻力，因为作为社会思潮主流的意识形态会培育一批既得利益者。苏联是一个意识形态化的国家，也是一个意识形态化的社会。长期以来，苏联持续不断的意识形态斗争严重歪曲了十月革命以后确立的马克思主义意识形态，这种意识形态又与个人崇拜紧密交织，以阶级斗争尖锐化理论为基础，以不容异己性和文化专制主义为主要表现形式，把马克思主

① 参见高放：《苏联剧变三部曲：矛盾、危机和灭亡》，《当代世界与社会主义问题》1999年第2期。
② 参见陶一桃：《意识形态的刚性与制度创新的绩效》，《深圳大学学报》（人文社会科学版）2003年第5期。

义简单化、教条化,最终形成了一个同外界隔绝的、封闭的理论体系。① 把这一封闭的理论体系作为行动的指南,其必然结果就是:其一,任何超出这种理解的思想都被冠以异端或"反马克思主义"的东西而被禁锢起来;其二,对于新的历史条件下产生的新的理论观点特别是与实践相符合的理论,也因在马克思主义经典著作中无法寻典而被认为是"异端邪说"。也就是说,长期以来,苏共意识形态不擅于吐故纳新而僵化、固化、教条化,从而丧失了应有的亲和力和凝聚力,也丧失了意识形态增进制度创新的功能。且不说一般民众,即便是苏共内部,"他们感兴趣的并不是社会理想(哪怕是共产主义的理想),而是社会地位;不是国家的哲学(不管是马克思主义的还是反马克思主义的),而是沿着它可以爬到国家顶峰的那个不太牢靠的阶梯"②。这种情形下,必然导致苏联在意识形态管理上的问题:一是"以势压人",用行政的甚至司法的手段人为地消灭其他社会思潮,压制乃至从肉体上消灭有独立思想和不同政见的知识分子,从而窒息了社会生活应有的思想空间;二是主流意识形态自身的教条化、凝固化,丧失了与时俱进的动力和活力,导致社会意识形态日益"空心化",从而对人民群众失去亲和力和凝聚力。③

此外,苏联长期以来奉行的霸权主义外交,伤害了其他社会主义国家对苏联的信任,也伤害了其他国家对苏联有好感的民众之心。关于苏联的外交战略,国内外学术界有一个共识,那就是苏联的对外战略基本上推行的是霸权扩张主义战略。④ 特别是在二战结束以后,由于东欧各国基本上是在苏联红军的帮助下打败法西斯之后而建立社会主义的,这些国家最初对苏联有着特殊的感情,但战后出于对西方冷战的目的,东欧各国成为苏联与西方对峙的前沿,这些国家的对外政策在相当大程度上不得不听命于

① 参见李宗禹等:《斯大林模式研究》,中央编译出版社,1999年,第297页。
② [苏]阿·阿夫托尔哈诺夫:《勃列日涅夫的力量和弱点》,杨春华、张道庆译,新华出版社,1981年,第43页。
③ 参见周尚文:《意识形态堤坝的崩溃与苏联解体》,《华东师范大学学报》(哲学社会科学版)2009年第2期。
④ See Erik P. Hoffmann, Robbin F. Laird, *The Soviet Policy In the Modern Era*, Hawthome, Aldine Transaction, 1984;王书中主编:《美苏争霸战略问题》,国防大学出版社,1988年;邢广程:《苏联高层决策70年》,世界知识出版社,1998年;胡键:《对外战略:解读苏联剧变的一个视角》,《俄罗斯中亚东欧研究》2002年第2期。

苏联,否则就是"修正主义"国家。最典型的就是"布拉格之春",为了阻止捷克斯洛伐克的改革行动,苏联直接出动了军队进行镇压,与此同时,苏联还提出了社会主义国家"有限主权论"等,极大地伤害了东欧社会主义各国的感情。后来有学者在总结苏联解体的原因时就指出,苏联长期推行大国霸权主义和扩军备战上,这既使苏联自己在国际上长期陷于孤立,又耗尽了国力,加深了国内的困难,从而加速了解体。[①]

苏联的社会主义制度、苏维埃体制、意识形态和国际主义政策曾经是苏联最有吸引力的软实力资源,为什么后来都成为社会主义各国讨厌的东西,并欲去之而后快呢? 一个很重要的原因就在于,苏联长期以来基本上着力于硬实力的发展,而在硬实力发展的同时,苏联领导层内部却专注于权力斗争,完全忽视了软实力对苏联的重要性。结果,苏联强大的软实力在苏联内部有意或无意的消耗中被严重削弱。

三、制度软实力的异化与苏共丧权

国内外学者都认为,苏共丧权的原因是多种因素共同作用的结果,但同时也强调,戈尔巴乔夫推行的"新思维"是主要的直接原因。的确,戈尔巴乔夫对苏共丧权负有不可推卸的责任,但是如果仅仅停留在直接原因去分析苏联剧变,只是浅层次的分析和认识。因为从历史的角度看,任何事情的发生都有它的基础和导因,这种基础性因素是决定性的,是历史发展中带有必然性的东西,由于它们的存在,导致事物在一段时期内的结束。[②]从历史来看,没有历史的、内部深层次的因素,单凭戈尔巴乔夫一人的力量绝不可能把一个百年大党彻底倾覆。笔者认为,在众多的因素中,权力异化是苏共执政合法性危机、丧权亡国的内部深层次原因。

权力异化首先表现为权力的归属关系的异化。苏联建立后,先后在1924 年、1936 年和1977 年颁布了三部宪法。这三部宪法都明确规定:"苏联的一切权力属于人民。"这一思想体现了科学社会主义"人民权力"的精

---

① 参见荣植:《苏联对外政策的失误及其教训》,载宫达非主编:《苏联剧变新探》,世界知识出版社,1998 年,第431 页。

② 参见郭焕成:《苏联东欧剧变原因的对比分析》,《当代世界社会主义问题》1992 年第1 期。

神。但是在苏联社会主义实践中，"人民权力"有名无实，名义上是"一切权力属于人民"，实际上却是"一切权力属于党"。这是因为首先，尽管在十月革命胜利初期，布尔什维克党同左派社会党实行联合执政，初步建立了多党合作的政治架构，但由于在布列斯特和约等问题上发生了分歧，1918 年 5 月，列宁就正式宣布推行一党执政。列宁去世后，一党执政空前发展。1927 年，斯大林甚至公开地宣称，剥削者已经被取消了组党的权利，而工农中不同意见的争论也"不会在工人阶级和劳动农民内部造成其他形成政党的基础"，而"只能是共产党的垄断"①。1936 年，斯大林又指出，苏联只有工农两个阶级，"已经没有几个政党存在的基础，也就是说没有这些政党自由的基础。在苏联只有一个党，即共产党存在的基础"②。斯大林的这些言论为共产党一党独存的事实确立了一个理论框架，从而使一党执政在苏联成为合理的政治构型。

其次，一党独存必然导致以党代政、党政不分。众所周知，列宁最初是想建立一种"普遍吸收所有的劳动者来参加管理国家"③的完备的无产阶级民主制度，但是由于列宁认识到人民群众文化水平普遍低下，因此"苏维埃虽然按党纲规定是通过劳动者来实行行政管理的机关，而实际上却是通过无产阶级先进阶层来为劳动者实行管理而不是通过劳动者来实行管理的机关"④。随后，俄共（布）第八次代表大会更详尽地规定："共产党要力争在当前的国家组织——苏维埃中实现自己的纲领和自己的全部统治……在所有的苏维埃组织中，绝对必须建立严格服从党的纪律的党团"，以取得党"在政治上的绝对统治地位，并对苏维埃的全部工作进行实际的监督"。⑤ 尽管列宁晚年也意识到党与苏维埃机构的这种关系是"一种不正常的关系"⑥，并试图进行调整，但这一问题最终没有得到解决。列宁逝世后，一党执政、以党代政的情况更加严重。最主要的表现是，党在国家机

---

① 参见《斯大林全集》（第 10 卷），人民出版社，1954 年，第 105 页。

② 《斯大林选集》（下卷），人民出版社，1983 年，第 408 页。

③ 《列宁全集》（第 33 卷），人民出版社，1985 年，第 228 页。

④ 《列宁选集》（第 3 卷），人民出版社，1995 年，第 770 页。

⑤ 《苏联共产党代表大会、代表会议和中央全会决议汇编》（第 1 分册），人民出版社，1964 年，第 570 ～ 571 页。

⑥ 《列宁选集》（第 4 卷），人民出版社，1995 年，第 698 页。

关里面进行全面渗透,更为严重的是,党的机关全面取代国家机关行使职能,从而形成了高度极权的党-国家体制。① 这样,权力完全被集中到党的手中,使党成为国家政治生活中无所不能的权力机构。

再次,由于权力集中在党内,党已不是"人民权力"的执行者,而是"人民权力"的供给者,党把权力交给谁,谁就必须向党效忠。这实际上就是干部任命制。本来,列宁一直主张一切干部应由选举产生,历次的党章也做了相应的规定。但是长期以来,选举完全是等额选举,而且选举结果必须经上级党组织批准才能生效。因此选举变成了形式,"上级批准"才是实质的内容。干部的任命制不仅在党内推行,而且推而广之到所有国家机关的干部。结果,干部不是向人民负责,而是向党负责,其实是向拥有干部任命权力的人负责。

一切权力属于党,但并不是属于整个党。革命前,俄共(布)实行集体领导;革命胜利后,党章仍然规定党的代表大会是党的最高权力机关,中央委员会是最高执行机关。1919 年,党的八大建立了中央委员会的两大执行机关——政治局和组织局,分别负责政治工作和人事调配。然而到斯大林时期,政治局从中央委员会的执行机关变为党的权力中心,政治局决定一切,政治局直接向党的总书记负责。不久,斯大林又以总书记的身份兼任人民委员会主席和国防委员会主席,集党政军大权于一身,形成了独特的总书记领导体制。所以"一切权力属于人民"变成了实际上的"一切权力属于党",很快又演变成"一切权力属于总书记"。党内的权力向中央政治局集中,最后权力实际上集中在少数领导人手中,甚至是总书记一人手中。因此,有人嘲讽道:"在苏联搞的不是无产阶级专政,而是书记专政。"②斯大林以后的苏联领导人,特别是赫鲁晓夫对这种以个人崇拜为实质的集权制进行过批判,但这种体制始终没有根本改变。即使是倡导"民主化"的戈尔巴乔夫也没有摆脱个人集权制的桎梏,在很多情况下,他仍然

---

① 参见[英]雷切尔·沃克:《震撼世界的六年:戈尔巴乔夫的改革怎样葬送了苏联》,改革出版社,1999 年,第 29 页。

② [苏]阿·阿夫托尔哈诺夫:《勃列日涅夫的力量和弱点》,新华出版社,1981 年,第 77 页。

实行的是个人决策。① 最典型的是在外交上，戈尔巴乔夫置苏联外交部和苏共其他领导人于不顾，在谢瓦尔德纳泽的协助下一意孤行地推行其外交"新思维"，在东欧单方面地宣布"松绑"，要求东欧各国像苏联一样进行全面改革，而正是苏联主动给东欧国家的"松绑"，使东欧国家长期积存的"脱离控制"的蓄水池堤坝打开了一个缺口，使东欧国家的政治发生了剧烈的转折。② 结果，在东欧剧变的冲击下，苏联内部的民族主义情绪骤然发展成为促使苏联分崩离析的强大的离心力。假若没有在苏共历史上早就形成的僵化的权力体制和异化的权力结构，戈尔巴乔夫根本就没有机会来推行导致苏共丧权、苏联亡国的"新思维"。

权力异化的第二个表现是权力被用来维护苏共内部少数人的利益，使苏联政治生活上形成一个政治毒瘤——特权阶层。一切权力属于党的具体表现，是"党代管制"完全取代了"人民管制"。如果是人民以国家的名义，通过法律的手段将权力赋予党，使党更好地为人民谋利益，为国家谋发展，那么"党代管制"取代"人民管制"本无可厚非。但实际上是党将本不属于自己的权力借用国家的名义（党的执政地位）完全归于自己的名下，最终实现了党对权力的垄断。正如前文所述，党已不是所有党员的党，而是总书记领导下的政治局的党，所以权力实际上被总书记领导下的政治局所垄断。当权力被少数人所垄断时，肯定就会成为维护少数人利益的工具。最初，苏共在革命时期和革命胜利初期，的确是为全体劳动人民所想的，也是为国家利益所考虑的，即使有少部分人想以权谋私，也只能是"暗度陈仓"，断然不敢公然行事。然而经过较长的和平时期后，社会比较稳定，党内干部已经不再具有危机感，也忘记了人民大众在革命时期对党所给予的支持，他们开始用权力来维护和拓展自己的利益。"始则惭焉，久而安焉。"长此以往，一个特权阶层就在苏共内部逐渐形成。

———————

① 应该说，戈尔巴乔夫时期，苏联的决策系统发生了很大的变化，决策权一度从中央政治局转移到最高苏维埃，但由于最高苏维埃是议会体系，并不具有完备的政治决策职能，从而导致苏联最高决策出现功能性障碍。在这种情形下，戈尔巴乔夫又把决策权转移到总书记（后来是总统）系统，就连制定新联盟条约这样重大的政治大事，都不经过苏联人大会讨论和审议，直接与主权共和国首脑决定了有关国家未来的命运问题。参见邢广程：《苏联高层决策70年——从列宁到戈尔巴乔夫》(5)，世界知识出版社，1998年，第669～670页。

② 同上，第250、251页。

　　而所谓的特权阶层,最主要的就是苏共党内的领导人,即所谓"高干花名册"上的人。高干花名册的上层,特别是全联盟党中央委员会和加盟共和国党中央委员会一级的人,是识别苏联特权阶层的最好标志,①同时,"高干花名册"也反映了苏共内部以权力大小而导致特权多少的社会分化现象。权力越大,享受的特权越多,从而形成一个自上而下的、垂直的、金字塔式的党内官级图:底层是普通党员,中层是"委员会集团",上层是"书记集团",塔尖是政治局、总书记。普通党员在党内既无权力也无特权,是党内的"无产阶级",中层以上则是各个层次的"党内资产阶级"——他们构成苏联社会的"新阶级",②也就是特权阶层。这一批人不仅通过权力在自己与普通群众之间划上一道鸿沟,而且通过权力使自己的物质享受也与普通群众之间筑起一道厚厚的障壁,"成为一个越来越脱离社会的阶层:他们孤立地生活、治疗、休养,在整个阶层中往往形成自己的家族、氏族关系——须知这个阶层的子女们在一起度过时光,互相认识,往往通婚。不仅如此,(……他们)试图建立交权制度,或者叫特权继承制度。也就是通过建立专收这些子弟的教育制度,然后通过一套任命和提升职务的制度来达到继承权力的目的"③。权力使这些人享受着特殊的待遇,如对地位一般的官员,苏共发给他们"第十三个月工资",高级别的官员则可从"党内工资袋"制度中获得相当于正常工资的额外收入;再就是所谓的"克里姆林宫津贴",对某些官员来说,这种津贴使其正常工资收入显得微不足道。更有甚者,苏共还按照官员级别推行内部特供制度。此外,这批人还享受舒适的住宅、特殊的医疗待遇、特殊的文化教育设施,以及公费出国旅游,等等。这些在当时都是苏共党内少部分人的秘密,普通百姓只是有所耳闻,具体情况并不知道。普通百姓一旦真正了解了这些情况,那么他们对苏共的信任大厦便会骤然崩塌。这就是为什么在苏共走向垮台之时几乎没有人来拯救它的原因之一。

---

　　① 参见[英]默文·马修斯:《七十年代的苏联权贵》,《苏联问题译丛》(第三辑),生活·读书·新知三联书店,1980 年,第 17 页。

　　② 参见[苏]阿·阿夫托尔哈诺夫:《勃列日涅夫的力量和弱点》,新华出版社,1981 年,第 77 页。

　　③ [苏]格·阿·阿尔巴托夫:《苏联政治内幕:知青者的见证》,新华出版社,1998 年,第 309～310 页。

权力是有限的,而欲望是无限的。为了尽可能地从人民手中攫取更多的权力,以实现自己的政治、经济利益最大化,在权力这个圈子里,特权阶层严禁"非我之族"入内,为此他们总是将异己势力排挤在外。自斯大林以来,为了自己的权力不断排挤政治反对派,几乎构成了苏共党内斗争的全部历史。不过,在不同的时期,他们的手法是不一样的。斯大林时期采取的方法是彻底消灭政治反对派的生命。比如,斯大林对托洛茨基、季若维也夫、加米涅夫、布哈林等,都是将他们置于死地;而为了从根本上消除这些异己势力,斯大林以国家的名义在全苏范围内悍然发动了"大清洗"运动,使 130~150 万无辜的人被判刑,其中 60 万人被处决,无数的人被流放。① 这个触目惊心的"暴政"证据,导致了 1987 年苏联重新评价历史事件时全盘否定苏联的历史,造成了人们思想的混乱,政治、经济和社会的动荡,最终酿成国家的崩溃。② 斯大林以后,苏共高层对待异己力量的手段相对温和多了,但用权力加强控制的程度并没有减弱。这种过度控制政策不仅在政治经济方面推行,而且也在意识形态、文化和社会科学方面广为推行。

政治上的高度集权和经济上的高度集中不必在此赘述。但这种体制使干部任命制得到进一步发展,任人唯亲的现象也日益严重。特别是勃列日涅夫时期,干部任命制和任人唯亲使特权阶层完全主宰了苏共整个体制。这样的体制必然与溜须拍马之风相伴相随,因为只有这样,才能得到升迁、提拔。因此,对于那些已经进入"圈子"的人,"他们感兴趣的并不是社会理想(哪怕是共产主义理想),而是社会地位;不是国家的哲学(不管是马克思主义的还是反马克思主义的),而是沿着它可以爬到国家顶峰的那个不太牢靠的阶梯"③。简言之,他们关心的只是权力。同样,为了对全体社会成员实施强制性的有效控制,苏共高层在意识形态、文化和社会科学方面也采取了"拧紧螺帽"的政策,即把社会在思想意识形态上的认同强制固定在苏共意识形态上,使整个社会"无保留地接受并宣传国家确定的信仰、判断和评价",而对那些拒绝认同苏共特权体制的意识形态的则严

①　参见吴恩远:《苏联"三十年代大清洗"人数考》,《历史研究》2002 年第 5 期。

②　参见吴恩远:《论戈尔巴乔夫的"加速发展战略"》,《中国社会科学》2000 年第 5 期。

③　[苏]阿·阿夫托尔哈诺夫:《勃列日涅夫的力量和弱点》,新华出版社,1981 年,第 43 页。

惩不贷。① 正是由于苏共政治上的保守、平庸,机构臃肿,老人政治,特权
阶层的腐败,以及文化上的高度控制,在苏联社会爆发了以反对特权阶层
权力垄断和政治高压的"持不同政见者"运动。这一切正是导致苏共丧
权、苏联亡国的深层因素。有人说:"勃列日涅夫年代是苏联趋向衰亡的一
个关键性的转折时期"②,这话一点也没有夸张。

权力异化的第三种表现是公共权力被人为地私有化,从而使权力陷入
"公用地悲剧"③。权力即公共权力,是提供公共服务的工具。既然是公共
产品,那么它就不应具有排他性的特点,也就是说,每个人都可以享用公共
权力提供的服务。不过,公共品往往会因利己主义行为而过度使用,国内
社会是一个拥有中央政府的有秩序的社会,为了使公共权力不至于滥用,
中央政府以国家(人民)的名义来规范公共权力的使用,使之处于有序状
态下。但是这并不意味着限制社会成员公平享用公共权力的服务。也就
是说,"有政府"的社会并不是指政府对暴力的"合法垄断",而是指政府对
暴力的"合法使用"和对社会的"有效治理"。

苏共的权力陷入"公用地悲剧",是因为苏共的权力缺乏有效的监督
机制。没有约束的权力必然导致腐败和官僚主义。实际上,苏联国家机关
官僚化的倾向在革命胜利初期就已经出现,而且在个人集权制盛行之时尤
为甚。当时,为了抑制刚刚抬头的官僚主义势头,列宁曾试图建立一个监
察机构来负责监督领导干部的工作,同违反党纪、滥用职权等官僚主义作
风做斗争。1920 年,俄共(布)第九次全国代表大会正式决定"成立一个同
中央委员会平行的监察委员会"。与此同时,苏维埃政府里也成立了一个
监督和检察机关——工农检察院。它的主要任务是监督国家机关的活动。
为了进行有效的监督,列宁甚至建议吸收工人和农民参加工农检察院和中
央监察委员会的工作,"从工人和农民中选出 75～100 名……新的中央监

---

① See Danilowa and Yadov, Social Identity in the Post-Soviet Era, *International Review of Sociology*, Vol. VII, No.2, 1997.

② 徐葵:《勃列日涅夫年代:苏联走向衰亡的关键性转折时期》,《东欧中亚研究》1998 年第 1 期。

③ 所谓"公用地悲剧"是指这样一种现象,如果一种资源没有排他性的所有权,就会导致对这种资源的过度使用。这一概念用来描述理性地追求最大化利益的个体行为是如何使公共利益受损的恶果。这本是经济学上的一种现象,但实际上只要是公共品,都会面临着过度使用的"悲剧"。

察委员会。当选者也像一般中央委员一样，应该通过党的资格审查……他们也享有中央委员的一切权利"①。列宁的这种想法的目的是要通过建立一个有工农分子参加的、独立的监察机构来防止党的干部的腐化、堕落，防止国家机关的官僚化倾向。

　　但是后来斯大林并没有采纳列宁这个正确建议。相反，1923 年联共（布）十二大通过的《关于组织问题的决议》决定，中央候补委员可以兼任中央监察委员，只有中央监察委员会主席团的成员才相当于中央委员一级的工作者。这样，不仅中央监察委员会的地位降低了，而且还违反了中央监察委员不得兼任的规定。本来，中央监察委员会成员由全国代表大会选举产生，但从 1932 年奥尔忠尼启则以政治局候补委员的身份兼任中央监察委员会主席开始，中央监察委员会成员已不再由选举产生。1934 年，联共（布）十七大决定，将中央监察委员会改名为党的监察委员会；十八大则再次改为附属于联共（布）中央委员会的党的监察委员会。从此，中央监察委员会成为中央委员会的下属机构，而且其成员也由中央委员会选举产生，并且在中央委员会领导下进行工作。到 1952 年联共（布）十九大时，监察委员会的性质、职能和权限都已发生了根本性的变化，即从监督中央委员会（包括政治局和书记处）的工作，变为在中央委员会领导下进行工作；从与中央委员会平行的中央机构，变成了附属于中央委员会的机构；从主要监督党内领导干部执行权力的情况，变成了检查党员党纪的情况并对违反党纪和党的道德的行为追究责任。这样，从党的总书记到政治局、书记处实际上处于无人监督之下。

　　既然党内监督都形同虚设，那么党外监督和社会监督就更无从谈起。或者说，党内监督无效化，必然导致国家法律虚无化。法制虚置使社会对权力的监督缺乏有效的渠道。缺乏监督的权力即权力垄断势必使权力成为实现个人政治目的的工具。这样苏共权力陷入"公用地悲剧"就以两种情形表现出来：

　　一方面表现为公共权力被人为地私有化。众所周知，当权力被授予特定的个人时，个人对权力的使用应该是有一定的限度的，超过这一限度就

---

① 《列宁选集》（第 4 卷），人民出版社，1995 年，第 784 页。

是"越权",即过度地使用了有"限"的权力资源。实际上,即使苏共特权阶层在限度内使用权力,由于作为公用品的权力没有被用来为公共利益服务,而是为一己之私服务,因而致使权力发生异化。不过,这种异化现象并不十分严重,因为在没有任何约束或约束无效的状态下,苏共的权力拥有者往往大肆"挪用"公共权力。苏共内部人员在公共权力面前的这种心态跟牧民在一个可以自由放牧的牧场面前的心态是完全一样的——公用的不用白不用,用了也白用。①

另一方面表现为公共权力被严重滥用。苏共模式最典型的特征是高度集权,加之监督机制失效,因此为了个人目的而滥用权力就在所难免。特别是斯大林时期,首先是斯大林本人作为最高领导人滥用国家权力来消灭政治反对派而为了达到其目的,斯大林又赋予了国家安全机构特殊的权力:对全社会包括党和国家高层领导人进行秘密的监控和无法无天的镇压。这一切使得苏共在政治上表现出专横、残酷的一面,与科学社会主义的原则格格不入。正因为这样,苏联甚至苏共高层都对社会主义的认识产生了混乱。当苏联在20世纪80年代后期要对社会主义进行改革时,戈尔巴乔夫就提出用"人道的、民主的社会主义"来取代斯大林的"集权的、专横的社会主义"。这表明在戈尔巴乔夫看来经典的科学社会主义缺乏"人道"和"民主"。而实际上"人道"与"民主"恰恰是马克思主义的科学社会主义中的应有之意。② 30年代的"大清洗"是斯大林领导下的苏共滥用权力达到顶峰的标志。大清洗运动是斯大林个人集权制的产物,同时它又进一步把个人集权制推向极端。大清洗运动不仅在苏共内部播下了互不信任的种子,也使全苏人民对苏共产生了恐怖畏惧感。这为"苏共垮台为何无人拯救"又提供了一个有力的证据。滥用权力的结果是权力走向"荒漠化"③。苏共自斯大林以来,尽管对权力中心体制的形式几经改革,但缺乏

---

① 这种心态既反映出苏共内部对权力的贪心,也表明在监督机制失效的情况下,苏共内部权力腐败的个人为此不仅不须付出代价,反而可以获得意外丰厚的收获。所以,在政治现代化的过程中,为了防止这种权力腐败的"过度"行为,最根本的是要最大限度地提高权力腐败的成本,使之认识到挪用公共权力是要付出昂贵代价的。

② 参见邢广程:《苏联高层决策70年——从列宁到戈尔巴乔夫》(5),世界知识出版社,1998年,第65~66页。

③ 所谓权力"荒漠化"就是指权力滥用而导致权力的合法性产生危机,并最终丧失权力的过程。

监督的个人集权制没有根本改变，所以滥用权力一直就是苏共致命的沉疴痼疾。到后来戈尔巴乔夫虽然想对此进行医治，怎奈长期积累的问题已如癌细胞一样扩散到了苏共整个肌体里面，要妙手回春，谈何容易。

苏联共产党已成为历史，但是历史是一面很好的镜子。在总结苏共垮台苏联剧变的历史教训的基础上，中国共产党人提出了要树立正确的权力观，使中国共产党手中的权力真正用来为最广大的人民群众利益服务，这不仅具有重要的理论意义，更具有重要的现实意义。

四、软实力的衰落与苏联的解体

苏联拥有强大的软实力，很容易提升其硬实力的素质。在这一方面，苏联的确做到了。反过来，苏联在硬实力得到切实提升的时候，理论上应该进一步加固自身的软实力基础，使软实力能够为其硬实力的进一步发展提供智力支持。但在这方面，苏联却失败了，至少是失策了。在苏联硬实力突飞猛进之时，其软实力却一路衰落，而当苏联软实力走向衰落的时候，其硬实力也随之迅速走向崩溃。

不过，苏联的衰落，首先是从软实力的衰落开始的，而且最直接的衰落是苏共作为执政党面临的执政合法性危机。制度的合法性是制度软实力最重要的内容。也就是说，苏联软实力的衰落又直接表现为制度软实力的衰落。苏共的执政合法性危机表现为：一是苏共配置公共资源的能力受到质疑。资源配置能力是执政党及其领导下的政府执政能力的最直接的体现。[1] 而执政党的资源配置必须体现公平，但是苏共内部党政干部的特权腐败早已成为苏联社会肌体中的一个恶性肿瘤，使苏共丧失了群众基础。因此，苏共也逐渐丧失了公共地配置资源的权力。二是苏共的危机应对能力受到质疑。可容的社会冲突是社会的"安全阀"。列宁时期，布尔什维克常常面临着内部和外部的危机，但都能够通过正常的途径得以解决，使内部和外部都能达成某种协调。斯大林时期，苏共对内部、外部危机的处理基本上推行的是武力方式。实际上是危机不断，武力也不断。勃列日涅

---

① 参见胡键：《论当代中国的政治力》，《探索与争鸣》2009 年第 11 期。

夫时期,苏共采用比较温和的方式来应对当时并不多见的危机,追求的是内部和外部的稳定(内部追求稳定,外部追求缓和),但这种稳定与缓和并没有带来积极的效果,相反从内部来看,由于稳定没有与发展和改革联系起来,苏联整个社会生活都出现了惰性和停滞以及腐败;①从外部来看,缓和却使苏联被拖进了美国设计的军备竞赛的泥潭之中,最终使苏联遭到彻底的失败。② 到戈尔巴乔夫时期,苏联各种危机已经完全显现,苏共也因内部的政治辩论而完全丧失了对危机的掌控能力。最后,由于上述两种能力的丧失,使苏共领导下的苏联进一步丧失了其曾经拥有的国际动员能力和国内动员力。③

苏联软实力的衰落特别是苏共执政党的合法性危机直接导致苏联硬实力的衰落。这主要表现在两个方面:一是经济力量的衰退,二是军事力量的崩溃。苏共的执政合法性基础早在20世纪30年代久已经遭受严重的销蚀,从个人崇拜到大清洗运动,甚至超速工业化虽然取得了令世界瞩目的成就,但也造成了严重的负面影响,如货币体系遭到破坏,预算完全陷入混乱,甚至发展到了只有靠抬高物价、发放义务公债,主要是发行纸币的办法来弥补预算的巨大亏空。这种局面造成了物价飞涨,以致货币贬值到了使农民不得不靠以物易物、用农产品换取日用工业品的地步。④ 后来,经过反法西斯战争,苏联的软实力也重新得到恢复,特别是在欧洲和亚非拉地区,苏联的体制产生了强大的吸引力。⑤ 正因为如此,战后苏联经济很快恢复,到20世纪70年代中期,苏联的硬实力特别是经济力量和军事力量都已经仅次于美国。然而苏联二战后软实力又迅速衰落,而且这时的衰落已经不是表面上的衰落,而是制度层面的软实力在衰落,特别是制度造就的特权阶层和腐败以及老人政治等,这些都直接导致了苏联曾经拥有

---

① 参见邢广程:《苏联高层决策70年》(5),世界知识出版社,1998年,第580页。

② 参见[俄]格·阿·阿尔巴托夫:《苏联政治内幕:知情者的见证》,徐葵、张达楠译,新华出版社,1998年,第283页。

③ 苏联国际动员力的丧失包括对东欧各国的"松绑",在德国统一问题上的退让,在第三世界的全面收缩等;国内动员力丧失的最典型表现,一是苏共丧失了苏联宪法赋予的领导地位;二是苏共内部走向分裂,特别是各加盟共和国的共产党纷纷要求摆脱苏共中央的领导等。

④ 参见马龙闪:《试析30年代的"大清洗"运动》,《俄罗斯中亚东欧研究》1999年第3期。

⑤ 参见[美]约瑟夫·奈:《软力量:世界政坛成功之道》,吴晓辉、钱程译,东方出版社,2005年,第81~83页。

的经济增长优势的彻底丧失。到 1985 年，苏联人均国民生产总值在全世界的排行榜已经滑落到第 38 位，不仅落后于几乎所有西方国家，而且落后于许多发展中国家。① 到 1990 年，苏联更是出现了战后以来的第一次经济负增长。虽然一国经济的衰落有诸多原因，但从苏联来看，导致其经济衰退最为直接的原因则是发展战略和具体政策上的失误。自斯大林以降，苏联的经济发展战略很多，如工业化战略、农业集体化战略、垦荒战略、加速发展战略等，但每一个战略通过具体的政策推行下去以后，都产生了严重的负面效应，所不同的是有的负面效应是显现的，有的负面效应是隐性的。

苏联经济的衰退直接影响其国防力量。俗话说："养兵千日，用兵一时。"也就是说，军队是要"养"的，那么靠什么来"养"呢？毫无疑问要靠雄厚的经济实力。美国著名苏联问题研究专家、曾任美国国家安全局局长的威廉·奥多姆认为，苏联军队的崩溃是由三个方面的原因促成的：一是戈尔巴乔夫发动并坚持大裁军；二是军事政策上的公开性使民众对征兵制和军营生活状况颇有怨言；三是对征兵制的抵制，使军队一年两次的征兵与退伍工作无法正常进行。② 在这三大原因中，裁军是直接由经济衰退导致的。裁军首先从削减国防预算开始，苏联常年的国防预算在 200 亿卢布左右，对外宣称一直是 2000 亿卢布左右，具体是多少，当时是一个秘密。但是 1988 年戈尔巴乔夫决定削减国防预算。1989 年 5 月，戈尔巴乔夫向人民代表大会公布了他在当年 1 月向设在纽约的"三边委员会"承诺的数字，即苏联国防预算削减 14.2%，装备采购费削减 19.5%。这样，苏联国防总预算由原来对外宣称的约两千亿卢布下降到 171.6 亿卢布。③ 然而戈尔巴乔夫最后公布的实际数据是从原来的 773 亿卢布削减到 701 亿卢布，削减 8.2%。为什么要有如此大规模的削减呢？ 一方面是为了满足戈尔巴乔夫外交上对西方妥协的需要；另一方面便是由于苏联经济衰退已经无法支撑庞大的国防预算。除了上述的原因之外，苏联经济的衰退还由于在 20 世纪 80 年代美国强力压低国际石油价格，直接减少了苏联的硬通货收入；同

---

① 参见陆南泉、姜长斌主编：《苏联剧变深层次原因研究》，中国社会科学出版社，1999 年，第 256 页。

② ［美］威廉·奥多姆：《苏联军队是怎样崩溃的》，王振西等译，新华出版社，2000 年，第 319～320 页。

③ 同上，第 269 页。

时,中东国家也由于减少了石油美元的收入而减少了对苏联的军火进口。这都使苏联陷入了严重的财政危机。① 当然,还有里根政府推行的以"星球大战计划"为主要内容的"竞争战略",也把苏联经济拖进了泥潭。② 在这种情形下,苏联养兵所需要的"养"料严重不足,从而被迫通过缩减国防预算来裁军,以谋求跟西方的妥协。

至于苏联裁军的另外两个原因,则是直接由苏联的软实力变化所引致的。一方面,在苏联民众心目中,苏联军队是伟大且神圣的,特别是经过伟大的卫国战争的洗礼,苏联军队拥有特别的优秀品质而受民众尊敬。但是在戈尔巴乔夫推行"公开性"之后,媒体连篇累牍地把军营内的虐待和欺侮行为公开曝光,从而使得军队在民众中的威信一落千丈,军队中生活状况更使民众颇受刺激。于是,民众中的反征兵势力迅速组织起来,抵制苏联的征兵制度。另一方面,20 世纪 60 年代,苏联人口出生率急剧下降,使得 80 年代兵源出现了严重短缺现象。为了弥补这一不足,1982 年苏联决定在 1990 年以前暂停学生缓征。这一政策引起了苏联社会各界的反对,甚至在不少地方爆发了反抗征兵的极端事件。结果,苏联最高苏维埃主席团不得不在 1989 年 4 月修改缓征制度,在某种程度上恢复了缓征制度,而苏联的兵员基本上陷入枯竭。③ 在这种情形下,苏联军队的崩溃也就正式拉开了序幕。

苏联军队的崩溃实际上就意味着苏联作为一个国家也崩溃了。这是因为正如彼得·施特鲁夫所说的那样:"苏联军队是苏联正式存在的活的化身。"④众所周知,苏联军队一直就是苏共领导下执行意识形态任务的力量,然而 1990 年 7 月,苏共二十八大正式修改了苏联宪法第六条,取消了苏共的领导地位。正是在这次大会上,叶利钦、波波夫、索布恰克等激进派退出了苏共。在苏共二十八大之前,苏共内部虽然已经是政治冲击波此伏

---

① 参见[美]威廉·奥多姆:《苏联军队是怎样崩溃的》,王振西等译,新华出版社,2000 年,第 269 页。

② 参见[俄]格·阿·阿尔巴托夫:《苏联政治内幕:知情者的见证》,徐葵、张达楠译,新华出版社,1998 年,第 283 页。

③ 关于反征兵运动的详细情况参见[美]威廉·奥多姆:《苏联军队是怎样崩溃的》,王振西等译,新华出版社,2000 年,第 332~357 页。

④ 转引自同上,第 464 页。

彼起，但毕竟还处于可控的程度内；而之后随着苏共领导地位被取消，不仅苏共内部陷入严重的混乱，而且由苏共内部的混乱蔓延到整个国家乃至军队的混乱。特别是军队，究竟听谁指挥都已经成为问题。一个奇怪的现象是，"8·19"事件虽然是苏联实权派发起的，其中有副总统亚纳耶夫、国防部长、克格勃主席、内部部长、国防部副部长兼陆军司令等一批人，其目的是想"维护苏联""尽快使国家和社会摆脱危机"，但是这样一些强力部门的领导人在这一过程中竟然调不动自己麾下的军队！而索布恰克等人振臂一挥，居然能够使军队完全听命于自己，结果空军、空降兵、海军、战略火箭军等司令都不支持"紧急状态委员会"。① 也就是说，军队也随着苏共的分裂而分裂了。在"8·19"事件之前，虽然一些共和国如格鲁吉亚、亚美尼亚、阿塞拜疆、摩尔多瓦和乌克兰等，都拥有了民族军事组织，但戈尔巴乔夫认识到这些民族军事组织的巨大危害，所以他在1990年7月发布了一项法令，规定所有的非法武装团体在15天内解散，并将其武器交给内务部，凡不执行命令者，地方内务部队将强制解除其武装。这道命令在一定程度上遏制了民族军事组织发展和蔓延的势头。然而"8·19"事件及其引发的军队分裂使一度遏制的民族军事组织重新由暗流成为明目张胆的军事力量。这些力量不仅为各地的民族主义政治组织从事分裂苏联的活动保驾护航，而且在苏联境内直接挑起了民族冲突。在保障苏联稳定的一整套组织体系中，关键是军队，同时军队也是苏联的最后一道防线。② 苏联军队分裂和崩溃之后，各加盟共和国都纷纷谋求国家主权的诉求，相继发布了主权宣言。国家的瓦解标志着苏联作为一个国家而言其硬实力已经彻底崩溃。

第二节　美国霸权护持的工具：硬实力与软实力

保罗·肯尼迪曾经指出：纵观国际关系几百年的历史进程，"一些国家

① 详细的情况参见周尚文、叶书宗、王斯德：《苏联兴亡史》，上海人民出版社，2002年，第849~854页。
② ［美］威廉·奥多姆：《苏联军队是怎样崩溃的》，王振西等译，新华出版社，2000年，第474页。

崛起,另一些国家衰落,这并不是什么新鲜事,而是各个时代所共有的现象",也正因为如此,国际体系才变得更加复杂化。① 事实也正是如此,自《维斯特伐利亚合约》缔结以来,大国力量此消彼长,先有法国带有"历史巧合性"②的成长,代之而起的是大英帝国经过"光荣革命"和工业革命之后,不仅成为欧洲新的霸主,而且也成为欧洲新思想、新制度的发源地,③但英国的崛起却是"难度极大"却"扩张范围极广"的。④ 继之而来的是美国、德国、日本、苏联在全球范围内的崛起。除美国以外,其他大国在成长中都陷入了崛起的"陷阱"并最终衰落,主要是因为它们成长的路径各不相同。

一、美国的成长与世界权力转移

美国的成长绝对是一次最重要的权力转移。但是美国成长所带来的权力转移并没有导致作为新的大国与原有主导国英国之间的战争,这可以说是"三十年战争"以来大国成长和平式崛起的第一个典型案例。首先,跟其他大国成长一样,美国也是首先发展经济实力。虽然美国作为英国的殖民地在经济上受制于宗主国英国,即使是在独立战争以后相当长时期内,这种关系并没有因独立战争的胜利而根本改变,但这也正是美国经济能够获得快速发展的重要原因,即"英国资本和制成品流入美国,美国的原料(特别是棉花)回流到英国,这种情况把两国的经济更紧密地拴在一起,并进一步促进美国经济的增长。因此,战略上安全的美国不必把财政资源分散地用于国防支出,而可以集中自己的(英的)资金去开发其巨大的

---

① 参见[美]保罗·肯尼迪:《大国的兴衰》,陈景彪等译,国际文化出版公司,2006 年,第70 页。

② 大国的成长都是一个渐进的历史过程,有一个成长周期:准备期-崛起期—稳定成长期,但法国的崛起从三十年战争到建立欧洲霸权却不到七十年,所以有学者称之为"历史巧合性"成长。参见郭树勇:《大国成长的逻辑:西方大国崛起的国际政治社会学分析》,北京大学出版社,2006 年,第101 页。

③ 参见[英]汤因比:《历史研究》(上卷),曹未风等译,上海人民出版社,1997 年,第300 ~301 页。

④ 参见张文木:《全球视野中的中国国家安全战略》(上卷),山东人民出版社,2008 年,第25 页。

经济潜力"。结果,到美国内战爆发前的 1861 年,美国已经成为一个经济巨人,尽管它还远远在大不列颠之后,但已经超过了德国和俄国,且紧逼法国。而四年内战虽然使美国元气大伤,但它却(至少短期地)把美国改造成了"地球上最大的军事国家"①。然而美国的明智之举在于,没有借助于自己强大的军事实力对外开疆拓土,即使是发动战争,也很少是不具合法性的,甚至有的战争还使美国国际形象得到进一步优化。② 因此,从历史发展轨迹来看,与历史上其他大国相比,美国的确称得上是和平式崛起的大国。

其次,从手段来看,美国坚持实力增长与内外两种制度环境的协调。有学者指出,今天美国衰落的速度和程度不仅取决于美国做什么,也同样取决于其他大国做什么。③ 同样的道理,当年美国的崛起也是既取决于美国自身,也取决于美国当年所处的外部制度环境。独立战争既是用其实力协调自身与外部制度环境关系最重要举措,也是协调自身与内部制度环境关系最重要的手段。一方面,美国通过反殖民战争获得了独立;另一方面,美国在 1776 年制定了宪法性文件《联邦条例》,1787 年制定了宪法草案,是世界上第一部作为独立、统一国家的成文宪法。1791 年美国又颁布了包括保证信仰、言论、出版自由与和平集会权利在内的宪法前 10 条修正案,也就是后来被通称的"民权法案"或"权利法案"。《独立宣言》提出的平等观念和"权利法案"提出的权利观念,既是美国自由主义意识形态的重要组成部分,也是构成美国民主政治的原则基础。④ 也正因为这样,尽管美国人不具有共同的历史、宗族、语言和宗教,但自由观念和权利观念却构成了美国民族认同的关键性因素,也是美国比欧洲大陆更加具有诱惑力的关键所在,美国人也把这些原则向世人展示美国作为"山巅之城"的独特之处。⑤ 从这里可以看出,美国在协调内部环境制度的同时也在协调与

---

① [美]保罗·肯尼迪:《大国的兴衰》,陈景彪等译,国际文化出版公司,2006 年,第 174 页。

② 例如,1898 年美国以西班牙在古巴推行灭绝人性的、反人类的制度为由发动了"解放古巴"的美西战争;1905 年,美国成功地调停了日俄战争,使两国化干戈为玉帛。特别是在二战期间,美国更是在反法西斯战争中发挥了主导性作用。

③ 参见[美]罗伯特·J. 阿特:《美国、东亚和中国崛起:长期的影响》,载朱锋、[美]罗伯特·罗斯主编:《中国崛起:理论与政策的视角》,上海人民出版社,2008 年,第 265 页。

④ 参见周琪主编:《意识形态与美国外交》,上海人民出版社,2006 年,第 330 页。

⑤ 同上,第 124 页。

外部环境的关系。

不过,独立后美国协调与外部制度环境关系最重要的是 1823 年出台的门罗主义。虽然门罗主义实质上反映的是美国想把拉美变成自己"后院"的战略野心,但是它既制止了神圣同盟对拉美革命的镇压,又挫败了英国势力侵入拉美的图谋,客观上保护了新独立的拉美国家。在 19 世纪正值欧洲列强凭借硬实力拓展殖民地的时代,而门罗主义公然反对欧洲列强干涉拉丁美洲的革命,从而在美洲树立了一个良好的国际形象,使美国自身在实力上升的情况下不仅不会被周边邻国视为威胁,反而被视为一种保护,从而也赢得了拉美人民的好感。① 与此同时,门罗主义并没有打破英国主导下的殖民主义体系,但在拉美却建立了一个新的地区体系,使美国成为"担负美洲国家代言人的角色"②,更为重要的是,英国也对此表示了"热烈欢迎"③。

在获得了拉美地区秩序的主导权以后,美国又重新加强了内部制度环境的协调。当然,加强内部制度环境协调最重要的就是南北统一问题。在这一问题上,美国是借助于外部制度环境的协调来完成的。尽管美国北方的行动遭到了英国、法国和西班牙等欧洲列强的联合抵制,但美国利用了法国"在英国不予合作的情况下,是不愿意采取行动的"心理,以及英法之间"从来没有谁相信过谁"这种欧洲政治的"十分有趣的纠缠状态",千方百计与英法缓和;同时,美国总统亚伯拉罕·林肯还利用俄国要报克里米亚战败之仇的心理,在关键时刻赢得了俄国海军的支持,最终获得了统一的胜利。④ 随后,美国又先后在 1865 年和 1870 年通过了关于废除奴隶制度和承认黑人公民权利的第 13 条和第 15 条修正案。这是美国协调内部制度环境的又一重大举措,是美国在道德的天平上又增加了非常有分量的一个砝码。

当然,美国这一切还不足以取代英国的霸权。美国动摇英国的霸权基

① 参见郭树勇:《大国成长的逻辑:西方大国崛起的国际政治社会学分析》,北京大学出版社,2006 年,第 148~151 页。
② 周琪主编:《意识形态与美国外交》,上海人民出版社,2006 年,第 186 页。
③ 杨家祺等:《白宫总统史》,吉林人民出版社,2000 年,第 131 页。
④ 参见张文木:《全球视野中的中国国家安全战略》(上卷),山东人民出版社,2008 年,第 37 页。

础确切地说是在南北统一以后,俄国把阿拉斯加卖给美国的时候。1853—
1856 年,俄国在克里米亚战争被英法联军击败以后,千方百计寻找机会对
英国实施报复,并顿生一个奇怪的念头——"希望强大、统一的美国成为抗
衡英国的力量"①。像拿破仑出售路易斯安那扶持美国以牵制英国的战略
考虑一样,在美国南北战争结束以后,俄国便向美国提出出售阿拉斯加的
问题,1867 年双方签订了协议。美国得到阿拉斯加以后,便已经成为一个
拥有庞大版图的大国。这实际上表明,美国已经敲响了英国霸权的丧
钟。② 但美国的巧妙之处在于,它并不急于炫耀自己的实力,而仍然坚持
较为保守的"杰斐逊主义"政策,即不要盲目卷入海外事务以避免战争;将
外交置于宪政严格的监督之下;从最小的角度界定美国的国家利益,反对
在国外承担过多的责任等。③ 直到进入 20 世纪以后,美国才开始推行威尔
逊主义的干涉政策,特别是在二战以后,美国不仅在外交上而且在军事上
都奉行干涉主义原则,充分突出了美国实力的作用。而在此之前,美国政
策相对而言是属于"韬光养晦"型的,即使是扩张,也打着种种合法的旗
号,或者说是在美国取代英国成为全球霸权国的进程中,"美德或道德的作
用"更为突出。此外,从成长的方向来看,甚至到威尔逊时期,美国就一直
是定位于"美洲体系""负责任"的角色。特别是门罗主义最直接地体现美
国自乔治·华盛顿以来的孤立主义传统——"不干预欧洲事务",所不同
的是门罗主义增加了新的内容——也不容许欧洲干预美洲的事务。至此,
美国的国际角色定位已经十分明显。实际上,美国并不会真正为美洲国家
承担义务,④但它客观上声援了拉美国家的独立革命。在经过 1898 年的美
西战争之后,尽管美国通过这次战争走上了世界舞台,并开始参与世界事
务,但是直到第一次世界大战期间,美国仍然不敢也不愿轻易放弃保守的

---

① 王绳祖等主编:《国际关系史(1648—1814)》(第 2 卷),世界知识出版社,1995 年,第
361 页。

② 参见张文木:《全球视野中的中国国家安全战略》(上卷),山东人民出版社,2008 年,第
37 页。

③ 参见周琪主编:《意识形态与美国外交》,上海人民出版社,2006 年,第 104~109 页。

④ 例如在 1898 年美西战争爆发前,古巴爆发了革命,从克利夫兰到麦金利初期,美国政府
都持中立政策,一直到西班牙殖民者对古巴进行残酷的镇压以后,美国才不得不引用"门罗主义"
表示了严重关切,最终打着"人道主义"的旗号对西班牙宣战。如果美国真的要对美洲承担义务,
那么美国早就应该以"美洲体系原则"对西班牙宣战了。

中立政策。一方面是因为,用威尔逊说的话是战争与美国无关,同时,美国也担心无论同盟国还是协约国取得胜利,都有可能导致欧洲均势的崩溃,进而对美国构成威胁。所以做离岸平衡者更有利于美国的利益。另一方面则是因为,美国试图通过与交战双方保持联系,可以使美国获得更大的经济收益,而这种收益对美国在"美洲体系"承担更大的责任是绝对有利的。至于美国国际角色的转换,那是在二战以后的事情了。

二、对外行为方式与美国的形象

美国的教训是指其成长之后所带来的教训。从上述情况来看,美国的成长是典型的制度性崛起。但是美国崛起之后却没有继续沿着这样的路径走下去,最终却导致了美国霸权出现了衰落的趋势。虽然在美国对此有不同的看法:一种观点认为美国正在重蹈历史上霸权国的覆辙,已经被过度的军事扩张耗尽了精力,不可避免地走向衰落了;[1]另一种观点则认为美国并没有衰落,而是在不断变化的世界政治中其自身实力的本质和构成也随之发生变化,而且由于美国同时拥有传统的硬实力和新的软实力,因而美国注定仍然"领导世界",[2]但是反观不久前美国的举动可以看出,美国霸权的衰落已是不争的事实。那么究竟以什么来判断美国霸权已经衰落了呢?衡量一个国家是否衰落有许多具体的指标,如经济实力、军事实力及其效能、社会凝聚力、国家的国际形象等。但是这一切最终都要通过国家的对外行为表现出来。因此,我们在此将通过评估美国的对外行为方式来判断美国霸权地位的状态。

影响行为体对外行为方式的因素很多,换言之,行为体的对外行为方式不是决策者简单的选择,而是多种因素共同作用的结果。首先,影响行为体对外行为方式的是国际环境。尤其是行为体所处的地缘环境特征,是影响国家对外行为方式的重要变量之一。这就是国家最关心的是邻近的

---

① [美]保罗·肯尼迪:《大国的兴衰》,陈景彪等译,国际文化出版公司,2006 年,第 502～522 页。

② See Joseph S. Nye, Jr., Soft Power, *Foreign Policy*, Issue 80, Fall, 1990, pp. 53 - 171. The Changing Nature of World Power, *Political Science Quarterly*, Vol. 105, No. 2, 1990, pp. 177 - 192. *Bound to Lead: The Changing Nature of American Power*, New York: Basic Books, 1990, p. 261.

国家,而对那些遥远国家的关心则要少一些的重要原因。① 这也是传统地缘政治学所提出的"互动定律",两国互动的强度与两国的空间距离成反比,而接壤则是产生"危险的二元因子"的因素之一。② 不过,对此持反对意见的人也同样存在,认为环境如同科学知识一样,不过是国家对外行为的基础,它不能知道政策制定者或决定他们行为方式的选择。③ 但是如果从现实来考量,那么我们完全有理由相信环境对国家对外行为方式的重大影响。例如,为什么美国可以置古巴、委内瑞拉的反美声于不顾,而不惜绕开联合国千里迢迢地跑到巴尔干、中东去"拯救"所谓的"人道主义灾难",去推翻萨达姆政权？一个很重要的原因就在于,古巴、委内瑞拉都处于美国的后院,美国一旦发动对古、委的军事行动,也许能推翻卡斯特罗、查维斯政权,但后院陷入混乱,灾难就会迅速蔓延到美国内部；相反,远离美国的巴尔干、中东,无论怎样乱也不会直接蔓延到美国内部。可见,纵然大国、小国之间的利益严重不对称,但因它们相邻,不对称的利益也或多或少地捆绑在一起了。

其次是国际体系结构即国际权力的分配形态。国际社会的无政府状态意味着在国际体系中对特定行为体没有固定的、特定的权威来进行权力分配,因此国家可以根据自己的理解和实力在体系中追求自己最大的权力。但是国际体系的无政府状态并不意味着任何国家行为体都可以毫无限制地追逐权力,④这是因为国际体系的结构可以对国家的行为方式施加影响。⑤ 冷战时期,任何国家的对外行为都不得不考虑两极格局的现实,包括苏联、美国这样的超级大国,它们的对外行为方式也都受到了两极格局的严重制约。一个典型的案例是,冷战时期的古巴导弹危机。在两极都

① 参见［美］布鲁斯·拉西特、哈维·斯塔尔：《世界政治》,王玉珍等译,华夏出版社,2001年,第69页。

② See Kenneth E. Boulding, *Conflict and Defense*, New York: Harper & Row, 1962, chap. 4; Stuart Bremer, Dangerous Dyads: Confliction and Affecting the Likelihood of Interstate War, 1816 – 1965, *Journal of Conflict Resolution*, Vol. 36, June 1992, pp. 309 – 341.

③ 参见［美］詹姆斯·多尔蒂、小罗伯特·普法尔茨格拉夫：《争论中的国际关系理论》,阎学通、陈寒溪等译,世界知识出版社,2003年,第178页。

④ Joseph M. Grieco, Anarchy and the Limits of cooperation: a Realist Critique of the New Liberal Institutionalism, *International Organization*, Vol. 42, No. 3, 1988, p. 487.

⑤ Robert O. Keohane, *After Hegemony: Cooperation and Discord in the World Political Economy*, Princeton, N. J.: Princeton University Press, 1984, p. 71.

拥有核摧毁力的情况下,苏美两国在核对抗中都不得不保持着极大的克制。而对于两极体系中的其他国家而言,它们的对外行为方式只能是在两个超级大国中进行非此即彼的选择。但是在多级体系中,受多级力量对比的影响,各行为体尤其是实力弱小的行为体则往往倾向于搞平衡外交,也就是各方力量都不得罪,以求得多方获益。① 行为体对外行为方式除了受国际体系权力分配的影响外,它还直接受国际体系中行为体互动范式的影响。② 例如,在一个行为体彼此鼓励的国际体系中,行为体之间的敏感性程度极低,但在一个行为体互动极高的相互依赖的国际体系中,相互之间的敏感性极高,某一行为体的行为方式将迅速引起其他行为体的反应,在这种情形下,该行为体的行为方式就不得不对其他行为体的反应产生顾虑。③ 由此可见,行为体的对外行为方式受制于国际体系的结构特征和行为体之间的互动范式。

再次是治理结构同样也规定着行为体的对外行为方式。④ 很显然,由于国家实际权力的不对称性,传统的以国家为中心的治理实际上只能是大国中心治理。其结果是,每个国家都被迫加入与大国的联合结盟之中,以图维护和扩大自身的利益、价值和权力。⑤ 不过,全球化正在或已经打破了这种治理结构。这是因为世界经济体系的结构转型大大压缩了民族国家作为行为者所享有的活动空间,以致民族国家的选择十分有限,根本无法缓解跨国市场流通所带来的不受欢迎的社会后果和政治后果。当以国

---

① 这种情况在苏联解体后的中亚地区最为明显。中亚各国虽然地处俄罗斯的战略后院,大多数中亚国家,一方面继续保持与俄罗斯的传统联系,但又不希望俄罗斯来为它们提供安全保护。因此,另一方面这些国家又千方百计希望与西方国家发展某种关系,从西方国家尤其是美国那里获得经济上的援助。当然,美国出于战略上的需要也乐意给这些国家一些甜头,以避免俄罗斯全面恢复对中亚地区的掌控。此外,中国作为中亚国家的重要邻国,在转型中的迅速崛起,让同样处于转型中的中亚国家看到了走出转型困境的希望。所以在这些国家看来,外交政策上的适当"向东看",同样也会得到某种实惠。这就是独立以来这些国家对俄罗斯保持着若即若离的关系的原因。

② 从社会学的角度来看,社会互动主要有冲突、竞争、强制、顺从与顺应、合作五种类型。

③ 关于相互依赖关系中的敏感度分析参见[美]罗伯特·基欧汉、约瑟夫·奈:《权力与相互依赖》,门洪华译,北京大学出版社,2002年,第284~285页。

④ 参见[日]星野昭吉:《全球化时代的世界政治——世界政治的行为主体与结构》,刘小林、梁云祥译,社会科学文献出版社,2004年,第280页。

⑤ 参见[日]星野昭吉:《全球政治学——全球化进程中的变化、冲突、治理与和平》,刘小林、张胜军译,新华出版社,2000年,第281页。

家为中心的治理结构被打破以后,取而代之的是一种多边合作治理,甚至是全球治理的兴起。多边合作治理将促使民族国家不得不抛弃传统的主权观念,国际事务与国内事务的界线逐渐模糊、传统的内部事务被置于国际的层面进行互相监督。这就是罗伯特·库伯所说的"后现代状态"①。而这种"后现代状态"正揭示了当今已经存在并将是未来国际社会主要的治理模式。这种模式的典型就是欧盟模式。在欧盟框架内,无论是法、德等大国还是其他小国,所有成员国的对外行为方式都因为欧盟这种治理模式而受到约束。当成员国的对外行为方式无视欧盟框架的时候,那么就意味着欧盟的危机开始了。在伊拉克战争问题上"新""老"欧洲的严重分歧,形式上是美国的"程序暴力"摧毁了萨达姆政权,但实际上是美国的"程序暴力""撕裂"了欧洲。② 因为所谓的"新欧洲"国家在伊拉克战争中所采取的对外行为方式彻底违背了欧盟的核心价值理念。

三、程序暴力与美国霸权的透支

不过行为体的对外行为方式归根到底还是由国家的实力决定的。一方面,实力尤其是硬实力为行为体自身的国际地位提供了物质基础,但实力并不直接表现为该国的国际地位的状态。只有当实力转化为具体的对外行为时,实力才能通过对外行为方式彰显该国的国际地位。实力是国家行为体的力量、资源储备,而行为方式则是把力量、资源储备转化为能力的具体表现形式,能力的大小才能直接彰显一国的国际地位。当然,行为体的行为方式直接受自身综合实力的制约。一国综合实力雄厚,它对外的行为往往更加自信、更加主动,这种行为方式彰显出该国的国际地位处于国际体系中的较高层次。反之,一国综合国力非常弱,它对外行为往往会缺乏自信,那么其对外行为也是被动的,因而通过这种行为彰显出来的国际地位就处于国际体系的较低层次上。

现存国际体系的合法性基础在于国际程序得到有效维持。尽管民族国家存在的前提是主权的独立,但按照建构主义的看法,主权也是在国际

---

① Robert Cooper, The Post-Modern States, *The Observer*, April 7, 2002.
② 参见石佳友:《"后现代"欧洲及其对中国的意义》,《欧洲研究》2005 年第 1 期。

程序上建构起来的。① 可以说,没有国际程序就无法确保民族国家的独立主权。因此,国际程序既是民族国家赖以生存的环境,也是主权存在的前提。同样,国际程序本身也有一个合法性问题。② 这种合法性来自于国际社会行为体对国际程序的认同、尊重和遵守。③ 当某一行为体应该获得但没有获得国际程序的授权而对其他行为体施加某种行为时,那么我们就可以视为国际程序遭受到了"暴力",该行为体所实施的就是"程序暴力"。如果我们还可以把它再推而广之,把那种不愿意被全球福祉而认同相应国际程序的种种表现都视为是对国际程序施加的"程序暴力",那么我们可以看到,越是强大的国家,越容易对国际程序施加"程序暴力"。

自二战结束以来,国际体系的相对稳定、和平与发展逐渐成为主旋律,一个很重要的原因就在于,各国无论是大国还是小国基本上都遵守以联合国宪章的基本准则为基础的一整套国际程序。由于欧洲各大国包括苏联,都在二战中受到了几乎是毁灭性的打击,相比之下,美国本土却因远离战火而继续保持着强大的实力,因此战后在美国主导下制定了包括联合国宪章在内的一系列国际程序。这些程序虽经过了半个世纪的冷战,后又见证了苏联帝国的崩溃,但这些国际程序的基本精神一直延续到今天,而且仍然是现存国际体系存在的基础。因而这些国际程序的意义不可低估,其精神不应该违背。然而美国作为现存国际程序的主要制定者,却带头对现存国际程序实施"程序暴力"。

这一方面,在老布什担任美国总统时期,可以说是开了一个恶劣的先例:1989 年 12 月 20 日,在没有经过任何国际程序的授权之下,老布什下令对巴拿马发动了代号为"正义事业"的军事行动,抓获巴拿马总统诺列加,

---

① 亚历山大·温特(Alexander Wendt)认为,主权不是国家的自然属性,只有当主权得到他国的承认以后,国家才拥有了主权。因此主权也是与实质性权利和行为规范相认同的一种角色身份。参见[美]亚历山大·温特:《国际政治的社会理论》,秦亚青译,上海人民出版社,2000 年,第286 页。

② 虽然关于合法性的讨论基本上是就国家而言的,很显然,哈贝马斯所说的只有政治程序才拥有或丧失合法性,这主要是指国家内部的政治程序。既然合法性是就政治程序而言的,那么国际社会的政治程序同样也可以从合法性的角度来讨论。

③ See Ian Hurd, Legitimacy and Authority in International Politics, *International Organization*, Vol. 53, No. 2, Spring 1999, p. 318.

将其送交美国司法部审判，最后判处诺列加 40 年监禁。① 从国际程序来看，美国无视一个主权国家的独立主权，这样做是完全违背国际法准则的。诺列加作为一个主权国家的公民，他是否犯有美国所指控的罪行，应该由巴拿马本国来进行审判，美国无权越过国界直接抓捕并且审判一个独立主权国家的公民；诺列加是巴拿马共和国的总统，美国根本没有资格来进行审判，即使诺列加犯下战争罪或反人类罪，也只能由国际法庭来调查取证和进行审判。然而美国却打着"捍卫民主价值"的旗号公然践踏一国主权。此例一开，立刻就被老布什的后继者作为经典来效仿。1999 年 3 月 22 日，克林顿政府以科索沃出现"人道主义灾难"为名，绕开联合国对南斯拉夫联盟进行了两个多月的狂轰滥炸。四年之后，小布什则以伊拉克生产大规模杀伤性武器和与恐怖组织有联系为借口，同样在没有联合国授权的情况下把伊拉克萨达姆政权彻底推翻。如果说当年对巴拿马的军事行动还是"程序暴力"的偶然之举的话，那么冷战结束以后，美国屡屡视国际程序如无物，则表明实施"程序暴力"已经成为美国对外行为的一种方式。从以武力破坏国际程序到拒绝接受或退出某些国际程序，例如拒绝批准关于设立国际常设刑事法院的罗马条约、关于气候变化的京都议定书、禁止杀伤性地雷公约、禁止生物武器公约、禁止核试验公约、反导条约等，都表明美国的习惯式"程序暴力"已经成为一种独特的"美国式恐怖主义"。特别是当国际程序成为美国推行全球战略的障碍时，"程序暴力"往往成为美国必然的选择。

美国是现存国际程序的制定者、现存国际体系的主导者，维护现存国际体系的稳定符合美国的战略利益。可是，美国为什么会经常实施"程序

① 事情的起因是关于巴拿马运河管理权的问题。巴拿马运河是连接大西洋和太平洋的便捷水道，可使太平洋到大西洋的航程大大缩短，当时，每年都有 100 艘（次）以上的美国军舰经运河驶往世界各地（越南战争期间高达每年 1500 艘），但运河区由美国驻军长期控制。为收回运河管理权，巴拿马同美国进行了长期斗争。1977 年，迫于巴拿马人民的强烈要求及世界舆论的压力，美国卡特政府与巴拿马总统托里芬斯将军签订了《关于巴拿马运河永久中立和运河营运条约》，商定从 1990 年起，将运河逐步交还巴方管理，至 2000 年撤走美军，将运河主权全部归还巴拿马。里根政府上台后即想推翻该条约，美巴关系随之紧张，老布什政府更不愿在其任期内失去对运河的控制权。为推翻在运河主权问题上态度强硬的巴国防军司令诺列加（后任政府首脑），延续美对运河的控制，从里根时期起，美国曾先后三次策动旨在推翻诺列加的军事政变，但均未成功，最后老布什借口诺列加贩毒和破坏"民主"，于 1989 年 12 月 20 日命令美军直接武装入侵巴拿马。

暴力"使国际程序受损并导致国际社会不得安宁呢？这看似与美国的国际身份存在矛盾之处,其实不然。美国实施"程序暴力"实际上是美国作为唯一超强国家维护其霸权地位的一种方式。维持霸权地位主要有两种基本方式:一是增加自身实力,从而使霸权国相对于其他国家的权力加大;二是削弱其他国家的权力,尤其是主要挑战国和潜在挑战国的实力,从而也使自己的相对权力加大。① 冷战时期,虽然美国通过军备竞赛彻底拖垮了苏联,但自身也陷入了困境,自身实力的净增长也越来越困难。因此,美国越来越倾向于用削弱竞争对手实力以增加自身相对实力的方式来实施霸权护持。这恰恰与冷战时期不同。冷战时期,美国身处于两极格局之中,而且作为两极格局的一极,其政策目标不仅要在实力上超过另一极,避免被另一极占据上风,而且还要遏制本系统中的第二大国挑战霸权系统中的霸权地位。如果直接对另一极采取军事行动,那么它既要面对被另一极击败的风险,也要面对被系统内第二层次大国取代的可能。所以在冷战时期,美国的霸权护持方式更多的是采取增强自身实力的方式。② 但是冷战结束后,一方面是美国实力净增长越来越困难;另一方面,在冷战后一超多强的系统中,"多强"中的任何"一强"与美国"一超"之间的实力差距都太大,在可预见的将来,任何国家都不可能成为美国霸权的现实挑战者。③因此,美国的"程序暴力"主要不是针对潜在对手的,而是为了扫除在美国主导下的国际体系中的"捣乱者",拔掉不听话的"钉子户"。

然而美国的"程序暴力"尤其是伊拉克战争使美国霸权严重透支。首

---

① 参见秦亚青:《霸权体系与国际冲突——美国在国际武装冲突中的支持行动(1945—1988)》,上海人民出版社,1999 年,第 125 页。

② 实际上,苏联也是采取这种方式来进行霸权护持的。也正因为如此,半个世纪的冷战在苏美之间基本上没有发生直接的战争,即使在古巴导弹危机双方的冲突大有一触即发的紧要关头,双方都认识到了战争的风险成本过高而最终达成了妥协,双方又重新回到了"边缘政策"的轨道上去。

③ 尽管中国的崛起使美国感到中国的全球影响力正与日俱增,并认为中国最有可能成为美国霸权的挑战者,所以美国鹰派一直把中国作为美国的"假想敌"。但是崛起的中国还有很多"成长中的烦恼",至少在可以预见的将来中国还不拥有成为美国真正竞争对手的实力。See Anne Scott Tyson, Chinese buildup seen as threat to region, *The Washington Post*, July 20, 2005; U. S. National Security Strategy 2006, http://www. whitehouse. gov/nsc/nss/2006/introduction. html; Quadrennial Defense Review Report, http://www. defenselink. mil/ qdr/ report/ Report 20060203. pdf; Albert Keidel, China's Growing Pains Shouldnt Hurt Us, *The Washington Post*, July 24, 2005.

先是美国损坏了自己的国际形象。"9·11"事件以后,美国在全世界范围内发动了一场反恐攻势。本来美国可以站在道德之上以兴正义之师获得世界各国的支持,完全可以以一个被害者的身份树立一个反对"人类公敌"的良好国家形象。然而"9·11"事件以后,布什却借反恐的机会以地球统治者的姿态给全世界划了一条蛮横的界限:要么支持美国,是美国的盟友;否则就是支持恐怖分子,是美国的敌人。于是,美国主导下的全球反恐联盟很快就出现了裂痕。更为严重的是,在阿富汗问题还没有完全解决的情况下,美国悍然发动了对伊战争,从而使美国的反恐真实性遭到广泛性的质疑。国际社会更多的是相信美国打着"反恐""防扩散"的旗帜来推行半边霸权战略,以致无论是盟友还是敌人都憎恨美国,而最恨美国的人不是美国的敌人,而是那些即便不是盟友至少是被美国视为友好国家的人。① 原因何在? 就在于美国发动的伊拉克战争把传统盟友——欧盟"撕裂"了。

其次是与盟友的关系出现巨大的裂痕,也就是说,伊拉克战争在"撕裂"欧洲的同时也"撕裂"了美国与其传统欧洲盟友的关系。长期以来,欧洲、日本是支撑美国霸权的同盟支柱。跨大西洋关系因伊战受到伤害后,意味着支撑美国霸权体系的一根重要支柱正在偏离美国的霸权大厦。战争爆发后,国际社会实际上是一只眼睛注视着这场战争,另一只眼睛却关注着跨大西洋关系的最新变化。乐观者虽然认为,美欧之间的麻烦只是暂时的,共同历史和价值观会有效地维持跨大西洋纽带的韧性,欧盟和美国不可能分道扬镳。② 但是战争的确给欧洲战后以来一直所倡导的"和平"价值观以致命的打击,以至于为数不少的学者认为,跨大西洋关系正在演变成新的地缘政治冲突。③

---

① See Niall Ferguson, Why our enemies and friends hate us?, http: // www. latimes. com/ news/ opinion/ la-oe- ferguson 26 feb 26 , 0 , 5329250. column? coll = la-opinion-center.

② See Andrew Moravcsik, Striking a New Transatlantic Bargain, *Foreign Affairs*, July/ August 2003 , Vol. 82 , No. 4 , pp. 74 – 89.

③ 参见［美］戴维·卡莱欧:《欧洲的未来》,冯绍雷等译,上海人民出版社,2003 年,第 393 页。See Rajan Menon, The End of Alliances, *World Policy Journal*, Summer 2003 , Vol. 20 , No. 2 , pp. 1 – 20 ; Jessica Mathews, Estranged Partners, *Foreign Policy*, November/ December 2001 , No. 127 , pp. 48 – 53 ; Ivo Daalder, The End of Atlanticism, *Survival*, Summer 2003 , Vol. 45 , No. 2 , pp. 147 – 166 ; Henry Kissinger, Role Reversal and Alliance Realities, *The Washington Post*, February 10 , 2003 ; Charles Kupchan, The End of the West, *The Atlantic Monthly*, November 2002 , Vol. 290 , No. 4 , pp. 42 – 44.

再次是美国对推行单边主义所付出的日益高昂的代价,无论是资金上的还是政治上的已经存在着忧虑,美国也因此陷入严重的"伊战后遗症"之中。很显然,最初那些支持美国开战的国家都受内部政治的压力而纷纷从伊拉克撤出了军队,包括西班牙。盟友的退出意味着美国不得不单方面为自己的"程序暴力"支付单边霸权成本。美国发动伊拉克战争时声称,要通过伊拉克战争在中东地区树立一个"民主样板",为这个地区缔造前所未有的和平环境。可时至今日,伊拉克安全局势依旧动荡,民生状况依旧窘迫,基本安全问题却成为"顽疾"。与此同时,美国在整个伊斯兰世界播下了仇视的种子。美国的所言所行实际上把自己置于伊斯兰世界的对立面,激发了他们厌美、憎美、仇美的情绪。这不仅将极大地削弱美国对伊斯兰世界的影响力,而且有可能引发更多针对美国的恐怖活动。同样,伊战对美国内部的影响也是深远的。尽管 2004 年大选暗示着,即使失败的外交政策和明显的政府撒谎不一定会引起在选举中受惩罚,但是美国选民对这场战争所造成的死亡以及高昂的军费支出已经难以容忍,最直接的表现就是共和党在 2006 年的国会选举中的彻底落败。

上述情况表明,美国已经不再是一个传统意义上的权势霸权,而是被迫从传统的权势霸权转为制度霸权,也就是不得不依赖于国际程序为实现霸权维持。① 可见,美国霸权地位的衰落首先是从它在国际社会中的权势衰落开始的。

四、美国霸权式微、"软干预"与"软制衡"

诚然,在当前国际力量分配体制内,单凭某一国家或国家集团的能力把美国从霸权地位上拉下来是不现实的。② 但是美国以"唯一的全球性帝国,按照它自己的设想来重新塑造地球上的国家"的方式,正在促使美国霸

---

① 霸权大致可以分为两种,一种是权势霸权,一种是制度霸权,两者的区分标准是霸权的维持机制。所谓权势霸权,是指霸权体系和霸权秩序的维持主要是依靠霸权国的实力,尤其是军事实力。所谓制度霸权,是指霸权体系和霸权秩序的维持主要依靠体系中的制度。参见秦亚青:《权势霸权、制度霸权与美国的地位》,《现代国际关系》2004 年第 3 期。

② 参见王缉思:《美国霸权的逻辑》,《美国研究》2003 年第 3 期。

权在"新帝国"的过度扩张下走向衰落。① "程序暴力"的对外行为方式不仅受到实力的掣肘，而且从伊拉克战争来看，这种方式收效甚微。在这种情况下，美国对外行为方式不得不进行调整，从"程序暴力"转变为"软干预"。所谓"软干预"就是用美国主导下的国际体系和国际程序来规范其他国家的行为，要求相关国家承担更大的责任来维护现存国际体系和国家程序，从而达到为美国霸权减负的目的。"程序暴力"强调"圣战式"的干预，而"软干预"则反过来强调国际程序对美国的重要性。

美国推行"软干预"主要基于两个基本前提，一个前提是中国等国在崛起的过程中不仅已经通过市场的方式进入现存国际体系之中，而且已经产生并还将对现存国际体系产生直接的影响。而美国作为霸权守成国，它的霸权利益和霸权地位都系于现存的国际体系。在美国看来，与其不现实地把包括中国在内的崛起中大国排除在国际体系之外，还不如在这些国家——特别是中国还没有足够的实力来挑战美国之前，把这些国家纳入自己主导下的国际体系和国际程序，使它们崛起的全过程完全"掌控"在美国的手中，即便未来最终成为美国霸权地位的挑战者，但在美国利用国际程序的"掌控"之下，至少还有应对挑战的准备。② 当然，进入国际体系内的崛起中的大国，由于与美国的利益形成了众多的交汇点和共同利益而主动承担更多的国际责任，包括维护国际体系的相对稳定与和平转型，从而相互之间逐渐成为"负责任的利益攸关方"③。在这种利益前提下，美国便可以实行霸权减负。另一个前提是，美国在冷战后的科索沃战争、阿富汗战争和伊拉克战争中，虽然赢得了战争，但问题都没有实质性地得到解决。尤其是伊拉克战争，美国为此付出了沉重的代价。在这种情形下，美国根

---

① See James Kurth, Confronting the Unipolar Moment: the American Empire and Islamic Terrorism, *Current History*, Vol. 101, No. 659, December, 2002, p. 403. 另外，早在 20 世纪 80 年代中后期，一些学者就提出类似于"极度扩张"的观点，认为"美国义务过分延伸"是导致美国霸权衰落的主要原因。See David P. Calleo, *Beyond American hegemony: the Future of the Western Alliance*, New York: Basic Books, 1987, p. 216,219,220.

② See Robert Kagan, The Illusion of 'Managing' China, *The Washington Post*, May 15, 2005.

③ 美国呼吁中国等新兴大国成为"负责任的利益攸关方"，这是美国实行把全球战略的重要一环，就美国的本义而言并不是真正要这些新兴大国成为美国的"利益攸关方"。因为美国总是根据美国的国家利益来确定中国等新兴大国的"国际责任"，因此美国同这些新兴大国对"负责任的利益攸关方"的定义是大相径庭的。

本无法再进行一场对伊朗或朝鲜的战争,因此尽管伊朗在核问题上越来越强硬,但布什政府仍然主张在国际程序内通过外交手段解决,其克制之心大大超出往常;同样,朝核危机也曾一度陷入停顿,但在中国的斡旋下,美国越来越重视六方会谈对解决朝核问题的重要性。经过六轮的讨价还价后,朝鲜终于同意关闭宁边核设施。美国似乎尝到了在国际程序内解决霸权护持问题的甜头,这可能在一定程度上有利于促使美国更坚定通过国际程序解决伊朗核问题的信心。① 到后来,即便朝鲜进行了多次的核试验,从奥巴马政府到现在的特朗普政府,在美国实力相对衰弱的情形下,美国政府也只能通过程序(可能更多的是双边程序)来应对朝鲜问题。

虽然"软干预"反映出美国权势霸权衰落的一面,但相比之下,"软干预"在维护霸权方面比"程序暴力"相比显得更为有效。② 这就正如伊拉克战争以来的事实,美国原本是想通过伊拉克战争来对中东地区进行"民主改造",以便推行它的"大中东战略",但"伊拉克后遗症"反而在更大范围内、更大程度上束缚了"华盛顿之手"。相反,在格鲁吉亚、乌克兰等独联体国家,虽没有动用一兵一卒,但在国际程序框架内借用非政府组织等手段却成功地对格、乌等国进行了"民主改造"。这无疑是美国制度霸权的一种成功推进。实际上,无论是"程序暴力"还是"软干预",二者的目标是一致的,都是为了维护美国的既有霸权,只是方式不同而已。所不同的是,"软干预"维护的是美国的制度霸权,而"程序暴力"所要维护的是美国的权势霸权。按照作用力与反作用力的互动性,美国的"程序暴力"遭遇的

---

① 从这一点来看,伊拉克战争虽然使跨大西洋关系受到严重冲击,也使欧洲出现了严重分歧乃至分裂,但受伤害更大的并不是欧洲,而是美国。因为在伊拉克上的分歧,可能有利于欧盟各国思考如何构建共同的外交政策;同时,美国在霸权透支无以为继的情况下,反过来不得不求助于欧洲一直所倡导的"和平价值观",在伊朗、朝鲜等问题上,美国实际上正在实践欧洲的"和平价值观"。所以伊拉克战争之后,美国的国际政治理念比战前更为接近欧洲。从国际政治理念来看,伊拉克战争反而使跨大西洋关系更为接近了,而不是像此前人们所说的"跨大西洋关系彻底分裂了"。

② 自二战结束以来,美国的对外行为方式实际上有一种非常奇特的规律,也就是美国在国际程序内通过制度、价值观的力量来推行制度霸权时,往往能够成功;相反,尽管美国拥有世界独一无二的硬力量,但是每当美国在外部世界动用硬实力以推行单边霸权战略时,都总是以失败而告终。从这一角度来说,美国的霸权并不是靠它的硬实力支撑起来的,而是靠它的制度、价值观等软实力支撑着的。这就再一次印证了美国已经不是传统意义上的权势霸权,而是制度霸权。

是暴力的抗衡,主要是非对称性的暴力,而"软干预"则遭遇了"软制衡"。①

由于美国的"软干预"目标仍然在于维护美国霸权,因此伊拉克战争以来,美国的"软干预"遭遇国际社会种种"软制衡"。其中主要有三种:一是制度性制衡,二是文化价值观方面的制衡,三是经济性的制衡。美国遭遇的制度性制衡来自于两个方面:一方面由于美国是现存国际体系的主导者,维护现存国际体系是美国的战略利益所在,因此如果美国"过度"干预(包括"硬干预"和"软干预")而导致国际体系的动荡,可能会使美国的霸权利益受损。更为重要的是,伊拉克战争之后,美国在这方面的顾虑有增无减。顾虑越多,美国的对外行为也就越来越多地受到国际体系的约束。另一方面,在美国的威慑与干预之下,一些国家越来越多地利用"利益捆绑"的策略,或者是把自己的利益捆绑在国际机制上以组成多边利益共同体,或者与美国的利益捆绑在一起,这样,美国的干预、制裁将受到多方面的反对而受制于"罚不责众"的逻辑;或者是因制裁别人也伤及自己而不得不谨慎为之。这种情况在经济性制衡方面也同样表现出来。因为美国超强的经济利益覆盖全球,但在经济全球化背景下,美国的经济利益无疑又是与全球其他行为体的经济利益交织在一起的。所以美国实施经济制裁大多数情况下是"搬起石头砸自己的脚"。制度性制衡、经济性制衡主要是因美国的顾虑而产生的制衡作用,而价值观方面的制衡则是外部对美国产生的真实制衡。美国对外行为的一个重要目标是推行美国的民主价值观,以促使全世界对美国"民主"规范的认同。② 这就正如美国国务卿赖斯所说的那样,"支持每个国家、每种文化中民主运动和民主制度的发展,最终实现结束我们这个世界的暴政这一目标,这就是美国的政策"③。这可以说是赖斯对前两年美国借独联体一些国家的选举而推行的"民主化改造"的一个总结。然而美国在独联体国家的"民主化改造"很快陷入困境,

---

① "软制衡"是与"硬制衡"相对应的一种制衡手段。一般来说,"硬制衡"是指军事的制衡手段,而"软制衡"则是指通过各种非军事的制衡手段来拖延、阻挠和破坏特定行为体的某种政策。See Robert A. Pape, Soft Balancing against the United States, *International Security*, Vol. 30, No. 1, Summer 2005, pp. 36 – 38.

② 参见[美]塞缪尔·亨廷顿:《第三波——20世纪后期民主化浪潮》,刘军宁译,上海三联书店,1998年,第56页。

③ Secretary Condoleezza Rice, Transformational Diplomacy, *Georgetown University*, Washington D. C., January 18, 2006, http://www.state.gov/secretary/rm/2006/59306.htm.

2003 年始于格鲁吉亚而在 2005 年止于吉尔吉斯斯坦。美国的"民主化改造"为什么很快就退潮了呢? 这主要是因为民主的普世性并不要求全世界都采取同一种形式和同样的手段来实现这种普世性的民主理想,而美国的错误恰恰就在于把民主实现形式的单一性当做民主的普世性,而把尊重民主的民族性认为是否定民主普世性价值观的具体表现。① 因此,当美国强行推行美国的"民主价值观"时,往往遭到民族性民主的强力拒斥。

霸权国之所以成为霸权国并影响、主导或统治整个霸权系统,主要是因为霸权国占绝对优势的国家实力。② 正是由于霸权国拥有超强的实力,它的行为往往是不受约束的。尽管理论上而言,国际程序对体系内的任何行为体都有同等的制约作用,但霸权国在系统中处于相对权力地位的顶端,它常常可以毫无顾忌地、机会主义地对待国际程序,并通过这种机会主义的行为既进一步维护和拓展其霸权利益,同时也继续影响该系统的发展进程。但是冷战结束以后,作为唯一的超级大国或全球性霸权国,美国的对外行为并不能像理论上所设想的那样随心所欲。开始一段时间,美国的确曾经"努力"按照霸权国的行为方式来推行单边霸权,这就是美国对外行为的惯用方式:"程序暴力"。但是到后来"程序暴力"不仅难以持续实施,而且绩效也越来越差。美国"程序暴力"的不可持续性,表明美国赖以实施"程序暴力"所致的硬实力已经衰退。也就是说,美国霸权的衰落首先是从硬实力开始的。

那么是否如奈所说的那样,是美国力量的本质和构成正在发生变化了,即从硬实力转移到软实力上了呢? 如果是这样,那么美国应该拥有超强的软实力。但实际上也并非如此,特别是随着中国近年来软实力的迅速提升,美国提出了所谓的"中国软实力威胁"。例如,华盛顿著名的智库人物乔舒亚·库尔兰茨克(Joshua Kurlantzick)就在美国《新共和》杂志发表的文章《中国在亚洲挑战美国软实力》中大肆渲染这种论调。实际上,更

---

① 参见胡键:《民主的普世性与民族性——从独联体国家的"颜色革命"看民族认同的政治表达》,《世界民族》2006 年第 4 期。

② See Robert Keohane, *After Hegemony: Cooperation and Discord in World Political Economy*, Princeton, NJ.: Princeton University Press, 1984, pp. 39 – 40.

早一些的类似看法还有所谓的"中国魅力攻势""中国软实力牌"等。① 这都是美国对自身软实力不自信的表现。而实际情况也表明，美国的软实力也在衰落。在"程序暴力"不能持续实施的时候，美国开始用软实力进行"软干预"，也就是从用军事手段重构民族国家政权转变为用所谓的"普世性价值观"来重构民族国家的内部法律的方式来勉强维护其新的帝国霸权。② 然而这种新的对外行为方式虽然对美国的政治意图有很大的隐蔽性，但也遭到来自另一种力量的制衡，即"软制衡"。如果说美国"程序暴力"的失败显示的是美国权势霸权的衰落，那么美国"软干预"遭遇到的"软制衡"则表明，美国作为制度霸权也在走向衰落。

五、美国软实力依然占据世界最强地位

美国的文化软实力迄今为止没有任何国家能够与之相提并论。美国拥有世界性的强势文化。美国文化是西方文化的典型代表，今天意义上的文化全球化从根本上来说是美国文化的全球化，美国也一直试图将自己的文化作为所谓"全世界的福音"加以推广。特别是美国把自己的政治文化简约为自由、民主、人权，而且各界精英也喜欢用美国简短的历史来向世界反复重复着所谓的"美国故事"。

2012 年年初，我访问美国两个月，主要考察美国的文化市场，参访的第一站是位于纽约市的哥伦比亚大学新闻传媒学院。接待我们的是费里德曼（Joshua M. Friedman）教授——普利策奖获得者。他向我们介绍了美国新闻体制的背景，讲述了美国传媒从 19 世纪中叶的成长到今天的繁荣，但更多的是向我们讲述美国三权分立的优势和美国媒体自由的来历。随后的参访和学习基本上没有离开"自由、民主、人权"的主题，他不厌其烦地向我们推销。不过，从中我们也感受到了美国因这种强势文化所具有的文化优越感。不仅是政治文化强势，美国的文化强势还表现在社会消费文

---

① See David Shambaugh, Beijing Charms Its neighbors, *International Herald Tribune*, May 14, 2005; Edward Cody, China's Quiet Rise Casts Wide Shadow, *Washington Post*, February 26, 2005; Joshua Kurlantzick, China Buys the Soft Sell, *Washington Post*, October 15, 2006.

② 参见［美］麦克尔·哈特、［意］安东尼奥·奈格里：《帝国——全球化的政治秩序》，杨建国、范一亭译，江苏人民出版社，2003 年，第 14 页。

化上。迪士尼打造的"米老鼠"一直在全世界流行,好莱坞的大片风靡全球,美国的快餐文化甚至也称为"世界时尚",等等。

美国对自身历史文化传统呈现高度自觉和尊重。在参访中,弗吉尼亚大学为我们设置的学习课程的主题就是"How to narrate the American story"(怎样讲述美国故事)。讲述者从电影、电视、广播、出版、报刊等不同的行业讲述一个个并不感人的美国故事。实际上,比美国故事更动人、更有历史感的中国故事俯拾皆是。但是美国人却在拥有五千年历史文化传统的中国人面前炫耀自己只有三百年的历史。为什么呢?很大程度上是因为美国人由于自身历史短,而越发感到历史文化的重要性。稍微有点历史意义的文化——不管是物质的还是精神的,他们往往会珍藏起来,通过存放在博物馆等形式传之于世人。

美国各级政府都十分重视文化的发展。美国重视文化发展并非只在财政上给予支持,而是用较小的财政预算作为文化发展的重要杠杆来撬动更大的社会资本来参与。一般来说,美国政府对文化项目的财政预算投入占文化项目总资金的9%。但是这笔资金却可以对社会资金产生吸纳效应。即便是在金融危机时期,政府对文化项目的支持也一如既往。例如,在相对落后的新泽西州的哈德逊郡,郡政府在管理上采取的是一种包容和普惠的政策:政府用很有限的财政支出,尽可能多地鼓励社会文化团体进行文化创造和传承。这里一年的文化项目的扶植经费大约是10万~20万美元,分别资助30多个艺术群体,它们从事着不同类型的艺术创造,有绘画、音乐、舞蹈、话剧、雕塑,等等。也就是说,即便是在金融危机之下,政府也没有因资金短缺而忽视文化建设。美国的文化设施随处可见,图书馆、博物馆、社区体育场等文化设施成为美国城市的重要建筑物,而且都是免费使用的。以华盛顿特区为例,这里的公立图书馆系统辖有25个独立的图书馆,总馆是位于市中心的马丁·路德·金纪念图书馆。这些图书馆功能齐全,服务上乘。除图书馆外,博物馆也是华盛顿特区最重要的文化风景。史密森学会的博物馆是其中的代表,此外还有各种专业性的博物馆。虽然专业博物馆实行门票制,但门票都不贵,20美元左右。众所周知,图书馆、博物馆都是知识储存库,居民进入到这些文化设施中来,不仅感受到文化的氛围,也从这里吸收各种各样的知识。因此,我们不难理解美国民众素质普遍比较高的原因。

此外,美国的文化市场是与国外联系在一起的。做文化市场的主要是文化机构。美国的文化机构所面向的市场都是世界性的。我们参访了不少文化机构,其人员并不算多,但其业务遍布全世界,包括以创新的动画、电视和数码媒体的展示而闻名的"移动影像博物馆",以影音媒体资料库著称的"佩利媒体中心";以文化项目中介见长的"国际子午线中心";以现代艺术著称的 MONA 现代艺术博物馆;以及美国报业协会、美国广播协会、世界环球影视中心、好莱坞等,它们的业务从来都是从世界市场来策划的。

美国的文化软实力优势还在于,第一,美国是传媒大国,传媒实力远远高于中国。中国有 13 多亿人,而美国为 3 亿多人。中国的上网人数是 7 亿多,占国内总人口的 1/2,而美国这一数据却超过了国内总人口的 2/3。美国拥有多个世界著名的传媒集团,中国除新华社之外,其他传媒集团的影响力基本上限于国内。换言之,中国的国内传播力不弱,但国际传播力非常弱。第二,美国是文化产业大国,文化产业占国内生产总值比重远超中国。美国的文化产业非常发达,而且文化的供给与消费之间能够保持平衡发展。而中国的文化产业依然十分落后。在西方发达国家,文化产业在国内生产总值中的比重普遍高于 10%,美国这一比例更是高达 25%,在其国内产业结构中仅次于军事工业,位居第二。自 1996 年以来,美国文化产品出口已超过航空航天工业成为第一大出口产业。日本的文化产业占国内生产总值的比重也达到 20%。中国直到 2011 年,文化产业占国内生产总值的比重才第一次超过 3%,当年的文化产业总值还不到 4 万亿元人民币。这些年来,文化产业有所发展,但文化产业的产值并没有明显的增加。

还是来看美国,有不少人认为美国在衰落,主要依据是:第一,美国的国力在下降,尤其是经济实力在世界经济中的比例越来越小:美国的 GDP 占世界经济的比重从 2001 年的 31.8% 下降到 2008 年的 23.4%。据 2017 年公布的最新(2015 年)数据,基本上保持在 24% 上下。相反,中国的经济国力却迅速上升。2005 年,中国经济总量占世界经济总量的 5.0%,2010 年上升到 9.5%,2017 年公布的 2015 年数据已经上升到 14.8%。仅从这个数据来看,中国与美国的经济总量越来越靠近。这给世人的感觉是美国国力在衰落,而中国却在迅速崛起。尤其是正如阿查亚所说:"美国面对的不仅仅是相对实力的衰落,而且包括绝对实力的衰落。"①换言之,在一些学者看来,中国的崛起至少是处于美国对立面,甚至是美国衰落的因素之一。然而如果中国崛起是处于美国的对立面的话,那么即便美国衰落的原因并非是由于中国的崛起,也会由于中国的崛起而导致美国对中国实施遏制。笔者曾指出,影响中国周边安全的四大结构性矛盾之一就是,"中国的和平崛起与美国的和平遏制之间的矛盾"②。当然,从现实情况来看,单凭某一国家包括中国、俄罗斯或国家集团的能力把美国从霸权地位上拉下来是不现实的。③

第二,美国向世界提供全球公共产品的能力严重不足。在大多数学者看来,雅尔塔体系建立以来,全球公共产品的提供者主要是美国。而冷战结束以后,尤其是进入 21 世纪以来,美国已经很难单独地向世界提供公共产品了。而与此同时,新兴国家的崛起以及地区性的多边机构包括二十国集团、金砖国家、上合组织、中国-东盟等,都以不同的形式在提供公共产品。另外,美国无论是在联合国框架内的影响力,还是在国际货币基金组织、世界银行中的投票权,以及在世界贸易组织中的谈判能力都大大减弱,以至于美国"支付全球化的最大成本,它比任何时候都需要其他大国的支持"④。

对于上述理由,笔者不想一一驳斥,在这里我想用几个数据来阐述一个重要的词——"美国制造"。众所周知,历史上流行过"英国制造",也就是大英帝国作为"世界工厂"的时期,恩格斯在他的文章中有过分析,主要是指大英帝国由于工业革命而最早进入工业文明时代,从而引领世界技术新潮。不过,那个时代的新技术主要是指以蒸汽机为代表的技术。后来,又出现过"德国制造",这主要是指德国曾经一度领跑第二次工业革命的浪潮,出现了一批新的技术。不过,领跑者很快就被美国所取代。一战之后,"美国制造"就已经流行开来了。但是在二战之后,美国又开始新的技

① [加拿大]阿米塔·阿查亚:《美国世界秩序的衰落》,袁正清、肖莹莹译,上海人民出版社,2017 年,第 24 页。

② 胡键:《影响中国周边安全的四大结构性矛盾》,《上海行政学院学报》2017 年第 1 期。

③ 参见王缉思:《美国霸权的逻辑》,《美国研究》2003 年第 3 期。

④ 黄仁伟:《中国崛起的时间与空间》,上海社会科学院出版社,2002 年,第 75 页。

术革命,由于美国要搞新技术,大约从20世纪70年代开始,美国把传统制造业大规模转移到落后国家。因此,"美国制造"很快就被刚刚走向世界的中国所承接,经过大约二十年的时间,"中国制造"成功地完成了取代"美国制造"的转换。但是"中国制造"也主要是一战结束以来形成的制造业产品。其特点是高投入、高消耗、高污染、低产出。然而这些产业支撑了中国从一个落后的农业国家成功地向工业制造业国家迈进。从20世纪90年代以来流行的"中国崛起"的观点,正是基于这种产业而产生的经济发展成就和长时段保持两位数经济增长的"中国奇迹"。而恰恰在这时,"美国衰落论"也迅速流行开来。我们知道,创新不仅需要时间也需要成本。一方面,在新技术还没有形成规模性的产业化之前,传统制造业依然是支撑国家经济发展的主导性产业。美国把支撑经济国力的制造业转移出来,很显然,它的传统经济国力就出现下降趋势。另一方面,美国把大量的财富积累转移到新技术的研发之上,所以它在传统领域的投资规模显得较小,甚至在有的传统领域内完全收缩。然而当大多数人都认为美国正在衰落的时候,一个内涵全新的"美国制造"已经诞生。它的全新内涵主要表现在以下三个方面:

其一,美国是最新技术的原创地。二战结束以后,美国就率先进行技术创新,大量地淘汰了第二次工业革命的产业,迎来了新科技革命的浪潮。战后新科技革命带来了一系列全新的产业和技术,从而塑造了美国战后霸权地位。从历史来看,战后方式跟上美国新科技革命浪潮步伐的国家,如联邦德国、日本等就迅速发展起来。相反,凡是没有跟上美国新科技革命浪潮的国家,如苏联及其东欧卫星国等都被西方国家远远地抛在后面。甚至有学者还认为,苏联解体、东欧剧变有很多原因,是由于长期封闭且与战后的新科技革命擦肩而过而陷入了经济发展困境。美国不仅是战后新科技革命的领跑者,而且在冷战结束以后,在互联网等高新技术领域同样是开拓者,以至于高技术产业对美国经济的贡献率都远远超过世界其他国家。"20世纪90年代中期以来,高技术产业在美国国内生产总值中的贡献率为27%,而传统的住房建筑业和汽车业的贡献率为14%和4%。信息技术产业对美国经济的带动作用不仅比传统产业作用大,而且也比其他高技术产业的作用大。1993年以来,在美国工业增长中,约45%是由电脑和半导体发展带动的。20 世纪 90 年代末,美国与信息产业直接相关的部门在国内生产总值中所占比重已达 80% 。信息产业正在成为美国最大的产业以及美国经济增长的主体动力。"①进入 21 世纪以后,美国大数据产业更是发展迅速。在此之前,美国与其他国家之间因"经济鸿沟"而产生了一个新的"数字鸿沟"。② 在 21 世纪的大数据时代,美国因拥有天然的大数据优势而为世界各国提供大数据的基本工具(收集、储存、分析、管理),因而也同时向世界各国提供全新的全球公共产品。更为重要的是,美国把原来的"数字鸿沟"改写成为巨大的"大数据鸿沟"(Big Data Gap)。"大数据鸿沟"反映了不同国家之间大数据国力的巨大差距,也表明美国与其他国家之间不只是乘数级的差距,而是指数级的差距。

其二,美国拥有世界上最发达的大学。根据统计数据,美国的大学指数是世界最高的,也就意味着美国大学是世界最强的。因此,美国大学对全世界的优秀学生都具有强大的吸引力。美国大学一直就是广大发展中国家优秀学生留学的首选。也正因为如此,美国的技术创新能力特别强。大学是研发的主要机构,美国大学的先进不仅表现为对外来学生的吸引力,而且还由于拥有大量的研发投入而对世界各国的研究人员产生了巨大的诱惑力。这也是美国技术创新能力强大的一个原因。美国仍然是研发投入最大的国家。作为当今世界第一科技大国,美国在尖端科技产业上的投入对于其保持未来的经济发展潜力是至关重要的。据统计,从近年来的全球研发投入量的情况来看,美国一个国家的研发投入就接近全球研发投入的一半;在软件、互联网、计算机服务等方面的研发投入美国一国就达到全世界的 3/4;在航空航天、国防、国家安全领域的研发投入美国占全世界的一半多;在信息安全、传感器网络、空间技术、远程感应、化学/生物感应器、生物测定学及无人驾驶运输器中,美国在 4 个领域具有 70% 以上的优势,在其中的 3 个领域具有 80% 以上的优势,中国的平均优势仅为 4% 。

其三,美国事实上还拥有最发达、最前沿的哲学社会科学研究人员。也就是说美国是最前沿的思想产品的制造者。尽管中国各个学科都在倡

---

① 任东来等:《当代美国——一个超级大国的成长》,贵州人民出版社,2000 年,第 94 页。
② 关于全球"数字鸿沟"的研究比较早的成果参见胡鞍钢、周绍杰:《新的全球贫富差距:日益扩大的"数字鸿沟"》,《中国社会科学》2002 年第 3 期。

导"中国特色的学科体系"，而完全拒绝和排斥美国等西方的学科体系乃至思想，然而如果我们因要构建"中国特色的哲学社会科学体系"而拒绝美国所代表的世界最前沿的思想，那么我们就很有可能陷入一种盲目的自负之中。自负是封闭的结果，自负也是落后的原因。就像鸦片战争之前的中国一样，由于一种强烈的文化自负感以至于西方通过文艺复兴、宗教改革、工业革命等已经把长期以来领先于西方的中国远远地抛在后面，而中国竟然对这一切毫无所知一样。因此，当第一次与西方遭遇的时候就被震撼了，特别是因战争的失败而不得不进行反思，"鸦片战争的失败是由于武器的陈旧？政治的腐败？还是社会的落后？"①陈旭麓先生认为这三者是相互关联的。但是笔者认为归根到底还是在于文化的落后性。正如梁漱溟先生所说："中国文化是人类文化的早熟"，"成熟了的文化，然而形态间又时或显幼稚"，"不走科学一条路"所以"幼稚迷信遗留下来"。所以中国文化既早慧又老衰。② 正是这种情形导致中国社会强烈的文化自负感，最后导致文化没有什么大的进步，这也如梁漱溟先生所说，"后两千年殆不复有任何改变与进步"③。然而美国却完全不一样，虽只有两百多年的建国历史，却创造了当今世界最先进、最发达的哲学社会科学的学科体系、思想体系、理论体系。

因此，所谓的"美国制造"，其内涵既是指新兴制造业产品的制造，也包括新的思想的制造。"中国制造"既包括中国自己制造的传统制造业产品，也包括外国投资者在中国制造的产品，也就是"made in China"。而"美国制造"基本上是"created by America"。因而我们认识到，所谓的"美国衰落"可能不能停留在传统国家实力之上，尤其是互联网、云技术、大数据技术，乃至人工智能等发展迅速的今天，认识一个国家的实力必须用超越传统国家实力构成的眼光。可以这样说，"美国创造"是美国强大的软实力。

---

①　陈旭麓：《近代中国社会的新陈代谢》，上海人民出版社，1992 年，第 54 页。

②　参见梁漱溟：《中国文化要义》，上海人民出版社，2005 年，第 42、251 页。

③　梁漱溟：《中国文化要义》，上海人民出版社，2005 年，第 8 页。

第五章　增强国家软实力,跳出"国强必霸"的历史周期律

　　建设一个与经济大国地位相匹配的文化大国,是未来中国参与国际竞争的核心任务之一。而 21 世纪,国与国之间的文化竞争日渐成为国际竞争的核心,因此增强中国文化整体实就成为中国在 21 世纪现代化建设的一项重要任务。中国共产党十八大报告明确指出:"全面建成小康社会,实现中华民族伟大复兴,必须推动社会主义文化大发展大繁荣,兴起社会主义文化建设新高潮,提高国家文化软实力,发挥文化引领风尚、教育人民、服务社会、推动发展的作用。"中国特色社会主义道路和中国的和平发展,不只是经济的发展,应该而且必须包括文化的发展。中国成功地找到了现代化的发展道路,这体现了中国是一个善于反思、善于总结的大国,而经济的快速发展和国际地位的提高,则使中国成为一个有尊严、负责任的大国。但是中国文化历史悠久,而且曾经是东方朝贡体系的中心,而这个中心并非完全是中国经济实力而成就的,在相当程度上是中国儒家文化形成的以中国为中心的"天下体系"。然而中国文化在近代西方船坚炮利的威震之下迅速成为弱势文化。从此,中国文化大国地位不复存在。当今,中国经济崛起的同时,理应要实现文化的复兴。因为中国还要在国际社会做一个有品位的大国。

第一节　文化强国:中国在 21 世纪的一项战略任务

　　大国成长不只是经济发展,也需要文化的繁荣。只有文化的复兴才使得国家的崛起具有可持续性。这是从西方大国成长的历史中总结出来的

教训。西方各历史大国兴衰更替原因众多,但其中有一个原因是一样的:它们都集中全力发展硬实力,然后全面进行武力扩张,最后都没有避免崩溃的结局。虽然它们也注意文化软实力的重要性,但西方历史大国要么信奉血腥的殖民主义文化,要么倡导反人类的法西斯军国主义文化。这非但没有成为积极的文化软实力,反而使这些国家在文化软实力方面严重减分,是一种负软实力。

中国文化的落后性导致了中国落败于西方列强。在经历了民主革命、社会主义建设特别是改革开放的现代化建设以后,中国的国际地位得到了前所未有的提高。因此,有西方学者指出,"中国崛起毫无疑问地成为 21 世纪的世界大戏之一"。但是一方面,经济实力的长足发展、人民物质生活水平提高,并不会自然地带来软实力的增强和国民素质的全面提高;另一方面,如果单纯追求硬实力的增强,中国也会陷入西方历史大国兴衰的"历史周期律"之中。为了避免陷入"崛起的陷阱",文化软实力建设是中国必不可少的大国成长之路,而且也只有文化的复兴和文化软实力的增强,才能为中国和平发展提供持久不衰的动力。

一、增强软实力的重要性和必要性

根据奈的看法,美国软实力的重要来源之一是在能对他国产生吸引力的地方起作用的文化,并认为无论是阳春白雪的雅文化还是下里巴人的俗文化,都是美国软实力的重要来源。① 但是美国在全球推行其文化——无论是雅文化还是俗文化——总是采用强制的手段,从而被许多人认为是一种"文化帝国主义",因而它反衬出美国软实力的效力问题。② 假如像美国那样来推行中国的文化以提升自己的文化软实力,那么显然中国没有任何优势。因为相比之下,无论是中国的雅文化还是俗文化都缺乏足够的国际

---

① 参见[美]约瑟夫·奈:《软力量:世界政坛成功之道》,吴晓辉、钱程译,东方出版社,2005年,第 11、46~56 页。
② 参见[加拿大]马修·弗雷泽:《美国电影、流行乐、电视和快餐的全球统治》,刘满贵等译,新华出版社,2006 年,第 4 页。

竞争力。①　从这一角度看,一般意义上的雅文化和俗文化并不是中国文化软实力的主要来源。那么究竟什么是中国文化软实力的资源构成要素呢?笔者认为,凡是能够彰显中国文化软实力柔性一面的东西,就是中国文化软实力的资源要素。而作为资源要素的东西同时应该对文化软实力具有源源不断的供给能力。从这两个条件看,只有中国传统文化特别是传统人文精神,才能既可以彰显中国软实力的柔性一面,同时又在资源上具有源源不断的供给能力。中国文化软实力是"中国品格"的外在表现,"中国品格"则深深根植于中国传统文化之中,其核心要素就是中国的传统人文精神。笔者承认,中国文化软实力的资源构成是非常复杂的,但最主要的组成部分应该是那些能够对他国民众产生吸引力的"中国元素"。

近年来,特别是金融危机爆发以来,世界各领域的"中国元素"在不断增多,并不断被越来越多的各国民众所接纳、认同。虽然"中国元素"在相当大程度上是通过中国经济实力在发挥作用,但在经济实力的背后却是支撑中国经济发展的传统文化因素。正是传统的人文精神,使"中国元素"在当代产生了世界性的吸引力。在文化软实力建设中,增强文化竞争力是关键。党的十八大明确指出:"文化实力和竞争力是国家富强、民族复兴的重要标志。"②这就充分显示了增强中国文化竞争力的必要性、重要性和紧迫感。同时我们还看到,这绝非单纯是从文化的角度来考虑文化问题的,而是对中国经济社会发展的战略考量。而这一战略构想不仅基于中国改革发展和现代化建设 40 年所取得伟大成就及改革和发展进入攻坚阶段的现实;而且也基于中国通过改革开放已经进入国际舞台的中心区域,国际竞争的内容和态势发生了重大变化的实际。这样的现实对增强文化竞争力提出了现实的要求。

第一,增强文化竞争力是提升中国经济发展质量的需要。正如前文所述,过去 40 年的改革,从根本上解决了中国经济发展的动力问题,即通过改革,社会各种要素、资源在市场与政府两种配置手段之下得以充分动员

---

① 文化进出口贸易是衡量文化竞争力的重要指标之一,但根据中华人民共和国新闻出版总署发布的各年"全国新闻出版业基本情况"报告,中国每年的文化产品对外贸易都存在着巨大的贸易逆差。这就表明,中国的文化国际竞争力非常弱小。

② 胡锦涛:《坚定不移沿着中国特色社会主义道路前进　为全面建成小康社会而奋斗》,人民出版社,2012 年,第 33 页。

起来,并为中国经济发展做出了巨大贡献。但是过去40年的改革开放并没有解决中国经济发展的质量问题和自主创新的能力问题。中国的经济规模增长快,但国家创新力并不强。创新力不足是中国走出经济发展瓶颈的重要障碍。而提高创新力的重要内容就是提高文化竞争力,因为文化特别是文化竞争力在相当大的程序上对国家的发展起着决定性的作用。

第二,文化价值竞争力表现文化价值观的竞争,也就是文化软实力的提升问题。文化软实力的提升是国民素质提升的需要。不可否认的事实是,自社会主义市场经济启动以来,社会结构状况及国民的价值观与行为方式发生了深刻的变化。社会主义市场经济使经济活动的主体成为具有独立地位的人,促使国民心理素质中的主体意识与自主意识空前增强,国民素质随着物质文明的进步而有较大幅度的提高。但由于社会转型中出现的利益分化和价值多元化,也使社会出现了一些道德和价值观方面的问题,突出表现为心浮气躁、急功近利,诚信缺失、责任缺乏,人与人心理距离拉大、人际关系淡漠等。虽说这并非中国国民素质整体性出了问题,也不能说是中国社会的道德严重滑坡,但至少表明国民素质在某些方面出现了一些问题。这恰恰表明,在20世纪80年代以来的现代化建设中,我们主要是抓物质文明建设并且取得了举世瞩目的成就,但我们不能用物质文明建设的成就掩盖国民道德素质有待提高的事实。众所周知,社会的现代化不只是物质的现代化,甚至可以说,中国物质文明建设的成就并非中国社会现代化的本身,而是中国走向现代化的物质条件。只有人的素质的全面提升,包括物质生活水平的提高和精神境界的提升才是社会现代化的真正含义。事实上,国民素质水平不高,已成为制约我国经济发展和社会进步的瓶颈之一。

第三,文化竞争力体现的一个国家的复兴程度和大国的成长力。只有文化的复兴才使得国家的崛起具有可持续性。这是从西方大国成长的历史中总结出来的教训。西方历史大国兴衰更替原因众多,但其中有一个原因是一样的:它们都集中全力发展硬实力,然后全面进行武力扩张,最后都没有避免崩溃的结局。虽然它们也注意文化的重要性,但西方历史大国要么信奉血腥的殖民主义文化,要么倡导反人类的法西斯军国主义文化。这就注定了这些国家缺乏持续性的成长力。

二、文化发展在于破解当下中国从"失衡"走向"再平衡"所面临的问题

当前中国发展所面临的重大而紧迫的问题,是40年经济高速发展引发的"失衡",这种失衡不仅是经济结构本身的失衡,而且是政治与经济、文化、社会、生态建设等诸多方面的失衡。这些失衡的具体表现是:

(一)物质生活与文化生活之间的不平衡

我国仍然处于社会主义初级阶段,社会的主要矛盾是,人民日益增长的美好生活需要和不平衡不充分的发展之间的矛盾。但是经过40年的改革开放,中国社会的物质生活水平已经有很大的提高,特别是由于经济的快速发展,中国社会告别了物质短缺时代,基本上解决了温饱问题,人民群众物质生活的需要已经基本上能够满足。过去40年的现代化建设专注于经济发展,而忽视了文化生产和文化发展。文化是国家和民族的精神家园,是社会化发展的血脉,更是国家成长的智力之源。由于忽视文化生产和文化发展,因此中国国民生产值的质量问题和自主创新的能力问题出现残缺。

自主创新不足表现在,经济增长仍然是粗放方式,因而单位国民生产总值的资源消耗量偏高。改革开放以来,中国的能源消耗强度有所降低,但是从横向比较来看,中国这些数据仍然是偏高的。因为中国经济规模的迅速增大,主要是靠高投入、高消耗来实现的。

中国通过改革开放和现代化建设,以经济实力为主要内容的硬实力已经达到了一定程度,但经济的进一步发展遭遇了新的瓶颈,走出这一瓶颈就需要提高经济发展的质量和进一步提高国家的自主创新能力。而突破口并不在经济本身之上,而是在文化之上。只有文化软实力的提升,才能根本解决经济发展的质量问题和提高国家的自主创新能力。在新一轮的发展中,文化软实力将对国家的发展起着决定性的作用,包括经济发展方式的转变也有赖于文化软实力的提升。中华民族的伟大复兴,不只是经济的快速发展,而是经济文化的平衡发展。未来的中国不应是"经济巨人,文化侏儒"。

(二)硬实力与软实力之间发展的不平衡

中国的综合国力存在着结构性的缺陷。这种缺陷突出表现在硬实力与软实力之间发展的不平衡上,当然也包括硬实力内部诸要素和软实力内部诸要素发展的不平衡。中国经济规模已经是世界第二大经济体,这也意味着中国经济对世界经济的影响越来越大。但是中国人均经济占有量仍然比较小,还没有达到一般发达国家水平。就是说,中国仍然属于发展中国家。中国已经是世界最大的贸易国,但中国在国际贸易体系中的地位仍然不高,高端贸易产品仍然非常少。也就是说,中国还不是贸易强国。更为严重的问题是,在对外贸易品中,"Made in China"的多,"Made by China"的少,而"Created by China"(中国创造)的就更少了。这同时也表明,中国经济竞争力非常弱小。

"世界经济论坛"全球竞争力排名显示了中国经济竞争力不强的一面。自2001年以来,中国在全球竞争力排名的位次时有波动。2001年排在第39位,2002年上升到第33位,2003年到2006年则大幅度下滑,分别排在第46、46、48和54位,2007年有又回升到第34位,以后隔年都有较大幅度的上升。2008年排在第30名,2009年第29名,2010年第27名,2011年进一步上升到第26位。[①] 虽然中国的排名已经领跑金砖国家数年,但这种排名位次与中国作为世界第二大经济体的地位仍然十分不相符。过去40年来中国经济增长速度快,但仍然以粗放式经济增长方式为主,其结果是高消耗、高污染。因此,近些年来的环境问题、严重的污染问题和长时间雾霾的笼罩,这固然有多方面的原因,但这与我国长期以来推行的粗放型的经济发展方式有着直接的关系。而深层次原因则是中国科技实力、教育实力等不足以支撑新的发展方式。

(三)物质生活质量与精神素质之间的不平衡

在经济快速发展的时候,人民群众的物质生活质量也得到前所未有的提高,但物质生活水平的提升和物质生活质量的提高并不能直接带来精神素质的提升。相反,随着物质生活质量的提高,国民的精神素质却与之形成极大的反差:心浮气躁、急功近利,诚信缺失、责任感缺乏,人与人心理距

---

① 以上数据来自于相关各年的世界经济论坛发布的《全球竞争力报告》,http://www.weforum.org/issues/global-competitiveness。

离拉大、人际关系淡漠等。这表明国民的精神素质出现了严重问题。

我们决不能用物质文明建设的成就掩盖国民道德素质下降的事实。众所周知,社会的现代化不只是物质的现代化,甚至可以说,中国物质文明建设的成就并非中国社会现代化的本身,而是中国走向现代化的物质条件。只有人的素质的全面提升,包括物质生活水平的提高和精神境界的提升才是社会现代化的真正含义。物质生活水平的提高相对容易,而精神境界的提升则需要通过优秀文化长期的潜移默化。事实上,国民素质水平不高,已成为制约我国经济发展和社会进步的瓶颈之一。

(四)文化生产与文化消费之间的不平衡

党的十八大以来,中国的文化建设兴起了一个新高潮,各级政府更是从财政、税收等方面加大了对文化产业的政策扶持力度,对文化内容创意生产经营更是实行最大可能的税收优惠。因此,各类文化产品琳琅满目,文化市场也骤然活跃起来。但是一个不容忽视的事实是,在文化生产全面扩张的情形下,一是需要的文化产品供不应求,而在文化大发展口号下追求文化生产 GDP 数字的情况也日益严重,没有市场的文化产品乃至各种文化垃圾也堆积如山,装点出一个"虚假繁荣"的文化市场。另一方面,社会的文化消费严重不足。中国居民的文化消费总量严重偏低,居民文化需求的满足程度不足1/4。

文化消费不足的原因是多方面的,从消费者的角度来看,可能跟文化消费心理不成熟、文化消费观不正确以及观念、素质差异等有关。这些因素又导致人们对文化消费与自身素质的关系认识不够,对财富缺乏正确的认识等。因而他们更倾向于物质性的生活必需品的消费,而没有精神性的生活必需品消费。从文化生产者来看,可能是无法提供适合人们消费的文化产品,甚至为了眼前的经济利益而生产一些低俗的文化垃圾,让人们对文化产品产生恐惧感。另外,中国有众多知识分子,他们是特殊文化产品(学术文化产品)的生产者,但他们除了自己的专业外,很少有别的文化消费。因此,中国文化市场的空间无穷大,但中国民众文化消费的欲望却非常小。物质生活水平的提升客观上要求精神文化方面有更多的产品供应,但在物质生活产品供应充足的情况下,中国社会的文化生活产品供应不足。文化生活产品无法满足社会消费的需求,从而导致精神素质与物质水平之间的脱节。精神境界提升的前提是精神文化消费的不断增多。

（五）文化投入与文化产出之间的不平衡

文化强国战略激活了中国的文化产业,文化也确实大踏步向前发展,但是一个不可否认的事实是,当前中国的文化发展中出现了一些错误倾向。这些错误倾向表现为:

一是在文化生产上盲目增加投入。由于中国经济发展,各级财政收入颇丰,对文化发展的确重视,但一些政府官员缺乏相应的知识,以为文化发展就是给予经费支持,开口闭口就说:"钱不是问题,关键是要有项目。"结果,各种重复性的、低水平的、毫无新意的文化项目都在政府的支持下上马。

二是文化经营者用简单的数量来骗取政府的财政支持,以为文化发展就是多出版几本书、多拍几部电影、多拍几部电视剧、多组织几场文艺演出等,并没有从文化消费市场的角度来考虑文化生产环节,结果是文化生产与文化消费严重脱节。

三是学术研究也在文化发展的大环境下出现了数量上的"大跃进"。学术研究是一种特殊的文化生产,学术成果则是一种特殊而重要的文化产品。早些年,人们一直诟病中国的研究经费不足制约了科研发展,但近些年来,国家对科研经费的投入在逐年加大,但中国的科研成果的质量却并不如科研经费数量那样引起世界注意。反倒是全世界学术界都在思考同样的问题:在经费充足的情况下,中国为什么缺乏创新力? 中国为什么缺乏学术大师? 当前,一名学者一年中承担数个项目的情况是普遍现象,课题越多意味着隐性收入越大,但研究的成果要么是自己重复自己的东西,要么就是一项成果用于多个项目的结项,即所谓的"一鸡多吃"现象。这显然不利于学术创新。

（六）古为今用与食古不化、洋为中用与食洋不化的矛盾

实际上这是在对待传统文化和外来文化问题上出现了"古、今、洋"之间的不平衡。当今中国社会存在着两种文化现象:一种是文化保守主义（也就是"文化夜郎主义"）,认为中国的未来发展之路就是恢复儒家文化传统,走儒家社会主义道路。另一种则是历史虚无主义（也就是"文化虚无主义"）,认为中国的发展必须全面接受"普世价值",在"普世价值"的引

领下走西方的现代化之路。前者是食古不化,后者则是食洋不化。这二者都缺乏对"今日中国"的理解,其结果不是把中国引向封闭僵化的老路,就是使中国陷入改旗易帜的邪路。

三、实现文化强国战略,增强中国文化整体实力和竞争力

加强文化建设、增强我国文化整体实力,已经非常紧迫。中国是文化资源大国,但中国也是文化软实力小国。资源要成为实力,还需要有一个转化过程和国家的转化能力。但长期以来,中国文化软实力弱小的重要原因就在于把文化资源转化文化软实力的能力严重欠缺。只有文化实力随着物质性实力的提升而实现整体性的提升,中国特色社会主义道路才会在和平发展之路上不断前行。

究竟如何建设文化实力,国内学者已经提出了不少建设性的建议。例如,童世骏从文化软实力建设的路径探讨了提升文化竞争力的措施在于,推进文化创新和产品升级,提高文化产业的国际竞争力。[1]韩振峰则提出了提升国家文化软实力的十项措施,其中包括:发展文化生产力、增进文化传承力、激发文化创造力、提高文化竞争力、提升文化传播力、扩大文化影响力,以及加大文化保障力等。[2]陈正良认为,必须大力发展文化事业,重视文化创新,整合利用中国深厚悠久文化资源,大力推动文化产业的发展,让中国产品成为中国特色文化的结晶和载体;增强中国文化价值观的全球辐射、对外亲和力与感召力。[3]党的十八大报告也明确指出:"建设社会主义文化强国,关键是增强全民族文化创新活力。"全民族文化创新活力来自何处?

第一,要确立核心价值体系,提升全民族精神素质。中国共产党作为执政党,中华人民共和国宪法赋予了中国共产党的领导地位,这就意味着在市场经济条件下,利益多元化、价值观多样化的到现实中,我们的国家仍然需要社会的整体利益。维系这个整体利益的关键就是执政的中国共产

① 参见童世骏:《提高国家文化软实力:内涵、背景和任务》,《毛泽东邓小平理论研究》2008年第4期。
② 参见韩振峰:《提高国家文化软实力的十大举措》,《理论导报》2008年第4期。
③ 参见陈正良:《增强中国文化软实力论要》,《浙江社会科学》2008年第2期。

党构建的核心价值体系。一个国家、一个民族应该有一个精神支柱，这个支柱就是核心价值观。当代中国国民素质的问题，实际上是核心价值观缺失的问题。任何社会在历史发展进程中都会形成与其根本体制相适应的、发挥主导和支配地位的社会核心价值体系。社会主义核心价值体系就是当代中国社会精神之魂。文化的发展总是为建设国家现时代的核心价值体系服务的。社会主义要拥有以前任何社会所没有的全新的核心价值体系。离开了社会主义的核心价值体系，社会主义文化就不具有先进性，也就不具有感召力和吸引力。科学发展观的核心是以人为本，要创造出更多、更新颖的文化消费品来满足人民群众的文化生活需要。也就是说，文化创新必须以满足人民群众精神文化生活为出发点和落脚点。这是贯彻新时代追求平衡发展、充分发展的现实要求。

第二，丰富精神文化产品，满足人民文化生活。要提供健康向上的文化产品，严禁低俗的文化产品，减少快餐式文化产品，大力生产高雅文化产品。因此，文化消费需要加强引导。首先是健康向上的文化消费观念的培育。文化产品的消费必须有利于人们的身体素质、科学文化素质、思想道德心理素质的提高，有利于人的全面发展。其次倡导文化消费并非越多越好。同物质品的消费一样，过度的消费就是浪费。但是在文化产品消费严重不足的今天，我们更要倡导在健康文化消费观念的前提下积极消费，从而使文化真正为我们民族的创新力提供源源不断的养料。再次，文化消费要嵌入消费者的心灵，并使文化所蕴含的德操、智慧和力量化入消费者的灵魂深处，这样文化才能真正发挥其积极效能。总之，文化消费反映的不是文化本身的情况，而是一个民族的素质问题。文化发展的目的，归根到底是为了提高国民的素质，而不在于通过文化发展带来多少经济效益。国民素质提高的收益是战略性的，是着眼于未来的战略性收益。

第三，转变文化生产方式，使文化生产真正适应并满足人们的消费。盲目地增加经费投入，可能会导致更多的文化垃圾充斥文化市场。今天，无论是文化的生产还是文化的传播，简单的复制已经无法获得文化消费者的认同，缺乏对文化产品的认同，消费者就缺乏消费的欲望。学术文化的生产（指学术研究）同样需要转变方式：从根本上改变学术生产者的"圈地"现象（指到处拉项目）。因此，文化生产方式转变的根本任务就是要从传统的文化生产方式转化为创意文化生产方式。有创意的文化产品才能拥有消费者,才能满足日益增长的文化需要。同时,要努力开发传统文化资源,特别是要以优秀传统文化为基础不断推进中国文化的创新。中国文化历经悠久的历史而不衰,不是因为中国社会原封不动地继承下来,而是因为在保持其精髓的情况下在新的时代条件下加以创新,从而使之获得经久不衰的生命力。文化的发展和文化竞争力的提升,就是要在尊重传统的前提下不断创新。

第四,要克服文化自负感以及由此而产生的文化保守主义和文化自卑感以及由此产生的历史虚无主义。克服文化自负感,就要敢于吸收世界各国创造的文化成就,使当今中国更加具有包容性。因为对自己的过度自信就会盲目排外,从而会导致中国社会在自我封闭中陷于停滞。文化的自卑感表现为:一是对传统文化的否定,认为文化的历史包袱太沉重,是中国现代化无法真正取得突破的根源;二是对中国现代化道路的不自信,认为没有接受西方的"普世价值",中国现代化最终要陷入困境;三是否定中国经济发展的奇迹来自于中国现代化的特殊道路,认为中国的经济奇迹实际上是采用西方市场经济而取得的,因而没有所谓的"中国特色",等等。克服文化自卑,就是要吸收中国传统文化的精髓再加以现代化的改造之后,使之成为当今中国社会主义文化的重要组成部分。对中国传统文化的全面否定,必然会导致当今中国文化成为无源之水、无本之木。

第五,文化发展要坚持走国际化发展之路,提高中国文化产业的国际地位。文化发展必须融入全球化进程,这是文化产业发展不以人的意志为转移的客观过程。文化产业不仅要立足本国,而且必须面向世界。只有在参与全球竞争的情况下才能不断提高自身的竞争力。要在全球化的市场框架中构思中国文化产业的发展规划。文化产业发展不仅要有内需的拉动,而且也要有外需的拉动。用外需来拉动内需,用外需来推动内需的增长和质量,用外需来影响国内市场的国际竞争,这已经成为一些国家文化产业发展战略的重要选择。中国文化产业发展要实施走出去战略,积极利用国内、国外两种资源,培育、开发国内和国外两个市场,努力开拓文化产品和文化服务的出口渠道;充分利用中国丰富的民族文化资源,加快发展自己的特色文化产业,主动参与国际竞争,在竞争中变得强大。

第六,要增强文化竞争力必须要打造文化品牌,特别是要采取国际化的文化产品制作、传播方式来打造中国特色、中国风格的文化品牌产品。文化品牌既是文化企业的无形资产,也是民族文化走向世界的窗口。在激烈的文化产品竞争中,中国文化产业要努力打造民族文化品牌,多创作、多生产出既有艺术品位又有市场需求的文化产品。要扶持有发展潜力的大中企业,做大做强一批对外交流的文化品牌,把反映中华民族特色与当代中国风貌的文化产品及服务尽可能多地推介到国际市场和世界范围内的文化交流中。只有展现中国文化特色、中华民族特色的文化品牌才能够抢占世界市场高地。

第七,要充分利用经济领域"走出去"积累起来的市场和经验,大力支持文化企业参与国际竞争。中国文化产品和文化企业"走出去"参与国际竞争,要利用经济"走出去"的经验来开发国际市场,特别是通过开展国际合作与交流来促进中国文化企业和文化产品尽快熟悉和适应国际市场的竞争环境,在竞争中不断增强中国文化的竞争力。此外,具体的文化企业还要认真研究世界市场的文化需求和消费心理,使中国的文化产品能够积极应对世界市场的需求。这样才能从根本上扭转中国文化产品贸易逆差的态势。

第八,要在不断提高文化产品的技术含量和技术水平的同时,全方位整合文化资源,加快推进文化资源集约化经营战略。中国文化产品的技术含量不高,面对西方先进技术广泛应用于文化产品之上的现实,中国文化产品还停留于传统的文化生产方式和经营方式。因此一方面,提高中国文化竞争力就要借用新技术创新文化产品,打造新技术条件下的文化品牌;另一方面,中国文化产业刚刚起步,不论是文化产业的经营理念、策划经营能力,还是资源整合能力,都不够成熟和强大。也就是说,在这方面中国要不断学习西方的文化经营战略,提高自己的文化资源整合能力,努力打造中国的文化产业"航空母舰",提升中国文化的整体竞争力。

第二节 文化强国必须要树立文化自信

软实力最重要的资源是文化,文化是社会发展进程中的遗传密码,自始至终都在社会发展中扮演着重要的角色。正因为如此,恩格斯指出:"文化上的每一个进步,都是迈向自由的一步。"①文化的作用有时候是隐性的,有时候则是显现的。但是无论如何,文化对社会具有持久性的影响。中国是一个文化资源大国,源远流长、底蕴深厚、博大精深的中华文化,不仅是中华民族共有的精神家园,而且同样滋润了世界其他民族,也是世界其他民族的精神养料。但是文化资源大国并不天然就是文化软实力大国。资源要成为实力,还需要一个转化过程。但长期以来,中国文化软实力弱小的重要原因在于把文化资源转化为文化软实力的能力严重欠缺。因此,要实现文化强国战略,必须要挖掘中国从资源转化为实力的能力不足的根源;要通过寻找中国文化之根来树立文化自觉和文化自信。因此,在党的十八大报告提出道路自信、理论自信和制度自信以后,习近平总书记在建党95周年的大会上又提出要增强文化自信,并指出文化自信是更基础、更广泛、更深厚的自信。

一、文化自信的前提是文化自觉

1933 年,陈序经在《中国文化的出路》一文中指出:"中国的问题根本就是文化问题,要想解决中国的政治、经济、教育等问题,必须从文化着手。"当时中国经济正处于发展的"黄金十年",但经济发展并不意味着中国已经找到了现代化的道路。相反,中国走什么样的道路的问题长期以来困扰着中国知识分子。也正因为如此,中国知识分子从自己的立场出发并且从文化上来探讨中国的道路问题。当今中国的经济发展迅速,但中国发展也遭遇难以突破的瓶颈,虽然主要问题出在经济上,但根源却在文化上。因此,解决当今中国所有问题的关键也如陈序经当年所说的那样,"必须从文化入手"。

当然,从文化入手,并不是否定物质的重要性,更不是文化决定论者。实际上是中国经历了 40 年的改革开放,物质方面的发展非常快,而文化方面的内容却相对落后。尤其是当前中国出现的不少经济问题,在相当大程

---

① 《马克思恩格斯选集》(第 3 卷),人民出版社,1995 年,第 456 页。

度上需要跳出经济看经济，需要从文化入手来解决经济发展问题。从文化入手，就是要通过提高产业素质来实现经济发展方式的根本转变。中国经过现代化建设已经成为世界第二大经济体，但中国经济发展方式的转变并不顺利，因此经济的品质也并不太高。而经济的品质决定于产业素质，提升产业素质就必须大力提升文化素质和科学技术素质。当前，中国的国力要素发展仍然不平衡，不仅表现为硬实力与软实力的发展不平衡，而且硬实力内部、软实力内部诸要素的发展也不平衡。从总体上来看，中国硬实力"量大质低"和软实力"量小质低"的状况没有根本性的改变。从文化入手，既要夯实中国经济发展的文化底蕴，更要用现代科学技术文化来推进中国的产业更新和科技创新。

　　从文化入手，就是要用文化来滋养人心，提高国民素质。产业素质决定于劳动力素质和国民的整体素质。从现实情况来看，尽管经济发展迅速，但国民素质并没有相应提升。相反，有时候还表现为国民素质严重下滑的情形。例如，老人摔倒了扶还是不扶都成为公众需要讨论的问题；食品中的工业添加剂问题越来越严重，苏丹红、孔雀绿、三聚氰胺、吊白块、一滴飘香等，都是伴随着市场经济出现的道德问题。与世界发达国家相比，我国的劳动力素质也仍然低下。例如，具有高等教育水平的劳动力占总人口的比例，世界平均值是 0.282，中国刚好达到世界平均水平，美国是0.821，英国是0.575，法国是0.584，意大利是0.626，德国是0.399，以色列是0.605，日本是0.555，新加坡是0.669。由此可见，中国的人才素质远远落后于发达国家。

　　从文化入手，就是要为中国的大国成长提供可持续性的成长力。大国的成长并非仅仅是依靠硬实力，只有硬实力支撑的大国崛起的进程，最终会陷入"修昔底德陷阱"。这是西方历史大国崛起的基本教训。要避免陷入陷阱之中，大国崛起的进程必须以硬实力和软实力共同来支撑。① 40 年的现代化建设使中国从一个游离于国际体系之外的国家，转变成为处于国际体系中央区域的国家，中国国际地位的大幅度提升，需要通过文化建设来提高中国的品格。《易经》说："德不配位，必有灾殃。"这既可以是针对

---

　　①　参见胡键：《角色、责任、成长路径：中国在 21 世纪的基础性战略》，上海人民出版社，2010年，第十、十一章。

个人,也可以说是针对国家。西方历史大国的衰落,就是因为没有加强自己的软实力建设,完全靠硬实力的扩张,所以最终因"德不配位"而覆灭的。

要树立文化自信,首先要有文化自觉。文化自觉是费孝通先生在1997年提出来的。① 按照费孝通先生的说法,文化自觉分为四个阶段,也就是他所说的"各美其美、美人之美、美美与共、天下大同"。这四个阶段即对自己文化的欣赏、对他人文化的欣赏、不同文化之间的相互交流、在文化交融之中走向世界大同。它主要包含三层内蕴:一是文化自觉建立在对"根"的找寻与继承上,二是建立在对"真"的批判与发展上,三是对发展趋向的规律把握与持续指引上。简而言之就是寻根、反思和对文化发展规律的认识。

关于文化寻根,许倬云先生就指出,中国人有强烈的祖先崇拜意识,因而也即有着非常深厚的文化寻根意识。② 楼宇烈先生说,中国传统文化是儒、释、道三位一体的统一体。③ 一般都会认为中国传统文化的源头是儒家学说,实际上是道家,也就是"黄老之学"。该学派认为"道"是作为客观必然性而存在的,在社会政治领域,强调"道生法",君子当"无为而治"。因此,在秦统一前,"黄老之术"自黄帝到西周一直占据着显要的地位。及至秦统一后,"黄老之术"逐渐让位于其他流派,尤其是以法家思想为甚。秦虽然是以法家思想来治理"天下"的,但法家二系(韩非子、李斯)皆为荀子的门徒。荀子与孟子各自继承了孔子思想之一脉。儒家"四科"中的"政事"之科,正是法家之"源",秦以后的政治制度则是法家思想之"流"。因此,儒、法实乃一家,也因为如此,儒家与皇权的结合,形式上表现为法家的理论,本质上则是儒家的价值。

尤其是自汉武帝开始,儒家与皇权的结合在政府的支持下而日益紧密,尽管道家学说依旧在中国的思想界占据重要位置。也正因为如此,儒生绝大多数成为皇权的拥护者,而完全丧失了西周时期儒生对皇权的批判性。因此,儒家学说逐渐陷入僵化,这为刚刚传入中国的佛教在中国的传播提供了思想领域的空间和社会基础。特别是佛教的思想与在汉朝初年

① 参见费孝通:《中国文化的重建》,华东师范大学出版社,2014年,第129~133页。
② 参见许倬云:《中西文明的对照》,浙江人民出版社,2013年,第32页。
③ 参见楼宇烈:《中国的品格》,南海出版公司,2009年,第2页。

一度成为治国思想的道家学说在相当大程度上是相互兼容的。"这两个出世的思想与儒家入世的思想,构成了一个辩证关系,彼此兼容,它们也在中国人人生的不同阶段彼此代替。"①不过,也有学者认为:"强调自然与社会的对立使道家更多的是作为儒学之外的一种选择,而不是一种补充而存在,特别是当社会中的官僚机构处于崩溃之时更是如此。作为大众化的道教,它可能意味的是农民起义,像东汉反对地主、儒家和官僚的黄巾起义,作为高深的道教,它可能意味的是士大夫从社会生活中急流勇退而成为3世纪的'清谈'者,或'竹林七贤',或是满怀乡愁的唐朝诗人。"②到了宋代,士大夫们开始努力重塑中国文化传统,一个重要的标志就是把道学发展成为理学,但无论是道学还是理学,其构成的基石仍然是以《论语》《孟子》《大学》《中庸》为主要内容的儒家经。这样,"儒、释、道这三种思想是你中有我、我中有你,共同来支撑着中国的传统文化"③。

其一,在文化寻根的问题上,梁漱溟先生在《中国文化要义》中对中国文化的特点有比较经典的概括:独自创发、自成体系、从未中断、同化力非常强、吸纳外部文化融合而成、后两千年没有进步、文化在四周的放射力大。④从这些情况来看,中国文化的根始终是存在的。然而中国文化走向何处的问题,在当今中国现代化的历程之中并不太清晰。

其二,仅仅寻根是不够的,文化对社会发展的作用毕竟具有双重性:既可能是促进社会发展,也有可能是抑制甚至是阻碍社会发展。因此,我们需要对文化进行反思。近代以来,主要有两大原因促使中国知识分子对传统文化进行反思:一是战争,二是经济发展;而且主要是从器物文化、制度文化和精神文化三个方面进行反思。

对器物文化的反思,是由于鸦片战争的失败,在与西方列强的第一次遭遇中,泱泱大国为什么会失败?战争的失败尤其是在战争中切身地感受到西方列强的船坚炮利的情形促使中国的开明士绅和知识分子对中国的技术文化进行反思。其中表现最为突出的就是林则徐和魏源。林则徐是

① 许倬云:《中西文明的对照》,浙江人民出版社,2013 年,第64 页。
② [美]约瑟夫·列文森:《儒家中国及其现代命运》,郑大华等译,广西师大出版社,2009年,第36 页。
③ 楼宇烈:《中国的品格》,南海出版公司,2009 年,第173 页。
④ 参见梁漱溟:《中国文化要义》,上海人民出版社,2005 年,第7~8 页。

"睁眼看世界"的第一人,他主张了解西方,学习西方进步的自然科学与实用技术。他总结鸦片战争失败的教训,认为英国之所以胜利在于,英帝国主义"器良、技熟、胆壮、心齐"。林则徐尤其强调英国的器物文化的先进性。因此,他认为中国要想御侮图强,必须学习西方先进的科学技术。魏源继承了林则徐师夷制夷的思想,他在林则徐《四洲志》的基础上完成了《海国图志》,非常详细地介绍了世界各国的地理、历史和社会的状况,比较详细地阐发了"师夷长技以制夷"地向西方学习的思想。魏源强调指出:"师夷"是为了"制夷",向西方学习是为了抵御西方的侵略,而要成功地抵御西方的侵略,实现"制夷"的目的,首先必须要"师夷"。在器物文化上用实际行动来反思的是洋务派发起的洋务运动,倡导"中学为体,西学为用",创办了各种近代企业,的确使中国在现代化的道路上迈出了非常重要的一步。但遗憾的是,"体""用"之间的矛盾从一开始就暴露出来,最终导致洋务运动以失败而告终。这表明仅仅在器物文化上的反思是不够的。

对制度文化上的反思,这同样是战争引发的反思。甲午战争的失败,才有了康梁领导的"公车上书",这是一个诱因,最终在数年后爆发了维新变法运动。虽然变法历经百日而失败,但也检验了当时中国社会对革新的接受程度。实践证明,即便在中国处于亡国灭种的危亡之中,中国社会对革新的接受程度也是非常低的,这也验证了马克思在此前所说的:"中国,这块活的化石……在东方各国我们总是看到,社会基础停滞不动,而夺得政治上层建筑的人物和种族却不断更迭。"①更有甚者,还有一批守旧的知识分子为这种"活化石"做守护人。例如,王国维就公然对外说,君主专制是至善至美的制度。然而欧风美雨尽管遭到中国社会的拒斥,但对中国社会仍然具有拉枯摧朽的作用。正如马克思在《鸦片贸易史》中所说:"一个人口几乎占人类三分之一的大帝国,不顾时势,安于现状,人为地隔绝于世并因此竭力以天朝尽善尽美的幻想自欺。这样一个帝国注定最后要在一场殊死的决斗中被打垮……"②果不其然,帝国最终被孙中山领导的资产阶级民主革命所推翻,代之而起的是民主共和制。这是制度文化比较彻底的一次反思。遗憾的是,资产阶级民主共和缺乏民众基础,原因就是缺乏

---

① 《马克思恩格斯全集》(第15卷),人民出版社,1963年,第545页。
② 《马克思恩格斯文集》(第2卷),人民出版社,2009年,第632页。

思想启蒙。所以说中国社会由此开始进入精神文化的反思。

对精神文化上的反思,是由于辛亥革命失败后,中国社会充斥着复古逆流。陈独秀、李大钊、鲁迅、胡适等一批知识分子主张向西方学习,倡导"德先生"(民主)和"赛先生"(科学)。这就是新文化运动和五四运动的价值追求。在这种文化冲击之下,旧式的知识分子由于无法适应所以有的被淘汰,有的则自我淘汰。例如,王国维的自杀,既可以说是为了"殉制度"也可以说是"殉文化",成为旧式文化和制度的殉道者。当然还有一批虽不像王国维那样走向极端,但也是中国的文化保守主义者,如辜鸿铭、林琴南、杜亚泉等,以维护中国主脉为由拒绝一切西方的文化。关于精神文化的反思不能不提及梁启超。一战后,梁启超遍游欧洲,所见所闻从内心改变了对西方文化和对中国传统文化的看法。尤其是看到一战导致欧洲的萧条使他感到欧洲并非十全十美,过去认为欧洲一切都是好的,中国一无是处,这根本不对。因此,他主张要有所鉴别地学习西方。梁启超的这种反思无疑是深刻的,甚至影响了 20 世纪 30 年代的文化论战。当然 30 年代的论战更多的是经济发展所致。因为国民政府统一中国以后,加上一战结束后,世界主要大国都处于"休养生息"时期,中国民族经济迎来了发展的"黄金十年"。然而在经济发展的同时,中国知识界也在探讨中国现代化的走向问题,这种思考最终也反映到文化上,并在知识界中形成了西洋派、折中派、复古派三大流派。这场文化论战是由陈序经挑起的。1933年,陈序经发表了《中国文化的出路》一文,主张全盘西化,其理由是:西洋文化比中国文化进步;西方现代化是世界的趋势;中国道德(公德、私德)不及西洋。王新命、萨孟武、陶希圣、何炳松等十教授则于 1935 年针锋相对发表了《中国本位的文化建设宣言》一文,表达了折中派的文化主张:中国的特殊性;不能凭空赞美中国的制度,要加以检讨;按照中国的需要吸收欧美文化;中国文化建设的关键是创新;文化建设的目标是世界大同等。当时被这场论争卷入其中的有一大批知识分子,包括折中派的张东荪、吴景超、张申府、嵇文甫;西洋派的胡适、张佛泉、张熙若、梁实秋等。[1] 这场论战虽然是因经济而起,但直到全面抗战爆发以后这场论战也没有真正停

---

　　[1] 上述争论的情况及相关文献参见罗荣渠主编:《从"西化"到现代化:五四以来有关中国的文化趋向和发展道路论争文选》(中),黄山书社,2007 年。

止。当然,在社会主义现代化建设过程中,对文化的反思仍然存在着,表现的是关于现代文化尤其是科学技术和改革开放的文化反思。这些反思表现为:要不要改革;怎样改革;要不要搞市场经济;怎样搞市场经济;国进民退还是国退民进等。① 由此可见,中国的现代化道路是在不断地反思中而得以推进的。所有的反思是在西方文化、西方现代化冲击之下的反思,也是对中国命运的文化忧虑,以及对中国现代化道路的文化阐释。

其三,对文化发展规律的认识。寻根和反思都不是目的,目的是要认识和把握文化的发展规律。从寻根和反思中,我们发现文化发展有其自身的规律,这些规律至少可以概括为:

一是没有单一的文化存在。凡是发展到今天且有生命力的文化都是在历史的长河中与其他文化进行广泛的融合而延续至今的。没有任何文化是所谓的"纯种"文化,就像民族、种族一样,在历史变迁中已经大杂居、大混杂、大融合。这种情况提示着人们不要打任何文化原教旨主义的旗帜。

二是没有封闭的文化。尽管古老的中国文明受自然条件的影响而处于相对孤立的状态,但人们的社会生活总是会突破自然的屏障而走到一起。例如,汉代张骞出使西域,是较早突破自然屏障而实现中原文化与西域文化进行交流的人。虽然其主观目的是要联合大月氏攻击匈奴,以恢复河西走廊的商贸通道,但战争同样也会带来文化的交往,且不说古丝绸之路的驼峰把东方神秘的故事带到西方,驼铃又把西方传奇传到东方,从那时起历经了鸠摩罗斯、唐玄奘等的努力,中国文化、印度文化、伊斯兰文化乃至基督教文化之间实现了大规模的交流、对话和融合。

三是文化具有可分享性。文化主要是技术文化、精神文化,是可以在世界人民之中进行分享的。也正因为文化的可分享性,文化才得以广泛传播。如果文化不能分享,那就意味着文化是不能对话和交流的,更不能进行融合。尤其是那些符合社会发展潮流、促进社会进步的文化,可以为任何民族、任何国家所分享。

---

① 这方面的争论情况请参见胡键:《理解中国的改革:当代中国社会主义现代化理论与实践研究》,学林出版社,2015年,第一、二章。

二、文化自信需要跳出文化自负与文化自卑的窠臼

很显然，中国社会的文化自觉是不足的，其中的原因可能在于，对传统文化的认识不够，对何为"国粹"、何为"国渣"没有弄清楚。对传统文化认识不够，必然导致缺乏对文化的传承。因此，中国文化自觉不足的原因还在于缺乏传统文化的传承体系。中国传统文化包括三种形式的知识：一是价值之知，如儒家的仁、义、礼、智、信，墨家的兼爱、非攻，道家的道法自然、清静无为，佛教的慈悲等；二是事实之知，如中国历史学著作中关于社会、自然科学的知识；三是形式之知，如汉字、汉语以及通过汉字、汉语所表达出来的思维方式、做事方式、艺术形式等。但是今天的中国主要是传承了传统文化的"形式之知"，而"价值之知"和"事实之知"则多数被抛弃了。然而文化自觉的前提是要跳出文化自负与文化自卑的窠臼。

文化是一个民族的灵魂和精神家园。支撑一个民族旺盛生命力的东西是文化，摧毁一个民族的根本就是摧毁其文化。龚自珍就说，"要灭其国先灭其史"，所谓灭其史就是摧毁其文化。因此，坚持中国特色社会主义文化自信，就必须要克服文化自负和文化自卑的心理。近代以来，中国社会既有文化自负的一面，也有文化自卑的一面。

所谓文化自负，就是一种对待自身文化态度上的自满自足和妄自尊大。传统以中国为中心的东方朝贡体系和以儒家文化为中心的东方文化体系，造就了中国的"天朝"意识和"中央之国"的情结，其特点是唯我独尊，从各个角度强调"华夏相对于夷狄的尊贵地位和不容侵犯的权威"，并最终形成"华夏为尊，夷狄为卑"的文化等级观念。这就是文化自负现象。万邦来朝、四夷宾服的盛况，一方面赋予了古代中国统治政权强有力的合法性，另一方面经过历朝历代的嬗变后更确立了以中华帝国为中心的"华夷秩序"。但这种秩序观，与其说是从种族来强调的，不如说是从文化上来强调的。长此以往，华夏文明的中心地位最终导致了中华民族在文化上的自我满足、自我陶醉，最终也走向了文化夜郎主义：自我封闭和对外界的茫然无知。

不仅"华夷秩序"反映出中国的文化保守主义，而且"天下"观念也同

样表明了华夏文化中心主义的倾向。"天下"观一方面反映出中国传统文化中所具有的整体主义,另一方面它也进一步强化了华夏中心主义。在"天下"观念中,中国"不是国家至上,不是种族至上,而是文化至上"。由此,我们可以在"天下"观念中看到:其一,家国同构体是一个没有固定边界甚至也无确定民族为依托的集合,任何实现儒家伦理的地域、民族都可以纳入这一家国同构的道德共同体之中;其二,中国是实现儒家道德伦理的礼仪之邦,处于道德的最高等级,是人类社会的中心,根据道德水平的高低,又可把其他国家分为夷国和藩国,它们均处于天朝帝国的周围。那些没有实现儒家道德伦理的个人、共同体和国家,就往往被视作不可教化的另类和异端。因此,"天下"作为文化意义上的概念,它仍然是一种文化优越论,是一种文化自负表现的抽象表达。这种文化自负使得中国人即便是在从18世纪的繁荣走向19世纪初期的衰落时还仍然沉浸在传统的天下观念的迷思中,并未意识到世界已经发生了改变。或者说,由于文化自负,在鸦片战争前夕中国人并没有足够的资源和动力来突破传统的世界图式。有学者将这种迟钝称为制度惰性使然,[①]但笔者觉得这是文化保守和文化自负感所致。

文化自负的根源在于自唐宋以来中国领先于世界的农耕文明和经济成就,宋代更是达到了中国乃至世界农耕文明的顶峰。据有关统计,宋代的经济总量超过世界经济总量的一半。即便是宋代以后,中国经济走下坡路,到康乾时期又迎来了农耕文明的"晚秋晴日",加之中国社会的自我封闭,以至于对西方发生的一切都毫无知晓,既不知道西方的文艺复兴,也不知道工业革命。当我们处于"康乾盛世"的时候,西方的工业革命方兴未艾,正是工业革命使长期落后于东方的西方把东方帝国远远甩到了后面。问题是,中国的士大夫对这一切并不知晓,还沉睡在"天朝大国"的美梦之中。另一方面,当时《马可·波罗游记》《曼德维尔游记》《大中华帝国史》的确是把东方帝国吹捧到了无以复加的地步,说是"世界上最好的文化""世界上管理最好的帝国"等,这一切更加深了中国社会的文化自负感。正是这种自负感导致了1793年马戛尔尼来访大清帝国时所遭遇的巨大的

---

① 陈廷湘、周鼎:《天下·世界·国家:近代中国对外观念演变史论》,上海三联书店,2008年,第7页。

文化冲突。

今天，中国文化自负表现为：一是拒绝一切外来文化，视外来文化为洪水猛兽，犹如在极"左"时期的口号"宁要社会主义的草，不要资本主义的苗"。问题是，"苗"并不是以"主义"来区分的，只要长在社会主义的田里，它就是为社会主义服务的"苗"。文化也是一样，关键是使用文化的人能不能正确地对待和使用文化。二是对中国模式顶礼膜拜。近一段时间对"中国模式"冷静多了，前几年几乎把"中国模式"炒爆了，认为中国模式是尽善尽美的模式，因为用30年的时间走完了西方资本主义300年的现代化之路，因此出现了"'北京共识'超越'华盛顿共识'""中国模式是超越西方现代化的非西方模式"，等等。诚然，中国现代化所取得的成就令每一个中国人自豪，但中国的发展也确实是存在问题的，特别是渐进主义的双轨制，既是理解中国经济发展的金钥匙，也是中国权力寻租的制度性土壤。中国过去的发展是绕开问题谋发展的，而过去的问题成为进一步发展的主要障碍，因此我们需要进行深化改革。此外，中国的发展还带来了沉重的环境代价。如果不正视这些问题，那么就没有真正理解中国的现代化道路。如果我们总是要"超越"西方，那么我们就很有可能陷入与西方对立的陷阱之中。马克思虽然没有直接用现代化的概念，但马克思在《资本论》第一版序言中就说过："工业较发达国家向工业较不发达国家所展示的，只是后者未来的景象。"①这就意味着，不发达国家走向现代化就是要达到发达国家的工业化和经济发展水平。马克思并没有把现代化的道路赋予其政治价值。因此，我们不要总是用"超越"把自己置于西方的对立面让中国自己陷入"修昔底德陷阱"之中。

历史虽不能重复，但历史有着惊人的相似之处。今天我们重提整理国故，也是因为当今中国的现代化进程也遭遇了文化保守主义的思潮。当今中国的文化保守主义表现为，由于对20世纪80年代以来中国所取得的成就沾沾自喜，由于对中国发展模式的过度自信，并认为中国模式"能够提供新鲜知识，促进我国学界对本土文明的自觉，从而促进'中国话语系统'的形成，以及'中国学派'的崛起"。中国模式本是中国经济发展的解释概

---

① 《马克思恩格斯文集》(第5卷)，人民出版社，2009年，第8页。

念,是一套"经济话语",但有学者将这一"经济话语"转换成"文化话语",认为只有在儒家文化背景下才能产生中国模式和经济的迅速崛起。更为甚者又进一步将这一话语转化为"政治话语",认为中国的未来发展将是一个"儒家社会主义共和国"。这必然会阻滞中国社会改革。所以说,文化自负的后果就是,拒绝改革,拒绝市场经济,也不承认中国发展中存在的问题,甚至会把中国的问题也当做优点来赞扬。例如,关于中国的腐败问题,也认为是现代化过程中的正常现象。更为严重的是,持这种观点的人往往成为僵滞的既得利益集团的代言人。因此,文化自负对改革而言就是导致中国社会的停滞不前。

文化自觉不足的另一个方面是文化自卑。文化自卑是一种在对待自身文化价值上的轻视、怀疑乃至否定的态度和心理。文化自卑的根源在于鸦片战争的失败。泱泱大国败给了一个"小小的英吉利",真可谓"无颜见江东父老"。因此,在文化的反思中才产生了文化自卑感,觉得中国的失败在于中国一切都落后于西方列强。因此要彻底否定中国文化而全面西化。

鸦片战争失败以后,中国社会首先是从器物文明上感觉到中国文化的落后性,感知到西方的船坚炮利是中国农耕文明所不及的。于是,中国知识分子提出"师夷长技"的口号,主张学习西方的器物文明。经过30余年的洋务运动,应该说,中国在器物文明的学习上取得不小进步,不仅在中国建立了一定近代工业的基础,而且也建立了一支强大的海军。然而中国在甲午海战中仍然是惨败,以至于中国知识分子认识到,仅有器物文明的学习是不行的,还要学习西方的制度文明。事实上,鸦片战争以后,随着西学东渐和中国在与西方列强对抗中的一次次失败,中国人对自身文化的评价越来越低,特别是随着民族危机的一次次加深,中国人对自身文化的失望也日益加重。在这种情形下,中国社会的文化革新运动在所难免。但是新文化运动的矛头一开始就直指中国传统文化,到"五四"时期,新文化运动集中表现为对中国文化的彻底否定,甚至产生了对民族文化的罪恶感和"赎罪"意识,文化自卑程度之深甚至对中华民族在种族方面的品质也产生了怀疑。在这种背景下,中国学术界一度出现要求废除汉字、彻底否定中国传统文化、主张全盘西化等文化现象。

众所周知,传统文化有诸多的弊病,如林语堂从国民性的角度概括中国文化的弊病:忍耐性、散漫性、老滑性;鲁迅认为,中国文化的是"吃人"和"被吃",并号召"扫荡这些食人者,掀掉这筵席,毁坏这厨房,则是现在的青年的使命";陈独秀认为,中国文化的弊病在于陈腐的思想与学说,甚至认为这是"实为制造专制帝王之根本原因";梁漱溟认为,中国文化由"早熟之病"引发出幼稚、老衰、不落实、落于消极亦在没有前途和暧昧而不明爽五大弊病,等等。但是这并不意味着传统文化中没有可值得借鉴的东西,相反中国传统文化中有诸多优秀的部分在今天的中国现代化进程中仍然值得吸收,在加以现代化的改造之后,能成为当今中国社会主义文化的重要组成部分。对中国传统文化的全面否定与过度批判,只会导致当今中国文化成为无源之水、无本之木。不过,在西学东渐的过程中,中国社会的文化自卑仍然是当时的主流。时至今日,这种文化自卑感依然在许多方面表现出来:首先仍然是表现为对传统文化的否定,认为文化的历史包袱太沉重,是中国现代化无法真正取得突破的根源;其次是对中国现代化道路的不自信,认为没有接受西方的"普世价值",中国现代化最终要陷入困境;再次是否定中国经济发展的奇迹来自中国现代化的特殊模式,认为中国的经济奇迹实际上是采用西方市场经济而取得的,因而没有所谓的"中国特色",等等。简而言之,文化自卑就是一切以美国为标杆,要全盘"美国化";彻底否定中国的改革,也否定改革所取得的成就,认为中国的改革如小脚女人,纤纤作细步,根本就没有真正意义上的改革。文化自卑,既是一种历史虚无主义,也是现实的批判主义,最终走向西方自由主义。近代著名思想家龚自珍在研究春秋战国历史时,总结了一条重要经验:欲灭人之国,必先灭其史。所谓"灭其史"就是灭掉它的文化。文化自卑导致的历史虚无主义,实际上就是自己灭掉自己的历史、灭掉自己的文化。

实际上,即便是鸦片战争以后中国社会也存在着严重的文化自卑情形,但重建中国文化自信的努力也一直存在。其中一个重要原因是第一次世界大战以后,由于对战争的恐惧和厌恶,西方开始对自身文化进行反思甚至怀疑和否定。在这种情形下,中国知识分子也开始审视自己所追随的西方文化:梁启超直接否定了"西方一切都好"的论调;张君劢指出,"科学无论如何发达,而人生观问题之解决,绝非科学所能为力,惟赖诸人类自身而已";梁漱溟认为,西方文化存在着三大弊端,"一是向外侵略,掠夺他国财富供自己挥霍;二是在国内少部分人为自己的利益,不惜牺牲大多数的利益;三是表面幸福,未必真快乐";熊梦飞指出,"拜金主义与享受主义成为现代资本主义文化中的双轮,双轮上载着奢侈的文明病。西洋人生的目的在赚钱,赚钱之目的在享受,享受之结果是'穷奢极欲'",等等。在经历着文化自卑的心路历程中,理性、成熟地看待西方文化是中国树立文化自信的开始。

综上所述,无论是文化自负还是文化自卑,都不能实现一个民族的文化自觉。不能实现文化自觉,也就不能实现文化自信。文化自负使中国人面对自己丰富的传统文化资源,只会盲目乐观。虽然中国不乏文化民族主义者,他们在对待中国文化的态度上存在着文化自负感,但自鸦片战争以来,特别是改革开放以来,即便是在中国现代化取得举世瞩目的成就时,文化自卑仍然是中国社会的通病。这种通病表现为,要么彻底否定中国传统文化,要么主张脱胎换骨,以迎合西方所倡导的文化全球化。其结果是,由于否定传统文化而使文化创新缺乏文化存量的基础,由于迎合西方的文化全球化而对西方文化囫囵吞枣。前者在把资源转化为能力的过程中,根本就不知道转化什么东西,因为当传统文化被否定以后根本就没有东西可以转化了;后者则是试图把外来的文化资源转化为自己的文化软实力,实际上这是一种文化"洋买办",为别国在中国进行文化扩张推波助澜。坚持中国特色社会主义文化自信,就是既不要走封闭僵化的老路,也不要走改旗易帜的邪路,只有不断创新,才能使中国特色社会主义文化永葆旺盛的生命力。

三、增强文化软实力,实现中华民族伟大复兴

从西方大国成长史来看,几乎西方历史上所有大国的崛起进程中,都毫无例外地强调硬实力的作用。而学者对大国崛起的分析也主要从经济实力、工业产值、武装力量来分析一个国家能否成为大国,[①]很少论及文化、价值等软实力因素的作用。然而中国传统实力观却完全相反。《周

---

① 参见[美]保罗·肯尼迪:《大国的兴衰》,陈景彪等,国际文化出版公司,2006年。

易》中的《象传》说："地势坤，君子以厚德载物。"①所谓"厚德载物"就是指宽厚的德行才能承载万物。这既可以指人要先修德行才能有更大的物质性收获，同时也可以指国家要有软实力（德），然后才能得到硬实力的提升（承载万物）。《易经》还指出："德不配位，必有灾殃。"从个人的角度来讲，这句话是说个人的道德配不上自己的职位，那么就必然会有灾殃。孔子也说："德薄而位尊，知小而谋大，力小而任重，鲜不及矣。"意思就是说，品德浅薄而踞守高位，智慧低浅而思虑图大，力量弱小却想肩扛钟鼎，那就很少有不招来灾祸的。一个国家在国际上的地位也是如此。从荷兰、西班牙、葡萄牙、英国等西方大国的崛起进程来看，它们都曾经通过硬实力即军事扩张和资本的殖民掠夺而成为它们所处时代的世界霸主，然而最终这些霸权国家又先后被别的国家所摧毁。这表明，没有软实力的支撑，硬实力在国家成长中是不可能发挥持久作用的。

中国经济的迅速崛起只是为中华民族的复兴提供了物质保障。但是中国通过改革开放和现代化建设，以经济实力为主要内容的硬实力已经达到一定程度，但经济的进一步发展遭遇到新的瓶颈，走出这一瓶颈就需要提高经济发展的质量和进一步提高国家的自主创新能力。而突破口并不在经济本身之上，而是在文化之上。只有文化软实力的提升，才能根本解决经济发展的质量问题和提高国家的自主创新能力。这是因为在新一轮的发展中，文化软实力将对国家的发展起着决定性的作用，包括经济发展方式的转变也有赖于文化软实力的提升。只有文化的复兴，才是中华民族伟大复兴的实质内容。中国文化虽然有数千年的历史，但在东西文化竞争态势下，中国文化仍然是弱势文化，在西方文化主导下的"文化全球化"进程中，中国文化的主体性受到严重削弱。文化主体性的丧失，就意味着民族历史被中断，民族精神和文化传统的失落。因此，在西方以消灭文化多样性为目标的文化扩张面前，必须重建中国文化的主体意识，尤其是要寻找到中国文化的根，把中国传统文化资源转化成当今中国的软实力。

关于如何增强中国文化软实力的问题，国内学者已经提出了不少建设性的建议。

---

① 郭彧译注：《周易》，中华书局，2006年，第11页。

例如，童世骏认为，文化软实力建设的路径，一是同步发展物质文明和精神文明，彰显中华民族的国际自信力；二是统筹国内发展和对外开放，提升国家形象的国际亲和力；三是结合传统智慧和现代文明，扩大民族文化的国际影响力；四是推进文化创新和产品升级，提高文化产业的国际竞争力。① 韩振峰则提出了提升国家文化软实力的十项措施：发展文化生产力、增强文化凝聚力、强化文化感染力、增进文化传承力、拓展文化吸引力、激发文化创造力、提高文化竞争力、提升文化传播力、扩大文化影响力，以及加大文化保障力等。② 孙波认为，提升国家文化软实力应注重建设社会主义核心价值体系，形成全民族奋发向上的精神力量和团结和睦的精神纽带；注重和谐文化建设，巩固社会和谐的思想道德基础；大力弘扬中华民族优秀文化传统，推动中华文化走向世界。③ 陈正良认为，国家文化软实力日益成为国家综合实力的战略性、基础性因素，对国家发展发挥着愈来愈重要的作用，必须继承弘扬中华优秀传统文化，荟萃世界多元文化精华，凝练民族文化精华，建设生气勃发的当代中国新文化，为国家发展提供强大精神动力；大力发展文化事业，重视文化创新，奠定文化强国基础；树立"文化国力"观念，整合利用中国深厚悠久文化资源，大力推动文化产业的发展，让中国产品成为中国特色文化的结晶和载体；增强中国文化价值观的全球辐射、对外亲和力与感召力。④ 孟亮认为，中国的复兴和再次崛起，是中国失去世界文明控制权150年后的民族复兴、经济崛起和文化觉醒，是正在和将要对世界秩序和西方文明产生重大震荡和长远影响的重大历史事件。

因而我们要以全球的大视野，把中国的发展纳入国际视野和历史视野进行考察，真正的大国复兴，不仅要能给人类提供物质财富，同时还要能为世界提供政治体制、法律制度、科学技术、文化艺术、生活方式和语言。⑤ 唐代兴则从多视角探讨了文化软实力综合开发战略，提出了文化软实力发

① 参见童世骏：《提高国家文化软实力：内涵、背景和任务》，《毛泽东邓小平理论研究》2008年第4期。
② 参见韩振峰：《提高国家文化软实力的十大举措》，《理论导报》2008年第4期。
③ 参见孙波：《文化软实力及我国文化软实力建设》，《科学社会主义》2008年第2期。
④ 参见陈正良：《增强中国文化软实力论要》，《浙江社会科学》2008年第2期。
⑤ 参见孟亮：《大国策：通向大国之路的软实力》，人民出版社，2008年。

展的反馈-激励体系。① 艺衡指出,民族政治意识的养成需要文化主权的锻造;文化主权不仅是中国和平发展战略中的文化战略理论的重要内容,而且关乎中华民族在全球化时代的文明命运。② 客观地说,这些研究都颇有价值。笔者在此研究基础上进一步探讨中国文化软实力的路径问题,并认为中国文化软实力建设的路径是:整理—传承—创新。

首先是整理,也就是整理国故。其次是传承,也就是传承国粹。整理国故不是要将中国传统文化梳理之后便束之高阁,而是要在区别国渣与国粹之后,扬善弃糟,传承国粹。目的就在于:一是为了夯实文化发展的基础,二是为了建立中国文化的传承体系,三是为了建立中国文化发展及构建中国话语的知识谱系。

如何夯实文化发展的基础? 任何文化的发展都有自己的基础。一方面,在全球化背景之下,西方文化以强大的力量和惊人的速度向外推进来展示自己的强大优势。中国文化虽然有数千年的历史,但并不意味着中国文化是一种强势文化,相反,在西方文化主导下的"文化全球化"进程中,中国文化的主体性受到严重削弱。文化主体性的丧失,那就意味着民族的历史被中断,民族精神和文化传统的失落。因此,在西方以消灭文化多样性为目标的文化扩张面前,必须重建中国文化的主体意识,而最根本的就是要找到中国文化的根。这是中国历史发展进程中不可或缺的"文化存量",更是当今中国文化发展最重要的基础。在社会变迁中,文化存量发挥着潜在性和基础性的功能,尽管其功能是隐性的,但它却是影响文化发展的重要"基因"。因此,整理国故实际上就是为了更好地使优秀的"文化基因"在人为的干预之下在今天乃至未来得以传承。另一方面,马克思主义毕竟是一种外来的文化,作为中国社会发展中的"文化增量",它要在中国社会变迁中发挥作用,无疑要与中国的"文化存量"进行有机结合并内化为中国社会新的"文化存量",特别是对中国原有的"文化基因"进行改造。这样,两种"文化基因"的相互吸纳而最终成为中国文化发展的新的基础。两者有机结合的前提是,要对中国传统文化进行新的整理,厘清国渣与国粹,使优秀的"文化基因"能够与外来的优秀文化结合,形成新的"遗传密

① 参见唐代兴:《文化软实力战略研究》,人民出版社,2008 年。
② 参见艺衡:《文化主权与国家文化软实力》,社会科学文献出版社,2009 年。

码",并在现代化进程中得以传承。

如何建立文化传承体系？中国优秀传统文化凝聚着中华民族自强不息的精神追求和历久弥新的精神财富,是发展社会主义先进文化的深厚基础,是建设中华民族共有精神家园的重要支撑。因此,传承优秀传统文化意义重大。但是自鸦片战争以来,尤其是在西方主导下的全球化浪潮之下,中国优秀传统文化的传承所遭遇的最大挑战,是自西学东渐以来中国传统文化与西方文化之间的巨大冲突。亨廷顿说:全球化导致了全球认同危机,"几乎在每一个地方人们都在问'我们是谁?''我们属于哪儿'以及'谁跟我们是一伙儿?'"①如果说鸦片战争的失败导致了中国人的文化自卑感,那么在西学东渐过程中,东西方文化的冲突则在相当大程度上导致了中国文化认同感的丧失。百年历史变迁甚至当今中国的崛起并没有真正恢复中国的文化认同。因此,要恢复中国的文化认同,必须要建立传统文化的传承体系。为此,一是要通过传统文化的教育与普及来重塑文化认同。自改革开放以来,社会价值取向的多元化以及中国传统文化的重义轻利使中国传统文化被逐渐被边缘化,取而代之的是经济至上的物欲文化占据主导地位。因此,重塑传统文化的认同感,就要恢复传统优秀文化的主导地位并使之成为全社会的共识。二是要引导社会民众进行合理的文化消费和健康的文化生活。传统文化的传承不只是学习和普及,还要对传统文化进行理性的消费。西方强势文化的扩张与各国民众对西方文化的消费,实际上是一个硬币的两个方面,单有文化扩张,这种文化不可能成为其他民族的主流文化;当文化的扩张又伴随着另一个民族非理性的消费时,这种文化就很容易占据社会的主导地位。在西方消费主义文化的过度侵蚀之下,中国社会同样也出现了对西方文化非理性的消费,从而导致中国内部对自己传统文化的消费不足。引导民众理性消费传统文化,实际上也是一个取其精华、去其糟粕的过程。三是要对传统文化进行时代转化。传承传统文化仅仅是从历史中"拿来"是不够的,"拿来"之后还要使用,并且能够使其产生新的活力和赋予其新的生命力。这就是要对传统文化进行现代化的转化。因此,认同-学习与普及-理性消费-时代转化是建立传统

———————————

① ［美］塞缪尔·亨廷顿:《文明的冲突与世界秩序的重建》,周琪等译,新华出版社,2002年,第129页。

文化传承体系必不可少的环节。这些环节以及由此构成的传承体系可以确保文化从"无意识的传承"转向"有意识的传承"。

为什么要建立中国的知识谱系? 传承文化并非是目的,而是工具。传承文化的目的在于使文化转化为国家现实的软实力,使之为现实社会发展服务。中国文化资源丰富,可为什么中国的文化软实力弱小? 主要是因为中国缺乏自己的知识谱系,从而丧失了话语能力。因为支撑一个国家话语能力的正是建立在一个国家传统文化基础上的知识谱系。文化是构建现代国家认同的工具,知识谱系也是构建现代国家认同的工具,更是塑造国家话语权的智力资源。当今中国经济发展起来了,国际地位有所提升,但话语能力并不强,中国政学两界在国际社会都是在回应有关中国的话语,而没有能力构建有关中国的话语。原因固然是多方面的,但中国缺乏话语建构的知识谱系是最为主要的原因。而这又跟中国传统文化传承不够、百余年来的文化自卑有直接的关系。中国传统文化包括三种形式的知识:一是价值之知,如儒家的仁、义、礼、智、信,墨家的兼爱、非攻,道家的道法自然、清静无为,佛教的慈悲等;二是事实之知,如中国历史学著作中关于社会、自然科学的知识;三是形式之知,如汉字、汉语以及通过汉字、汉语所表达出来的思维方式、做事方式、艺术形式等。[①] 但是今天的中国主要是传承了传统文化的"形式之知",而"价值之知"和"事实之知"则完全被抛弃了。也正因为如此,中国在融入国际社会之后被迫转展于西方的话语体系之中,被动回应西方有关中国的问题话语。从这一角度来看,建立知识谱系对提高中国文化软实力具有重要的战略价值和现实意义。

再次是创新。中国文化历经悠久的历史而不衰,不是因为中国社会原封不动地继承下来,而是因为在保持其精髓的情况下在新的时代条件下加以创新,从而使之获得不衰的生命力。有学者认为,文化现代化的问题并不是西方文化和中国文化的冲突,而是中国文化的古今变换。传统并非是一成不变的东西,"传统乃是'尚未被规定的东西'",传统文化"永远处在制作之中,创造之中,永远向'未来'敞开着无穷的可能性或说'可能世界',正因为如此,'传统'绝不可能只等于'过去已经存在的东西',恰恰相

---

① 参见吴根友:《"国学"如何可能成为一种"软实力"? ——从知识谱系看"国学"的内蕴力量》,《河北学刊》2011 年第 5 期。

反,传统首先就意味着'未来可能出现的东西'"。① 西汉著名思想家扬雄在《太玄》中就强调"物不因不生,不革不成"。"不因不生"是指不能忘记传统;"不革不成"意思就是事物的发展必须不断创新。因此,文化的发展和文化软实力的提升,就是要在尊重传统的前提下不断创新。

文化创新必须以建设社会主义核心价值体系为核心。任何社会在历史发展进程中都会形成与其根本体制相适应的、发挥主导和支配地位的社会核心价值体系。社会主义核心价值体系就是当代中国社会精神之魂。文化的发展总是为建设国家现时代的核心价值体系服务的。经济学家熊彼特指出:"社会主义瞄准比塞饱肚子更高的目标,正如基督教的意义远比关于天堂和地狱带点享乐主义的价值更高。更重要的是社会主义意味着一个新的文化世界。"②所谓"新的文化世界",不仅意味着社会主义要展示文化先进性的一面,更重要的是社会主义要拥有以前任何社会所没有的全新的核心价值体系。离开了社会主义的核心价值体系,社会主义文化就不具有先进性,也就不具有感召力和吸引力。

文化的目的是塑造国家品格、提高国家品位。反过来,文化要塑造国家的品格就需要不断创新。文化是一个民族的精神和灵魂,是国家发展和民族振兴的强大力量。文化和文化软实力对国家具有塑造功能。③ 因为一个国家的品格蕴含在自己的传统文化之中,是文化在不断创新中提高国家的品位。中国的品格就是根植于中国传统文化之中的特殊品质。④ 国家品格的高低取决于文化发展水平。落后的文化塑造的是低品格的国家,先进的文化塑造的是高品格的国家。文化创新首先是要对自身传统的扬弃,然后也要吸收外部文化的积极成分,要吐故纳新。特别是当今时代是一个文化交融、民族交往、国家交流的时代,虽然全球化导致了文化冲突与认同感的丧失,但如果文化自身不能进行创新,那么全球化的外在力量也会对文化进行重构,对文化进行强制性的更新。在这种情形下,国家的品格是在文化的被动更新中塑造起来的,这种品格也是畸形的。因此,只有主动

---

① 甘阳:《古今中西之争》,生活・读书・新知三联书店,2006 年,第 53 页。
② [美]约瑟夫・熊彼特:《资本主义、社会主义与民主》,吴良健译,商务印书馆,1999 年,第261 页。
③ 参见胡键:《文化软实力研究:中国的视角》,《社会科学》2011 年第 5 期。
④ 参见楼宇烈:《中国的品格》,南海出版公司,2009 年,第 1 页。

的文化创新才能塑造一个高品格的国家，才能构建一个良好的国家形象。

第三节　加强软实力建设，跳出"国强必霸"的历史周期律

综观大国成长的历史，单靠硬实力而实现大国成长的案例非常普遍。然而那样的国家崛起之后很快就走向衰落，要么是被新的大国摧毁，要么是被霸权竞争国在和平竞争中瓦解。为什么会出现这种情形呢？原因固然是多各方面的，但成长大国国力发展的极端不平衡性是最为关键的。俾斯麦统一德国以来的是三次王朝战争，俾斯麦以后一直到希特勒法西斯更是通过军事手段而横扫整个欧洲，最后军事资源和支撑军事手段的其他资源被耗尽之后而彻底失败，而且国家也被一分为二。日本也是靠军事扩张称霸东亚的，最后在政策和战略上都陷入一个恶性的循环之中：经济资源无法支撑军力的扩张，从而导致内部矛盾激化，进而造成内部矛盾外溢，最终导致进一步扩大战争。这一恶性循环最终导致日本军国主义土崩瓦解。苏联虽然最初是通过软实力崛起的，但苏联的崛起的进程中硬实力和软实力是朝着两个不同的方向发展的，硬实力由弱小迅速上升并一度接近美国；而其软实力开始强大，后来很快呈下降趋势，最后连苏联特别是苏共内部的成员都对苏共体制产生了信任危机，最后国家也分崩离析。因此，国家实力要素的平衡发展至关重要。

一、注重软实力建设，中国跳出"国强必霸"的历史周期律

在世界大动荡、大调整、大变革的背景下，中华民族伟大复兴事业正蒸蒸日上。与此同时，西方大国对中国的各种忧虑也日益增多，有关中国的各种问题话语也随之甚嚣尘上。西方以它们自身成长的历史来看待当今的中国，认为中国同样摆脱不了"国强必霸"的大国成长逻辑；西方也以自己的意识形态标尺来衡量当今中国成长的方式，并认为中国是一种"异类"。这毫无疑问是错误的。正是在这样的国际背景下，中国政府出台了

《中国的和平发展》白皮书,对西方的指责以及过去在西方泛滥的有关中国的各种问题话语给予了正面的回应,并再次郑重向世界宣告:和平发展是中国实现现代化和富民强国、为世界文明进步做出更大贡献的战略抉择;同时通过这一战略抉择,中国将彻底跳出西方历史大国"国强必霸"的历史周期律。

跳出西方历史大国"国强必霸"的历史周期律的根本保证就是走和平发展之路,而中国的和平发展之路既是注重硬实力的内敛式增强,又是注重软实力的开放式发展的成长之路。而自觉注重软实力建设,是西方历史大国所没有的。因而成为中国在大国成长进程中的独特之处。从白皮书可以看到,中国注重软实力建设是全面的,但从国际国内两个大局来考虑,则集中体现在白皮书的第三部分。

第一,将中国传统文化的"和合"理念进行现代化的转换,为当今世界提供了一种全新的价值。国际社会是一个无政府状态,如何在这个无政府状态之下规避弱肉强食的"丛林法则",不仅关系到弱小国家的命运问题,而且也关系到全人类的生存问题。因此,中国提出的"和谐世界"理念及其所体现的价值,已逐渐成为世界各国所追寻的目标。和谐的思想不仅在中华民族的发展过程中产生过且继续发挥巨大的影响作用,而且在当今西方各国在金融危机前束手无策时,它们越来越倾向于借非西方文化特别是中国传统文化作为参照系来反思自己的文化,以寻找新的未来。

第二,将中华人民共和国成立以来的外交实践准则转化为国际关系的基本准则并加以坚持。这就是和平共处五项基本原则。这一原则包括:和平共处、不结盟和构建新型国家间关系。在新中国成立前夕,毛泽东就明确指出,我国的外交关系"必须建立在平等、互利、互相尊重主权和领土完整的基础上"。按照这一原则,1954年,中国政府同印度政府共同倡议了著名的和平共处五项原则。从那时起,和平共处五项原则就成为中华人民共和国处理对外关系的基本指导方针。六十余年来特别是中国融入国际社会、真正进入国际体系以后的40年来,中国始终坚持和平共处的原则。中国虽然不是"不结盟运动"的创始国,但中国作为一个大国,目睹了两大超级大国争霸全球的事实,更目睹了苏联在苏美争霸中败亡的历史,所以邓小平说,"大家庭"方式、"集团政治"方式、"势力范围"方式都会带来矛盾,激化国际局势。总结这些教训,同时也是为了维护世界的和平,坚持奉行不结盟的外交政策。而受传统的权力政治学的支配和半个世纪的冷战,所有的结盟关系都是控制与被控制、支配与被支配的关系,而中国所倡导的新型国家间关系是一种友好的平等关系。这种关系"不以意识形态和社会制度定亲疏",这种关系是一种平等的伙伴关系。

第三,以新的国际背景下威胁世界安全因素的新变化为由,倡导互信、互利、平等、协作的新安全观。传统的安全观是一方安全建立在另一方不安全之上的一种"零和"安全观,而且是用军事手段追求自己的绝对安全。新安全观则抛弃了冷战思维,反对强权政治,"以谈求和",不诉诸武力或以武力相威胁,以对话协商促进建立相互信任和了解,通过双边或多边协调寻求和平与安全,不以任何借口干涉他国内政。正如白皮书所说的,新安全观在互信、互利、平等、协商的基础上,注重综合安全,坚持综合施策、标本兼治,携手应对人类面临的多样化安全挑战;追求共同安全,特别是以恐怖主义、分裂主义、极端主义等为主要内容的非传统安全因素,威胁着全人类的生存与命运,国际社会必须要共同来应对;促进合作安全,战争和对抗只会导致以暴易暴的恶性循环,对话和谈判是解决争端的唯一有效和可靠途径。要以合作谋和平、以合作保安全、以合作化干戈、以合作促和谐,反对动辄使用武力或以武力相威胁。

第四,以国家利益和国家实力为依据,秉持积极有为的国际责任观。中国一直没有回避自己的国际责任。不过早些年,在西方开始提及中国的国际责任的时候,中国强调的是把国内问题解决好就是承担国际责任的最好方式,但白皮书在论及中国的国际责任时既强调解决国内问题的重要性,更强调中国以积极的姿态应对国际事务的必要性,其中包括参与国际体系变革和国际规则制定、参与全球性问题治理、支持发展中国家发展、维护世界和平稳定等。这主要是因为近年来中国的国际利益已经大大拓展了,对中国来说,仅仅把国内问题解决好已经不够了,保护好中国的国际利益已经成为中国重要的国际责任。为此,中国要不断提高自身的国际议程设置能力、国际规则的塑造能力、国际话语能力等。

第五,奉行睦邻友好地区合作政策,坚持开放的地区主义。这种开放的地区主义表现为,最初通过与一个或几个国家在某一项或多项功能领域内进行合作,在成功合作的基础上,逐渐上升到难度较大的功能领域内合作,并通过这样的合作示范效应吸引更多的国家加入合作的框架之中。

二、构建人类命运共同体,谋求世界和平发展

党的十八大报告指出:"合作共赢,就是要倡导人类命运共同体意识,在追求本国利益时兼顾他国合理关切,在谋求本国发展中促进各国共同发展,建立更加平等均衡的新型全球发展伙伴关系,同舟共济,权责共担,增进人类共同利益。"这句话不仅揭示了中国走和平发展道路的外交指针,而且更体现了当今世界事实上已经越来越突出的国际社会的共生现象。党的十九大报告则进一步强调,中国要致力于构建人类命运共同体,坚持共建、共治、共享的全球治理。

人类命运共同体实际上就是一个共生系统。共生系统是指两种或多种不同生物之间所形成的紧密互利关系。在共生关系中,一方为其他方提供有利于生存的帮助,同时也获得对方的帮助。简而言之,共生就是相互成为利益攸关方。不仅是在自然界而且人类社会也普遍存在着共生现象。当今世界既不同于中世纪到近代历史的社会体系,也不同于冷战时代的国际体系,冷战结束以后,世界格局发生了重大变化。这些变化从时间发生的顺序来看大致包括:

第一,世界从两大阵营的冷战分裂转变为冷战后的大国合作。在冷战时期,两大超级大国挟持着各自的盟友进行争夺,使世界成为一个核桃的两瓣。冷战结束以后,虽然国家间的冲突可能比冷战时期的频次更多,但主要表现为地区性的冲突和小国之间的战争,而且这些冲突基本上都伴随着分裂主义、极端主义、恐怖主义等全球化的负面问题。大国之间的分歧基本上没有发展成为直接的武力冲突。即便大国之间也有一定程度的对抗,但都在理性和可控的范围内,在双方或多方的协调下,大国之间很快又走上合作的轨道。即便是科索沃战争、乌克兰危机,各大国面对一触即发的战争危机都能走上理性的谈判桌。因此,冷战结束以后,大国已经进入一个合作的长周期,至少冷战结束二十多年来,大国之间没有发生战争。

第二,世界从冷战初期的形式上的合作到利益上的相互依存。在冷战

结束初期,大国之间的合作基本上还是在形式上,缺少实质性的内容。主要是因为相互间的隔阂并没有立刻消除,而且双方主要的成员继续在欧亚大陆上保持着地缘博弈的态势,特别是要消化苏联解体后的诸多问题。因此,双方有合作但更多的仍然是竞争。然而随着全球市场体系的不断发展和主权国家市场的不断开放,各主权国家的利益通过市场的方式越来越捆绑在一起。特别是大国之间的利益交织、叠加和一致,因此利益上的相互依存度就越来越高。

第三,世界从利益依存到命运攸关。随着传统安全问题的逐渐退潮,非传统安全问题越来越成为各国利益的最大危害。例如,环境保护、气候问题、技术异化问题(黑客)、恐怖主义、重大灾难的应对问题(如地震、海啸、核危机、生化危机、流行性疾病)等。而这些问题最大的特点是跨国性、不可预测性。如果在某个国家发生,如果不及时治理就很快遍及其他国家乃至更大的范围。在这种情形之下,相互依存的利益各方就成为命运攸关方。全球问题要求全球进行跨国治理、合作治理和综合治理。

各方成为命运攸关方是因为各方都有着广泛的经济利益、共同的安全利益等,而这些利益在全球问题的威胁之下处于不安全状态。保护共同利益不受威胁的前提就是要树立命运共同体意识。何谓命运共同体意识呢?从全球的角度来看,人类命运共同体意识至少要包括:

第一,摒弃狭隘的国家利益观。毫无疑问,对于主权国家而言,国家利益始终要放在首位。但在当今世界,国家利益越来越成为构建全球治理机制的最大束缚。因为狭隘的国家利益纵容民族主义情绪,而民族主义情绪一旦发展为极端民族主义,那么它就促使国家背离人类共同体的共同利益。而利益攸关方的利益格局将整体性地受到危害。贸易保护主义问题、领土争端问题、资源争夺问题等,都是狭隘的国家利益观在作祟。因此,要处理好国家利益与人类共同利益的辩证关系。

第二,摒弃狭隘的国家安全观。从历史上来看,传统的国家安全观都是以牺牲他国的安全来追求本国的安全,这是受传统的国家利益观所影响的。传统的政治学是权力政治学,权力政治学就是追求绝对的安全,我之所以感到不安全,就是因为你的存在。因此,为了实现我的安全就必须消灭你。然而在非传统安全威胁之下,根本就难以追求狭隘的国家安全。只有合作最求共同的安全,才能实现自己的安全。也就是说,非传统安全领域中,安全则是一种可以共享的公共品。

第三,摒弃文化、宗教、民族的原教旨主义倾向。文化的原教旨主义表现为对自己的文化有一种强烈的自负感,认为只有自己的文化才是拯救世界的唯一文化。历史上的西方流行的欧洲文化中心主义就是一种文化原教旨主义。亨廷顿提出的"文明冲突论"实际上也是继马克斯·韦伯在20世纪初所倡导的西方文化中心论而在20世纪末所流行的另一种文化原教旨主义。宗教原教旨主义虽然在国家的层面上不会存在,但宗教团体在当今世界中已经成为一种非常重要的行为体,宗教团体的主张优势在相当大的程度上影响国家决策,从而导致某种倾向的宗教原教旨主义国家政策。民族原教旨主义则是指各种极端民族主义情绪,这种情绪会假借爱国主义的旗号在国际社会排斥和打击异族。众所周知,任何民族、任何文化都有其可取之处,各民族应该在吸收其他民族优秀文化的基础上来谋求自身的发展。因此,要摒弃文化、宗教、民族原教旨主义倾向。

第四,要摒弃强权政治和霸权主义。强权政治和霸权主义就是以大欺小、以强欺弱,随意践踏国际法等行为。但是弱肉强食不是人类共存之道。因此,人类命运共同体意识就是要在国际关系中弘扬平等互信、包容互鉴、合作共赢的精神,共同维护国际公平正义。

我们要用人类命运共同体意识维护世界和平发展的总趋势。世界的和平发展绝非几个国家单独来决定的,必须靠国际社会一起来维护。同样,所谓树立人类共同体意识也是所有国家行为体都要有这种意识,而不是单靠某个或几个国家就能够树立起人类命运共同体意识。正如习近平总书记所说,中国走和平发展道路,其他国家也应走和平发展道路。这样世界才能实现和平发展。世界和平发展的前提是:

第一,和平。和平是共生的前提。共生是一种互利关系。这种互利关系建立的前提必然是和平而不是战争。战争与冲突是你死我活,不可能建立共生关系。

第二,开放。共生系统一定是一个开放的系统。世界的共生系统不是某两个行为体之间的共生,而是整个世界的共生系统。即便是某两个行为体建立的系统,那么整个世界将会有众多的共生系统。这些不同的共生系统又会在不同层面上建立新的更大的共生系统，从而构成整个世界的共生现象。如果仅仅是两者之间的共生系统，则是一个封闭的共生系统，那么不同共生系统之间就会因封闭而产生不信任（没有实现能量交换），因不信任而产生对立和冲突。因此，共生系统一定是一个开放的系统。

第三，合作。共生是一方的生存以另一方的生存为条件和前提。因此，相互之间的合作就显得尤为重要。如果一方选择不合作即拒绝为另一方提供生存条件时，那么另一方也同样不会为前者提供生存条件，结果将因不合作导致利益冲突。而冲突的结果，要么是以一方的失败告终，要么是两败俱伤让旁观者获益。因此，在共生系统中，只有合作才能实现双方的共生存。

第四，共赢。共赢就是在共生系统中相互从对方获得（营养）利益。假若只有一方获益的利益格局，那么这就不是共生系统，而是寄生系统。在寄生系统中，只有一方获益，甚至获益的一方是靠攫取另一方面而生存的，也就是以牺牲另一方面的利益为其生存的前提的。当牺牲利益的一方的膏脂被掏尽时，获益的一方最终也会因营养枯竭而死。因此，一方所得就是另一方所失的利益格局是难以维系的。只有在共赢的利益格局中才能实现持久的和平。

三、在和平发展道路上追寻中华民族伟大复兴之梦

一个民族的梦想是联系历史与未来的重要桥梁。中国梦就是自鸦片战争以来中华民族追求民族复兴、实现现代化的强国之梦，也是中华民族在当今追求民族富强、国家强盛的社会主义现代化之梦，更是通过经济发展、文化复兴在和平发展道路上实现中国大国成长之梦。

（一）中国梦：一百七十多年来的民族复兴之梦

一百七十多年前的鸦片战争把中国国门打开，从此封闭的中国开始与西方殖民体系发生直接的联系，但中国是被迫"放眼看世界"的，也是被迫与西方国际关系体系发生联系的。西方一方面用西方工业文明的成果对古老中国的农耕文明进行了一次"洗礼"，另一方面也通过炮舰政策震醒了沉睡的中国，使中国第一次认识到自身的落后性，更使当时中国一批先

进分子开始寻找民族复兴之路。从"师夷长技"到洋务运动和"中体西用"、从"君主立宪"到"民主共和"、从"整理国故"到"新文化运动",这一切都没有真正从根本上找到中华民族的复兴之路。

没有文化的革命就没有真正意义的政治革命和社会革命。梁启超在《五十年中国进化概论》中就指出:"革命成功将近十年,所希望的件件落后,渐渐有点废然思返,觉得社会文化是整套的,要拿旧心理运用新制度,绝技不可能,渐渐要求全人格的觉醒。""全人格的觉醒"就需要文化的革新。

没有先进的生产力就没有政治革命和社会革命的最终胜利。中华民族最终能走向民族复兴,是因为中国有了共产党,"自从有了中国共产党,中国革命的面貌就焕然一新了"。正是在中国共产党领导下,中华民族最终才取得了反抗西方列强的殖民侵略革命斗争的伟大胜利,为中华民族的伟大复兴奠定了基础。因此,正是鸦片战争一百七十多年来中华民族反殖民、反侵略的革命斗争史,构成了中华民族复兴的历史逻辑,而在中国共产党领导下的民族复兴、现代化、社会主义三重历史任务在中国近现代史中的交汇,构成了中华民族伟大复兴的空间逻辑。

(二)中国梦:中华民族在 21 世纪的文化复兴之梦

经济的复兴是国家硬实力提升的重要体现,但民族的复兴必须是在经济复兴的基础上实现文化的复兴。众所周知,中国在鸦片战争中失败了,并不是因为中国经济落后,而是中国文化落后。在西方打开中国国门之前,中国经济并不落后,1840 年鸦片战争爆发前,中国经济总量约占世界经济的33%,相当于大英帝国经济的 6 倍。直到甲午中日战争之前,中国经济仍然在世界排名第一。中国的经济主要是农业经济,而西方经过文艺复兴和工业革命以后,已经进入工业文明时代,大英帝国的经济是工业革命而实现的经济。如果说中国经济落后,只能是中国经济品位不高,经济品位不高恰恰是因为文化的落后所致。

西欧大国的崛起在相当大程度上得益于思想解放即文艺复兴。文艺复兴从根本上解放了人的思想,也就是把人从宗教的枷锁中解放出来并真正地去开拓一个科学的世界,然后才有了工业革命。最后,西欧各国都走上了现代化之路。而中国以儒家为核心的农耕文明,有一种天生的封闭性、落后性和愚昧性，加上儒家文化圈形成的以中国为中心的朝贡体系，进一步固化了中国夜郎自大的文化心理和大一统的社会结构模式。其结果是，中国沉浸在"天朝大国"的美梦之中，而对外部世界一无所知。

中国文化虽然没有失落，文化的脉络也没有断裂，这为中国社会发展提供了丰富的精神动力。但与此同时，传统文化的弊病也同样成为中国社会发展的"遗传基因"，并在相当大的程度上对社会化发展产生了严重的阻碍作用。由此可见，中国文化资源非常丰富，但中国传统文化的精髓没有在经济现代化的进程中得到充分发挥，中国的文化大国地位也没有在经济地位提升的过程中同时得到恢复。

当今中国只有在文化大国地位得到恢复以后才能真正体现中国的大国复兴。当然，文化的复兴最为关键的是把传统的文化资源转化为在当今具有生命力的文化要素，以重拾中国文化的主体意识。中国文化虽然有数千年的历史，但并不意味着中国文化是一种强势文化，相反，在西方文化主导下的"文化全球化"进程中，中国文化的主体性受到了严重削弱。文化主体性的丧失，就意味着民族的历史有被中断的危险，民族精神和文化传统有失落的危险。因此，在西方以消灭文化多样性为目标的文化扩张面前，必须重建中国文化的主体意识，而最根本的就是要找到中国文化的根。这是中国历史发展进程中不可或缺的"文化存量"，更是当今中国文化发展最重要的基础。恢复中国的文化大国地位，还必须要克服文化自负与文化自卑，实现文化自觉。文化自负使中国人面对自己丰富的传统文化资源，只会盲目乐观，只会炫耀。而文化自卑则表现为，要么是彻底否定中国传统文化，要么是主张脱胎换骨以迎合西方所倡导的文化全球化。其结果是，由于否定传统文化而使文化创新缺乏文化存量的基础，由于迎合西方的文化全球化而对西方文化兼收并蓄、囫囵吞枣。文化强国之梦就是重建文化自信之梦。

（三）中国梦：六十多年来的中国特色社会主义现代化之梦

党的十八大报告指出：既不走封闭僵化的老路，也不走改旗易帜的邪路，那就是必须走新路。这条新路就是中国特色社会主义现代化之路，这条新路更是党的十九大报告所指出的新时代中国特色社会主义道路。习近平总书记曾经指出，中国特色社会主义就是社会主义。换言之，中国特色社会主义道路的本质就是"中国特色"。这种特色至少表现在以下三个方面：

一是中国文化的特色。中国文化绵延数千年且从未间断，因而有很深的积淀。文化是社会发展的"遗传基因"，在社会发展中发挥着至关重要的作用，而且其影响是长期的、持久的、隐性的。它作为民族的集体记忆往往在关键的时候成为社会发展无法摆脱的因素而发挥作用。

二是中国的实践特色。中国的改革是一种"试错法"，至少在过去的40年中，改革开放都是一种试验，或者说是"摸着石头过河"。这种实践方式本身又是受中国文化影响的结果，甚至在新的深化改革进程中，中国的具体实践仍然是在战略路线图的指导下在某些具体问题上仍然坚持"试错"，但必须是在深化改革的顶层制度指导之下。

三是中国的理论特色。理论来源于实践，也受到文化的影响。当今中国的主导理论既不完全是中国文化，也不完全是经典的马克思主义，而是融合了传统文化和马克思主义，甚至还在一定程度上吸收了一些西方文化元素。因而当今中国的理论，既有实践性，也有很大的包容性。这个理论在当前就是新时代中国特色社会主义思想。这是新时代全党智慧的结晶。

四是由于前面三个特色，从而产生了中国的体制特色。这种体制特色被沈大伟称为"统一的混合体制"。他在《中国共产党：收缩与调适》一书中指出，中国共产党在政治领域也在向国外取经，把国外的先进经验与中国实际相结合。因此，中国的政治体制正在逐渐变成一种统一的混合体制，它吸取了东亚新威权主义、苏联列宁主义、西欧社会民主主义、拉美社团主义等的优秀因素，并与具有中国传统文化特征的列宁主义政治体制相结合。中国像一棵树，根是中国文化，主干是中国特色，各个枝干是借鉴其他国家的先进经验。这种体制有很强的适应力和弹性，也有很大的发展潜力。正是有这样的特色才形成了中国特色社会主义道路，也正是这条道路彰显了马克思主义的科学性，从而也使马克思主义在当代中国的社会实践中获得了复兴的重要契机。

中国特色社会主义道路在过去40年的现代化建设中取得了举世瞩目的成就。中国特色社会主义道路创造了一个现代化的"中国奇迹"。中国现代化是马克思主义指导下的伟大实践。中国现代化所取得的巨大成就不只是实现了经济数量上的增长，成为世界第二大经济体，使中国从一个贫困型社会迅速发展为在世界经济中有着举足轻重地位的重要经济体。中国特色社会主义道路在现代化进程中开创了"中国现代化模式"。西方的现代化进程比中国和东方各国都早,所以长期以来,不仅现代化的话语权掌握在西方手中,而且现代化的模式也被西方模式所垄断。但是全球化并不是趋同化,现代化也不是西方化。不同国家的现代化应该有各自不同的路径和模式。中国今天所取得的成功不是照搬照抄西方的结果,而是基于中国在发展模式上的伟大创举。因此,中国现代化模式从根本上打破了西方现代化的话语垄断权和模式的垄断权。中国现代化模式是马克思主义与中国现代化的实践以及中国传统文化有机结合的产物,它的成功向全世界表明,经济文化落后国家走向现代化非西方模式的可能性是完全存在的。

(四)中国梦:中国在和平发展中的大国成长之梦

中国现代化之梦在外交上的体现,就是在和平发展道路上不断提升中国国际地位的大国成长之梦。中国的大国成长之路是和平发展之路,2005年12月,中国政府发布了《中国的和平发展道路》白皮书,阐明了中国走和平发展道路的立场和决心。2011年9月,中国政府又发布了《中国的和平发展》白皮书,详细阐述了中国和平发展道路的基本特征、总体目标和世界意义。这就意味着中国不仅开创了大国成长的和平发展的道路,而且在走和平发展道路上将始终保持坚定不移的决心和信心。

中国已经崛起为一个大国,但中国崛起的方式与西方历史大国崛起的方式完全不同:西方历史大国的崛起都是工具性崛起,即通过硬实力,主要是军事实力进行对外扩张而崛起的,而且崛起的过程中,往往是摧毁原有国际体系,目的是要建立自己主导的国际体系。而中国完全不一样,中国追求软实力与硬实力的平衡发展,因而不会推行军事实力的扩张政策;中国和平进入国际体系,并作为既有国际体系的维护者和建设者,而不是既有国际体系的挑战者;中国坚持国家利益至上与同国际社会共赢发展相结合,即始终坚持和平发展、合作共赢,在追求本国利益时兼顾别国合理关切;坚持广交朋友但坚决不结盟,简而言之就是"友而不盟"。因此,中国的这种崛起方式不仅不同于西方大国崛起的路径,而且中国将以自己的独特的方式跳出西方历史大国成长的"历史周期律"。

参考文献

一、中文文献

1. [苏]阿·阿夫托尔哈诺夫:《勃列日涅夫的力量和弱点》,杨春华、张道庆译,新华出版社,1981年。

2. [美]阿尔温·托夫勒:《预测与前提——托夫勒未来对话录》,粟旺等译,国际文化出版公司,1984年。

3. [加拿大]阿米塔·阿查亚:《美国世界秩序的终结》,袁正清、肖莹莹译,上海人民出版社,2017年。

4. [美]阿什利·泰利斯、乔纳斯·比利亚、克利斯托弗·莱恩、梅丽萨·麦克弗森:《国家实力评估:资源、绩效、军事能力》,门洪华、黄福武译,新华出版社,2002年。

5. [英]安格斯·麦迪森:《世界经济千年史》,伍晓鹰等译,北京大学出版社,2005年。

6. [英]安格斯·麦迪森:《中国经济的长期表现——公元960—2030年》,伍晓鹰、马德斌译,上海人民出版社,2008年。

7. [美]保罗·肯尼迪:《大国的兴衰》,陈景彪等译,国际文化出版公司,2006年。

8. [美]彼得·施魏策尔:《里根政府是怎样搞垮苏联的》,殷雄译,新华出版社,2001年。

9. 陈廷湘、周鼎:《天下·世界·国家:近代中国对外观念演变史论》,上海三联书店,2008年。

10. 陈旭麓:《近代中国社会的新陈代谢》,上海人民出版社,1992 年。

11. 戴茂堂、江畅:《传统价值观念与当代中国》,湖北人民出版社,2001 年。

12. [美]戴维·卡莱欧:《欧洲的未来》,冯绍雷等译,上海人民出版社,2003 年。

13. [美]丹尼斯·朗:《实力论》,陆震纶、郑明哲译,中国社会科学出版社,2001 年。

14. 邓正来、J.C.亚历山大编:《国家与市民社会——一种社会理论的研究路径》,中央编译出版社,1999 年。

15. [美]费正清:《剑桥中国晚清史》,中国社会科学院历史研究所编译室译,中国社会科学出版社,1985 年。

16. 冯友兰:《中国哲学简史》,北京大学出版社,1985 年。

17. 高占祥:《文化力》,北京大学出版社,2008 年。

18. [俄]格·阿·阿尔巴托夫:《苏联政治内幕:知情者的见证》,徐葵、张达楠译,新华出版社,1998 年。

19. 龚铁鹰:《软权力的系统分析》,天津人民出版社,2008 年。

20. 管文虎主编:《国家形象论》,电子科技大学出版社,2000 年。

21. 郭树勇:《大国成长的逻辑:西方大国崛起的国际政治社会学分析》,北京大学出版社,2006 年。

22. 韩召颖:《输出美国:美国新闻署与美国公众外交》,天津人民出版社,2000 年。

23. 胡键:《理解中国的改革:当代中国社会主义理论与实践研究》,学林出版社,2015 年。

24. 胡键等:《中国和平崛起进程中的软实力建设方略》,新华出版社,2013 年。

25. 花建等:《文化力:先进文化的内涵与 21 世纪中国和平发展的文化动力》,上海文艺出版社、百家出版社,2006 年。

26. 黄仁伟:《中国和平崛起的时间与空间》,上海社会科学院出版社,2002 年。

27. 黄硕风:《综合国力新论——兼论新中国综合国力》,中国社会科学出版社,1999 年。

28.[美]孔华润主编:《剑桥美国对外关系史》,王琛等译,新华出版社,2004 年。

29.[俄]雷日科夫:《大国悲剧:苏联解体的前因后果》,徐昌翰译,新华出版社,2008 年。

30.李培林、李强、孙立平等:《中国社会分层》,社会科学文献出版社,2004 年。

31.李智:《文化外交:一种传播学的解读》,北京大学出版社,2005 年。

32.李宗禹等:《斯大林模式研究》,中央编译出版社,1999 年。

33.梁漱溟:《中国文化要义》,学林出版社,1987 年。

34.刘鸿武、李新烽主编:《全球视野下的达尔富尔问题研究》,世界知识出版社,2008 年。

35.刘继南、何辉:《世界镜像——世界主流媒体中的中国形象》,中国传媒大学出版社,2006 年。

36.刘建飞:《美国与反共主义——论美国对社会主义国家的意识形态外交》,中国社会科学出版社,2001 年。

37.楼宇烈:《中国的品格》,南海出版公司,2009 年。

38.[美]罗伯特·基欧汉、约瑟夫·奈:《权力与相互依赖》,门洪华译,北京大学出版社,2002 年。

39.[美]罗伯特·杰克曼:《不需要暴力的权力——民族国家的政治能力》,欧阳景根译,天津人民出版社,2005 年。

40.[美]罗伯特·杰维斯:《国际政治中的知觉与错误知觉》,秦亚青译,世界知识出版社,2003 年。

41.罗荣渠:《现代化新论——世界与中国的现代化进程》,商务印书馆,2009 年。

42.罗荣渠主编:《从西化到现代化》,北京大学出版社,1990 年。

43.[英]马丁·雅克:《当中国统治世界:中国的崛起和西方世界的衰落》,张莉、刘曲译,中信出版社,2010 年。

44.[德]马克斯·韦伯:《新教伦理与资本主义精神》,马奇炎、陈婧译,北京大学出版社,2012 年。

45.[加拿大]马修·弗雷泽:《软实力:美国电影、流行乐、电视和快餐的全球统治》,刘满贵等译,新华出版社,2006年。

46.马勇:《近代中国文化诸问题》,东方出版中心,2008年。

47.[英]玛格丽特·E.凯克、凯瑟琳·辛金克:《跨越国界的活动家:国际政治中的倡议网络》,韩召颖、孙英丽译,北京大学出版社,2005年。

48.[美]玛莎·费丽莫:《国际社会中的国际利益》,袁正清译,浙江人民出版社,2001年。

49.[美]麦克尔·哈特、[意]安东尼奥·奈格里:《帝国——全球化的政治秩序》,杨建国、范一亭译,江苏人民出版社,2003年。

50.门洪华:《中国:软实力方略》,浙江人民出版社,2007年。

51.[法]孟德斯鸠:《论法的精神》,张雁深译,商务印书馆,2002年。

52.孟亮:《大国策:通向大国之路的软实力》,人民日报出版社,2008年。

53.明安香:《传媒全球化与中国崛起》,社会科学文献出版社,2008年。

54.[美]明恩溥:《中国人的素质》,秦悦译,学林出版社,1991年。

55.[美]莫顿·贝科威茨等:《美国对外政策的政治背景》,张禾译,商务印书馆,1979年。

56.牟宗三:《中国哲学的特质》,上海古籍出版社,1997年。

57.倪世雄等:《当代西方国际关系理论》,复旦大学出版社,2001年。

58.潘维主编:《中国模式:解读人民共和国的60年》,中央编译出版社,2009年。

59.钱穆:《中国文化史导论》,商务印书馆,1994年。

60.秦亚青:《霸权体系与国际冲突——美国在国际武装冲突中的支持行动(1945—1988)》,上海人民出版社,1999年。

61.[法]让-马克·夸克:《合法性与政治》,佟心平、王远飞译,中央编译出版社,2002年。

62.任东来等:《当代美国——一个超级大国的成长》,贵州人民出版社,2000年。

63.[美]塞缪尔·亨廷顿:《第三波——20世纪后期民主化浪潮》,刘军宁译,上海三联书店,1998年。

64. [美]塞缪尔·亨廷顿:《文明的冲突与世界秩序的重建》,周琪等译,新华出版社,2002年。

65. [美]塞缪尔·亨廷顿:《我们是谁? ——美国国家特性面临的挑战》,程克雄译,新华出版社,2005年。

66. [美]苏珊·罗斯·艾克曼:《腐败与政府》,王江、程文浩译,新华出版社,2000年。

67. 孙炳辉、郑寅达:《德国史纲》,华东师范大学出版社,1995年。

68. 孙立平:《转型与断裂:改革以来中国社会结构的变迁》,清华大学出版社,2004年。

69. 唐代兴:《文化软实力战略研究》,人民出版社,2008年。

70. 田丰、肖海鹏、夏辉:《文化竞争力研究》,中国社会科学出版社,2007年。

71. 童世骏:《文化软实力》,重庆出版社,2008年。

72. 王梦奎:《改革攻坚30题:完善社会主义市场经济体制探索》,中国发展出版社,2003年。

73. 王逸舟:《西方国际政治经济学:历史与理论》,上海人民出版社,1998年。

74. 王治河:《福柯》,湖南教育出版社,1999年。

75. [美]威廉·奥多姆:《苏联军队是怎样崩溃的》,王振西等译,新华出版社,2000年。

76. 吴忠民:《走向公正的中国社会》,山东人民出版社,2008年。

77. [日]星野昭吉:《全球化时代的世界政治——世界政治的行为主体与结构》,刘小林、梁云祥译,社会科学文献出版社,2004年。

78. [日]星野昭吉:《全球政治学——全球化进程中的变化、冲突、治理与和平》,刘小林、张胜军译,新华出版社,2000年。

79. 邢广程:《苏联高层决策70年——从列宁到戈尔巴乔夫》,世界知识出版社,1998年。

80. [美]亚历山大·温特:《国际政治的社会理论》,秦亚青译,上海人民出版社,2000年。

81.杨家祺等:《白宫总统史》,吉林人民出版社,2000年。

82.[美]伊曼纽尔·沃勒斯坦:《美国实力的衰落》,谭荣根译,社会科学文献出版社,2007年。

83.[美]伊曼纽尔·沃勒斯坦:《现代世界体系》(第1~3卷),庞卓恒等译,高等教育出版社,2000年。

84.艺衡:《文化主权与国家文化软实力》,社会科学文献出版社,2009年。

85.俞可平、黄平等:《中国模式与北京共识——超越华盛顿共识》,社会科学文献出版社,2006年。

86.[美]约翰·米尔斯海默:《大国政治的悲剧》,王义桅、唐小松译,上海人民出版社,2003年。

87.[美]约瑟夫·奈:《理解国际冲突:理论与历史》,张小明译,上海人民出版社,2005年。

88.[美]约瑟夫·奈:《软力量:世界政坛成功之道》,吴晓辉、钱程译,东方出版社,2005年。

89.[美]约瑟夫·熊彼特:《资本主义、社会主义与民主》,吴良健译,商务印书馆,1999年。

90.[美]詹姆斯·多尔蒂、小罗伯特·普法尔茨格拉夫:《争论中的国际关系理论》,阎学通、陈寒溪等译,世界知识出版社,2003年。

91.张昆:《国家形象传播》,复旦大学出版社,2005年。

92.张文木:《全球视野中的中国国家安全战略》,山东人民出版社,2008年。

93.周宁:《天朝遥远:西方的中国形象研究》,北京大学出版社,2006年。

94.周琪:《意识形态与美国外交》,上海人民出版社,2006年。

95.周尚文、叶书宗、王斯德:《苏联兴亡史》,上海人民出版社,2002年。

96.朱光磊:《中国的贫富差距与政府控制》,上海三联书店,2002年。

97.[美]兹·布热津斯基:《大失败——二十世纪共产主义的兴亡》,军事科学院外国军事研究部译,军事科学出版社,1989年。

98.资中筠:《冷眼向洋:百年风云启示录》,生活·读书·新知三联书店,2000 年。

二、英文文献

1. Aaron L. Friedberg, The Future of American Power, *Political Science Quarterly*, Vol. 109, Spring ,1994.

2. Albert Keidel, China's Growing Pains Should Hurt Us, *The Washington Post*, July 24, 2005.

3. Bates Gill and Yanzhong Huang, Sources and Limits of Chinese 'Soft Power', *Survival*, Vol. 48, No. 2, 2006.

4. Chin – Chuan Lee, Established Pluralism: US Elite Media Discourse about China Policy, *Journalism Studies*, Vol. 3, No. 3, 2002.

5. David Shambaugh, Beijing Charms Its Neighbors, *International Herald Tribune*, May 14, 2005.

6. Edward Cody, China's Quiet Rise Casts Wide Shadow, *Washington Post*, February 26, 2005.

7. G. John Ikenberry, The Rise of China and the Future of the West: Can the Liberal System Survive?, *Foreign Affairs*, Vol. 87, No. 1, 2008.

8. John E. Rielly, American Public Opinion and U. S . Foreign Policy, *The Chicago Council on Foreign Relations*, 1995.

9. John J. Mearsheimer, China's Unpeaceful Rise, *Current History*, April, 2006.

10. John J. Mearsheimer, The Gathering Storm: China's Challenge to US Power in Asia, *The Chinese Journal of International Politics*, Vol. 3, No. 4, Winter, 2010.

11. Joseph S. Nye, Jr. , Soft Power, *Foreign Policy*, Issue 80, Fall, 1990.

12. Joseph S. Nye, Jr. , The Changing Nature of World Power, *Political Science Quarterly*, Vol. 105, No. 2,1990.

13. Josephine Ma, Wealth Gap Fuelling Instability, Studies Warn, *South China Morning Post*, Dec. 22, 2005.

14. Joshua Kurlantzick, China Buys the Soft Sell, *Washington Post*, October 15, 2006.

15. Michael G. Kulma, The Evolution of U. S. mages of China, *World Affairs*, Vol. 162, No. 2, Fall, 1999.

16. Paul Krugman, The Myth of Asia's Miracle, *Foreign Affairs*, Vol. 73, No. 6, 1994.

17. Robert Kagan, League of Dictators? *Washington Post*, April 30, 2006.